Lambacher Schweizer 3

Mathematik für Gymnasien

Baden-Württemberg

Serviceband

erarbeitet von
Matthias Blank
Stefan Böckling
Dieter Brandt
Dieter Greulich
Heike Jacoby-Schäfer
Thorsten Jürgensen
Rebea Keller
Markus Krieg
Detlef Lind
Rolf Reimer
Reinhard Schmitt-Hartmann
Heike Tomaschek
Peter Zimmermann

D1700001

Ernst Klett Verlag
Stuttgart Leipzig

1. Auflage   1 6 5 4 3 2 | 2011 2010 2009 08 07

Alle Drucke dieser Auflage sind unverändert und können im Unterricht nebeneinander verwendet werden. Die letzte Zahl bezeichnet das Jahr des Druckes.

Begleitmaterial: Zu diesem Buch gibt es eine Service-CD (ISBN-10: 3-12-734374-4, ISBN-13: 978-3-12-734374-8). Das
Lösungsheft (ISBN-10: 3-12-734373-6, ISBN-13: 978-3-12-734373-1) beinhaltet den Lösungsteil dieses Servicebandes.

Bildquellen: K 34.1: Corbis (PARROT PASCAL), Düsseldorf – K 34.2: Fotosearch RF (Digital Vision), Waukesha, WI –
K 43: MEV, Augsburg – K 45: Corbis (Yamashita), Düsseldorf – K 51: Rolf Reimer, Ettlingen – K 62: Stadtmessungs-
amt Stuttgart – S 39 – S 41: Klett-Archiv (Reinhard Schmitt-Hartmann), Stuttgart – S 57: Fotofinder (Okapia /Richard
Ellis), Berlin – S 59: (c) Falk Verlag, Ostfildern – S 80: Mauritius (Mallaun), Mittenwald – S 82: www.heliheyn.de –
S 83: Fotosearch RF (Maps Resources), Waukesha, WI – S 85.1 – S 85.3: terre des hommes Deutschland e.V., Osnabrück
– S 86.1: Deutsches Aussätzigen-Hilfswerk e.V., Würzburg – S 86.2: DZI, Berlin – S 87: LBBW, Stuttgart

Textquellen: K 4: Die Hauptaufgabe der Banken ...: Microsoft Encarta Enzyklopädie 2001 – K 7: Zeitungsaus-
schnitt aus: Hamburger Abendblatt vom 14.4.2004

Nicht in allen Fällen war es uns möglich, den Rechteinhaber ausfindig zu machen. Berechtigte Ansprüche werden
selbstverständlich im Rahmen der üblichen Vereinbarungen abgegolten.

Autoren
Matthias Blank
Stefan Böckling
Dr. Dieter Brandt
Dieter Greulich
Heike Jacoby-Schäfer
Thorsten Jürgensen
Rebea Keller
Markus Krieg
Prof. Dr. Detlef Lind
Rolf Reimer
Reinhard Schmitt-Hartmann
Dr. Heike Tomaschek
Dr. Peter Zimmermann

Illustrationen
Dorothee Wolters, Köln
Rudolf Hungreder, Leinfelden-Echterdingen

Redaktion
Dr. Matthias Dorn, Eva Göhner

Bildkonzept Umschlag
SoldanKommunikation, Stuttgart

Titelbilder
Getty Images, Digital Vision
Photonica Amana, Steven Pützer

Reproduktion
Meyle + Müller, Medien-Management,
Pforzheim

DTP/Satz
media office gmbh, Kornwestheim
Meyle + Müller, Medien-Management,
Pforzheim

Druck
Druckhaus Götz GmbH, Ludwigsburg

Printed in Germany.

ISBN-13: 978-3-12-734372-4
ISBN-10: 3-12-734372-8

9 783127 343724

Inhaltsverzeichnis

(Die Seiten-Nummerierung entspricht den drei Teilen des Servicebands: K (Kommentare), S (Serviceblätter), L (Lösungen zum Schülerbuch).)

1. Kommentare: Erläuterungen und Hinweise zum Schülerbuch

2. Serviceblätter: Materialien für den Unterricht

3. Lösungen zum Schülerbuch

Der Serviceband als Teil des Fachwerks

Auf Grund der vielfältigen Anforderungen an den modernen Mathematikunterricht erschien es notwendig und sinnvoll, die Lehrerinnen und Lehrer zukünftig durch passende Lehrmaterialien noch mehr zu unterstützen. Das für den neuen Bildungsplan entwickelte Schülerbuch des Lambacher Schweizer wurde deshalb durch weitere Materialien ergänzt. Für jede Jahrgangsstufe gibt es nun neben dem **Schülerbuch**, einen **Serviceband**, eine **Service-CD** und ein **Lösungsheft**. Alle Materialien sind aufeinander abgestimmt und bilden somit ein Gesamtgebäude an Materialien für das Schulfach Mathematik, das **Fachwerk des Lambacher Schweizer.**
Dem Schülerbuch kommt dabei nach wie vor die zentrale Rolle zu, es ist die tragende Säule, die auch ohne Begleitmaterial den Unterricht vollständig bedient. Das Lösungsheft enthält wie gehabt alle Lösungen zum Schülerbuch. Serviceband und Service-CD sind als Service für die Lehrerhand konzipiert.

Der Serviceband des Lambacher Schweizer entstand aus der Idee, Lehrerinnen und Lehrer rund um den Mathematikunterricht zu begleiten und zu entlasten. Deshalb finden sich in diesem Band Kommentare für die Unterrichtsvorbereitung (1. Teil) in Form von Erläuterungen und Hinweisen zum Schülerbuch, Serviceblätter für die Unterrichtsdurchführung (2. Teil) in Form von Kopiervorlagen oder Anleitungen für alternative Unterrichtskonzepte in Abstimmung zum Schülerbuch und die kompletten Lösungen zu den Aufgaben des Schülerbuches zur Unterrichtsnachbereitung (3. Teil) oder gegebenenfalls auch zum schnellen Nachschlagen. Der dritte Teil stimmt vollständig mit den Inhalten des Lösungsheftes überein, sodass die Entscheidung für den Serviceband den Kauf des Lösungsheftes erübrigt.

Auf der Service-CD befinden sich alle Serviceblätter des Servicebandes noch einmal in editierbarer Form. Darüber hinaus enthält die CD aber auch noch zahlreiche interaktive Arbeitsblätter, Animationen und digitale Materialien, die für den Einsatz im Unterricht geeignet sind.

Der Serviceband im Detail

1. Der Kommentar: Erläuterungen und Hinweise zum Schülerbuch

Im ersten Teil des Bandes, im Kommentar, wird auf das Schülerbuch Bezug genommen. Für jedes Kapitel werden Zielrichtung, Schwerpunktsetzung und Aufbau kurz erläutert.

Konkret wird zunächst darauf verwiesen, welche zwei inhaltlichen Leitideen jeweils vorrangig angesprochen werden. Die Leitideen im Schülerbuch üben dabei die gleiche Funktion aus, die den vom Bildungsplan vorgegebenen Leitideen zukommt, eine durchgehende und jahrgangsübergreifende Struktur der Inhalte transparent zu machen. Die neun Leitideen des Bildungsplanes wurden für das Schülerbuch allerdings in Anzahl und Begrifflichkeit bewusst modifiziert, um sie dem Schülerniveau anzupassen. Während die Leitideen im Bildungsplan für die *Lehrenden* formuliert wurden, wurden die Leitideen für das Schülerbuch so umgesetzt, dass damit auch die *Lernenden* Struktur und Zusammenhang des mathematischen Stoffes erkennen und begreifen können. Die Gegenüberstellung der sechs Leitideen im Schülerbuch: **Zahl und Maß, Daten und Zufall, Beziehung und Änderung, Modell und Simulation, Muster und logische Struktur, Form und Raum** mit denen des Bildungsplanes zeigt ihre offensichtliche Entsprechung.

Leitideen im Bildungsplan	Leitideen im Lambacher Schweizer
Zahl Messen	Zahl & Maß
Algorithmus	Zahl & Maß Muster & logische Struktur
Raum und Form	Form & Raum
Variable Funktionaler Zusammenhang	Beziehung & Änderung
Daten und Zufall	Daten & Zufall
Modellierung	Modell & Simulation
Vernetzung	(in allen Leitideen immanent)

Im Schülerbuch wurde insbesondere darauf geachtet, keine rein mathematischen Begriffe wie Algorithmus zu verwenden, sondern Begriffe, die den Schülerinnen und Schülern bereits aus der Alltagswelt bekannt sind.

Die Kennzeichnung der angesprochenen Leitideen auf den Auftaktseiten des jeweiligen Kapitels bieten die Möglichkeit die Zusammenhänge der Kapitel von den Schülerinnen und Schülern in Reflexionsphasen herausstellen zu lassen.

Neben den Leitideen wird in den Kommentaren aufgezeigt, ob und wie die Lerneinheiten aufeinander aufbauen, welche Zielrichtung sie verfolgen, welche Kompetenzen eingefordert werden und an welchen Stellen auf Grund des neuen Bildungsplanes deutliche Änderungen gegenüber dem bisher üblichen Unterrichtsgang auftreten. Außerdem wird auf bestimmte didaktische Richtlinien verwiesen, die für einen modernen Mathematikunterricht unentbehrlich sind und durchgehend im Buch zu finden sind. Konkret betrifft das die folgenden Aspekte :

- Der Lehrgang ist am Verständnisniveau der Siebtklässler ausgerichtet, d.h., die Kinder sollen nicht mechanisch auswendig lernen, sondern die Inhalte nachvollziehen und verstehen können. Im Vergleich zu Klasse 5 und 6 werden die dabei behandelten Inhalte zunehmend komplexer. Gleichwohl wird der notwendige Formalismus weiterhin möglichst niedrig gehalten; Begrifflichkeiten werden nur eingeführt, wenn sie dem Verständnis dienen.
- Dem Lehrgang liegt die Idee des spiralförmigen Lernens zugrunde. Inhalte der Klassen 5 und 6 werden aufgegriffen und auf einem altersgerechten Niveau vertieft. Dabei wird darauf geachtet, kein Wissen auf Vorrat einzuführen, d.h. kein Wissen, das danach jahrelang brachliegt.
- Der Lehrgang bietet die Möglichkeit einen vielseitigen Unterricht zu gestalten, die verschiedenen Kompetenzen der Schülerinnen und Schüler anzusprechen und einzufordern, Methoden zu erlernen und unterschiedliche Unterrichtsformen anzuwenden. Wichtig ist allerdings, dass die Wahl einer alternativen Unterrichtsform immer in der Hand der Lehrperson liegt, um selbst über die günstigste Form entscheiden zu können. Das Schulbuch macht zahlreiche und flexible Angebote, aber keine zwingenden Vorgaben.

Im Anschluss an diese trotz der verschiedenen Aspekte kurz und knapp gehaltenen Ausführungen zum gesamten Kapitel folgen in den Kommentaren unterrichtspraktische Hinweise und Ergänzungen zu den einzelnen Lerneinheiten. Zu jeder Lerneinheit werden alternative Einstiegsaufgaben angeboten, die in einer konkreten Aufgabenstellung münden. Sie können für den Einsatz im Unterricht auf Folie kopiert werden. (Im Anschluss der Kommentare zu einem Kapitel sind die Einstiegsaufgaben auf Kopiervorlagen nochmals zusammengestellt.) Die Lehrperson hat damit die Möglichkeit, zwischen einem diskussionsanregenden Impuls im Schülerbuch oder einer konkreten Aufgabenstellung im Serviceband zu wählen.

Danach werden Erläuterungen zu den Aufgaben im Buch gegeben, allerdings nur zu den Aufgaben, bei denen dies sinnvoll und hilfreich erscheint. So wird darauf hingewiesen, wenn sich besondere Unterrichtsformen anbieten, wenn die Problemstellung nicht sofort erkennbare Schwierigkeiten birgt oder die Aufgaben eine besondere Schwerpunktsetzung haben. Zum Abschluss der Hinweise wird auf die zu

der Lerneinheit jeweils passenden Serviceblätter im zweiten Teil des Bandes verwiesen.

2. Serviceblätter: Materialien für den Unterricht

Im zweiten Teil des Servicebandes werden zunächst für die Altersstufe besonders geeignete Schülermethoden praxisbezogen vorgestellt. In der 7. Klasse handelt es sich dabei im Rahmen der Textreduktion um das Erstellen von Mind-Maps sowie die Anfertigung einer wachsenden Formelsammlung, die die Schülerinnen und Schüler auch für die weiteren Jahre nutzen können. Für die Einführung und Einübung der Methoden stellt der Serviceband geeignete Arbeitsblätter mit didaktischen Hinweisen für die Lehrerin oder den Lehrer bereit.

Damit die Schülerinnen und Schüler die erworbenen Methoden auch in den folgenden Jahren wach halten und vertiefen können, bietet jeder Serviceband hierzu geeignete Materialien an, die an die jeweilige Alterstufe angepasste wurden.

Alle weiteren Serviceblätter sind so gestaltet, dass sie keiner zusätzlichen Erläuterung bedürfen und direkt im Unterricht einsetzbar sind. Sie sind nach Kapiteln geordnet und gegebenenfalls auch einzelnen Lerneinheiten zugeordnet, sodass eine schnelle Orientierung für den Einsatz im Unterricht möglich ist. In den meisten Fällen handelt es sich um Kopiervorlagen. Bei einigen Materialien lohnt es sich, diese zu laminieren, um sie für einen wiederholten Einsatz (z.B. Planarbeit) nutzbar zu machen. Im Anschluss an die Serviceblätter finden sich die Lösungen derselben, sofern sie sich nicht aus der Bearbeitung des Serviceblattes heraus ergeben (z.B. durch ein Lösungswort, ein Puzzle etc.). Auch hierbei handelt es sich um Kopiervorlagen, um sie, falls gewünscht, den Schülerinnen und Schülern zum eigenständigen Arbeiten überlassen zu können.

3. Lösungen zum Schülerbuch

Der dritte Teil enthält wie erwähnt die kompletten Lösungen zu den Aufgaben im Schülerbuch und ist damit identisch mit dem Inhalt des Lösungsheftes. Bei offenen Aufgaben wird je nach Fragestellung erwogen, ob es sinnvoll ist, eine (individuelle) Lösung anzugeben oder nicht. Um das selbstständige Arbeiten mit dem Schülerbuch für die Schülerinnen und Schüler zu erleichtern, ist das Lösungsheft ohne Schulstempel für jeden käuflich zu erhalten.

Übersicht über die Symbole

 Basteln

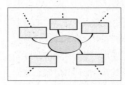 Mind-Mapping

 Partnerarbeit

 Recherchieren

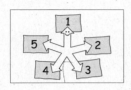 Lernzirkel

 Projekte

 Knobeln

 Planarbeit

 Spiel

 Präsentationsmethoden

 Sachthema

 Heftführung/Formelsammlung

Gleichwertige Feststellungen von Schülerleistungen (GFS) im Mathematikunterricht

Ab der 7. Klasse werden gleichwertige Feststellungen von Schülerleistungen (GFS) durchgeführt. Im Schülerbuch und im Serviceband stehen hierzu den Lehrkräften und den Schülerinnen und Schülern eine Vielzahl von Themen und Materialien bereit, die im Folgenden mit der entsprechenden Quelle aufgelistet sind.

GFS im Klassenverband

- Die wachsende Formelsammlung eignet sich als Jahresarbeit für die ganze Klasse.
  (► Serviceband, Seite S5)

GFS für einzelne Schüler bzw. Schülergruppen

Kapitel I Prozente und Zinsen

- Referat über Prozentangaben in Zeitungsartikel.
  (► Schülerbuch, Seite 29)
- Referat über die Geschichte der Prozentrechnung.
  (► Schülerbuch, Seite 31)

Kapitel II Häufigkeiten und Wahrscheinlichkeiten

- Präsentation und Durchführung eines passenden Spiels zur Wahrscheinlichkeitsrechnung.
  (► Serviceband, Seite S27 f.)
- Präsentation und Durchführung von Versuchsreihen zur Bestimmung von relativen Häufigkeiten.
  (► Schülerbuch, Seite 41 und 42)
- Erstellung und Präsentation eines Mind-Maps am Ende des Kapitels.
  (► Serviceband, Seite S32)

Kapitel III Zuordnungen

- Vorstellung und Auswertung von Experimenten als Beispiele für proportionale Zuordnungen.
  (► Serviceband, Seite S39 bis S42)
- Referat über verschiedene Uhrsysteme.
  (► Schülerbuch, Seite 80 und 81)
- Erstellung und Präsentation eines Mind-Maps am Ende des Kapitels.
  (► Serviceband, Seite S33)

Kapitel IV Terme und Gleichungen

- Herstellung und Präsentation von Spielen.
  (► Serviceband, Seite S51 f.)
- Präsentation oder Referat zu Zahlenzaubereien.
  (► Schülerbuch, Seite 110 und 111)

Kapitel V Beziehungen in geometrischen Figuren

- Vorstellung und Einführung eines Geometrieprogrammes.
  (► Schülerbuch, Seite 127)
- Präsentation von Anwendungen und Entdeckungen mit einem dynamischen Geometrieprogramm.
  (► Schülerbuch, Seite 150 und 151)
- Referat über den „Satz des Thales".
  (► Serviceband, Seite S64 und Schülerbuch, Seite 137 bis 140)
- Vorbereitung eines Spiels.
  (► Serviceband, Seite S65 bis S67)

Kapitel VI Systeme linearer Gleichungen

- Präsentation und Durchführung des Spiels „Bingo".
  (► Serviceband, Seite S70 und S71)
- Präsentation und Anwendungen von „Rätselhaftem"
  (► Schülerbuch, ab Seite 171)
- Referat zum Gauß'schen Algorithmus.
  (► Schülerbuch, Seite 180 und 181)

Inhaltsmatrix

	Kommentare	Serviceblätter	Lösungen der Serviceblätter	Lösungen zum Schüler-buch
I Prozente und Zinsen	K 1			
1 Prozente – Vergleiche werden einfacher	K 2	Lernzirkel: 1. Anteile und Prozente, S 10 Achtung: Gesichtskontrolle!, S 17	S 96 S 98	L 1
2 Prozentsatz – Prozentwert – Grundwert	K 2	Wachsende Formelsammlung, S 8 Lernzirkel: 2. Prozentsätze bestimmen, S 11	– S 96	L 1
3 Grundaufgaben der Prozent-rechnung	K 3	Wachsende Formelsammlung, S 8 Lernzirkel: 3. Prozentwerte bestimmen, S 12 Lernzirkel: 4. Grundwerte bestimmen, S 13 Lernzirkel: 5. Vermischtes – Kreuzworträtsel, S 14 Der Mensch, S 18 Prozent-Puzzle, S 19	– S 96 S 97 S 97 S 98 S 99	L 2
4 Zinsen	K 4	Wachsende Formelsammlung, S 8 Silbenrätsel: Was hast du beim Prozentrechnen gelernt?, S 20 Arbeitsplan zum Thema „Zinsen", S 21	– S 99 S 99	L 4
5 Zinseszinsen	K 4	Lernzirkel: 6. Zinsen und Zinseszinsen, S 15	S 97	L 4
6 Überall Prozente	K 5	Lernzirkel: 7. Überall Prozente, S 16 Phantasie gefragt, S 22 Mind-Map zum Thema „Prozente und Zinsen", S 23	S 97 S 99 S 99	L 5
Wiederholen – Vertiefen – Vernetzen	K 6	–	–	L 6
II Häufigkeiten und Wahrschein-lichkeiten	K 11			
1 Wahrscheinlichkeiten – Entscheidungshilfen	K 12	Wachsende Formelsammlung, S 24 Arbeitsplan zum Thema „Entscheidungshilfen", S 25	S 99 S 100	L 8
2 Versuchsreihen ergeben Wahrscheinlichkeiten	K 13	Wachsende Formelsammlung, S 24 Fair play?, S 26	S 100 S 100	L 8
3 Zusammenfassen von Ergebnissen – Summenregel	K 13	Wachsende Formelsammlung, S 24 Mensch, ärgere dich nicht!, S 27	S 100 S 100	L 9
4 Mehrstufige Zufallsversuche – Pfadregel	K 14	Wachsende Formelsammlung, S 24 Mit Wahrscheinlichkeiten punkten, S 28 Mehrstufige Zufallsversuche – Spiele, S 29 Strandkorb oder Arbeit?, S 30 Rot oder schwarz?, S 31	S 100 S 100 S 100 S 100 S 100	L 9
Wiederholen – Vertiefen – Vernetzen	K 14	Ordnung schaffen, S 32	S 101	L 11
III Zuordnungen	K 20			
1 Zuordnungen	K 21	Mit einem Mind-Map in das neue Thema, S 33 Wachsende Formelsammlung, S 34	S 101 S 101	L 13
2 Graphen von Zuordnungen	K 21	Wachsende Formelsammlung, S 34 Sinn und Unsinn – Was ist hier wirklich wichtig?, S 35 Bärbel Bleifuß, S 36	S 101 S 101 S 101	L 13
3 Gesetzmäßigkeiten bei Zuordnungen	K 22	Gesetzmäßigkeiten erkennen und beschreiben, S 37 Graphen mit dem GTR, S 38	S 102 S 102	L 15
4 Proportionale und antipropor-tionale Zuordnungen	K 23	Wachsende Formelsammlung, S 34 Experiment 1 – Gefäße, S 39 Experiment 2 – Wippe, S 40	S 101 S 102 S 102	L 17
5 Lineare Zuordnungen	K 23	Experiment 3 – Feder, S 41 Arbeitsplan zum Thema „Von Punkten zu Geraden", S 42	S 102 S 103	L 18
Wiederholen – Vertiefen – Vernetzen	K 24	–	–	L 19
IV Terme und Gleichungen	K 29			
1 Aufstellen von Termen – Formeln	K 30	Wachsende Formelsammlung, S 43 Lernzirkel: 1. Terme aufstellen, S 45	S 103 S 103	L 23
2 Gleichwertige Terme – zielgerichtetes Umformen	K 30	Wachsende Formelsammlung, S 43	S 103	L 23
3 Ausmultiplizieren und Ausklammern – Distributivgesetz	K 31	Wachsende Formelsammlung, S 43 Lernzirkel: 2. Terme umformen, S 46 Lösungen gesucht, S 51 Gleichungstennis, S 52	S 103 S 103 S 105 S 105	L 26
4 Gleichungen und Ungleichungen	K 32	–	–	L 28

I Prozente und Zinsen

Überblick und Schwerpunkt

In Klasse 7 wird der verständnisorientierte Umgang der Schülerinnen und Schüler mit der Mathematik entsprechend den Leitideen weitergeführt. Im Vergleich zu Klasse 5 und 6 werden die dabei behandelten Inhalte zunehmend komplexer; neben den Problemstellungen aus der unmittelbaren Erfahrungswelt der Lernenden gewinnen innermathematische Überlegungen an Gewicht. Die Schülerinnen und Schüler lernen verstärkt, mathematische Sachverhalte sachgerecht und unter Verwendung der richtigen Fachsprache zu kommunizieren bzw. zu begründen. Die Problemlösefähigkeiten werden in Klasse 7 aufgegriffen, vertieft und durch die Verwendung der neuen Hilfsmittel GTR und Computer ergänzt.

Um den Schülerinnen und Schülern den Übergang möglichst einfach zu gestalten, wird – wo immer dies möglich ist – an das Vorwissen der Lernenden angeknüpft. Durch die Verdeutlichung der vertikalen Vernetzung gewinnen sie einerseits ein besseres Verständnis der Mathematik und erwerben andererseits die Fähigkeit, bei der Lösung von Problemen selbst innerhalb der Mathematik Querbezüge zu finden und zu nutzen.

Der Lambacher Schweizer 3 beginnt mit dem Kapitel „Prozente und Zinsen". Hier lassen sich bei vielen Überlegungen Vorkenntnisse aus der Bruchrechnung im Sinne der vertikalen Vernetzung verwenden und weiterentwickeln.

Die Prozentrechnung wird von vielen Schülerinnen und Schülern als ein isoliertes und vergleichsweise anspruchsvolles Teilgebiet der Mathematik angesehen. Das vorliegende Kapitel versucht dem zu begegnen, indem so weit wie möglich die Vernetzung mit der aus der 6. Klasse bekannten (und meist weniger schwer eingeschätzten) Bruchrechnung aufgezeigt und verwendet wird. Schülerinnen und Schüler erfahren, dass die Prozentschreibweise wie die Dezimaldarstellung lediglich eine neue Schreib- und Sichtweise der Bruchdarstellung von Zahlen ist. Hierdurch wird eine Vernetzung verschiedener mathematischer Darstellungs- und Ausdrucksweisen erreicht.

Neben der Leitidee **Zahl und Maß** wird in diesem Kapitel auch die Leitidee **Modell und Simulation** bedient. In vielen Anwendungsaufgaben und insbesondere in einer gesonderten Lerneinheit werden die Schülerinnen und Schüler angehalten, komplexere Sachverhalte mithilfe der Prozentrechnung zu beschreiben und mit geeigneten Problemlösestrategien zu lösen. So entwickeln die Schülerinnen und Schüler Problemlösefähigkeiten, die nach dem Spiralprinzip in den späteren Kapiteln immer wieder aufgegriffen und ausgebaut werden.

Beim Aufgabenangebot wurde darauf geachtet, dass einerseits ausreichend Übungsmaterial im herkömmlichen Stil vorhanden ist, dass aber andererseits auch genügend Angebote für den Einsatz neuer Methoden vorliegen. So sind z.B. viele Aufgaben mit Gruppen- oder Partnersymbolen gekennzeichnet, damit das Arbeiten im Team geübt werden kann. Einige Aufgaben wie z.B. auf Seite 18 und die Exkursionen legen projektorientiertes Arbeiten nahe.

In der Lerneinheit **1 Prozente – Vergleiche werden einfacher** wird über den Vergleich von Anteilen die Normierung des Nenners auf 100 eingeführt. Die Schülerinnen und Schüler erfahren, dass die Prozentangabe p% nur eine neue Schreibweise für $\frac{p}{100}$ ist, mit der sich Anteile leicht vergleichen lassen.

Lerneinheit **2 Prozentsatz – Prozentwert – Grundwert** dient vorrangig der Begriffsbildung für die in der Prozentrechnung wichtigen Begriffe Prozentsatz, Prozentwert und Grundwert. Diese Begriffe werden als andere Bezeichnungen von bereits aus der Bruchrechnung bekannten Objekten eingeführt. Die Schülerinnen und Schüler erfahren, dass sich mit diesen Bezeichnungen die Zuordnung bekannter bzw. gegebener Größen bei Aufgaben der Prozentrechnung erleichtert. Die Begriffseinführung erfolgt über den in Lerneinheit 1 definierten Prozentsatz.

In Lerneinheit **3 Grundaufgaben der Prozentrechnung** werden die in der Prozentrechnung üblichen drei Grundaufgaben sowie die dazugehörigen Lösungswege vorgestellt. Da die Berechnung des Prozentsatzes bereits in den ersten beiden Lerneinheiten vorbereitet und geübt wurde, wird in dieser Lerneinheit ein Schwerpunkt auf die Berechnung des Prozentwertes und des Grundwertes gelegt. Wie bei der Berechnung des Prozentsatzes wird auch hier die Vernetzung mit Bekanntem aus der 6. Klasse genutzt: Das Berechnen des Prozentwertes wird auf die Aufgabe der Bruchrechnung „Berechne einen Bruchteil von …" zurückgeführt. Das Berechnen des Grundwertes wird auf eine Drei-

satzaufgabe zurückgeführt. Alternative Vorgehensweisen werden bei den Aufgaben auf der Randspal-
te aufgezeigt.
Die Überführung der Grundaufgaben ineinander
wird darüber hinaus in Klasse 8 mithilfe der dann
bekannten Äquivalenzumformungen aufgegriffen.
Das Aufgabenangebot von Lerneinheit 3 ist so
umfangreich, da das Lösen der Grundaufgaben fun-
damental wichtig ist. Die Aufgaben auf Seite 18 zu
Kreisdiagrammen stellen eine Vernetzung zu Themen der Geometrie dar.

Die Lerneinheiten **4 Zinsen** und **5 Zinseszinsen** sind
dem Prozentrechnen im Bereich des Bankwesens
gewidmet. Dabei sind zwei Aspekte wichtig: Einerseits wird aufgezeigt, dass das Rechnen mit Zinsen
nur Prozentrechnen mit anderen Bezeichnungen
ist. Andererseits wurde darauf geachtet, nicht zu
viele abstrakte Begriffe des Bankwesens zu verwenden. So wurde z. B. bewusst auf die Behandlung von
Krediten oder Aktien verzichtet, weil diese die Welt
des Siebtklässlers nicht betreffen. Die Berechnung
von Zinseszinsen kann leicht mit einem Taschenrechner durchgeführt werden (vgl. Beispiel 1 in Lerneinheit 5).

Lerneinheit **6 Überall Prozente** macht das Problemlösen zum Thema. Es werden Strategien zum Lösen
von komplexeren Aufgaben der Prozentrechnung
(„Textaufgaben") angeboten. Das angebotene Kon-
zept wird in späteren Kapiteln wieder aufgegriffen,
erweitert und vertieft.

1 Prozente – Vergleiche werden einfacher

Einstiegsaufgaben

E1 Suche aus einer Zeitung einen weiteren Bericht
heraus, in dem eine Prozentangabe vorkommt. Was
bedeuten die Angaben jeweils?
Tipp: Die Aufgabe kann als vorbereitende Hausaufgabe gestellt werden. (Alternativ kann die Lehrperson einige Zeitungsausschnitte mitbringen und
verteilen.)
(► Kopiervorlage auf Seite K7)

Schüler machen Zeitung:
Die meisten fanden es toll

    Die Zustimmung war überwältigend: "Es hat
Spaß gemacht" , urteilten die meisten der 1340
Schüler aus 52 Klassen, die bei "Schüler machen
Zeitung", einer Aktion von Hamburger Abend-
blatt, Vereins- und Westbank, Behörde für
Bildung und Sport sowie des medienpädagogi-
schen Instituts Promedia, dabei waren. Sechs
Wochen lang, vom 27. Oktober bis zum 5.
Dezember 2003, hatten sie täglich das Hambur-

Zeitung"
erfreulich
Prozent d
gaben im
dieser Ge
  Die H
diesem Ja
Es folgen
tende Ele
(44,4 Pro
  Ob Si
diesem P

E2 Beim Würfeln erzielt Sina bei 50 Versuchen
6 Sechser, Tim erzielt bei 20 Versuchen 3 Sechser
und Adrian bei 40 Versuchen 5 Sechser.
Wer ist der erfolgreichste Sechsen-Würfler?
Für eine übersichtliche Berechnung kannst du die
Tabelle benutzen:

	Sina	Tim	Adrian
Sechser			
Versuche			
Anteil			

(► Kopiervorlage auf Seite K7)

Hinweise zu den Aufgaben

1 bis **2** und **4** Einfache Aufgaben zur Verdeutlichung, dass Prozentschreibweise, Bruchschreib-
weise und Dezimalschreibweise nur verschiedene
Darstellungsformen von Zahlen sind.

3 Einfaches Vergleichen bei geometrischen
Figuren.

5 Hier kann die andere Sprechweise „von Hun-
dert" für Prozent thematisiert werden.

6 bis **9** Hier kommt der zentrale Aspekt „Vergleichen" der Lerneinheit zum Tragen.

10 Vergleichen mit realen Daten. Dieser Aufgabentyp kann z. B. mit weiterem Material aus Zeitungen
o. Ä. vertieft werden.

Serviceblätter
– „Lernzirkel: 1. Anteile und Prozente" (Seite S10)
– „Achtung: Gesichtskontrolle!" (Seite S17)

2 Prozentsatz – Prozentwert – Grundwert

Einstiegsaufgaben

E3 Man stellt eine Aufgabe, die mit den Kenntnissen aus Lerneinheit 1 gelöst werden kann, und
nennt dann die Begriffe wie im Lehrtext, z. B.
500 g Kirschen enthalten etwa 65 g Kohlenhydrate.
a) Wie viel Prozent sind das?
b) Man nennt das Ergebnis von Teil a) Prozentsatz.
Die Angabe 500 g nennt man Grundwert, die Angabe 65 g nennt man Prozentwert.
Es kann dann diskutiert werden, wie man auf diese
Bezeichnungen kommt.
Tipp: Anschließend können die Schüler z. B. in Gruppen eine Formel erarbeiten, mit der man den Prozentsatz berechnen kann, wenn man Prozentwert
und Grundwert kennt.

Man kann die Formel groß auf ein Plakat schreiben, grafisch ausgestalten (vgl. Randbild Schülerbuch Seite 12) und am schwarzen Brett fixieren.
(► Kopiervorlage auf Seite K 7)

E 4 Stimmen in der Abbildung die Angaben? Wie kann man sie nachrechnen?
Das Nachrechnen kann erfolgen, wie in Lerneinheit 1. (Alle Angaben sind richtig.) Die Verwendung der Begriffe Prozentsatz, Prozentwert und Grundwert wird dann mitgeteilt.
(► Kopiervorlage auf Seite K 7)

Hinweise zu den Aufgaben

1 bis 5 Im Schwierigkeitsgrad ansteigende Aufgaben zur Grundaufgabe „Berechnen des Prozentwertes".

6 Hier kann erkannt werden, dass sich gleiche Prozentsätze beim Erweitern von Brüchen ergeben. Dabei haben jetzt Zähler und Nenner die Bedeutung Prozentwert bzw. Grundwert.

7 Hier – wie bei allen folgenden Aufgaben – sollten die Schüler die Begriffe Prozentsatz, Prozentwert und Grundwert bei der Lösung verwenden.

8 bis 9 Das Zuordnen der Begriffe soll hier ohne Rechnung geübt werden.

10 Hier kann verdeutlicht werden, dass der Grundwert je nach Formulierung anders sein kann. Das ist für viele der folgenden Aufgaben wichtig.

11 bis 12 Das Zuordnen der Begriffe soll in Partnerarbeit geübt werden. Durch das selbstständige Erfinden passender Aufgaben verfestigt sich bei den Schülern die Begriffsbildung.

Serviceblätter
– „Wachsende Formelsammlung" (Seite S 8)
– „Lernzirkel: 2. Prozentsätze bestimmen" (Seite S 11)

3 Grundaufgaben der Prozentrechnung

Einstiegsaufgaben

E 5 Man teilt den Schülern verschiedene Aufgabentexte aus, bei denen immer zwei der Größen Prozentsatz, Prozentwert und Grundwert gegeben sind und eine gesucht ist (s. u.). Es soll dann herausgefunden werden, was gegeben und was gesucht ist. Außerdem sollen die Schülerinnen und Schüler versuchen, einen Lösungsweg zu finden. Der Lösungsweg kann an der Tafel präsentiert werden. Geeignete Aufgaben sollten elementar sein, z. B.:
a) Ein PKW verliert im ersten Jahr etwa 20 % seines Wertes. Wie viel verliert ein 15 000 € teurer Wagen an Wert?
b) Im September 2004 hat es an 6 Tagen geregnet. Wie groß ist der Anteil der Regentage in Prozent?
c) Bei einer Umfrage sprachen sich 20 % für Neuwahlen aus. Das waren 250 aller Befragten. Wie viele Personen wurden befragt?
(► Kopiervorlage auf Seite K 8)

E 6 Valerie möchte ein neues Mountainbike kaufen. Im Herbst bieten viele Händler die Räder etwas billiger an. Wie viel kosteten die Fahrräder vorher und wie viel kosten sie jetzt?
(► Kopiervorlage auf Seite K 8)

Hinweise zu den Aufgaben

1 bis 6 Im Schwierigkeitsgrad ansteigende Aufgaben zu den Grundaufgaben „Berechnen des Prozentwertes" und „Berechnen des Grundwertes". Im sich anschließenden Bist-du-sicher?-Test wird dann auch die Grundaufgabe „Berechnung des Prozentsatzes" aufgegriffen. Zu den weiteren Aufgaben sollte erst fortgeschritten werden, wenn die Grundaufgaben sicher beherrscht werden.

7 Einfache Textaufgaben zu den Grundaufgaben. Die Schüler sollten wie in den Beispielen des Lehrtextes aufschreiben, was gegeben und was gesucht ist.

12 Spiel, das die sichere Beherrschung der Prozentrechnungsaufgaben voraussetzt.

13 Die Schülerinnen und Schüler festigen durch das Erfinden von eigenen Aufgaben den Blick für die wesentlichen Zusammenhänge.

14 bis 15 Eine weitere Festigung der Kenntnisse wird durch kleine Projekte in Partner- und Gruppenarbeit erreicht.

19 bis 22 Die auf den Infokasten auf Seite 19 folgenden Aufgaben zu Kreisdiagrammen greifen den Winkelbegriff wieder auf.

Serviceblätter
– „Wachsende Formelsammlung" (Seite S 8)
– „Lernzirkel: 3. Prozentwerte bestimmen" (Seite S 12)
– „Lernzirkel: 4. Grundwerte bestimmen" (Seite S 13)

- „Lernzirkel: 5. Vermischtes - Kreuzworträtsel"
  (Seite S 14)
- „Der Mensch" (Seite S 18)
- „Prozent-Puzzle" (Seite S 19)

4 Zinsen

Einstiegsaufgaben

E7 Die Aufgabe (Sparbuch) in der Kopiervorlage auf Seite K 8 kann auch als vorbereitende Hausaufgabe gestellt werden.
Alternativ kann man die Schüler bitten, ein Sparbuch mitzubringen, und die Aufgabe daran behandeln. Dabei können die wesentlichen Begriffe und Berechnungen erläutert werden.
(► Kopiervorlage auf Seite K 8)

E8 Aus einem Lexikon (Microsoft Encarta):
Die Hauptaufgabe der Banken, nämlich die sichere Aufbewahrung von Geld und anderen Einlagen, wird durch den Einsatz von Tresoren, Safes und anderen Sicherungseinrichtungen erfüllt. Diese gegenständlichen Einlagen sind in den meisten Fällen gegen Diebstahl versichert, zum Teil auch für den Fall, dass die Bank die Einlagen nicht zurückzahlen kann. Einige Banken bieten auch Depots für Wertgegenstände an. Zinsen auf Spareinlagen sind ein zusätzlicher Anreiz zum Sparen. Sie werden als prozentualer Anteil an Gewinnen der Bank mit den Geldeinlagen gewährt. Die Geldeinlagen verwendet die Bank zur Vergabe von Krediten an ihre Bankkunden. Dafür erhält die Bank Zinsen. Diese wiederum stellen, nach Abzug der auf die Einlagen gezahlten Zinsen, ihren Gewinn dar.
a) Welche Vor- und Nachteile hat es, wenn man sein Geld bei der Bank auf ein Sparkonto bringt?
b) Schreibe Begriffe heraus, die du noch nicht kennst.
c) Beschreibe mit eigenen Worten, was Zinsen sind und warum die Bank dir Zinsen gibt, wenn du dein Geld auf ein Sparkonto anlegst.
d) Wie kann die Bank ihre Angestellten bezahlen, wo sie dir doch Zinsen für dein Sparkonto zahlt?
(► Kopiervorlage auf Seite K 8)

Hinweise zu den Aufgaben

1 bis **2** Übungsaufgaben, die auch die drei Grundaufgaben nochmals thematisieren.

3 Hier ist auch die durch die Variation der Zahlenwerte bewirkte Auswirkung auf die Ergebnisse interessant.

4 Eine etwas schwierigere Aufgabe, die durch passendes Probieren gelöst werden kann.

5 Hier können die Schülerinnen und Schüler auch ihre eigenen Zinsen nachrechnen.

Serviceblätter

- „Wachsende Formelsammlung" (Seite S 8)
- „Silbenrätsel: Was hast du beim Prozentrechnen gelernt?" (Seite S 20)
- „Arbeitsplan zum Thema Zinsen" (Seite S 21)

5 Zinseszinsen

Einstiegsaufgaben

E9 Es werden 1000 € für drei Jahre zu einem Zinssatz von 5 % bei einer Bank angelegt. Wie viel Geld wird nach drei Jahren ausbezahlt?
Diese Aufgabe ist (bewusst) nicht präzise gestellt. Man kann verschiedene Lösungen diskutieren: Sind 5 % von 1000 € die Lösung oder 3-mal 5 % von 1000 € oder die übliche Zinseszinsberechnung? Man kann dann mitteilen, wie die Bank hier verfährt.
(► Kopiervorlage auf Seite K 9)

E10 Man erhält bei der SparHier-Bank einen gleich bleibenden Zinssatz von 4 %, wenn man für vier Jahre dort mindestens 1000 € anlegt. Bei der VV-Bank bekommt man im ersten Jahr 3 %, im zweiten Jahr 3,5 %, im dritten Jahr 4,5 % und im vierten Jahr 5 %, wenn man dort für vier Jahre mindestens 1000 € anlegt. Beide Banken addieren am Ende jedes Jahres die Zinsen zum Guthaben.
Wo bekommt man nach vier Jahren mehr für den gleichen Anfangsbetrag ausgezahlt?
(► Kopiervorlage auf Seite K 9)

Hinweise zu den Aufgaben

1 Bei dieser Aufgabe sollen die Zinsen zunächst gesondert berechnet werden. Eine solche Tabelle kann man z. B. auch mit Excel erstellen.

2 bis **3** Hier kann wie in Beispiel 1 auf Seite 22 gerechnet werden.

4 Diese Aufgabe kann mit den vorhandenen Kenntnissen nicht exakt, sondern nur durch Probieren mit dem Rechner näherungsweise gelöst werden. Es kann auch erläutert werden, dass ein solches Vorgehen in der Praxis eine wichtige Rolle spielt.

5 Diese Aufgabe thematisiert das Vorgehen bei Zinseszins und unterjähriger Verzinsung.

6 Hier kann man auf den durchschnittlichen Zinssatz (die Rendite) eingehen, bei dem ein Kapital auf denselben Wert anwächst wie bei den Zinsen im Schatzbrief. Dies lässt sich mit Excel übersichtlich darstellen: Die rechte Spalte mit gleich bleibendem Zinssatz zeigt, dass bei etwa 3,42 % durchschnittlichem Zins etwa dasselbe Endkapital erreicht wird.

Jahr	Zinssatz	Kapital	3,42 %
0. Jahr		5000,00 €	5000,00 €
1. Jahr	2,00 %	5100,00 €	5171,00 €
2. Jahr	2,25 %	5214,75 €	5347,85 €
3. Jahr	2,75 %	5358,16 €	5530,74 €
4. Jahr	3,50 %	5545,70 €	5719,90 €
5. Jahr	4,00 %	5767,53 €	5915,52 €
6. Jahr	4,50 %	6027,07 €	6117,83 €
7. Jahr	5,00 %	6328,42 €	6327,06 €

Bei b) müssen die Schüler sich die Daten z. B. aus dem Internet besorgen.

Serviceblätter
– „Lernzirkel: 6. Zinsen und Zinseszinsen"
  (Seite S 15)

6 Überall Prozente

Einstiegsaufgaben

E 11 Die Tabelle zeigt die Daten eines Fahrzeugbestandes. Stelle mithilfe des Zahlenmaterials eine Aufgabe zur Prozentrechnung und schreibe die Lösung auf. Tausche die Aufgabe – ohne Lösung – mit deinem Banknachbarn aus. Vergleicht eure Lösungen.

	Neuzulassungen von Pkw	
Gegenstand	Einheit	
		Deutschland
Neuzulassungen von Pkws	Anzahl in 1000	
Bestand an Verkehrsmitteln		
Kraftfahrzeuge (Stand: 1.1.)	Anzahl in 1000	
darunter:		
– Personenkraftwagen	Anzahl in 1000	
– Lastkraftwagen	Anzahl in 1000	
– Triebfahrzeuge[1]	Anzahl	
– Reisezugwagen	Anzahl	
– Güterwagen (bahneigen)	Anzahl	
– eingestellte Güterwagen	Anzahl	

[1] Lokomotiven und Triebwagen.

(► Kopiervorlage auf Seite K 9)

E 12 Ein Auto verliert im ersten Jahr 20 %, im zweiten Jahr 15 %, im dritten Jahr 12 %, im vierten Jahr 10 % und im fünften Jahr 8 % an Wert. Es hat anfangs einen Wert von 20 000 €. Wie viel Wert hat es nach fünf Jahren noch?

Jonathan rechnet so: 20 % von 20 000 € sind 4000 €, 15 % von 20 000 € sind 3000 €, 12 % von 20 000 € sind 2400 €, 10 % von 20 000 € sind 2000 € und 8 % von 20 000 € sind 1600 €. Also beträgt der Wertverlust 4000 € + 3000 € + 2400 € + 2000 € + 1600 € = 13 000 €. Daher hat das Auto nach fünf Jahren noch einen Wert von 7000 €.

Anna rechnet so: 20 % + 15 % + 12 % + 10 % + 8 % = 65 %. Der Restwert des Autos beträgt daher 35 % von 20 000 €, also 7000 €.

Constantin meint: 20 % von 20 000 € sind 4000 €, Restwert nach einem Jahr: 16 000 €. 15 % von 16 000 € sind 2400 €, Restwert nach zwei Jahren: 13 600 €. 12 % von 13 600 € sind 1632 €, Restwert nach drei Jahren: 11 968 €. 10 % von 11 968 € sind 1196,80 €, Restwert nach vier Jahren: 10 771,20 €. 8 % von 10 771,20 € sind etwa 861,70 €. Also beträgt der Restwert noch 9909,50 €.

Wie kommen die unterschiedlichen Ergebnisse zu Stande? Wessen Rechnung hältst du für richtig?
(► Kopiervorlage auf Seite K 10)

Hinweise zu den Aufgaben

Grundsätzlich empfiehlt sich ein Vorgehen wie im Lehrtext. Die Schüler haben damit ein Schema an der Hand, das sie bei den notwendigen Übungen unterstützt. Für die Lehrperson wird es darüber hinaus leichter, bei etwaigen Problemen zu helfen.

1 bis **10** sind Aufgaben mit wachsendem Schwierigkeitsgrad. Weitere Aufgaben findet man in Wiederholen – Vertiefen – Vernetzen.

11 bis **15** sind Aufgaben zu besonderen Begriffen wie Rabatt und Promille. Es sind aber alles Anwendungsaufgaben, die vor allem Textverständnis und teilweise auch Modellbildung erfordern.

Serviceblätter
– „Lernzirkel: 7. Überall Prozente" (Seite S 16)
– „Phantasie gefragt" (Seite S 22)
– „Mind-Map zum Thema Prozente und Zinsen"
  (Seite S 23)

Wiederholen – Vernetzen – Vertiefen

Hinweise zu den Aufgaben

1 bis **3** sowie **5** sind Wiederholungsaufgaben.

4 Vernetzt das Prozentrechnen mit geometrischen Aspekten.

6 Hier sollen die Schüler Daten aus einem Diagramm entnehmen und interpretieren.

7 und **8** stellen vertiefende Aufgaben dar.

9 Diese vertiefende Aufgabe soll motivieren, auf Fehler in Zeitungen zu achten und sie zu entdecken.

Serviceblätter

–

Einstiegsaufgaben

E1 Suche aus einer Zeitung einen weiteren Bericht heraus, in dem eine Prozentangabe vorkommt.
Was bedeuten diese Angaben jeweils?

Schüler machen Zeitung:

Die meisten fanden es toll

Die Zustimmung war überwältigend: "Es hat Spaß gemacht", urteilten die meisten der 1340 Schüler aus 52 Klassen, die bei "Schüler machen Zeitung", einer Aktion von Hamburger Abendblatt, Vereins- und Westbank, Behörde für Bildung und Sport sowie des medienpädagogischen Instituts Promedia, dabei waren. Sechs Wochen lang, vom 27. Oktober bis zum 5. Dezember 2003, hatten sie täglich das Hamburger Abendblatt gelesen, stand das Thema Tageszeitung und Journalismus auf dem Unterrichtsplan. Insgesamt 18 Seiten ausschließlich mit Schülertexten druckte das Abendblatt zwischen Dezember 2003 und März 2004.

Druckfrisch liegt jetzt das Ergebnis der abschließenden Befragung aller Teilnehmer dieses neunten Durchgangs von "Schüler machen Zeitung" durch Promedia vor. Wieder sehr erfreulich: Vor dem Projekt lasen nur 43,9 Prozent der Schüler regelmäßig Zeitung. Danach gaben immerhin 68,7 Prozent an, sie wollten an dieser Gewohnheit auch in Zukunft festhalten.

Die Hitliste der beliebtesten Ressorts wird in diesem Jahr vom Sport (49,8 Prozent) angeführt. Es folgen Aus aller Welt (48,4 Prozent), unterhaltende Elemente (47,2 Prozent) und der Lokalteil (44,4 Prozent).

Ob Schüler oder Lehrer, Einigkeit besteht in diesem Punkt: Sie empfehlen anderen Klassen dringend die Teilnahme an dem Projekt. Die Klasse R 9 der Schule Leuschnerstraße nennt dafür einen triftigen Grund: "Damit die Menschen nicht irgendwann verblöden, denn in der Zeitung stehen wichtige Informationen, die man unbedingt wissen sollte." kg

(aus Hamburgs Abendblatt, 14.04.04)

E2 Beim Würfeln erzielt Sina bei 50 Versuchen 6 Sechser, Tim erzielt bei 20 Versuchen 3 Sechser und Adrian bei 40 Versuchen 5 Sechser.
Wer ist der erfolgreichste Sechsen-Würfler?
Für eine übersichtliche Berechnung kannst du die Tabelle benutzen:

	Sina	Tim	Adrian
Sechser			
Versuche			
Anteil			

E3 500 g Kirschen enthalten etwa 65 g Kohlenhydrate.
a) Wie viel Prozent sind das?
b) Man nennt das Ergebnis von Teil a) Prozentsatz. Die Angabe 500 g nennt man Grundwert, die Angabe 65 g nennt man Prozentwert.
Wie kommt man auf diese Bezeichnungen?

E4 Stimmen in den Abbildungen die Angaben? Wie kann man sie nachrechnen?

Aus: 978-3-12-734372-4 Lambacher Schweizer 3 BW Serviceband
Als Kopiervorlage freigegeben. Ernst Klett Verlag GmbH, Stuttgart 2005

I Prozente und Zinsen K7

E5 a) Ein PKW verliert im ersten Jahr etwa 20 % seines Wertes. Wie viel verliert ein 15 000 € teurer Wagen an Wert?

b) Im September 2004 hat es an 6 Tagen geregnet. Wie groß ist der Anteil der Regentage in Prozent?

c) Bei einer Umfrage sprachen sich 20 % für Neuwahlen aus. Das waren 250 aller Befragten. Wie viele Personen wurden befragt?

E6 Valerie möchte ein neues Mountainbike kaufen. Im Herbst bieten viele Händler die Räder etwas billiger an. Wie viel kosteten die Fahrräder vorher und wie viel kosten sie jetzt?

E7 Schreibe aus dem abgebildeten Ausschnitt des Sparbuchs Begriffe ab, die dort auftreten. Versuche jeden Eintrag im Sparbuch zu erklären.

Datum	Einzahlung	Rückzahlung	Guthaben	Bemerkung
25.05.04	200,00 €	–	300,00 €	
30.10.04	400,00 €	–	700,00 €	Überweisung
15.12.04	–	300,00 €	400,00 €	
30.12.04	6,20 €	–	406,20 €	Zinsen 2004

E8 Aus einem Lexikon (Microsoft Encarta):

Die Hauptaufgabe der Banken, nämlich die sichere Aufbewahrung von Geld und anderen Einlagen, wird durch den Einsatz von Tresoren, Safes und anderen Sicherungseinrichtungen erfüllt. Diese gegenständlichen Einlagen sind in den meisten Fällen gegen Diebstahl versichert, zum Teil auch für den Fall, dass die Bank die Einlagen nicht zurückzahlen kann. Einige Banken bieten auch Depots für Wertgegenstände an. Zinsen auf Spareinlagen sind ein zusätzlicher Anreiz zum Sparen. Sie werden als prozentualer Anteil an Gewinnen der Bank mit den Geldeinlagen gewährt. Die Geldeinlagen verwendet die Bank zur Vergabe von Krediten an ihre Bankkunden. Dafür erhält die Bank Zinsen. Diese wiederum stellen, nach Abzug der auf die Einlagen gezahlten Zinsen, ihren Gewinn dar.

a) Welche Vor- und Nachteile hat es, wenn man sein Geld bei der Bank auf ein Sparkonto bringt?

b) Schreibe Begriffe heraus, die du noch nicht kennst.

c) Beschreibe mit eigenen Worten, was Zinsen sind und warum die Bank dir Zinsen gibt, wenn du dein Geld auf ein Sparkonto anlegst.

d) Wie kann die Bank ihre Angestellten bezahlen, wo sie dir doch Zinsen für dein Sparkonto zahlt?

Aus: 978-3-12-734372-4 Lambacher Schweizer 3 BW Serviceband
Als Kopiervorlage freigegeben. Ernst Klett Verlag GmbH, Stuttgart 2005

E9 Es werden 1000 € für drei Jahre zu einem Zinssatz von 5% bei einer Bank angelegt. Wie viel Geld werden nach drei Jahren ausbezahlt?

E10 Man erhält bei der SparHier-Bank einen gleich bleibenden Zinssatz von 4%, wenn man für vier Jahre dort mindestens 1000 € anlegt. Bei der VV-Bank bekommt man im ersten Jahr 3%, im zweiten Jahr 3,5%, im dritten Jahr 4,5% und im vierten Jahr 5%, wenn man dort für vier Jahre mindestens 1000 € anlegt. Beide Banken addieren am Ende jedes Jahres die Zinsen zum Guthaben.
Wo bekommt man nach vier Jahren mehr für den gleichen Anfangsbetrag ausgezahlt?

E11 Die Tabelle zeigt die Daten eines Fahrzeugbestandes. Stelle mithilfe des Zahlenmaterials eine Aufgabe zur Prozentrechnung und schreibe die Lösung auf. Tausche die Aufgabe – ohne Lösung – mit deinem Banknachbarn aus. Vergleicht eure Lösungen.

Neuzulassungen von Pkws				
Gegenstand	Einheit	2000	2001	2002
Deutschland				
Neuzulassungen von Pkws	Anzahl in 1000	3 378,3	3 341,7	...
Bestand an Verkehrsmitteln				
Kraftfahrzeuge (Stand: 1.1.)	Anzahl in 1000	50 726,5	52 487,3	53 305,9
darunter:				
– Personenkraftwagen	Anzahl in 1000	42 423,3	43 772,3	44 383,3
– Lastkraftwagen	Anzahl in 1000	2 491,1	2 610,9	2 649,1
– Triebfahrzeuge[1]	Anzahl	13 731	13 314	...
– Reisezugwagen	Anzahl	13 872	12 941	...
– Güterwagen (bahneigen)	Anzahl	131 372	128 384	...
– eingestellte Güterwagen	Anzahl	59 074	58 260	...

[1] Lokomotiven und Triebwagen

Stand: November 2002

E12 Ein Auto verliert im ersten Jahr 20 %, im zweiten Jahr 15 %, im dritten Jahr 12 %, im vierten Jahr 10 % und im fünften Jahr 8 % an Wert. Es hat anfangs einen Wert von 20 000 €. Wie viel Wert hat es nach fünf Jahren noch?

Jonathan rechnet so: 20 % von 20 000 € sind 4000 €, 15 % von 20 000 € sind 3000 €, 12 % von 20 000 € sind 2400 €, 10 % von 20 000 € sind 2000 € und 8 % von 20 000 € sind 1600 €. Also beträgt der Wertverlust 4000 € + 3000 € + 2400 € + 2000 € + 1600 € = 13 000 €. Daher hat das Auto nach fünf Jahren noch einen Wert von 7000 €.

Anna rechnet so: 20 % + 15 % + 12 % + 10 % + 8 % = 65 %. Der Restwert des Autos beträgt daher 35 % von 20 000 €, also 7000 €.

Constantin meint: 20 % von 20 000 € sind 4000 €, Restwert nach einem Jahr: 16 000 €. 15 % von 16 000 € sind 2400 €, Restwert nach zwei Jahren: 13 600 €. 12 % von 13 600 € sind 1632 €, Restwert nach drei Jahren: 11 968 €. 10 % von 11 968 € sind 1196,80 €, Restwert nach vier Jahren: 10 771,20 €. 8 % von 10 771,20 € sind etwa 861,70 €. Also beträgt der Restwert noch 9909,50 €.

Wie kommen die unterschiedlichen Ergebnisse zu Stande? Wessen Rechnung hältst du für richtig?

Aus: 978-3-12-734372-4 Lambacher Schweizer 3 BW Serviceband
Als Kopiervorlage freigegeben. Ernst Klett Verlag GmbH, Stuttgart 2005

II Häufigkeiten und Wahrscheinlich- keiten

Überblick und Schwerpunkt

Die meisten Schülerinnen und Schüler haben bereits eine Vorstellung von Wahrscheinlichkeiten. Diese basieren jedoch i.d.R. auf ihren Alltagserfahrungen und nicht auf logischen Überlegungen. Infolge dessen ergeben sich leicht Fehlvorstellungen („Ich habe eine Glückssträhne." oder „Mit dem blauen Würfel kann ich besser würfeln."). Dass sich Wahrscheinlichkeiten bei Zufallsversuchen mithilfe der Mathematik berechnen lassen und dass die Wahrscheinlichkeitsrechnung ein wichtiges Teilgebiet in der Mathematik darstellt, ist für Schülerinnen und Schüler meist neu.

Ziel des Kapitels ist es, dass die Schülerinnen und Schüler entsprechend der Leitidee **Daten und Zufall** den Begriff Wahrscheinlichkeit unter mathematischen Gesichtspunkten verstehen und Wahrscheinlichkeiten bei leichten Zufallsversuchen berechnen können. Neben den Rechenfertigkeiten erfahren sie, wie sich mit Wahrscheinlichkeiten Entscheidungen – z.B. in Spielsituationen – treffen lassen.

Entsprechend der Leitidee **Modell und Simulation** werden auch in diesem Kapitel vorwiegend anwendungsbezogene Aufgaben angeboten. So können die Schülerinnen und Schüler die im letzten Kapitel gewonnenen Problemlösefähigkeiten auf einem weiteren Gebiet anwenden und üben.

Die Ziele des Bildungsplans zur Wahrscheinlichkeitsrechnung für die Klassen 7 und 8 werden mit dem Lehrwerk in zwei Kapiteln erreicht. In Klasse 7 sollen die Schülerinnen und Schüler neben der Begriffsbildung der Wahrscheinlichkeit nur Wahrscheinlichkeiten von Zufallsversuchen auf einem ihnen angepassten Niveau berechnen. Als Rechenverfahren lernen sie die Summen- und die Pfadregel kennen. Um die Anschauung möglichst hoch zu halten, werden höchstens dreistufige Zufallsversuche untersucht, deren Baumdiagramme sich noch vollständig aufzeichnen lassen.
In Klasse 8 werden dann die Regeln zur Berechnung der Wahrscheinlichkeit aufgegriffen und auf einem höheren Abstraktionsniveau erweitert. So findet die Pfadregel Anwendungen bei Versuchen mit mehr als drei Stufen, bei denen geeignete Teilbäume zur Lösung führen. Ferner wird in Klasse 8 verstärkt auf den Einsatz des GTR und von Tabellenkalkulationsprogrammen abgehoben.

In der Lerneinheit **1 Wahrscheinlichkeiten – Entscheidungshilfen** wird der Begriff Wahrscheinlichkeit eingeführt. Sie wird bei einem Zufallsversuch für ein Ergebnis als Anteil erklärt, den man für das betreffende Ergebnis bei oftmaliger Versuchswiederholung erwartet. Dem liegt die intuitive Erfahrung des Gesetzes der großen Zahlen zugrunde. Die Wahrscheinlichkeiten werden auf dieser Stufe aus Symmetriebetrachtungen oder aus dem Prinzip der Chancengleichheit gewonnen (Würfel, „Urne"). Es werden aber Begriffe wie Laplace-Wahrscheinlichkeit vermieden, die nichts zur Klarheit beitragen.
Als Probe für die richtige Bestimmung der Wahrscheinlichkeiten wird bei einigen Aufgaben die häufige Versuchswiederholung angeregt. Die Schülerinnen und Schüler gewinnen dabei ein Gefühl, was „oftmalige Wiederholung" bedeutet. Der Effekt, dass sich die Anteile stabilisieren, zeigt sich am besten, wenn man alle Ergebnisse einer Klasse (oder zumindest einer großen Gruppe) zusammennimmt. Arbeit im Team ist hier also unverzichtbar.

Lerneinheit **2 Versuchsreihen ergeben Wahrscheinlichkeiten** zeigt auf, wie man Wahrscheinlichkeiten für Zufallsgeräte bestimmen kann, bei denen keine Symmetriebetrachtungen o.Ä. möglich sind. Die Schülerinnen und Schüler lernen entsprechend dem Vorwissen aus Lerneinheit 1, dass ausreichend lange Versuchsreihen gute Schätzwerte für Wahrscheinlichkeiten liefern. Die Versuchsreihen werden dann als ausreichend lang betrachtet, wenn die relativen Häufigkeiten für das betrachtete Ergebnis nur noch gering schwanken. Geeignete Zufallsgeräte für diese Lerneinheit sind z.B. Reißzwecken, Legosteine oder so genannte „Riemer-Quader".

Nachdem die ersten beiden Lerneinheiten vor allem der Begriffsbildung dienten, wird in Lerneinheit **3 Zusammenfassen von Ergebnissen – Summenregel** eine erste Regel für Situationen behandelt, zu denen mehrere Ergebnisse gehören. Die Summenregel wird durch intuitive Betrachtung gewonnen. Der Begriff Ereignis wird noch nicht eingeführt, da er die Schülerinnen und Schüler auf dieser Stufe eher verwirrt. Auf Ereignisse wird erst in Klasse 9 eingegangen, wenn dieser Begriff von den Bildungsstandards eingefordert wird.

Lerneinheit **4 Mehrstufige Zufallsversuche – Pfadregel** führt das grundlegende Hilfsmittel Baumdiagramm für die Berechnung von Wahrscheinlichkeiten bei mehrstufigen Zufallsversuchen ein. Es kann als „Universal-Werkzeug" für fast alle Aufgaben verwendet werden, die im Schulunterricht in Baden-Württemberg behandelt werden. Einerseits wird das Baumdiagramm zur Bestimmung aller Ergebnisse eines mehrstufigen Zufallsversuches, andererseits zur Berechnung der Wahrscheinlichkeit dieser Ergebnisse verwendet. Beide Aspekte werden – außer ganz zu Beginn der Lerneinheit – immer gleichzeitig betrachtet. Die alleinige Bestimmung von Ergebnis-„Mengen" wird weitgehend vermieden; Ziel ist fast immer die Berechnung von Wahrscheinlichkeiten. Die dazu erforderliche Pfadregel wird im Einklang mit der Definition von Lerneinheit 1 gewonnen, indem Anteile von Anteilen bei oftmaliger Versuchsdurchführung betrachtet werden. Dieses Vorgehen ist bereits aus Klasse 6 (Bruchrechnung) bekannt. Bei Verständnisschwierigkeiten kann man die Diagramme auch mit absoluten Häufigkeiten durchspielen. Es werden hier nur maximal dreistufige Probleme betrachtet, bei denen der zugehörige Baum vollständig gezeichnet werden kann.

Auf die Abgrenzung von mehrstufigen Versuchen zu einstufigen Versuchen, die mit der Summenregel bearbeitet werden, wird im Impuls auf Seite 46 sowie in Aufgabe 6 auf Seite 50 eingegangen (vgl. auch den Text zu E9).

1 Wahrscheinlichkeiten – Entscheidungshilfen

Einstiegsaufgaben

E1 Man kann einen (anonymen) Test zu den Vorstellungen über den Begriff Wahrscheinlichkeit durchführen, dessen Fragen sich bei den Kopiervorlagen befinden. Damit kann man zu Beginn der Lehreinheit gezielt auf Fehlvorstellungen eingehen. Interessant sind hierbei Begründungen, die Schüler für ihre Antworten abgeben.
(► Kopiervorlage auf Seite K15)

E2 Ein relativ schwieriger Einstieg zum Thema ist über das Würfeln möglich. Man kann zunächst die Schüler mit zwei Würfeln würfeln lassen, umso eine Schätzung für die Gewinnchancen zu erhalten. Um die Chancen abschätzen zu können, kann man als Hilfe mit einer Tabelle der folgenden Form arbeiten (Details siehe Kopiervorlage Seite K15).

Roter Würfel / Grüner Würfel	1	2	3	4	5	6
1	2	3	4	5	6	7
2	3	4	5	6	7	8
3	4	5	6	7	8	9
4	5	6	7	8	9	10
5	6	7	8	9	10	11
6	7	8	9	10	11	12

Es kann auch überlegt werden, wie oft man etwa die Augensumme Sechs erzielen wird, wenn man z.B. 360-mal spielt.
(► Kopiervorlage auf Seite K15)

E3 (Bietet sich als vorbereitende Hausaufgabe an.) Suche in der Zeitung, einem Lexikon, dem Internet o. Ä. nach dem Begriff Wahrscheinlichkeit. Versuche damit eine Erklärung des Begriffs Wahrscheinlichkeit zu formulieren.
(► Kopiervorlage auf Seite K15)

Hinweise zu den Aufgaben

1 bis **3** Einfache Aufgaben zum Bestimmen von Wahrscheinlichkeiten mithilfe der einfachen Regel „$\frac{\text{günstig}}{\text{möglich}}$", die mit einem „Bist du sicher?"-Test abgeprüft werden.

4 Es wird thematisiert, dass Wahrscheinlichkeiten Zahlen zwischen 0 und 1 bzw 0% und 100% sind.

5 und **6** Das selbsttätige Erstellen von Zufallsgeräten vertieft den erarbeiteten Wahrscheinlichkeitsbegriff.

7 Möglichkeit zur Erstellung eines kleinen Aufsatzes.

8 Die Annahme kann diskutiert werden. Wesentlich ist, dass man bei manchen Aufgabenstellungen nur mithilfe geeigneter Annahmen eine Aussage zu Wahrscheinlichkeiten machen kann.

9 Das Beurteilen der Aussagen übt den kritischen Blick auf Informationen.

Serviceblätter
– „Wachsende Formelsammlung" (Seite S24)
– „Arbeitsplan zum Thema Entscheidungshilfen" (Seite S25)

2 Versuchsreihen ergeben Wahrscheinlichkeiten

Einstiegsaufgaben

E4 Man lässt die Schülerinnen und Schüler in Gruppen mit verschiedenen nicht symmetrischen Zufallsgeräten (z.B. Reißzwecken, Legoachter, Astragali, Streichholzschachteln, Wäscheklammern, Kronkorken) jeweils 50 Durchführungen durchspielen. Die Werte sammelt zunächst jeder in einer Tabelle und versucht, daraus Schätzwerte für Wahrscheinlichkeiten zu bestimmen. Dann werden alle Werte einer Gruppe in einer Sammeltabelle erfasst. Es sollte dann eine zuverlässigere Prognose möglich sein. Man kann auch mehrere Gruppen mit dem gleichen Zufallsgerät arbeiten lassen und dann die Werte solcher Gruppen zusammentragen.
(► Kopiervorlage auf Seite K15)

E5 Du spielst mit einem Nachbarn zusammen. Baut aus einem Stück Pappe eine Pyramide nach dem Netz in der Abbildung. Malt zuvor die größte Seitenfläche rot an. Die Fläche mit dem rechten Winkel wird nicht angemalt. Die beiden anderen Seitenflächen werden grün angemalt.
Ihr werft eine Münze um zu entscheiden, wer anfangen darf.
Der Gewinner beim Münzwurf wählt rot oder grün. Der Verlierer erhält die andere Farbe.
Die Pyramide wird nun aus einem Meter Höhe fallen gelassen. Die Farbe, die unten liegen bleibt, gewinnt. Jeder soll nun schätzen, wie oft er bei 50 Würfen gewinnen wird.
Führt das Spiel nun 50-mal durch. Hat sich eure Vorhersage erfüllt?

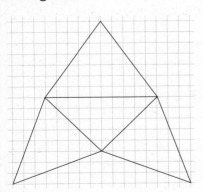

Hinweis: Die von den Schülern zu bauende Pyramide ist nicht regelmäßig geformt. Daher ist eine Schätzung kaum möglich. Anschließend kann diskutiert werden, dass man bei solchen Spielgeräten in der Regel keine Vorhersagen über Wahrscheinlichkeiten abgeben kann. Nur durch ausreichend lange Versuchsreihen kann man Wahrscheinlichkeiten schätzen.

(► Kopiervorlage auf Seite K16)

Hinweise zu den Aufgaben

1 Bei der Schätzung der Wahrscheinlichkeiten sollte auf das Runden der relativen Häufigkeiten eingegangen werden.

2, 3 und **5** Hier kann vor allem durch Zusammentragen von Einzelergebnissen in einer Gruppe erkannt werden, dass sich relative Häufigkeiten mit zunehmenden Versuchswiederholungen stabilisieren.

4 Buchstabenhäufigkeiten können auch fächerübergreifend in einem Fremdsprachentext analysiert werden.

6 Das „Hochrechnen" als eine wichtige Schätzmethode wird hier thematisiert und später vertieft (Aufgaben Seite 51).

Serviceblätter
– „Wachsende Formelsammlung" (Seite S24)
– „Fairplay?" (Seite S26)

3 Zusammenfassen von Ergebnissen – Summenregel

Einstiegsaufgaben

E6 Man füllt in eine Schale jeweils eine Reihe von Münzen, z.B. 2-ct- und 5-ct-Euromünzen aus verschiedenen Ländern und entsprechende Werte aus der Schweiz, England, den USA etc. Den Schülern wird mitgeteilt, welche Münzen sich in der Schale befinden. Das wird an die Tafel geschrieben. Dann fragt man nach der Wahrscheinlichkeit,
a) eine Euro-Münze
b) eine Münze mit dem Wert 2 Einheiten
c) eine Kupfermünze
zu ziehen. Für den genannten Wert wird eine Begründung verlangt, bevor die Ziehung erfolgt. Eine Überprüfung kann durch ein Experiment erfolgen, indem ausreichend viele Münzen gezogen werden.
Tipp: Bei der Vorbereitung kann man die Schüler bitten, passende Münzen mitzubringen.
(► Kopiervorlage auf Seite K16)

E7 Bei einer Tombola gibt es Lose zu kaufen. Es gibt 20 Hauptgewinne, 15% der Lose sind einfache Gewinne und ein Fünftel sind Trostpreise. Mit welcher Wahrscheinlichkeit zieht man einen

Gewinn, wenn insgesamt 500 Lose angeboten werden? Spielt es dabei eine Rolle, ob schon viele Lose gezogen wurden?

Hinweis: Die Aufgabe soll auf die Summenregel vorbereiten. Die Schüler müssen hier darauf achten, die entsprechenden Prozentzahlen zu addieren. So erhält man 39 % Wahrscheinlichkeit für die gesuchte Wahrscheinlichkeit, da 4 % Hauptgewinne sind. Man kann erwarten, dass sich die Verteilung der Lose nicht entscheidend ändert, weil von jeder „Sorte" Lose entsprechend den angegebenen Anteilen gezogen werden.
(► Kopiervorlage auf Seite K16)

Hinweise zu den Aufgaben

Bei den Aufgaben **1** bis **5** wird auf die unterschiedliche Bedeutung der Konjunktion „oder" eingegangen: Im Sprachgebrauch wird *oder* meist mit „entweder – oder" assoziiert; hier aber ist das „nicht ausschließende" *Oder* gemeint.

6 Die Aufgabe ist vergleichsweise anspruchsvoll, da die Ergebnisse der einzelnen Ausgänge „rückwärts" zu erschließen sind.

Serviceblätter
– „Wachsende Formelsammlung" (Seite S24)
– „Mensch, ärgere dich nicht!" (Seite S27)

4 Mehrstufige Zufallsversuche – Pfadregel

Einstiegsaufgaben

E8 In einen Korb werden 4 Äpfel und 2 Birnen gelegt, und man zieht „blind" erst eine und dann noch eine Frucht.
a) Welche Ziehungsergebnisse sind möglich?
b) Wie könnte man für diese Ergebnisse die Wahrscheinlichkeiten berechnen?
c) Würde sich etwas ändern, wenn man die Früchte gleichzeitig zieht?
Diese Aufgabe kann man simulieren, indem man Kugeln aus einer Schale zieht. Es soll hier aber nicht so sehr das Experiment im Vordergrund stehen, sondern die Überlegung, wie man sich die möglichen Ergebnisse überlegt und wie man damit ihre Wahrscheinlichkeiten bestimmen kann. Ähnlich wie im Lehrtext auf Seite 46 können daran Baumdiagramm und Pfadregel erarbeitet werden.
(► Kopiervorlage auf Seite K16)

E9 Das Spiel Schere – Stein – Papier – Brunnen kann als einfaches Beispiel für einen zweistufigen Versuch dienen. Man kann auch die Variante ohne Brunnen spielen, dann sind die Gewinnchancen gleich groß. In der Tabelle in der Kopiervorlage lässt man dann einfach die letzte Zeile und Spalte weg, das Diagramm wird entsprechend vereinfacht.
(► Kopiervorlage auf Seite K17)

Hinweise zu den Aufgaben

1 Einzige Aufgabe, die nur zur Bestimmung der Ergebnismenge eines Zufallsversuchs dient.

2 bis **9** Bei allen Übungsaufgaben sollte immer der vollständige Baum gezeichnet werden.

6 und **10** bis **12** Hier wird das Ziehen ohne Zurücklegen thematisiert.

Serviceblätter
– „Wachsende Formelsammlung" (Seite S24)
– „Mit Wahrscheinlichkeiten punkten" (Seite S28)
– „Mehrstufige Zufallsversuche – Spiele" (Seite S29)
– „Strandkorb oder Arbeit?" (Seite S30)
– „Rot oder schwarz?" (Seite S31)

Wiederholen – Vernetzen – Vertiefen

Hinweise zu den Aufgaben

1, **2** sowie **4** und **5** sind Wiederholungsaufgaben mit Vertiefungen.

3 ist eine Vertiefung zur Summenregel.

6 greift einen häufigen Fehler auf, vgl. Impuls, Schülerbuch Seite 46.

7 Vernetzung zu den Aspekten Vergleichen – Schätzen – Zuordnen.

8 bis **10** Hochrechnen bedeutet Nutzen der Wahrscheinlichkeitsrechnung für Prognosen. Die Güte der Prognosen kann hier aber nicht thematisiert werden.

Serviceblätter
– „Ordnung schaffen" (Seite S32)

Einstiegsaufgaben

E1 Siehe: Ein kleiner Test für Schülerinnen und Schüler ohne Vorkenntnisse in Wahrscheinlichkeitsrechnung auf Seite K18–K19).

E2 Du würfelst mit einem roten und einem grünen Würfel.
a) Würfle mit deinem Banknachbarn 50-mal. Wie oft erhaltet ihr die Augensumme 6?
b) Ein mögliches Ergebnis ist R2-G5, d.h., der rote Würfel zeigt 2, der grüne zeigt 5. In der Tabelle ist das zugehörige Feld grau markiert.
Markiere auch das Ergebnis R5-G2 mit dem Bleistift grau.
Wie viele Ergebnisse gibt es insgesamt?
c) Trage in die Tabelle für jedes Würfelergebnis ein, welche Augensumme du dabei erhältst.
Wie viele der Ergebnisse liefern die Augensumme 6?
d) Wie oft erwartest du die Augensumme 6 bei 360 Würfen mit beiden Würfeln?

Roter Würfel Grüner Würfel	1	2	3	4	5	6
1						
2						
3						
4						
5						
6						

E3 Suche in der Zeitung, einem Lexikon, dem Internet o. Ä. nach dem Wort Wahrscheinlichkeit. Versuche damit eine Erklärung des Begriffs Wahrscheinlichkeit zu formulieren.

E4 Es sollen Wahrscheinlichkeiten für die Ergebnisse ermittelt werden, die bei dem Zufallsgerät in deiner Gruppe auftreten können.
a) Überlege zuerst, welche Ergebnisse möglich sind.
b) Jeder in der Gruppe wirft sein Zufallsgerät fünfzig Mal und notiert in einer Tabelle, wie oft jedes mögliche Ergebnis auftritt. Jeder versucht daraus Schätzwerte für die Wahrscheinlichkeiten der Ergebnisse zu bestimmen.
c) Fasst nun alle Werte einer Gruppe in einer Sammeltabelle zusammen. Was ergibt sich nun bei den Schätzwerten für die Wahrscheinlichkeiten der Ergebnisse?

E5 Du spielst mit einem Nachbarn zusammen. Baut aus einem Stück Pappe eine Pyramide nach dem Netz in der Abbildung. Malt zuvor die größte Seitenfläche rot an. Die Fläche mit dem rechten Winkel wird nicht angemalt. Die beiden anderen Seitenflächen werden grün angemalt.

Ihr werft eine Münze, um zu entscheiden, wer anfangen darf.

Der Gewinner beim Münzwurf wählt rot oder grün. Der Verlierer erhält die andere Farbe.

Die Pyramide wird nun aus einem Meter Höhe fallen gelassen. Die Farbe, die unten liegen bleibt, gewinnt. Jeder soll nun schätzen, wie oft er bei 50 Würfen gewinnen wird.

Führt das Spiel nun 50-mal durch. Hat sich eure Vorhersage erfüllt?

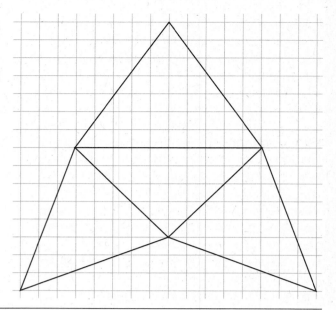

E6 In der Schale liegen die Münzen, die an der Tafel aufgeführt sind. Eine Münze wird daraus – ohne hinzusehen – gezogen. Versuche auf deinem Zettel vor dem Ziehen zu beantworten: Mit welcher Wahrscheinlichkeit zieht man

a) eine Euro-Münze

b) eine Münze mit dem Wert 2 Einheiten

c) eine Kupfermünze?

Begründe deine Antworten.

Münze	Stück
1 Eurocent	1 ×
2 Eurocent	2 ×
5 Eurocent	2 ×
1 Euro	4 ×
2 Euro	2 ×
2 Franken	1 ×

E7 Bei einer Tombola gibt es Lose zu kaufen. Es gibt 20 Hauptgewinne, 15 % der Lose sind einfache Gewinne und ein Fünftel sind Trostpreise.

Mit welcher Wahrscheinlichkeit zieht man einen Gewinn, wenn insgesamt 500 Lose angeboten werden? Spielt es dabei eine Rolle, ob schon viele Lose gezogen wurden?

E8 In einen Korb werden 4 Äpfel und 2 Birnen gelegt, und man zieht „blind" erst eine und dann noch eine Frucht.

a) Welche Ziehungsergebnisse sind möglich?

b) Wie könnte man für diese Ergebnisse die Wahrscheinlichkeiten berechnen?

c) Würde sich etwas ändern, wenn man die Früchte gleichzeitig zieht?

Aus: 978-3-12-734372-4 Lambacher Schweizer 3 BW Serviceband
Als Kopiervorlage freigegeben. Ernst Klett Verlag GmbH, Stuttgart 2005

E9 Beim Spiel „Schere – Stein – Papier – Brunnen" bewegen zwei Spieler mit den Worten „Schnick-Schnack-Schnuck" dreimal ihren Unterarm mit der geschlossenen Faust auf und ab. Beim „Schnuck" zeigen die Spieler gleichzeitig entweder Schere (drei gespreizte Finger), Stein (Faust), Papier (offene Hand) oder Brunnen (Ring mit Daumen und Zeigefinger). Die Schere zerschneidet das Papier, wird aber vom Stein zerstört und fällt in den Brunnen. Der Stein wird vom Papier eingewickelt und fällt in den Brunnen. Das Papier deckt den Brunnen zu. Damit gilt folgender Gewinnplan (links das Ergebnis von Spieler 1, oben das von Spieler 2):

	Schere	Stein	Papier	Brunnen
Schere	Unentschieden	Stein gewinnt	Schere gewinnt	Brunnen gewinnt
Stein	Stein gewinnt	Unentschieden	Papier gewinnt	Brunnen gewinnt
Papier	Schere gewinnt	Papier gewinnt	Unentschieden	Papier gewinnt
Brunnen	Brunnen gewinnt	Brunnen gewinnt	Papier gewinnt	Unentschieden

a) Das Diagramm hilft beim Erkennen aller möglichen Ergebnisse. Vervollständige das Diagramm und die Liste aller möglichen Ergebnisse.

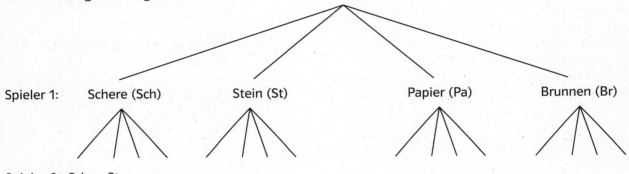

Mögliche Ergebnisse: Sch-Sch, Sch-St ...

b) Welche Wahrscheinlichkeit hat jedes der Ergebnisse?
c) Mit welcher Wahrscheinlichkeit gewinnt man das Spiel, wenn man „Brunnen" wählt?
d) Laura zeigt am liebsten „Brunnen". Wieso ist das keine schlechte Strategie, um zu gewinnen? Wieso ist es auf Dauer aber ungeschickt, immer „Brunnen" zu zeigen?
e) Schreibe deine Spielstrategie auf ein Blatt, ohne dass es dein Nachbar sieht. Führe dann mit deinem Nachbarn das Spiel fünfundzwanzig Mal durch. Wessen Strategie hat sich bewährt?
f) Was ändert sich an dem Spiel, wenn man ohne „Brunnen" spielt?

Aus: 978-3-12-734372-4 Lambacher Schweizer 3 BW Serviceband
Als Kopiervorlage freigegeben. Ernst Klett Verlag GmbH, Stuttgart 2005

Vorstellungen über Wahrscheinlichkeiten

Ein kleiner Test für Schülerinnen und Schüler ohne Vorkenntnisse in Wahrscheinlichkeitsrechnung

Kreuze bei dem Test jeweils nur die eine Antwort an, die du für richtig hältst.
Wenn du willst, kannst du für deine Antwort eine Begründung abgeben.

1 Stell dir vor, du wirfst eine Münze mehrmals hintereinander. Du notierst W, falls Wappen oben liegen bleibt, und Z, falls Zahl oben liegen bleibt. ZWZ bedeutet, dass du dreimal wirfst und beim ersten Mal Zahl, beim zweiten Mal Wappen und beim dritten Mal wieder Zahl oben liegen bleibt. Wenn du sechsmal hintereinander wirfst, welche der folgenden Ausgänge hältst du für am wahrscheinlichsten?

- [ ] WZW ZWZ
- [ ] WWZ ZWW
- [ ] WWW WWW
- [ ] ZZW ZWZ
- [ ] Alle angegebenen Möglichkeiten sind gleich wahrscheinlich.
- [ ] Ich weiß nicht.

2 Wenn du eine gewöhnliche Münze sechsmal hintereinander wirfst, welche der folgenden Ausgänge wirst du am wahrscheinlichsten nicht beobachten?

- [ ] WZW ZWZ
- [ ] WWZ ZWW
- [ ] WWW WWW
- [ ] ZZW ZWZ
- [ ] Alle angegebenen Möglichkeiten sind gleich unwahrscheinlich.
- [ ] Ich weiß nicht.

3 Wenn du eine gewöhnliche Münze sechsmal hintereinander wirfst und die Folge ZZZ ZZZ beobachtest, was würdest du dann beim nächsten Wurf erwarten?

- [ ] W
- [ ] Z
- [ ] Beides ist gleich wahrscheinlich.
- [ ] Ich weiß nicht.

4 Ein gewöhnlicher Würfel wird auf einer Seite schwarz, auf den anderen Seiten golden bemalt. Der Würfel wird einmal geworfen. Was, meinst du, liegt wohl oben?

- [ ] „schwarz"
- [ ] „gold"
- [ ] Die Information reicht nicht zum Antworten.
- [ ] „Schwarz" und „gold" sind gleich wahrscheinlich oben.
- [ ] Ich weiß nicht.

Aus: 978-3-12-734372-4 Lambacher Schweizer 3 BW Serviceband
Als Kopiervorlage freigegeben. Ernst Klett Verlag GmbH, Stuttgart 2005

5 Ein gewöhnlicher Würfel wird auf einer Seite schwarz, auf den anderen Seiten golden bemalt. Der Würfel wird sechsmal geworfen. Was, meinst du, würdest du wahrscheinlicher erhalten:

☐ Gold bei allen sechs Würfen.
☐ Fünfmal „gold" und einmal „schwarz".
☐ Die beiden ersten Beobachtungen sind gleich wahrscheinlich.
☐ Die Information reicht nicht zum Antworten.
☐ Ich weiß nicht.

6 Ein fester Körper hat die Gestalt einer kleinen Pyramide mit einem Quadrat von 2 cm Seitenlänge und den anderen vier Seitenflächen als gleich-schenklige Dreiecke. Das Basisquadrat ist mit „1" beschriftet, die anderen Flächen mit „2", „3", „4" und „5". Wenn die Pyramide geworfen wird, dann beträgt die Wahrscheinlichkeit, dass sie auf der „1" landen wird:

☐ $\frac{1}{5}$
☐ $\frac{4}{3}$-mal so viel wie für die anderen Seiten
☐ Die Information reicht nicht zum Antworten.
☐ Ich weiß nicht.

7 In einem Spiel, das so ähnlich wie Roulette ist, beträgt die Wahrscheinlichkeit, dass du gewinnst, wenn du auf eine bestimmte Kombination von Zahlen wettest, $\frac{1}{20}$. Wenn du auf diese Kombination in zwei Spielen wettest, dann beträgt die Wahrscheinlichkeit, wenigstens einmal zu gewinnen:

☐ $\frac{1}{20}$
☐ $\frac{2}{20}$
☐ 0,0975
☐ 0,0025
☐ Die Information reicht nicht zum Antworten.
☐ Ich weiß nicht.

8 Der Wettermann sagt voraus, dass die Chance für Regen am folgenden Tage 90 % beträgt. Du hast deshalb ein geplantes Picknick ausfallen lassen. Am nächsten Tag schien aber die Sonne. Was hältst du daraufhin von Wettermann's Vorhersagefähig-keiten?

☐ Er ist ein sehr schlechter Wetterfrosch.
☐ Er ist wahrscheinlich ein sehr schlechter Wetter-frosch.
☐ Er ist ein guter Wetterfrosch, hatte aber Pech.
☐ Die Information reicht nicht zum Antworten.
☐ Ich weiß nicht.

Aus: 978-3-12-734372-4 Lambacher Schweizer 3 BW Serviceband
Als Kopiervorlage freigegeben. Ernst Klett Verlag GmbH, Stuttgart 2005

III Zuordnungen

Überblick und Schwerpunkt

Im dritten Kapitel erfahren die Schülerinnen und Schüler basierend auf der Leitidee **Beziehung und Änderung** bzw. **Muster und Struktur**, wie sich Größen einander zuordnen lassen. Dabei lernen sie unterschiedliche Darstellungsformen von Zuordnungen kennen und wie sich diese Darstellungen interpretieren und ineinander überführen lassen. So werden sie befähigt, Probleme des Alltags mithilfe von Zuordnungen zu lösen, und erlernen darüber hinaus wichtige Grundlagen für die formale Behandlung von Funktionen im weiteren Mathematikunterricht.

Aus den Klassen 5 und 6 sind die Schülerinnen und Schüler mit der Größenrechnung vertraut. Sie kennen bereits das Koordinatensystem sowie den Dreisatz als Rechenvorschrift. Beim Rechnen mit Formvariablen besitzen sie hingegen nur wenige Erfahrungen. Die Zuordnungen werden in Klasse 7 daher stark kontextgebunden eingeführt; der praktische Bezug zum Alltag steht im Vordergrund. Die eher formalen Aspekte von Zuordnungen bzw. Funktionen, wie der allgemeine Funktionsbegriff oder Funktionsgleichungen mit Formvariablen (auch Steigung und y-Achsenabschnitt), werden erst in Klasse 8 bei der Einführung des allgemeinen Funktionsbegriffes behandelt.

Um den Alltagsbezug zu stärken, werden die Größen einer Zuordnung in Klasse 7 vorwiegend mit Buchstaben belegt, die sich aus dem Kontext ergeben. Die Bezeichnungen x und y werden lediglich bei der allgemeinen Darstellung von Zuordnungen (z. B. in Kästen) verwendet. Die kontextbezogenen Größenbezeichnungen schaffen somit nicht nur eine größere Anschaulichkeit für die Lernenden – sie bereiten darüber hinaus auch das Rechnen mit Formeln in den naturwissenschaftlichen Fächern vor.

Bei der Modellierung der Sachprobleme werden die Schülerinnen und Schüler angeleitet, geeignete Zuordnungstypen zu erkennen und diese als Hilfsmittel zu verwenden. Hierzu zählen die proportionalen und antiproportionalen Zuordnungen sowie die linearen Zuordnungen.

Als neues technisches Hilfsmittel wird in diesem Kapitel der GTR eingeführt. Schülerinnen und Schüler erhalten mit ihm eine weitere Möglichkeit, Wertetabellen und Graphen zu erstellen oder diese zu überprüfen.

Die Erkenntnisse der Zuordnungen werden in Kapitel IV (Terme und Gleichungen) und insbesondere in Kapitel VI (Systeme linearer Gleichungen) aufgegriffen. Weitere Einsatzmöglichkeiten des GTRs werden in den folgenden Kapiteln vorgestellt und eingeübt.

Das Kapitel III gliedert sich in fünf Lerneinheiten. In Lerneinheit **1 Zuordnungen** wird der Begriff der Zuordnungen eingeführt bzw. – da der Begriff bereits intuitiv bei den meisten Lernenden vorhanden ist – an Beispielen konkretisiert und in ihrer mathematischen Relevanz bewusst gemacht. Die Schülerinnen und Schüler lernen, dass sich Zuordnungen durch Tabellen, Grafiken, Pfeile oder Texte darstellen lassen. Sie erfahren darüber hinaus, worin die Vor- und Nachteile der verschiedenen Darstellungen liegen und dass sich die Darstellungen ineinander überführen lassen. Um den Erfahrungsaustausch der Lernenden zu unterstützen, werden in den Aufgaben verschiedene Gruppenarbeiten angeregt.

Da dem Graph als Darstellungsform von Zuordnungen und Funktionen in den folgenden Jahren eine besondere Rolle zukommt, wird er in Lerneinheit **2 Graphen von Zuordnungen** gesondert und intensiv behandelt. Zunächst wird den Schülerinnen und Schülern vermittelt, wie man den Graphen einer Zuordnung mithilfe von Wertetabellen oder Sachzusammenhängen zeichnet. Sie lernen dann, aus einem Graphen Wertepaare oder besondere Eigenschaften der Zuordnung abzulesen und daraus Rückschlüsse auf den zugrunde liegenden Sachzusammenhang zu ziehen. Das verbale Begründen und Argumentieren steht hierbei im Vordergrund.

In der Lerneinheit **3 Gesetzmäßigkeiten bei Zuordnungen** werden Zuordnungen vorgestellt, bei denen zwischen den zugeordneten Größen eine Gesetzmäßigkeit besteht. Diese Gesetzmäßigkeit wird vorwiegend durch eine Formel beschrieben, mit der sich die zugeordnete Größe berechnen lässt. Die Begriffe Funktions- bzw. Zuordnungsgleichung werden aus den o. g. Gründen erst in Klasse 8 eingeführt.
Darüber hinaus wird in dieser Lerneinheit der GTR mit einer umfassenden Info-Box und dazugehörigen Übungsaufgaben eingeführt. Der GTR kann, muss aber nicht zwingend eingesetzt werden. Aufgaben, bei denen sich der Einsatz des GTRs anbietet, sind ab dieser Lerneinheit besonders gekennzeichnet. Rechnerspezifische Hilfekarten können vom Klett Verlag kostenfrei bezogen oder unter www.klett.de aus dem Netz heruntergeladen werden.

Als erste Zuordnungstypen lernen die Schüler in Lerneinheit **4 Proportionale und antiproportionale Zuordnungen** kennen. Grundlage hierfür ist der bereits bekannte Dreisatz, der im Rahmen dieser Lerneinheit aufgegriffen und vertieft wird. Die Begriffe proportional und antiproportional werden über die Quotienten- bzw. Produktgleichheit eingeführt.

In der Lerneinheit **5** lernen die Schülerinnen und Schüler **Lineare Zuordnungen** als weiteren Zuordnungstyp kennen. Die linearen Zuordnungen werden über die konstante Änderungsrate definiert. Die Schülerinnen und Schüler erkennen, dass proportionale Zuordnungen spezielle lineare Zuordnungen sind.

1 Zuordnungen

Einstiegsaufgaben

E1 Ergänzt zu zweit das Pfeildiagramm. Ihr könnt weitere Pfeile und zusätzliche Begriffe einfügen.

Tipp: Bei Unsicherheiten kann die Verwendung eines Atlas hilfreich sein.
(▸ Kopiervorlage auf Seite K 26)

E2 a) Schreibe das Wort Mathematik im Morsealphabet.
Lösung:

– –	• –	–	• • • •	•	– –	• –	–	• •	– • –

b) Der folgende Satz ist (zeilenweise) im Morsealphabet geschrieben. Was steht dort geschrieben?

• – •	• •	– • – •	• • • •	–	• •	– – •
– •	•	• – • •	• • •	•	– •

Lösung: RICHTIG GELESEN
(▸ Kopiervorlage auf Seite K 26)

Hinweise zu den Aufgaben

1 Die Ergebnisse können dazu verwendet werden, neue Zuordnungen im Klassenverband zu finden. Z.B. *Länge des Zeigefingers ⟶ Anzahl der Schüler/-innen*.

2 und **3** Können nur im Klassenverband bearbeitet werden.

4 Bei dieser Aufgabe bietet es sich an, auch auf das Runden bzw. auf den Dreisatz einzugehen. Darüber hinaus können aktuelle Umtauschkurse aus dem Internet besorgt werden.

6 Ergänzungsfragen:
b) Ein Teiler einer Zahl heißt echter Teiler, wenn er nicht gleich der Zahl ist. Lege eine Tabelle für die Zuordnung *Natürliche Zahlen ⟶ Summe ihrer echten Teiler* an.
c) Zahlen, die sich bei der Zuordnung *Natürliche Zahlen ⟶ Summe ihrer echten Teiler* selbst zugeordnet sind, heißen vollkommene Zahlen. Wie viele vollkommene Zahlen gibt es zwischen 1 und 30?

Serviceblätter
– „Mit einem Mind-Map in das neue Thema" (Seite S 33)
– „Wachsende Formelsammlung" (Seite S 34)

2 Graphen von Zuordnungen

Einstiegsaufgaben

E3 a) Lies ab, wie warm es um 10.00 Uhr und um 16.00 Uhr war.
b) Wie warm war es vermutlich um 11.00 Uhr, um 13.00 Uhr und um 20.00 Uhr?
c) Welche Jahreszeit lag vermutlich bei der Messung vor?
d) Stelle die Zuordnung *Uhrzeit ⟶ Temperatur* (in °C) in einer Tabelle dar.

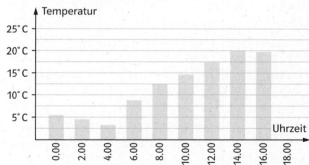

Hinweis: Das bereits bekannte Balkendiagramm wird als Vorstufe zum Graphen wiederholt. Die Schülerinnen und Schüler sollen neben dem Ablesen von Temperaturwerten intuitiv erkennen, dass man mithilfe des Diagramms auch nicht gemessene Werte vermuten kann. Darüber hinaus können die Vor- und Nachteile eines Diagramms besprochen werden.
(▸ Kopiervorlage auf Seite K 26)

E4 a) Der unten abgebildete Temperaturverlauf wurde von einem Thermographen aufgezeichnet.

Lies die Temperatur jeweils um 12 Uhr mittags (14 Uhr, 18 Uhr) ab.

b) Übertrage die Wertetabelle in dein Heft und fülle sie mit den Werten vom ersten Tag aus.

Uhrzeit	12	14	16	18	20
Temperatur (in °C)					

c) Welchen Vorteil hat die grafische Darstellung einer Zuordnung gegenüber der Darstellung durch eine Tabelle?

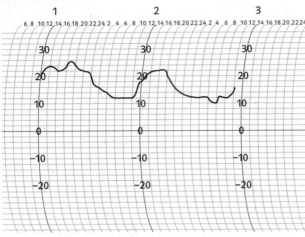

(► Kopiervorlage auf Seite K 26)

Hinweise zu den Aufgaben

2 Die Messung kann auch mit geringem Aufwand im Klassenzimmer selbst durchgeführt werden. Hierbei lässt sich der unterschiedliche Temperaturverlauf bei verschieden isolierten Gefäßen anschaulich darstellen.

3 Für das Schülerexperiment bieten sich Arbeitsgruppen mit zwei bis drei Schülern an. Für jede Gruppe werden Zugang zu einem Wasserhahn und ein zylindrisches Gefäß benötigt. Als Ergänzungsaufgabe kann Aufgabe 4 bearbeitet werden.

5 Die Aufgabe greift eine typische Fehlerquelle bei Schülern auf: Häufig wird das Bild eines Graphen mit der Darstellung des Sachverhaltes in Verbindung gebracht.

6 Die offen gestellte Aufgabe ist vergleichsweise anspruchsvoll und kann im Anschluss an Aufgabe 5 ggf. auch im Klassenverband bearbeitet werden.

7 und **8** Die Schüler können die Aufgaben auch für ihren Schulweg bearbeiten. So können sie Besonderheiten des Graphen besser ihren Mitschülern darstellen.

10 Originale Tachoscheiben erhält man z.B. bei Speditionen.

Serviceblätter
- „Wachsende Formelsammlung" (Seite S 34)
- „Sinn und Unsinn – Was ist hier wirklich wichtig?" (Seite S 35)
- „Bärbel Bleifuß" (Seite S 36)

3 Gesetzmäßigkeit bei Zuordnungen

Einstiegsaufgaben

E 5 Die Wertetabelle gehört zu einer Zuordnung $x \longrightarrow y$. Ergänze die Tabellen sinnvoll.

a)

x	0	1	2	3	4	5	6	7	8	9	10
y	-1	1	3	5					15		

b)

x	0	1	2	3	4	5	6	7	8	9	10
y	1	2	5	10	17						101

c)

x	0	1	2	3	4	5	6	7	8	9	10
y	1	2	2	3	3	3					

d)

x	0	1	2	3	4	5	6	7	8	9	10
y	0	1	8	27	64						

Hinweise:
1) Die Schülerinnen und Schüler können darüber hinaus aufgefordert werden, die Gesetzmäßigkeit in eigenen Worten auszudrücken.
2) Für Teilaufgabe d) bietet sich ein Taschenrechner an.
(► Kopiervorlage auf Seite K 27)

E 6 Bei der Zuordnung $x \longrightarrow y$ lässt sich der y-Wert mit der Formel $y = 3 \cdot x + 1$ berechnen.
a) Vervollständige damit die folgende Tabelle.

x	0	1	2	3	4	5	6	7	8	9	10
y	1	4	7								

b) Gib entsprechend der Info-Box auf Seite 66 die Formel $y = 3 \cdot x + 1$ in den GTR ein und lass dir die Wertetabelle sowie den Graphen anzeigen. Vergleiche die Werte der Tabelle mit denen aus Teilaufgabe a).
Hinweis: In Teilaufgabe b) soll mithilfe der Info-Box des Schülerbuchs eine Wertetabelle und ein Graph erstellt werden.
(► Kopiervorlage auf Seite K 27)

Hinweise zu den Aufgaben

1 bis **4** Die Schülerinnen und Schüler erstellen Tabellen und Graphen von Zuordnungen. Die Gesetzmäßigkeiten ergeben sich aus einem geometrischen Zusammenhang oder aus einem Kontext.

5 Gesetzmäßigkeit der Zuordnung wird kontextunabhängig aufgrund vorgegebener Werte bestimmt.

6 Verschiedene y-Werte und ein Graph werden mithilfe einer Formel bestimmt.

7 bis **11** Übungsaufgaben zum GTR.

Serviceblätter
– „Gesetzmäßigkeiten erkennen und beschreiben" (Seite S 37)
– „Graphen mit dem GTR" (Seite S 38)

4 Proportionale und antiproportionale Zuordnungen

Einstiegsaufgaben

E7 Die Kabinen eines Paternosters fahren auf der einen Seite mit konstanter Geschwindigkeit hoch, während sie auf der anderen Seite mit der gleichen Geschwindigkeit herunter fahren. Betritt man zum Zeitpunkt $t = 0$ eine nach oben fahrende Kabine, so ergibt sich für die Höhen h folgende Wertetabelle:

t (in s)	0	1	2	3	4	5	6	7	8	9	10
h (in m)	0	0,5	1	1,5	2						

a) Fülle die noch freien Felder der Tabelle aus.
b) Erstelle eine Wertetabelle für eine Kabine, die nach unten fährt.
c) Zeichne die Graphen für beide Zuordnungen *Zeit t ⟶ Höhe h.*
d) Wie sähen die Graphen aus, wenn die Kabinen doppelt oder halb so schnell fahren? Zeichne die Graphen in das gleiche Koordinatensystem.
e) Beschreibe die Gesetzmäßigkeiten der beiden Zuordnungen in eigenen Worten und mithilfe von Formeln. Finde weitere Zuordnungen, bei denen eine ähnliche Gesetzmäßigkeit gilt.
(► Kopiervorlage auf Seite K 27)

E8 a) Schneide aus kariertem Papier möglichst viele Rechtecke mit 24 Karos aus. Lege die Rechtecke wie in Fig. 1 auf Seite K 28 auf kariertes Papier, sodass die Eckpunkte links unten übereinander liegen. Markiere für jedes Rechteck die Eckpunkte oben rechts und verbinde diese anschließend zu einer Kurve.

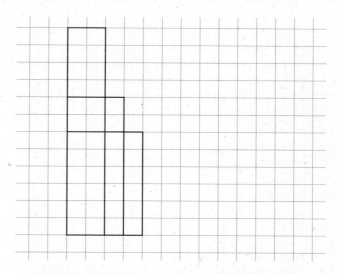

b) Welcher Zusammenhang besteht zwischen den beiden Seitenlängen? Mit welcher Formel lässt sich die zweite Seitenlänge durch die erste berechnen?
Hinweise:
1) Benötigt werden kariertes Papier und eine Schere.
2) Die Einstiegsaufgabe wird in Aufgabe 8 aufgegriffen.
(► Kopiervorlage auf Seite K 28)

Hinweise zu den Aufgaben

1 Mit den Schülern können als Vertiefung weitere proportionale Zuordnungen überlegt werden.

2 und **7** Im Anschluss können sich die Schülerinnen und Schüler in Partnerarbeit gegenseitig weitere Tabellen zum Ergänzen stellen.

5 In Teilaufgabe a) wird die Modellierung eines Experimentes angesprochen.

In **9** und der Aufgabe zu „Bist du sicher?" sollen Zuordnungstypen erkannt werden.

10 Offene Aufgabe, die in Partnerarbeit bearbeitet wird.

Serviceblätter
– „Wachsende Formelsammlung" (Seite S 34)
– „Experiment 1 – Gefäße" (Seite S 39)
– „Experiment 2 – Wippe" (Seite S 40)

5 Lineare Zuordnungen

Einstiegsaufgaben

E9 a) Ein leerer Öltank wird gefüllt. Der Graph A in dem Diagramm auf Seite K 28 gehört zur Zuordnung *Zeit t ⟶ Ölvolumen V.*

Um welchen Zuordnungstyp handelt es sich? Erstelle eine Wertetabelle und bestimme eine Formel, mit der sich das Ölvolumen V berechnen lässt.

b) Der Graph B gehört zur Zuordnung *Zeit t ⟶ Ölvolumen V* bei einem anderen Füllvorgang des Tanks. Wodurch unterscheidet sich dieser Füllvorgang von dem aus a)? Erstelle eine Wertetabelle und bestimme eine Formel, mit der sich das Ölvolumen V berechnen lässt.

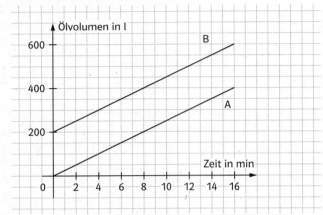

Hinweis: In der Aufgabe erfolgt anhand eines Beispiels die Verallgemeinerung der proportionalen Zuordnung auf eine lineare Zuordnung. In Teilaufgabe a) wird zunächst die proportionale Zuordnung *Zeit t ⟶ Ölvolumen V* beim Befüllen eines Öltankes aus der vorangegangenen Lerneinheit aufgegriffen. In Teilaufgabe b) erfolgt durch die Änderung des Anfangswertes die Verallgemeinerung auf eine lineare Zuordnung. Die Schülerinnen und Schüler sollen erkennen, dass die Zunahmen des Ölvolumens pro Zeit bei beiden Zuordnungen gleich groß sind.
(► Kopiervorlage auf Seite K 28)

E 10 Vier Kerzen, die alle 10 cm lang, aber verschieden dick sind, werden gleichzeitig angezündet.
a) Skizziere die Graphen der Zuordnungen *Zeit t ⟶ Höhe h* für die vier Kerzen in ein Koordinatensystem.
b) Welche Gemeinsamkeit haben die vier Graphen, worin unterscheiden sie sich?
c) Wie sähen die Graphen aus, wenn die Kerzen zu Beginn unterschiedlich lang wären?
Hinweise:
1) Die Einstiegsaufgabe bietet sich im Anschluss von E 9 an. Die Schüler zeichnen Graphen von linearen Zuordnungen mit negativer Änderungsrate.
2) Da keine weiteren Hinweise gegeben sind, können die Steigungen der Geraden nur qualitativ verglichen werden.
(► Kopiervorlage auf Seite K 28)

Hinweise zu den Aufgaben

1 und **2** Leichte Anwendungsaufgaben. In Teilaufgabe 1d) sollen die Schülerinnen und Schüler zum Kontext Stellung nehmen.

6 Zur Vorbereitung bietet sich Aufgabe 5 an.

7 Teilaufgabe d) ist eine offene Aufgabe, die in Partnerarbeit durchgeführt wird.

8 Teilaufgaben c) und d) sind anspruchsvoll.

Serviceblätter
- „Experiment 3 – Feder" (Seite S 41)
- Arbeitsplan zum Thema „Von Punkten zu Geraden" (Seite S 42)

Wiederholen – Vertiefen – Vernetzen

Inhalte und Zielsetzung der Aufgaben

1 Gesetzmäßigkeiten einer Zuordnung werden mit Worten beschrieben.

2 Graph einer Zuordnung wird aus einer Tabelle erstellt und interpretiert.

3 Graph einer Zuordnung wird interpretiert.

4 Graph einer Zuordnung wird mithilfe eines Kontextes bestimmt.

5 Die Formel einer proportionalen Zuordnung wird mithilfe eines Kontextes bestimmt. Anschließend wird der Graph gezeichnet und interpretiert.

6 Die Formel einer antiproportionalen Zuordnung wird mithilfe eines Kontextes bestimmt. Anschließend wird der Graph gezeichnet und interpretiert.

7 a) Der Zuordnungstyp wird mit der dazugehörigen Tabelle bestimmt.
b) Graph wird mit Tabelle gezeichnet.

8 Wertetabelle wird mithilfe eines Kontextes erstellt.

9 a) Zuordnungstyp (linear) wird bestimmt.
b) y-Werte werden bestimmt.
c) Formeln zur Berechnung der y-Werte werden bestimmt.
d) Graph wird gezeichnet.
e) Graph wird interpretiert.

10 Formel für die Berechnung von y-Werten wird mithilfe von Geraden bestimmt.

11 Punktprobe wird bei linearen Zuordnungen durchgeführt.

12 In einer offenen Aufgabe werden Graphen zu selbst gewählten Zuordnungen gezeichnet.

13 a) Zuordnungstyp wird aus Kontext bestimmt.
b) y-Werte werden berechnet.
c) x-Werte werden bestimmt.
d) Offene Aufgabe in Partnerarbeit. Es werden große Papierbögen benötigt.

14 Es soll Stellung zu verschiedenen Darstellungen von linearen Funktionen genommen werden.

15 Anwendungsaufgabe zu linearen Zuordnungen. Vernetzung mit Raumkörpern.

16 In einer Anwendungsaufgabe wird die graphische lineare Regression erläutert.

Serviceblätter
–

Einstiegsaufgaben

E1 Ergänzt zu zweit das Pfeildiagramm. Ihr könnt weitere Pfeile und zusätzliche Begriffe einfügen.

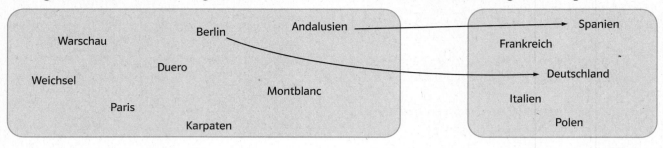

E2 Die folgende Tabelle zeigt das Morsealphabet:

A	B	C	D	E	F	G	H	I	J	K	L	M
·−	−···	−·−·	−··	·	··−·	−−·	····	··	·−−−	−·−	·−··	−−

N	O	P	Q	R	S	T	U	V	W	X	Y	Z
−·	−−−	·−−·	−−·−	·−·	···	−	··−	···−	·−−	−··−	−·−−	−−··

a) Schreibe das Wort Mathematik im Morsealphabet.
b) Der folgende Satz ist (zeilenweise) im Morsealphabet geschrieben. Was steht dort geschrieben?

·−·	··	−·−·	····	−	··	− −·
− −·	·	·−··	·	···	·	−·

E3 a) Lies ab, wie warm es um 10.00 Uhr und um 16.00 Uhr war.
b) Wie warm war es vermutlich um 11.00 Uhr, um 13.00 Uhr und um 20.00 Uhr?
c) Welche Jahreszeit lag vermutlich bei der Messung vor?
d) Stelle die Zuordnung *Uhrzeit* ⟶ *Temperatur (in °C)* in einer Tabelle dar.

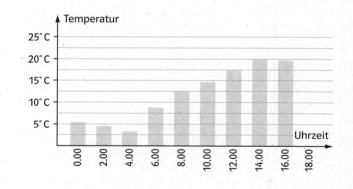

E4 a) Der Temperaturverlauf wurde von einem Thermographen aufgezeichnet. Lies die Temperatur jeweils um 12 Uhr mittags (14 Uhr, 18 Uhr) ab.
b) Übertrage die Wertetabelle in dein Heft und fülle sie mit den Werten vom ersten Tag aus.

Uhrzeit	12	14	16	18	20
Temperatur (in °C)					

c) Welchen Vorteil hat die grafische Darstellung einer Zuordnung gegenüber der Darstellung durch eine Tabelle?

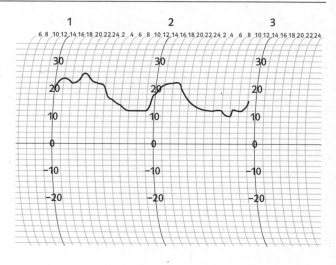

Aus: 978-3-12-734372-4 Lambacher Schweizer 3 BW Serviceband
Als Kopiervorlage freigegeben. Ernst Klett Verlag GmbH, Stuttgart 2005

E5 Die Wertetabelle gehört zu einer Zuordnung $x \longrightarrow y$. Ergänze die Tabellen sinnvoll.

a)

x	0	1	2	3	4	5	6	7	8	9	10
y	−1	1	3	5					15		

b)

x	0	1	2	3	4	5	6	7	8	9	10
y	1	2	5	10	17						101

c)

x	0	1	2	3	4	5	6	7	8	9	10
y	1	2	2	3	3	3					

d)

x	0	1	2	3	4	5	6	7	8	9	10
y	0	1	8	27	64						

E6 Bei der Zuordnung $x \longrightarrow y$ lässt sich der y-Wert mit der Formel $y = 3 \cdot x + 1$ berechnen.
a) Vervollständige damit die folgende Tabelle.

x	0	1	2	3	4	5	6	7	8	9	10
y	1	4	7								

b) Gib entsprechend der Info-Box auf Seite 66 die Formel $y = 3 \cdot x + 1$ in den GTR ein und lass dir die Wertetabelle sowie den Graphen anzeigen. Vergleiche die Werte der Tabelle mit denen aus Teilaufgabe a).

E7 Die Kabinen eines Paternosters fahren auf der einen Seite mit konstanter Geschwindigkeit hoch, während sie auf der anderen Seite mit der gleichen Geschwindigkeit herunter fahren. Betritt man zum Zeitpunkt $t = 0$ eine nach oben fahrende Kabine, so ergibt sich für die Höhen h folgende Wertetabelle:

t (in s)	0	1	2	3	4	5	6	7	8	9	10
h (in m)	0	0,5	1	1,5	2						

a) Fülle die noch freien Felder der Tabelle aus.
b) Erstelle eine Wertetabelle für eine Kabine, die nach unten fährt.
c) Zeichne die Graphen für beide Zuordnungen *Zeit t $\longrightarrow$ Höhe h*.
d) Wie sähen die Graphen aus, wenn die Kabinen doppelt oder halb so schnell fahren? Zeichne die Graphen in das gleiche Koordinatensystem.
e) Beschreibe die Gesetzmäßigkeiten der beiden Zuordnungen in eigenen Worten und mithilfe von Formeln. Finde weitere Zuordnungen, bei denen eine ähnliche Gesetzmäßigkeit gilt.

Aus: 978-3-12-734372-4 Lambacher Schweizer 3 BW Serviceband

E8 a) Schneide aus kariertem Papier möglichst viele Rechtecke mit 24 Karos aus. Lege die Rechtecke wie in Fig. 1 auf kariertes Papier, sodass die Eckpunkte links unten übereinander liegen. Markiere für jedes Rechteck die Eckpunkte oben rechts und verbinde diese anschließend zu einer Kurve.
b) Welcher Zusammenhang besteht zwischen den beiden Seitenlängen?
Mit welcher Formel lässt sich die zweite Seitelänge durch die erste berechnen?

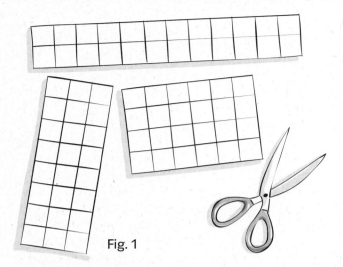

Fig. 1

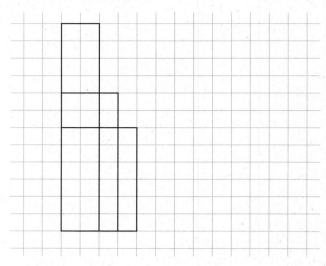

E9 a) Ein leerer Öltank wird gefüllt. Der Graph A im Diagramm gehört zur Zuordnung
Zeit t ⟶ *Ölvolumen V.* Um welchen Zuordnungstyp handelt es sich? Erstelle eine Wertetabelle und bestimme eine Formel, mit der sich das Ölvolumen V berechnen lässt.
b) Der Graph B gehört zur Zuordnung
Zeit t ⟶ *Ölvolumen V* bei einem anderen Füllvorgang des Tanks. Wodurch unterscheidet sich dieser Füllvorgang von dem aus a)? Erstelle eine Wertetabelle und bestimme eine Formel, mit der sich das Ölvolumen V berechnen lässt.

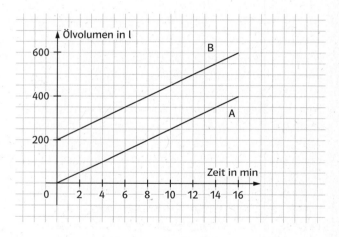

E10 Vier Kerzen, die alle 10 cm lang, aber verschieden dick sind, werden gleichzeitig angezündet.
a) Skizziere die Graphen der Zuordnungen
Zeit t ⟶ *Höhe h* für die vier Kerzen in ein Koordinatensystem.
b) Welche Gemeinsamkeit haben die vier Graphen, worin unterscheiden sie sich?
c) Wie sähen die Graphen aus, wenn die Kerzen zu Beginn unterschiedlich lang wären?

Aus: 978-3-12-734372-4 Lambacher Schweizer 3 BW Serviceband
Als Kopiervorlage freigegeben. Ernst Klett Verlag GmbH, Stuttgart 2005

IV Terme und Gleichungen

Überblick und Schwerpunkt

In den Lerneinheiten dieses Kapitels wird an das Wissen der Schülerinnen und Schüler über Rechenterme aus dem Bereich der rationalen Zahlen angeknüpft. Schülerinnen und Schüler lernen, Terme und Gleichungen mit einer Variablen für gegebene Zusammenhänge aufzustellen und so zu bearbeiten, dass man gesuchte Informationen ablesen kann. Dabei liegt ein Schwerpunkt des Kapitels auf dem Verstehen und Begründen der Zusammensetzung der Terme und Gleichungen. Um dies zu unterstützen, werden vielfach Begründungen in kleineren Aufsätzen sowie erklärende Skizzen eingefordert. Zusätzlich dienen geometrische Bezüge diesem Ziel. Ein weiterer Schwerpunkt ist der Aufbau von Sicherheit beim „zielgerichteten" Umformen, wobei zielgerichtet bedeuten soll, dass der Weg bzw. die Art der Umformungen je nach Fragestellung neu zu überlegen ist. Dem Lösen von Gleichungen auch mithilfe von Äquivalenzumformungen kommt hierbei eine zentrale Bedeutung zu. Der graphikfähige Taschenrechner wird in diesem Kapitel überwiegend als Kontrollmedium eingesetzt, um Proben durchzuführen. Darüber hinaus findet er bei Vernetzungen mit dem Themenstrang der Zuordnungen seine Verwendung.

Einem Großteil des Kapitels liegt die Leitidee **Modell und Simulation** zugrunde. Es werden verschiedene Strategien thematisiert, mithilfe derer man Sachzusammenhänge und Fragen des Alltags beantworten kann. Dieser Bogen erstreckt sich vom Aufstellen von Termen und Formeln für einfachere Zusammenhänge bis hin zum Problemlösen von komplexeren Situationen nach einem Vier-Stufen-Kreislauf, bei dem das Wechselspiel aus Realität und Mathematik transparent und klar strukturiert herausgearbeitet wird. In dieser Form werden die Problemlösetechniken der ersten Kapitel aufgegriffen und weiterentwickelt.

Des Weiteren wird die Leitidee **Beziehung und Änderung** an vielen Stellen zum zentralen Inhalt. So wird die Veränderung des Wertes eines Terms in Abhängigkeit von der Veränderung der Variablen im Term untersucht.

Damit die Schülerinnen und Schüler ihre Kenntnisse aus dem Kapitel III über lineare Zuordnungen übertragen und anwenden können, werden bei den dabei behandelten Termen und Gleichungen ausschließlich lineare Zusammenhänge betrachtet.

Ausgehend von einem Abzählproblem mithilfe von Streichhölzern wird in der Lerneinheit **1** das **Aufstellen von Termen – Formeln** über eine Drei-Schritte-Strategie veranschaulicht. Ausgehend von dieser Problemstellung werden praktische Übungen angeregt, wodurch sich die Richtigkeit der gefundenen Formeln leicht verifizieren lässt. In dieser Lerneinheit steht neben dem Aufstellen der Terme das Verstehen der Zusammensetzung sowie der Nutzen für das Verwenden von Variablen im Vordergrund.

Dass Terme mit Variablen nach den für die rationalen Zahlen geltenden Rechenregeln umgeformt werden können, ist Gegenstand der Lerneinheit **2 Gleichwertige Terme – zielgerichtetes Umformen**. Die Richtigkeit der Umformungen wird mithilfe geometrischer Betrachtungen verdeutlicht. Diese Anschauung wird im Weiteren sehr häufig wieder aufgegriffen. Ferner wird in diesem Zusammenhang der Begriff der äquivalenten Terme eingeführt. Neben dem verständnisorientierten Üben des Umformens bzw. Vereinfachens von Termen stellt der Einsetzungsgedanke bei Termen mit einer Variablen einen wichtigen Bestandteil dieser Lerneinheit dar.

Eine Vertiefung und Verallgemeinerung der Umformungsregeln erfolgt in Lerneinheit **3 Ausmultiplizieren und Ausklammern – Distributivgesetz**. Neben dem Assoziativ- und Kommutativgesetz, die beide bereits in der Lerneinheit 2 vorkommen, wird nun noch das Distributivgesetz ergänzt. Wesentlich ist bei allen Termbetrachtungen, dass die Zusammensetzung und Umformungen der Terme inhaltlich begründet werden. Hierzu werden geeignete Aufgaben bereitgestellt.

In der Lerneinheit **4** werden die Grundlagen der **Gleichungen und Ungleichungen** behandelt. Einzelne Aspekte (z. B. der Rechenstrich) sind den Schülerinnen und Schülern aus den Jahrgangsstufen 5 und 6 bereits bekannt. Neu sind die Überlegungen und inhaltlichen Anbindungen bezogen auf die Ungleichungen. Ebenfalls thematisiert werden einsichtige und teilweise bekannte Lösungsstrategien für Gleichungen und Ungleichungen (Lösen durch Ausprobieren sowie Verwenden des Rechenstrichs). Auf eine umfassende Begrifflichkeit aus der Mengenlehre (Definitionsmenge, Lösungsmenge usw.) wird bewusst verzichtet; vielmehr kommen für die Schülerinnen und Schüler einsichtige Begriffe zum Einsatz. Auch die exakte Unterscheidung von Formel und Gleichung wird nicht thematisiert, weil der Erkenntnisgewinn für gesamtmathematische

Zusammenhänge im Vergleich zum Schwierigkeitsgrad (hohe Abstraktionsstufe) zu gering ist. Der Lösbarkeit von Gleichungen und Ungleichungen wird in dieser Jahrgangsstufe keine zentrale Bedeutung beigemessen. Sie wird bei den Vertiefungen im Abschnitt unter Wiederholen – Vertiefen – Vernetzen behandelt.

In der Lerneinheit **5** wird das **Lösen von Gleichungen durch Äquivalenzumformungen** über das Waagenmodell anschaulich erläutert und die Symbolschreibweise für die Umformungen eingeführt. Hier steht das Einüben der Umformungen im Vordergrund. Am Ende dieser Lerneinheit wird Bezug zu den vorangegangenen Inhalten in Verbindung mit kontextgebundenen Fragestellungen hergestellt. Die Lerneinheit **6** deckt in starker Anlehnung an die Lerneinheit 5 das **Lösen von Ungleichungen** ab.

Nun sind alle Fähigkeiten erworben, um auch komplexere Sachzusammenhänge mittels Gleichungen und Ungleichungen zu bearbeiten. Dazu vertiefen die Schülerinnen und Schüler in der Lerneinheit **7** beim **Lösen von Problemen mit System** Kenntnisse, mit denen sie allgemein Problemstellungen des Alltags lösen können. Als neues Strukturelement wird der Vier-Stufen-Kreislauf anhand eines Beispiels vorgestellt. In den Aufgaben werden dazu verstärkt Kontexte aus der Lebenswelt der Schülerinnen und Schüler herangezogen.

1 Aufstellen von Termen – Formeln

Einstiegsaufgabe

E1 Der Vater von Lisa ist Computertechniker. Seine Firma bietet den Service an, Reparaturen oder Softwareinstallationen auch beim Kunden Zuhause zu erledigen. Dafür wird aber zusätzlich zum Stundenlohn ein fester Betrag für die An- und Abreise berechnet.
Lisa hat einige Rechnungsbeträge in einer Tabelle zusammengetragen:

Arbeitszeit in h	1,5	2	2,5	3		5
Kosten in	85	105	125	145	185	

a) Wie hoch ist der Stundenlohn von Lisas Vater und wie hoch ist der Festbetrag und An- und Abreise? Entnehme beides den Daten aus der Tabelle.
b) Finde eine Formel, mit der man die Kosten für den Computertechniker berechnen kann.
c) Vervollständige die Tabelle und führe sie für eigene Reparaturen fort.
(► Kopiervorlage auf Seite K 36)

Hinweise zu den Aufgaben

2 Diese Aufgabe kann variiert werden, indem man andere platonische Körper verwendet (Hexaeder, Tetraeder …). Zudem können die einzelnen Körper auch gebaut und so die Ergebnisse nachgemessen sowie der Aufgabenteil b) verdeutlicht werden.

4 Diese Aufgabe ist vor allem in den letzten Aufgabenteilen etwas offener gestellt. Hier können neben den Kosten auch andere Entscheidungskriterien herangezogen und diskutiert werden.

Serviceblätter
– „Wachsende Formelsammlung" (Seite S 43)
– „Lernzirkel : 1. Terme aufstellen" (Seite S 45)

2 Gleichwerte Terme – zielgerichtetes Umformen

Einstiegsaufgaben

E2 Grüne Bohnen werden in Reihen gesät. In den Reihen kann man im Abstand von 25 cm jeweils 3 Bohnensamen in ein 2 bis 5 cm tiefes Loch hineinlegen und anschließend mit Erde zudecken.
a) Wie viele Bohnensamen benötigt man, wenn auf einem b Meter breiten Feld 6 Reihen gesät werden sollen? Mit welchen der aufgelisteten Termen lässt sich die Anzahl der Bohnensamen berechnen? Begründe.
$(3 \cdot 4 \cdot b + 3) + (3 \cdot 4 \cdot b + 3) + (3 \cdot 4 \cdot b + 3) + (3 \cdot 4 \cdot b + 3) + (3 \cdot 4 \cdot b + 3) + (3 \cdot 4 \cdot b + 3)$ oder $3 \cdot b + 3 + 4 \cdot b + 3 \cdot b + 3 + 4 \cdot b + 3 \cdot b + 3 + 4 \cdot b + 3 \cdot b + 3 + 4 \cdot b + 3 \cdot b + 3 + 4 \cdot b + 3 \cdot b + 3 + 4 \cdot b$ oder $3 \cdot 4 \cdot b \cdot 6 + 18$ oder $18 + (b : 0,25) \cdot 3 \cdot 6$ oder $6 \cdot b \cdot 3 + 18$ oder $18 + 18 \cdot (b \cdot 4)$.

b Meter

b) Wie viele Bohnensamen benötigt man, wenn das Feld aus Teilaufgabe a) 100 m breit ist?
(► Kopiervorlage auf Seite K 36)

E3 Suche den Fehler und korrigiere ihn.
a) $(4 + 10 \cdot n) + (3 + 12 \cdot n)$
  $= 14 \cdot n + 15 \cdot n$
  $= 29 \cdot n$
b) $2 \cdot d - 14 - 3 \cdot d + 10$
  $= 2 \cdot d + 3 \cdot d - 14 + 10$
  $= 5 \cdot d - 4$
c) $n \cdot 6 + 3 + (2 \cdot n + 1)$
  $= n \cdot 9 + 2 \cdot n + 1 = 11 \cdot n + 1$
d) $f + \frac{1}{2} \cdot f + f + f + \frac{1}{4} \cdot f$
  $= 5 \cdot f + 0,75 = 5,75 \cdot f$
(► Kopiervorlage auf Seite K 36)

Hinweise zu den Aufgaben

6 Im Aufgabenteil c) wird ein Bezug zur Ausgangsproblemstellung in Lerneinheit 1 hergestellt. Hier kann der Einsatz von Streichhölzern zum Nachlegen der Dreieckskette dem Verständnis der Terme sehr förderlich sein.

7 Bei der Aufgabenstellung a) können mathematische Aufsätze verfasst werden. Alternativ können erstellte Skizzen in Partnerarbeit gegenseitig erläutert werden.
Beim Aufgabenteil c) kann diskutiert werden, was man im Kontext der Aufgabe unter einem „einfachen Term" versteht.

10 Diese Aufgabe dient dem Aufbau von Sicherheit beim Anwenden der erlernten Umformungen.

12 Bei dieser Aufgabe wird das Lösen von Gleichungen auf einfachem Niveau vorbereitet. Hierbei sollte man den Schülerinnen und Schülern in der Darstellung noch mehr Freiraum gewähren, um ihre Gedanken beim Lösen dieser Aufgabe zu dokumentieren.

13 Diese Aufgabe ist ein Beispiel für einen mathematischen Aufsatz.

Serviceblätter
– „Wachsende Formelsammlung" (Seite S43)

3 Ausmultiplizieren und Ausklammern – Distributivgesetz

Einstiegsaufgabe

E 4 Um ein quadratisches Feld soll ein Plattenweg mit quadratischen Platten gelegt werden (s. Skizze):

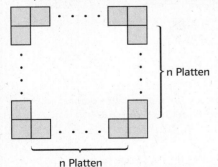

Zwischen den vier Eckplatten werden je n Platten gelegt. Die Anzahl variiert je nach Größe des Feldes.
a) Wie viele Platten benötigt man, wenn für n 86 Platten eingesetzt werden? Wie groß ist eine Grundseite des Feldes, wenn eine Platte einen Flächeninhalt von 1600 cm² hat?

b) Joanna und Alexandra haben für die Anzahl der Platten vier Terme gefunden:
$4 \cdot n + 4$ und $4 \cdot (n + 2) - 4$ und $4 \cdot (n + 1)$ und $2 \cdot n + 2 \cdot (n + 2)$.
Begründe mit einer Skizze, ob die vier Terme richtig sind.
Zeige deine aufgestellten Behauptungen mittels Termumformungen.
(► Kopiervorlage auf Seite K 37)

Hinweise zu den Aufgaben

4 Hier wird die Problemstellung aus E5 in variierender Weise aufgenommen. Durch verbales Beschreiben der Begründungen für die Zusammensetzungen der Terme anhand der angefertigten Skizzen (Folie oder Tafel) kann der Lernprozess unterstützt werden.
Zudem kann ein Vergleich beider Aufgaben (A4 und E5) in einer Diskussion über Gemeinsamkeiten und Unterschiede verständnisaufbauend wirken.

9 Um das Verstehen der Terme zu erleichtern, kann es hilfreich sein, die Schülerinnen und Schüler aus Papier gleichseitige Dreiecke ausschneiden zu lassen, damit der Plattenweg nachgelegt werden kann. Dies kann in Partner- oder Gruppenarbeit erfolgen. Dabei sollten pro Gruppe mindestens 51 gleich große Dreiecke ausgeschnitten werden. Der erste Auftrag könnte dann lauten: „Legt mit den Dreiecken möglichst viele Plattenwege in der gezeichneten Form und versucht darüber herauszufinden, welche Terme die Anzahl der Platten richtig beschreiben."

10 Damit die Schülerinnen und Schüler die Zusammensetzung der Terme gut nachvollziehen können, ist auch hier ein gemeinsamer Vergleich der verbalen Beschreibung anhand einer Skizze (Folie oder Tafel) empfehlenswert. Der Aufgabenteil e) bereitet das Lösen von Gleichungen vor.

11 und **12** sind Aufgaben zu zahlentheoretischen Betrachtungen. Dabei werden Inhalte zu Teilbarkeitsfragen wieder aufgegriffen bzw. in variierter Form behandelt. Im Anschluss dieser Aufgaben bietet sich die Exkursion über Zaubertricks an (ein Projekt wäre hier möglich).

Serviceblätter
– „Wachsende Formelsammlung" (Seite S43)
– „Lernzirkel: 2. Terme umformen" (Seite S46)
– „Lösungen gesucht" (Seite S51)
– „Gleichungstennis" (Seite S52)

4 Gleichungen und Ungleichungen

Einstiegsaufgaben

E5 Der Gartenwasserschlauch von Peters Eltern hat einen Wasserdurchlauf von ca. 800 Millilitern pro Sekunde. Peter soll nun für seine kleine Schwester Anna ein Planschbecken mit dem Fassungsvermögen von 500 Litern füllen.

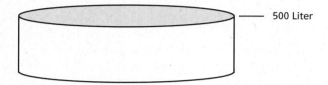

500 Liter

a) Beschreibe die Wassermenge im Planschbecken in Abhängigkeit von der Zeit mit einer Formel. Begründe die Zusammensetzung der Formel.
b) Wie kann man mithilfe der Formel aus a) die Frage beantworten, wie lange Peter benötigt, um das Planschbecken zu füllen?
c) Anna sagt: „Papa hat beim letzten Mal den laufenden Wasserschlauch vergessen. Nach ca. 15 Minuten ist das Becken übergelaufen." Kontrolliere Annas Aussage mithilfe einer Ungleichung.
d) Welche Geschichte könnte die Ungleichung $100 + 0{,}8 \cdot s < 500$ beschreiben?
(► Kopiervorlage auf Seite K 37)

E6 Susanne wohnt in Hürth und fährt mit dem Fahrrad nach Köln zum Einkaufen. Die Fahrstrecke ist 19 km lang. Susanne fährt sehr gleichmäßig mit der Geschwindigkeit von 14 km pro Stunde.
a) Erstelle eine Formel, mit der sich die Entfernung berechnen lässt, die Susanne noch bis nach Köln zurücklegen muss.
b) Wie lange benötigt Susanne für die Strecke bis nach Köln? Erstelle dazu als Hilfe für die Zuordnung *gefahrene Zeit (in h)* ⟶ *Entfernung nach Köln (in km)* eine Wertetabelle und einen Graphen.
(► Kopiervorlage auf Seite K 37)

Hinweise zu den Aufgaben

2 Hier können neben dem Verfahren des Lösens mithilfe einer Tabelle auch andere intuitive Lösungsverfahren angewendet werden und auf die Praktikabilität hin im Vergleich diskutiert werden.

6 Diese Aufgabe behandelt die Lösbarkeit von Gleichungen und Ungleichungen. Sie bezieht sich auf die Info-Box auf derselben Seite, in der sinnvolle Lösungen betrachtet werden. Als Ergänzung kann man für die Aufgaben 4 und 5 die sinnvollen Lösungen diskutieren.

Serviceblätter
–

5 Lösen von Gleichungen durch Äquivalenzumformungen

Einstiegsaufgaben

E7 Eine Textaufgabe führt auf die Gleichung $2(x + 1) + 1 = 7$ hin. Beschreibe, was unten dargestellt ist. Was hat sich jeweils verändert und wie ist dies zu begründen?

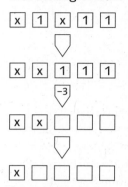

(► Kopiervorlage auf Seite K 38)

E8 Übersetze die Waagen in Gleichungen. Vervollständige die Lücken. Was ist bei den einzelnen Schritten jeweils passiert?

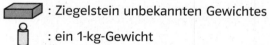 : Ziegelstein unbekannten Gewichtes

: ein 1-kg-Gewicht

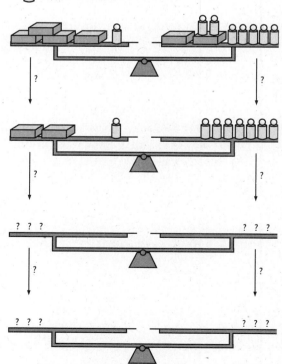

(► Kopiervorlage auf Seite K 38)

Hinweise zu den Aufgaben

Bis zur Aufgabe **5** geht es um das Einüben der Äquivalenzumformungen mit zunehmend höherem Schwierigkeitsgrad. Ab der Aufgabe **6** müssen die zu betrachtenden Gleichungen entweder erst aufgestellt oder bereits vorgegebene Gleichungen begründet werden.

6 Diese Aufgabe ist vorbereitend für die Exkursion: Zahlenzauberei. Die Exkursion kann an dieser Stelle daher angeschlossen werden.

10 Die Methode des Fehlersuchens kann auch gut als Unterrichtsmethode eingesetzt werden, wenn beispielsweise Aufgaben in selbstständigen Arbeitsphasen in Gruppen erarbeitet werden sollen und die Sicherung der Ergebnisse über ein kopiertes Lösungsblatt erfolgt. Dann sind die Schülerinnen und Schüler gezwungen, über die Lösungen mit den falschen Ergebnissen in ähnlicher Weise nachzudenken. Hilfreich ist es zudem, die Schülerinnen und Schüler die Gedanken aufschreiben zu lassen, die sie zu der falschen Lösung geführt haben.

Serviceblätter
– „Lernzirkel: 3. Gleichungen lösen" (Seite S 47)
– „Lernzirkel: 6. Kreuzzahlrätsel" (Seite S 50)

6 Lösen von Ungleichungen

Einstiegsaufgabe

E 9 Die Lösungen für die Ungleichungen kann man mithilfe von Proben kontrollieren. Bestätige die Lösungen mithilfe von Äquivalenzumformungen.
a) $2 \cdot x < 4$, also $x < 2$,
denn $2 \cdot 2 = 4$ und $2 \cdot 1,9 = 3,8 < 4$.
b) $-2 \cdot x < 4$, also $x > -2$,
denn $-2 \cdot (-2) = 4$ und $-2 \cdot (-1,9) = 3,8 < 4$.
c) $3 + 5 \cdot x > 13$, also $x > 2$,
denn $3 + 5 \cdot 2 = 13$ und $3 + 5 \cdot 2,11 = 13,55 > 13$.
d) $-3 + 5 \cdot x > 13$, also $x > 3,2$,
denn $-3 + 5 \cdot 3,2 = 13$ und $-3 + 5 \cdot 3,3 = 13,5 > 13$.
e) $-3 - 5 \cdot x > 13$, also $x < -3,2$,
denn $-3 - 5 \cdot (-3,2) = 13$ und
$-3 - 5 \cdot (-3,3) = 13,5 > 13$.
(► Kopiervorlage auf Seite K 39)

Hinweise zu den Aufgaben

1 und **2** Damit das Umformen der Ungleichungen (und Gleichungen) stets ein bewusster Vorgang bleibt, kann man bei diesen Aufgabentypen mathematische Aufsätze schreiben lassen, in denen die Vorgehensweise beim Umformen dokumentiert wird.

Bei den Aufgaben **3**, **4** und **7** müssen die Ungleichungen zuerst aufgestellt werden. Diese Aufgaben sind demnach auch eine Vorbereitung auf die Lerneinheit 7, in der das Aufstellen von Gleichungen thematisiert wird.
Die Aufgaben **3** und **4** dienen dem Verständnisaufbau, weil die Umformungen den geometrischen Schaubildern anschaulich entnommen werden können. Bei der Aufgabe **4** ist es daher auch sinnvoll, eine Planskizze anfertigen zu lassen und deren Nutzen mit der Lerngruppe zu erörtern.

7 Bei dieser Aufgabe bietet es sich an, eine abschließende Diskussion über Umweltstrom (Vorteile und Nachteile) zu führen, um die gefundenen Lösungen in einen größeren Gesamtzusammenhang zu stellen. Auch könnte man als Hausaufgabe andere Tarife finden lassen und diese mit den Angaben im Buch vergleichen. Ebenfalls könnte der kWh-Verbrauch von einzelnen Schülerinnen und Schülern pro Tag, pro Monat … thematisiert werden (Projekt möglich).

Serviceblätter
– „Lernzirkel : 4. Ungleichungen lösen" (Seite S 48)

7 Lösen von Problemen mit System

Einstiegsaufgaben

E 10 a) Markiere in der folgenden Aufgabe die für die Aufgabenstellung wichtigen Textteile, wie oben angegeben.
b) Schneide die einzelnen Textteile aus und lege sie so hintereinander, dass sie eine mathematische Gleichung ergeben. („Schnibbelmethode")
c) Schreibe die mathematische Gleichung auf und löse sie. Beurteile dein Ergebnis.

Aufgabe:
Peter denkt sich eine Zahl und rechnet: „Ich bilde die Summe aus der gedachten Zahl und 5. Dann multipliziere ich diese Summe mit 3 und subtrahiere nun die Zahl 14. Das Ergebnis ist genauso groß wie das Vierfache der gedachten Zahl." Welche Zahl hat sich Peter gedacht?
Zum Verstehen der Aufgabe kann es hilfreich sein, die einzelnen Textteile nicht nur zu unterstreichen, sondern sie farbig zu markieren – dann bekommen alle Textteile, die zusammengehören, die gleiche Farbe.
(► Kopiervorlage auf Seite K 39)

E11 Die Französin Jeanne Louise Calment hat das höchste Alter, das ein Mensch nachweisbar erreichte, erreicht. Sie ist im Jahre 1875 geboren. Ihr Alter war um 30 Jahre geringer, als das höchste bekannte Alter eines Tieres – der Schildkröte. Beide Alter zusammen ergeben 274. In welchem Jahr ist Jeanne Louise Calment gestorben und wie alt wurde die Schildkröte?

(► Kopiervorlage auf Seite K 40)

Hinweise zu den Aufgaben

1 Hier können die Schülerinnen und Schüler sehr gut eigene Aufgaben entwickeln und diese mit ihren Nachbarn besprechen. Motivierend sind dabei auch Aufgaben, die auf „echten Daten" aus der Familie oder dem Freundeskreis basieren.

Die „Bist du sicher?"-Aufgaben **1** und **2** sowie Aufgabe **3** stammen aus dem zahlentheoretischen Bereich. Hier kann man darüber hinaus auch eigene Aufgaben entwickeln lassen. Da das Mathematisieren sehr einsichtig ist, eignen sich diese Aufgaben dazu, die Methode des Markierens (auch „Schnibbelmethode") zu üben.

4 Bei dieser Aufgabe wird neben der Prozentrechnung auch das Umrechnen von Einheiten wiederholt.

5 Diese Aufgabe kann als einführende Aufgabe für die Exkursion Zahlenzauberei verwendet werden.

10 Diese Aufgabe ist vergleichsweise anspruchsvoll, weshalb es hilfreich sein könnte, sie im Unterricht in Partner- oder Gruppenarbeit bearbeiten zu lassen

Serviceblätter
- „Lernzirkel : 5. Probleme lösen" (Seite S 49)

Wiederholen – Vertiefen – Vernetzen

Hinweise zu den Aufgaben

2 Schülerinnen und Schüler können eigene Teilaufgaben ergänzen.

Die folgenden Aufgaben dienen einer Vertiefung einzelner Aspekte des Kapitels:

4 Hier wird zum ersten Mal ein quadratischer Zusammenhang allgemein (n^2 und $9n^2$) beschrieben. U.U. bietet sich eine Wiederholung der Quadrate an.

6 und **7** Bei diesen Aufgaben muss mit rationalen Zahlen in Verbindung mit Variablen gerechnet werden.

8 und **9** Hier wird die Lösbarkeit von Gleichungen behandelt.

Die folgenden Aufgaben vernetzen verschiedene Aspekte innerhalb des Kapitels bzw. mit Aspekten aus anderen Kapiteln:

4 Zuordnungen, Geometrie und Terme – Formeln.

5 Terme und Problemlösen.

6 Umrechnungen von Einheiten, Zuordnungen, Gleichungen und Ungleichungen.

7 Rationale Zahlen, Termumformungen und Problemlösen.

Serviceblätter
- „Die 7b bastelt" (Seite S 53)
- „Modeschmuck" (Seite S 54)
- Wettbewerb: Wer erstellt das beste Mind-Map zu „Terme und Gleichungen"? (Seite S 55)

Exkursion
Zahlenzauberei

Diese Exkursion ist so aufgebaut, dass sie sehr vielfältig in ihren Zugangsweisen für die Schülerinnen und Schüler ist. Die erläuternden Teile sind sehr kurz gehalten; der Schwerpunkt sollte auf der eigenständigen Erarbeitung liegen.

Wie in den Beschreibungen zu den Aufgaben bereits angedeutet, kann die Exkursion während oder nach den Lerneinheiten 4, 5, 6 oder am Ende des Kapitels durchgeführt werden. In diesen Lerneinheiten gibt es jeweils Aufgaben, die als Verbindung zu den Zahlenzaubereien verwendet werden können. Bei ausreichend vorhandener Zeit können die einzelnen Zaubereien auch projektorientiert in Gruppen erarbeitet und anschließend (z.B. bei einem Elternabend) präsentiert werden.

Auch wenn die Methoden bei den einzelnen Zaubereien variieren, so wurde stets darauf geachtet,
dass ein handlungsorientierter Zugang zu den
Problemstellungen möglich ist. Dies erfolgt durch
Streichhölzer, Münzen, Erbsen usw. Zusätzliche Varianten sind auf dem Rand verzeichnet.

Serviceblätter
–

Einstiegsaufgaben

E1 Der Vater von Lisa ist Computertechniker. Seine Firma bietet den Service an, dass Reparaturen oder Softwareinstallationen auch beim Kunden zu hause erledigt werden. Dafür wird aber zusätzlich zum Stundenlohn ein fester Betrag für die An- und Abreise berechnet.
Lisa hat einige Rechnungsbeträge in einer Tabelle zusammengetragen:

Arbeitszeit in h	1,5	2	2,5	3		5
Kosten in	85	105	125	145	185	

a) Wie hoch ist der Stundenlohn von Lisas Vater und wie hoch ist der Festbetrag für An- und Abreise? Entnehme beides den Daten aus der Tabelle.
b) Finde eine Formel, mit welcher man die Kosten für den Computertechniker berechnen kann.
c) Vervollständige die Tabelle und führe sie für eigene Reparaturen fort.

E2 Grüne Bohnen werden in Reihen gesät. In den Reihen kann man im Abstand von 25 cm jeweils 3 Bohnensamen in ein 2 bis 4 cm tiefes Loch hineinlegen und anschließend mit Erde zudecken.
a) Mit welchen der aufgelisteten Termen lässt sich die Anzahl der Bohnensamen berechen? Wie viele Bohnensamen benötigt man, wenn auf einem b Meter breiten Feld 6 Reihen gesät werden sollen? Begründe.
$(3 \cdot 4 \cdot b + 3) + (3 \cdot 4 \cdot b + 3) + (3 \cdot 4 \cdot b + 3) + (3 \cdot 4 \cdot b + 3)$
$+ (3 \cdot 4 \cdot b + 3) + (3 \cdot 4 \cdot b + 3)$ oder $3 \cdot b + 3 + 4 \cdot b +$
$3 \cdot b + 3 + 4 \cdot b + 3 \cdot b + 3 + 4 \cdot b + 3 \cdot b + 3 + 4 \cdot b + 3 \cdot b$
$+ 3 + 4 \cdot b + 3 \cdot b + 3 + 4 \cdot b$ oder $3 \cdot 4 \cdot b \cdot 6 + 18$ oder 18
$+ (b : 0,25) \cdot 3 \cdot 6$ oder $6 \cdot b \cdot 3 + 18$ oder $18 + 18 \cdot (b \cdot 4)$.
b) Wie viele Bohnensamen benötigt man, wenn das Feld 100 m breit ist?

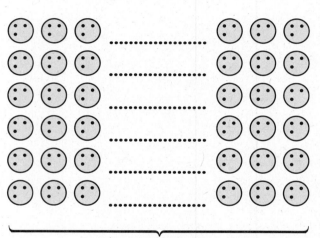

b Meter

E3 Suche den Fehler und korrigiere ihn.

a) $(4 + 10 \cdot n) + (3 + 12 \cdot n)$
$= 14 \cdot n + 15 \cdot n$
$= 29 \cdot n$

b) $2 \cdot d - 14 - 3 \cdot d + 10$
$= 2 \cdot d + 3 \cdot d - 14 + 10$
$= 5 \cdot d - 4$

c) $n \cdot 6 + 3 + (2 \cdot n + 1)$
$= n \cdot 9 + 2 \cdot n + 1 = 11 \cdot n + 1$

d) $f + \frac{1}{2} \cdot f + f + f + \frac{1}{4} \cdot f$
$= 5 \cdot f + \frac{3}{4} = 5,75 \cdot f$

Aus: 978-3-12-734372-4 Lambacher Schweizer 3 BW Serviceband
Als Kopiervorlage freigegeben. Ernst Klett Verlag GmbH, Stuttgart 2005

E4 Um ein quadratisches Feld soll ein Plattenweg mit quadratischen Platten gelegt werden (s. Skizze):

Zwischen den vier Eckplatten werden je n Platten gelegt. Die Anzahl variiert je nach Größe des Feldes.
a) Wie viele Platten benötigt man, wenn für n 86 Platten eingesetzt werden? Wie groß ist eine Grundseite des Feldes, wenn eine Platte einen Flächeninhalt von 1600 cm² hat?
b) Joanna und Alexandra haben für die Anzahl der Platten vier Terme gefunden: $4 \cdot n + 4$ und $4 \cdot (n + 2) - 4$ und $4 \cdot (n + 1)$ und $2 \cdot n + 2 \cdot (n + 2)$. Begründe mit einer Skizze, ob die vier Terme richtig sind.
Zeige deine aufgestellten Behauptungen mittels Termumformungen.

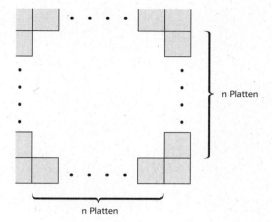

n Platten

n Platten

E5 Der Gartenwasserschlauch von Peters Eltern hat einen Wasserdurchlauf von ca. 800 Millilitern pro Sekunde. Peter soll nun für seine kleine Schwester Anna ein Planschbecken mit dem Fassungsvermögen von 500 Litern füllen.
a) Beschreibe die Wassermenge im Planschbecken in Abhängigkeit von der Zeit mit einer Formel. Begründe die Zusammensetzung der Formel.
b) Wie kann man mithilfe der Formel aus a) die Frage beantworten, wie lange Peter benötigt, um das Planschbecken zu füllen?
c) Anna sagt: „Papa hat beim letzten Mal den laufenden Wasserschlauch vergessen. Nach ca. 15 Minuten ist das Becken übergelaufen." Kontrolliere Annas Aussage mithilfe einer Ungleichung.
d) Welche Geschichte könnte die Ungleichung $100 + 0,8 \cdot s < 500$ beschreiben?

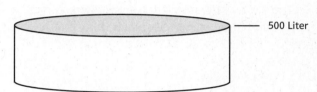

500 Liter

E6 Susanne wohnt in Hürth und fährt mit dem Fahrrad nach Köln zum Einkaufen. Die Fahrstrecke ist 19 km lang. Susanne fährt sehr gleichmäßig mit der Geschwindigkeit von 14 km pro Stunde.
a) Erstelle eine Formel, mit der sich die Entfernung berechnen lässt, die Susanne noch bis nach Köln zurücklegen muss.
b) Wie lange benötigt Susanne für die Strecke bis nach Köln? Erstelle dazu als Hilfe für die Zuordnung *gefahrene Zeit (in h)* ⟶ *Entfernung nach Köln (in km)* eine Wertetabelle und einen Graphen.

Zeit in h	Entfernung in km
0,25	
0,5	
0,75	
1	
1,25	

Entfernung in km

Zeit in h

Aus: 978-3-12-734372-4 Lambacher Schweizer 3 BW Serviceband
Als Kopiervorlage freigegeben. Ernst Klett Verlag GmbH, Stuttgart 2005

IV Terme und Gleichungen   **K 37**

E7 Eine Textaufgabe führt auf die Gleichung 2 (x + 1) + 1 = 7. Beschreibe, was unten dargestellt ist. Was hat sich jeweils verändert und wie ist dies zu begründen?

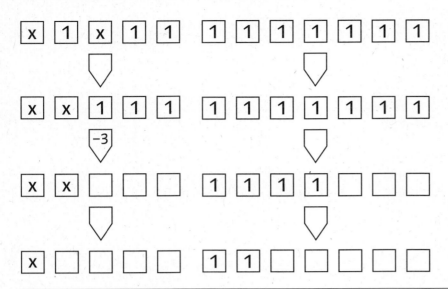

E8 Übersetze die Waagen in Gleichungen. Vervollständige die Lücken (Fragezeichen).
Was ist bei den einzelnen Schritten jeweils passiert?

 : Ziegelstein unbekannten Gewichtes

: ein 1-kg-Gewicht

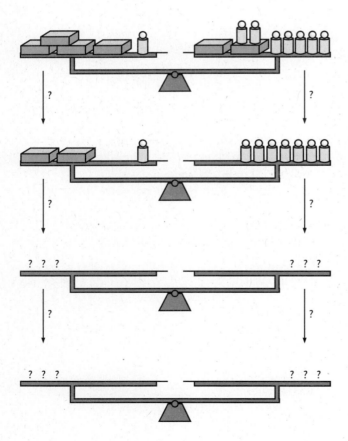

Aus: 978-3-12-734372-4 Lambacher Schweizer 3 BW Serviceband
Als Kopiervorlage freigegeben. Ernst Klett Verlag GmbH, Stuttgart 2005

E9 Die Lösungen für die Ungleichungen kann man mithilfe von Proben kontrollieren.
Bestätige die Lösungen mithilfe von Äquivalenzumformungen.

a) $2 \cdot x < 4$, also $x < 2$,
denn $2 \cdot 2 = 4$ und $2 \cdot 1,9 = 3,8 < 4$

$2 \cdot x < 4 \,|\, :2$

...

b) $-2 \cdot x < 4$, also $x > -2$,
denn $-2 \cdot (-2) = 4$ und $-2 \cdot (-1,9) = 3,8 < 4$

$-2 \cdot x < 4 \,|\, ...$

...

...

c) $3 + 5 \cdot x > 13$, also $x > 2$,
denn $3 + 5 \cdot 2 = 13$ und $3 + 5 \cdot 2,11 = 13,55 > 13$

$3 + 5 \cdot x > 13 \,|\, ...$

...

...

d) $-3 + 5 \cdot x > 13$, also $x > 3,2$,
denn $-3 + 5 \cdot 3,2 = 13$ und $-3 + 5 \cdot 3,3 = 13,5 > 13$

$-3 + 5 \cdot x > 13 \,|\, ...$

...

...

e) $-3 - 5 \cdot x > 13$, also $x < -3,2$,
denn $-3 - 5 \cdot (-3,2) = 13$ und $-3 - 5 \cdot (-3,3) = 13,5 > 13$

$-3 - 5 \cdot x > 13 \,|\, ...$

...

...

E10 a) Markiere in der folgenden Aufgabe die für die Aufgabenstellung wichtigen Textteile, wie oben angegeben.
b) Schneide die einzelnen Textteile aus und lege sie so hintereinander, dass sie eine mathematische Gleichung ergeben. („Schnibbelmethode")
c) Schreibe die mathematische Gleichung auf und löse sie. Beurteile dein Ergebnis.

Aufgabe:
Peter denkt sich eine Zahl und rechnet: „Ich bilde die Summe aus der gedachten Zahl und 5. Dann multipliziere ich diese Summe mit 3 und subtrahiere nun die Zahl 14. Das Ergebnis ist genauso groß wie das Vierfache der gedachten Zahl." Welche Zahl hat sich Peter gedacht?

Aus: 978-3-12-734372-4 Lambacher Schweizer 3 BW Serviceband

Als Kopiervorlage freigegeben. Ernst Klett Verlag GmbH, Stuttgart 2005

E11 Die Französin Jeanne Louise Calment hat das höchste Alter, das ein Mensch nachweisbar erreichte, erreicht. Sie ist im Jahre 1875 geboren. Ihr Alter war um 30 Jahre geringer, als das höchste bekannte Alter eines Tieres – der Schildkröte. Beide Alter zusammen ergeben 274. In welchem Jahr ist Jeanne Louise Calment gestorben und wie alt wurde die Schildkröte?

Aus: 978-3-12-734372-4 Lambacher Schweizer 3 BW Serviceband
Als Kopiervorlage freigegeben. Ernst Klett Verlag GmbH, Stuttgart 2005

V Beziehungen in geometrischen Figuren

Überblick und Schwerpunkt

In der 5. und 6. Klasse haben die Schülerinnen und Schüler elementare Eigenschaften von Abbildungen und symmetrischen Figuren kennen gelernt. Als wichtiges Werkzeug dienten ihnen dabei das Geodreieck und der Zirkel. Unter der Leitidee **Muster und Struktur** wird im 7. Schuljahr dieses Vorwissen aufgegriffen und dazu verwendet, Beziehungen zwischen geometrischen Objekten in Figuren zu beschreiben und neue Beziehungen zu entdecken und zu begründen. Die Schülerinnen und Schüler werden dabei angeleitet, den Gedankengang bei Begründungen und Konstruktionen schriftlich und mündlich zu formulieren. Die „geometrische" Sprache und Schrift entwickelt sich dabei behutsam aus der umgangssprachlichen. Hierbei wird eine normierte Sprache für die Dokumentationen bewusst ebenso vermieden wie ein vorwiegend systematischer Aufbau der Geometrie im Sinne einer axiomatischen Propädeutik. Was bei einer Figur direkt einsichtig ist, wird nicht weiter begründet.

Im Sinne der Leitidee **Form und Raum** werden in den Lerneinheiten geometrische Figuren auch in ganzheitlicher Wirkung, z. B. in Ornamenten und Parketten, und in räumlichen Konstellationen behandelt, damit auch hier das räumliche Vorstellungsvermögen der Schülerinnen und Schüler gefördert wird.

Neben dem sachlogischen Aufbau der Lerninhalte sollen geometrische Tätigkeiten als nützliches Werkzeug erlebt werden, um praktische Probleme zu lösen. Die Lernenden werden befähigt, Sachverhalte durch geeignete, maßstabsgetreue Zeichnungen so darzustellen, dass gesuchte Größen gemessen werden können.

Der Einsatz eines dynamischen Geometrieprogramms wird in Lerneinheit 3 durch eine umfassende Info-Box angeregt und durch Übungsaufgaben unterstützt. Da sich beim computerunterstützten Zeichnen abgeleitete Punkte meist als Schnitte von Ortslinien ergeben, werden die Schülerinnen und Schüler durch den Einsatz eines Geometrieprogramms zu einer strukturierten und zielgerichteten Abfolge von Zeichenschritten angeleitet. Ein Geometrieprogramm kann, muss aber nicht zwingend eingesetzt werden. Entsprechende Aufgaben sind ab dieser Lerneinheit mit dem Logo Geo ausgewiesen. Zusätzliche Hinweise werden bei den unten stehenden Kommentaren zu den Aufgaben der einzelnen Lerneinheiten bereitgestellt.

Die Lerneinheit **1 Abstände** wiederholt den Begriff des Abstands zweier Punkte. Er wird dazu verwendet, Streckenlängen zu bestimmen, den Abstand eines Punktes zu einer Geraden und den Abstand paralleler Geraden festzulegen. Dabei wird der Begriff des Lots eingeführt. Die Höhen im Dreieck und im Parallelogramm und ihre Verwendung zur Flächenberechnung werden wiederholt und in Aufgaben angewendet.

Eine häufig wiederkehrende Fragestellung in unterschiedlichen mathematischen Fachgebieten ist die Suche nach Invarianten. In der Lerneinheit **2 Abstände von Punkten und Geraden-Ortslinien** wird die Frage nach „Punkten mit gleichen Abständen zu elementaren geometrischen Objekten" gestellt. Als Ergebnis werden die Mittelsenkrechte einer Strecke, die Winkelhalbierende eines Winkels, ein Parallelenpaar im gleichen Abstand von einer Gerade und die Mittelparallele zweier paralleler Geraden als jeweils zugehörige Ortslinien der jeweiligen Objekte erkannt.

Lerneinheit **3 Konstruktionen mit Zirkel und Lineal** nutzt die in Lerneinheit 2 behandelten Ortslinien für die Konstruktion der Mittelsenkrechten einer Strecke, der Lotgeraden durch einen Punkt zu einer Geraden und der Winkelhalbierenden. Bei Anwendungen kommt es nun auch darauf an, die Schrittfolge für eine Zeichnung in einer Konstruktionsbeschreibung nachvollziehbar aufzuschreiben. In dieser Lerneinheit ist eine Info-Box zur Verwendung eines Geometrieprogramms aufgeführt.

Die Lerneinheit **4 Zusammenhänge bei symmetrischen Figuren** greift das bekannte Wissen der Klassen 5 und 6 über einfache punkt- und achsensymmetrische Figuren auf, um es nun für die Argumentation bei Begründungen zu nutzen. Bei Dreiecken kann man aus der Gleichheit zweier Winkel auf die Gleichheit zweier Strecken schließen (Basiswinkelsatz). Dies gilt auch umgekehrt. An parallelen Geraden treten Wechselwinkel und Stufenwinkel gleicher Größe auf (Satz über Wechsel- und Stufenwinkel). Umgekehrt kann man bei Geraden aus der Gleichheit von Winkeln auf die Parallelität von Geraden schließen.

Die in Lerneinheit 4 behandelten grundlegenden Sätze werden in den folgenden Lerneinheiten zur

Begründung von Sachverhalten herangezogen. Hierbei werden zum Teil auch bekannte Sachverhalte unter dem Aspekt des Begründens wieder aufgegriffen.

In der Lerneinheit **5 Winkelsummen** wird der Satz über die Winkelsumme im Dreieck begründet und in den Aufgaben auf Vierecke und Vielecke verallgemeinert.

Die Lerneinheit **6 Der Satz des Thales** ist exemplarisch und zentral für die Vorgehensweise zur Begründung eines Satzes.
Neben der Umkehrüberlegung zum Satz wird der Thaleskreis zur Konstruktion von rechten Winkeln und von Tangenten an Kreise verwendet. Die historische Bedeutung des Satzes (er gilt bis heute als der erste auf diese Art bewiesene Satz in der Mathematikgeschichte) kann man im Unterricht mit der Info-Box zu Thales von Milet (vgl. S. 140) herstellen.

Das Kapitel wird abgerundet durch die Lerneinheit **7 Umkreise und Inkreise**, in der das erworbene Wissen zur Untersuchung der Eigenschaften der Mittelsenkrechten und Winkelhalbierenden bei Dreiecken eingesetzt wird. Die Inhalte dieser Lerneinheit gehen über die Standards des Bildungsplanes hinaus und werden daher als möglicher Ergänzungsstoff bereitgestellt.

1 Abstände

Einstiegsaufgaben

E1 Ilka freut sich auf den Spielplatz, weil dort eine neue Balkenschaukel mithilfe einem 6 m langen Balken steht. Er bewegt sich um eine Achse, die 80 cm über dem Boden steht.

Ihre große Schwester kann ihr mithilfe einer Zeichnung jetzt schon sagen, wie hoch sie schaukeln kann.
(► Kopiervorlage auf Seite K 49)

E2 In Quadrathausen macht der Park dem Namen der Ortschaft alle Ehre. Die zahlreichen Wege schneiden sich so, dass gleich große Quadrate entstehen. Drei Freunde wollen sich beim Brunnen an der Stelle P treffen. Sie sind jetzt an den Kreuzungen A, B und C. Wer von ihnen hat den weitesten Weg?

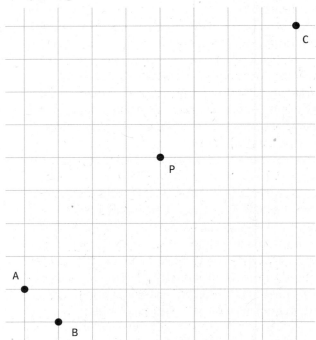

Tipp: Man kann die Aufgabe unter unterschiedlichen Voraussetzungen diskutieren.
a) Die Freunde bleiben auf den Wegen.
b) Die Freunde dürfen die Wege verlassen.
(► Kopiervorlage auf Seite K 49)

E3 Stelle allein durch Überlegungen fest, wie viele Paare von Punkten bei einer abgebildeten Figur jeweils einen größtmöglichen Abstand voneinander haben können.

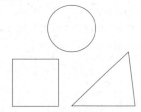

(► Kopiervorlage auf Seite K 49)

Hinweise zu den Aufgaben

1 bis **3** Anwendung von Abständen, Flächenbestimmung. (Es gibt Situationen, bei denen man Abstände genau angeben kann, und andere, bei denen man eine Messung vornehmen muss. Man sollte die Genauigkeit der Ergebnisse bei Messungen thematisieren: Gebrauch von „=" und „≈"; Angabe der Dezimalen, sinnvolle Genauigkeit.)

4 und **5** Begründungsaufgaben

Serviceblätter

–

2 Abstände von Punkten und Geraden – Ortslinien

Einstiegsaufgaben

E 4 Der Platzwart schießt keinen Elfer
Wie markiert der Platzwart den Mittelkreis und den Elfmeterpunkt auf dem Fußballplatz, wenn nach einem heftigen Gewitter überhaupt keine Linien mehr zu sehen sind?
Welche Bedeutung hat der Kreis am Strafraum?

Tipp: Hier können die Schüler zu einer Recherche aufgefordert werden (E1 als vorbereitende Hausaufgabe).
(► Kopiervorlage auf Seite K 50)

E 5 Das Geheimnis der Briefwaage
Franz behauptet, dass man, ohne die Skala abzulesen, allein an der Stellung der beiden senkrechten Stäbe feststellen kann, ob ein Brief schwerer oder leichter als ein anderer ist.

Tipp: Die Abbildung ermöglicht weitere Fragen: Welche geometrischen Figuren sind hier zu sehen?

Die Funktion der Briefwaage kann durch Drücken auf die Auflage begriffen werden (Hebelgesetz).
(► Kopiervorlage auf Seite K 50)

Hinweise zu den Aufgaben

1 und **2** Anwendungen von Ortslinien ohne und mit Koordinatensystem.

3 Festlegen von Punkten durch Aussagen mit Verknüpfungen (und, oder).

4 Faltübungen mit Begründung.

5 Begründungsaufgaben.

6 und **7** Aussagen begründen und vergleichen, Partnerarbeit.

8 und **9** Anwendungsaufgaben (maßstabsgetreue Zeichnungen anfertigen, Ergebnisse interpretieren).

Serviceblätter
– „Walbeobachtung mit Folgen – Wo ist die Kamera?" (Seite S 57)
– „Eine Stadtralley nach Plan (1)" (Seite S 58)

3 Konstruktion mit Zirkel und Lineal

Der Impuls bietet die Möglichkeit, die Bedeutung der Konstruktion mit Zirkel und Lineal zu vermitteln, um so auch große Figuren im Freien zu konstruieren. Aufgabe 8 greift dieses Thema wieder auf.

In der Lerneinheit wird der Begriff Lotfußpunkt verwendet. Konstruktionsbeschreibungen werden sprachlich nicht normiert und es werden z.T. sehr bald wieder Makro-Beschreibungen verwendet.

Einstiegsaufgaben

E 6 Die Abbildung zeigt ein beschriftetes Ornament.
1. Welche Symmetrieeigenschaften erkennst du?
2. Welche Beziehungen zwischen den Geraden, Strecken, Kreisen und Winkeln siehst du? Schreibe möglichst viele Beziehungen auf.
3. Überlege, auf welche Art dieses Ornament gezeichnet wurde. Schreibe unterschiedliche Vorgehensweisen auf, und zeichne danach.
4. Teile der Figur könnten nützlich sein, um z.B. die Mittelsenkrechte der Strecke AB oder die Winkelhalbierende des Winkels ⊰ CAD zu zeichnen. Verwende möglichst wenige Teile der Figur, um diese zu zeichnen. Begründe, warum dies zum Ziel führt.

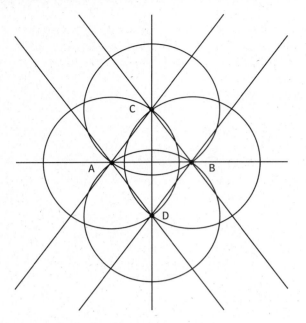

(► Kopiervorlage auf Seite K 50)

E7 Die Abbildung zeigt eine Markierungsmaschine für Fahrstreifen. Sie wird im Straßenbau beim Neubau und bei der Renovierung von Fahrbahnen eingesetzt. Erkläre, wie sie praktisch und geometrisch funktioniert.
Wie muss man fahren, wenn in einer engen Kurve die Mittellinie der Straße markiert werden soll?

(► Kopiervorlage auf Seite K 51)

Hinweise zu den Aufgaben

1 bis **10** Anwendungen von Grundkonstruktionen; Begründungen aufschreiben.

11 und **12** Konstruktion von Dreiecken, Bedeutung der Planfigur. Aufschrieb der Konstruktionsbeschreibung. Ergebniskontrolle durch Messen von Größen.

13 bis **16** Logische Elemente im Vordergrund, Sachverhalte beschreiben, begründen.

8 Mathematischer Aufsatz: Eine komplexere Figur soll analysiert werden. Ihre Erzeugung im Gelände

unter Verwendung einer Schnur und eines Maßstabes soll aufgeschrieben werden.

11 Hier werden zum ersten Mal komplexere Konstruktionen von Dreiecken verlangt. Es sind nicht nur Grundgrößen gegeben. Man kann die Teilaufgaben a) bzw. c) im Unterricht behandeln und b) bzw. c) als entsprechende Hausaufgabe stellen. In den Teilaufgaben c) und d) ist die Konstruktion eines Teildreiecks in der Gesamtfigur Teil der Lösungsidee.
Tipps: Zum Öffnen der Aufgabe:
– Erstellt weitere Aufgaben für ein Dreieck mit den genannten Größen. Versucht auch solche Angaben zu finden, die keine Lösung haben oder von denen ihr nicht leicht eine Lösung findet. Stellt die gefundenen Aufgaben der Klasse.
Schreibt Aufgaben für eine Dreieckskonstruktion aus zwei Grundgrößen und einer gegebenen Höhe auf. Erstellt selbst eine Lösung zur Kontrolle. Begründet gegebenenfalls auch, warum die Aufgabe nicht lösbar oder schwer ist.
(Möglichkeit, die Lösungen in Kurzvorträgen vorzustellen zu lassen.)

12 Es gibt Aufgaben, die keine oder mehr als eine Lösung haben. Bei Konstruktionen werden deckungsgleiche Dreiecke zur Lösung einer Aufgabe nicht unterschieden.
Die Aufgaben können sinnvoll geöffnet werden:
– Zu den Teilaufgaben a) und b) kann man das Problem stellen, unter welchen Bedingungen drei gegebene Streckenlängen ein Dreieck ergeben können. Die Schüler können lernen, einen Problembereich durch Fallunterscheidungen vollständig zu beschreiben (für einen experimentellen Zugang, siehe dazu auch Schülerbuch Seite 127, Aufgabe 19).
– Was passiert, wenn sich Maßzahlen der gegebenen Größen ändern? Kann man im Falle der Nichtlösbarkeit durch Verändern der Maßzahlen eine oder mehrerer Lösungen erhalten?

13 a) Zur Widerlegung einer Aussage ist ein aussagekräftiges Gegenbeispiel zu zeichnen.
b) Tipp zum Öffnen der Aufgabe: Die Aussage aus a) wird für eine andere Figur modifiziert.

14 Problemlösen, Begründen, Variieren.

15 und **16** Sachverhalte mithilfe der Begriffe beschreiben und begründen.
Gebiete der Zeichenebene mithilfe der neuen Begriffe sprachlich und schriftlich festlegen. Sätze mit und- bzw. oder-Verknüpfungen (Aufgabenvariationen seitens der Schüler möglich.)

17 bis **19** Übungen mit einem Geometrieprogramm.

Ratschläge zur Verwendung eines Geometrieprogramms:

1. Beschrifte Punkte stets sofort beim Zeichnen und nicht erst nachträglich.
2. Jeder konstruierte Punkt muss sich als Schnittpunkt zweier Linien ergeben.
3. Wenn man Streckenlängen oder Winkelmaße in der Zeichnung haben möchte, verwendet man das Menü Messen.
4. Wenn eine Ausgangsgröße wie z.B. eine Streckenlänge, ein Radius oder eine Winkelgröße festgelegt ist, kann man sie nachträglich verändern ohne die ganze Konstruktion zu wiederholen.
5. Nicht vergessen: Zwischendurch immer mal wieder abspeichern!
6. Jede Zeichnung sollte in einer eigenen Datei gespeichert werden. Sonst kann man Zeichnungen nicht vernünftig beschriften.

Tipp für weitere Grundübungen mit einem Geometrieprogramm entsprechend Aufgabe 18:
Zeichne ein allgemeines Dreieck, Viereck, Rechteck und Quadrat. Kontrolliere das Ergebnis durch das Verändern von Größen.

Serviceblätter
- „Ordnung ist das halbe Leben" (Seite S 60)
- „Sinn und Unsinn – Was ist hier wirklich wichtig?" (Seite S 61)
- „Und was kommt jetzt?" (Seite S 62)

4 Zusammenhänge bei symmetrischen Figuren

Einstiegsaufgaben

E 8 Worin liegt die besondere Wirkung des Bildes? Erkennst du mathematische Sachverhalte, die bei der Aufnahme berücksichtigt wurden?

(► Kopiervorlage auf Seite K 51)

E 9 Ein Werbegrafiker soll in einer Abbildung einen Kreis, ein Viereck und ein Dreieck so anordnen, dass die Gesamtfigur möglichst viele Symmetrieeigenschaften hat.
Wie löst er das Problem? Wer könnte einen solchen Auftrag vergeben?
(► Kopiervorlage auf Seite K 52)

Hinweise zu den Aufgaben

1 Eigenschaften des gleichschenkligen Dreiecks werden angewendet.

2 Man kann unterschiedliche Lösungen vergleichen. Welche Möglichkeiten gibt es, verschiedene Lösungen zu erhalten?

3 Aus den gegebenen Größen lassen sich z.T. verschiedene gleichschenklige Dreiecke zeichnen. Entsprechend lassen sich die Größen z.T. durch Überlegen angeben (Gelegenheit, schriftlich oder mündlich zu argumentieren).

4 Man kann alle gesuchten Winkelweiten durch Überlegen bestimmen.

5 Anwenden der Eigenschaften von Winkeln an Parallelen (mündliches bzw. schriftliches Argumentieren).

6 Begründen, ob es Dreiecke mit gegebenen Größen gibt.

7 Problemlösen mit einer maßstabsgetreuen Zeichnung.

8, 9 Argumentieren und Begründen.

10 bis **12** Komplexere Aufgaben.

11 Offene Aufgabe – Umkehraufgabe zu Aufgabe 10.

14 bis **16** Anspruchsvolle Aufgaben.

16 Die Aufgabe kann nur experimentell gelöst werden. Dazu ist ein Geometrieprogramm hilfreich.

Serviceblätter
–

5 Winkelsummen

Einstiegsaufgaben

E 10 Jeder schneidet aus einem farbigen Karton ein eigenes Dreieck aus. Dann werden die Ecken groß-zügig abgerissen und an einer freien Stelle des Plakates an der Wand nebeneinander geklebt. Was lässt sich beobachten?

Tipp: Durch Zerschneiden von verschieden farbigen Blättern erhält jede Schülerin und jeder Schüler der Klasse ein persönliches Dreieck. (► Kopiervorlage auf Seite K 52)

E 11 Untersuchung an Pappstreifendreiecken

Stellt in Partnerarbeit aus drei Pappstreifen und zwei Reißnägeln, wie abgebildet, ein „bewegliches Dreieck" her. Damit könnt ihr nun verschiedene Dreiecke legen.

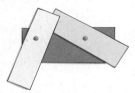

Erstellt zu jedem Dreieckstyp in der Tabelle drei passende Dreiecke und messt die zugehörigen Winkel. Wozu könnte man die letzte Spalte verwenden?

Besonderheit des Dreiecks	Winkel α	Winkel β	Winkel γ	?
rechtwinklig				
gleich-schenklig				
allgemein				

Tipp: Man sollte darauf achten, dass die Pappstrei-fen lang genug sind, um bei allen Ecken rechte Win-kel bilden zu können. (► Kopiervorlage auf Seite K 52)

Hinweise zu den Aufgaben

1 Anregung zur Erkundung von Dreiecks-Eigen-schaften.

2 bis 6 Anwenden des Winkelsummensatzes bei Konstruktionen, begründen.

7 Komplexere Aufgaben (mündliches Begründen anhand einer Skizze).

7 a) und **7 c)** Anwendungen der Sätze über Winkel an Parallelen in Verbindung mit dem Winkelsum-mensatz.

7 b) Der Winkelsummensatz für Vierecke muss ver-wendet werden (vgl. Aufgabe 15, S. 136).

8 bis 10 Begründungsaufgaben.

10 Fig. 2: Die Angabe a = b hat keine Auswirkung auf den Winkel ε.

12 bis 18 Optionale Aufgaben (selbstständiges Erarbeiten, Schülervorträge).

12 bis 16 Aufgabenfeld: Winkel in Vielecken.

17 und **18** Aufgabenfeld: Parkettierungen.

Serviceblätter

– „Winkelsumme im Dreieck – Ein Arbeitsplan" (Seite S 63)

6 Der Satz des Thales

Einstiegsaufgaben

E 12 Bei dem abgebildeten Kran kann die Rolle R hin und her geführt werden. Beim Drehpunkt D ist der Kran fest verankert. Die Teile RS, SD und SK sind gleich lang.

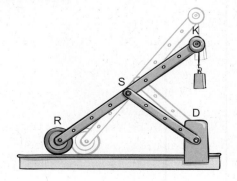

Baue mit zwei Pappstreifen und einem Reißnagel ein Modell des Krans. Führe damit die Funktionsweise des Krans vor. Wie bewegt sich ein Gewicht beim Heben? Wie wirkt sich dies im Dreieck RDK auf den Winkel im Punkt D aus?
Tipp: Die Aufgabe ist geeignet für Partnerarbeit. Sie bringt auch einen Vorteil beim Beweis des Thalessatzes: Legt man das Modell des Krans so um, dass der Ausleger unten liegt, liegt eine Thalessatz-Konfiguration vor.
(► Kopiervorlage auf Seite K 53)

E13 Stellt euch auf dem Schulhof an möglichst unterschiedlichen Stellen so auf, dass jede Person zwei vereinbarte Gegenstände unter Verwendung der zum rechten Winkel ausgestreckten Hände unter einem 90°-Blickwinkel sieht. Markiert jeweils die Stellen, an denen ihr steht, mit Kreide. Was lässt sich feststellen?

Tipp: Die Vermutung, dass die Punkte auf einem Kreis liegen, kann z.B. mit einem Seil überprüft werden.
(► Kopiervorlage auf Seite K 53)

Hinweise zu den Aufgaben

1 bis **6** Anwendungen des Satzes von Thales.

3 Möglichkeit, die Umkehrung des Satzes von Thales induktiv zu erarbeiten.

4 und **5** Konstruktionsbeschreibungen, Begründen und Argumentieren.

6 Vernetzung: Begründen mit Eigenschaften des Flächeninhalts.

7 Eingeschränktes Werkzeug, Begründen mit den Eigenschaften spezieller Dreiecke.

8 Gelegenheit für Partner- oder Gruppenarbeit; Vorstellung unterschiedlicher Lösungswege.

8 und **9** Die Aufgaben können für eine Stunde im Computerraum verwendet werden.

11 bis **13** Anwendungsaufgaben.

14 und **15** Tangentenkonstruktionen.

16 und **17** Vernetzung: Gleichungen zu Geraden, Winkel an Parallelen.

Info über Thales von Milet.

Serviceblätter
– „Wer ist eigentlich Thales? – Ein Referat"
  (Seite S 64)
– „Mokabeln – Zur Wiederholung von Mathe-Vokabeln" (Seite S 65)

7 Umkreise und Inkreise

Einstiegsaufgaben

E14 Sebastian behauptet: Wenn man ein Dreieck gezeichnet hat und seine drei Winkel kennt, kann man auf einem beliebigen Kreis drei Punkte A, B und C so wählen, dass das Dreieck ABC die gleichen Winkel wie das ursprüngliche Dreieck hat.
Hat Sebastian Recht?
Kann man auch für jedes beliebige Ausgangsdreieck einen Kreis finden, der durch alle drei Ecken geht?

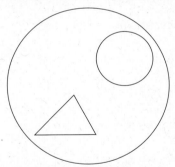

(► Kopiervorlage auf Seite K 53)

E15 Der Trick mit dem Reststück

Aus dem dreieckigen Stoffrest will Schneider Mück eine möglichst große runde Tischdecke anfertigen. Erkläre, wie er das erreicht.
(► Kopiervorlage auf Seite K 53)

Hinweise zu den Aufgaben

1 und **2** Schülerzentriertes Erarbeiten des Sachverhalts zum Umkreis eines Dreiecks.

3 und **4** Dreieckskonstruktionen mit Umkreis.

5 Schülerzentriertes Erarbeiten des Sachverhalts zum Inkreis eines Dreiecks.

6 Experimente zum Zusammenhang zwischen Umkreis und Inkreis bei Dreiecken.

7 Dreieckskonstruktionen mit Inkreis, Begründen spezieller Lagen.

10 Ohne Geometrieprogramm kann man den Winkel ε nicht gut bestimmen, weil die Konstruktionslinien bei kleinen Abweichungen stark schwanken.

Serviceblätter
–

Wiederholen – Vertiefen – Vernetzen

Aufgaben zum Wiederholen und Vertiefen:

1 bis **4** Dreiecke.

5 bis **8** Winkelberechnungen.

9 Tangentenbestimmung.

18, 19 Lage von Geraden.

20 bis **24** Konstruktions- und Begründungsaufgaben.

Aufgaben zum Vertiefen und Vernetzen:

10 bis **16** Anwendungsaufgaben.

17 Projektaufgabe.

25 Anwendung.

26 Würfelschnitte.

Serviceblätter
– „Geometrie? Hatten wir schon!" (Seite S 67)
– „Wachsende Formelsammlung – Überschrift und Beispiel" (Seite S 56)

Einstiegsaufgaben

E1 Ilka freut sich auf den Spielplatz, weil dort eine neue Balkenschaukel mit einem 6 m langen Balken steht. Er bewegt sich um eine Achse, die 80 cm über dem Boden steht.

Ihre große Schwester kann ihr mithilfe einer Zeichnung jetzt schon sagen, wie hoch sie schaukeln kann.

E2 In Quadrathausen macht der Park dem Namen der Ortschaft alle Ehre. Die zahlreichen Wege schneiden sich so, dass gleich große Quadrate entstehen.
Drei Freunde wollen sich beim Brunnen an der Stelle P treffen. Sie sind jetzt an den Kreuzungen A, B und C.
Wer von ihnen hat den weitesten Weg?
a) Die Freunde bleiben auf den Wegen.
b) Die Freunde dürfen die Wege verlassen.

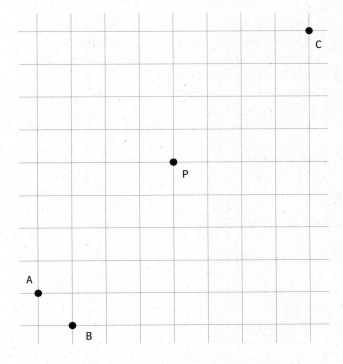

E3 Stelle allein durch Überlegungen fest, wie viele Paare von Punkten bei einer abgebildeten Figur jeweils einen größtmöglichen Abstand voneinander haben können.

E4 Wie markiert der Platzwart den Mittelkreis und den Elfmeterpunkt auf dem Fußballplatz, wenn nach einem heftigen Gewitter überhaupt keine Linien mehr zu sehen sind?
Welche Bedeutung hat der Kreis am Strafraum?

E5 Franz behauptet, dass man, ohne die Skala abzulesen, allein an der Stellung der beiden senkrechten Stäbe feststellen kann, ob ein Brief schwerer oder leichter als ein anderer ist.

E6 Die Abbildung zeigt ein beschriftetes Ornament.
1. Welche Symmetrieeigenschaften erkennst du?
2. Welche Beziehungen zwischen den Geraden, Strecken, Kreisen und Winkeln siehst du?
Schreibe möglichst viele Beziehungen auf.
3. Überlege, auf welche Art dieses Ornament gezeichnet wurde. Schreibe unterschiedliche Vorgehensweisen auf und zeichne danach.
4. Teile der Figur könnten nützlich sein, um z. B. die Mittelsenkrechte der Strecke AB oder die Winkelhalbierende des Winkels ∢ CAD zu zeichnen.
Verwende möglichst wenige Teile der Figur, um diese zu zeichnen. Begründe, warum dies zum Ziel führt.

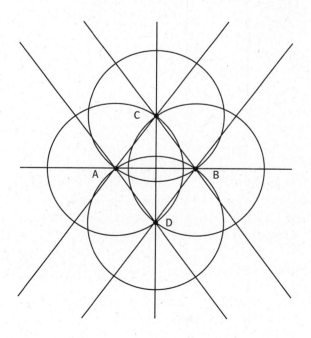

Aus: 978-3-12-734372-4 Lambacher Schweizer 3 BW Serviceband
Als Kopiervorlage freigegeben. Ernst Klett Verlag GmbH, Stuttgart 2005

E7 Die Abbildung zeigt eine Markierungsmaschine für Fahrstreifen. Sie wird im Straßenbau beim Neubau und bei der Renovierung von Fahrbahnen eingesetzt.
Erkläre, wie sie praktisch und geometrisch funktioniert.
Wie muss man fahren, wenn in einer engen Kurve die Mittellinie der Straße markiert werden soll?

E8

Worin liegt die besondere Wirkung des Fotos?
Erkennst du mathematische Sachverhalte, die bei der Aufnahme berücksichtigt wurden?

E 9 Ein Werbegrafiker soll in einer Abbildung einen Kreis, ein Viereck und ein Dreieck so anordnen, dass die Gesamtfigur möglichst viele Symmetrieeigenschaften hat. Wie löst er das Problem? Wer könnte einen solchen Auftrag vergeben?

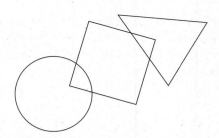

E 10 Jeder schneidet aus einem farbigen Karton ein eigenes Dreieck aus. Dann werden die Ecken großzügig abgerissen und an einer freien Stelle des Plakates an der Wand nebeneinander geklebt. Was lässt sich beobachten?

E 11 Stellt in Partnerarbeit aus drei Pappstreifen und zwei Reißnägeln, wie abgebildet, ein „bewegliches Dreieck" her. Damit könnt ihr nun verschiedene Dreiecke legen.

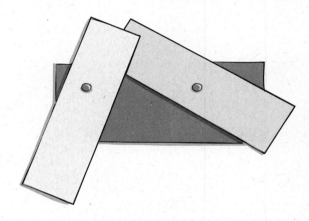

Erstellt zu jedem Dreieckstyp in der Tabelle drei passende Dreiecke und messt die zugehörigen Winkel. Wozu könnte man die letzte Spalte verwenden?

Besonderheit des Dreiecks	Winkel α	Winkel β	Winkel γ	?
rechtwinklig				
gleich-schenklig				
allgemein				

Aus: 978-3-12-734372-4 Lambacher Schweizer 3 BW Serviceband
Als Kopiervorlage freigegeben. Ernst Klett Verlag GmbH, Stuttgart 2005

E12 Bei dem abgebildeten Kran kann die Rolle R hin und her geführt werden. Beim Drehpunkt D ist der Kran fest verankert. Die Teile RS, SD und SK sind gleich lang.

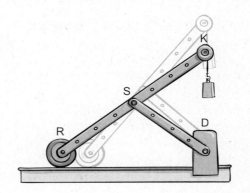

Baue mit zwei Pappstreifen und einem Reißnagel ein Modell des Krans. Führe damit die Funktionsweise des Krans vor. Wie bewegt sich ein Gewicht beim Heben? Wie wirkt sich dies im Dreieck RDK auf den Winkel im Punkt D aus?

E13 Stellt euch auf dem Schulhof an möglichst unterschiedlichen Stellen so auf, dass jede Person zwei vereinbarte Gegenstände unter Verwendung der zum rechten Winkel ausgestreckten Hände unter einem 90°-Blickwinkel sieht. Markiert jeweils die Stellen, an denen ihr steht, mit Kreide. Was lässt sich feststellen?

E14 Sebastian behauptet: Wenn man ein Dreieck gezeichnet hat und seine drei Winkel kennt, kann man auf einem beliebigen Kreis drei Punkte A, B und C so wählen, dass das Dreieck ABC die gleichen Winkel wie das ursprüngliche Dreieck hat. Hat Sebastian Recht?
Kann man auch für jedes beliebige Ausgangsdreieck einen Kreis finden, der durch alle drei Ecken geht?

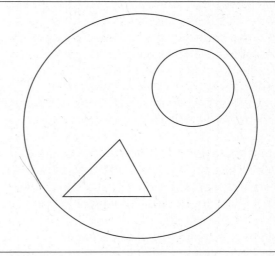

E15 Aus dem dreieckigen Stoffrest will Schneider Mück eine möglichst große runde Tischdecke anfertigen. Erkläre, wie er das erreicht.

Aus: 978-3-12-734372-4 Lambacher Schweizer 3 BW Serviceband
Als Kopiervorlage freigegeben. Ernst Klett Verlag GmbH, Stuttgart 2005

V Beziehungen in geometrischen Figuren

VI Systeme linearer Gleichungen

Überblick und Schwerpunkt

Im letzten Kapitel des Buches lernen die Schülerinnen und Schüler, wie sich einfache lineare Gleichungssysteme aus einem gegebenen Kontext aufstellen und lösen lassen. Hierbei werden verschiedene geometrische und algebraische Vorgehensweisen vorgestellt.

Als Grundlage dient das Vorwissen der linearen Zuordnungen aus Kapitel III und der linearen Gleichungen aus Kapitel IV. Das Kapitel bildet so die Möglichkeit, sowohl geometrische als auch algebraische Überlegungen der 7. Klasse aufzugreifen, zu verbinden und zu vertiefen.

Entsprechend den Bildungsstandards beschränkt sich das Kapitel weitgehend auf 2×2-Gleichungssysteme. Die Grundideen der verschiedenen Lösungsverfahren lassen sich hier übersichtlich verdeutlichen: Zum einen kann die Lösung des Systems geometrisch als Geradenschnittpunkt bestimmt werden, zum anderen kann das Gleichungssystem algebraisch mit vergleichsweise geringem Aufwand auf eine lineare Gleichung zurückgeführt werden, die dann nach den bereits bekannten Verfahren gelöst wird. 3×3-Systeme sowie der Gauß-Algorithmus können darüber hinaus fakultativ im Rahmen einer Exkursion unterrichtet werden.

Im Unterricht sollte das grundsätzliche Verständnis beim Lösen linearer Gleichungssysteme im Vordergrund stehen. Hierauf Rücksicht nehmend, wird der GTR nur im reduzierten Maße eingesetzt.

Die Leitideen **Beziehung und Änderung** sowie **Modell und Simulation** prägen alle Lerneinheiten des Kapitels. Die Leitidee Beziehung und Änderung korrespondiert u.a. mit dem Zuordnungsgedanken und seinen entsprechenden Implikationen, die Leitidee Modell und Simulation knüpft bei der mathematischen Behandlung von Anwendungsbezügen an.

Lerneinheit **1 Lineare Gleichungen und lineare Zuordnungen** greift das bisherige Wissen über lineare Zuordnungen und das Lösen von linearen Gleichungen mithilfe der Äquivalenzumformungen auf. Lineare Zuordnungen und ihre Graphen werden verwendet, um die Lösungen linearer Gleichungen mit einer Variablen zu bestimmen. Der wechselseitigen Interpretation von linearen Gleichungen und Graphen linearer Zuordnungen kommt besonderes Gewicht zu. Sonderfälle werden geeignet thematisiert.

In Lerneinheit **2 Lineare Gleichungen mit zwei Variablen** werden lineare Gleichungen mit zwei Variablen so umgeformt, dass man die aus Kapitel III bekannte Form der Gleichungen von linearen Zuordnungen erhält. Die zugehörigen Graphen werden dann für die Lösungen von linearen Gleichungen mit zwei Variablen verwendet. Sonderfälle, bei denen es z. B. keine oder nur eine Lösung gibt, werden in einer Info-Box erläutert.

In Lerneinheit **3** werden **Lineare Gleichungssysteme mit zwei Variablen** geometrisch gelöst: Jede Gleichung des Systems führt wie in der vorangegangenen Lerneinheit auf eine Gerade, sodass sich die Lösung des Systems als Geradenschnittpunkt ergibt. Wieder werden die Sonderfälle, bei denen es keine oder unendlich viele Lösungen gibt, in einer Info-Box grafisch dargestellt und mit dazugehörigen Aufgaben verdeutlicht.

Ausgehend von der Überlegung, dass bei linearen Gleichungssystemen geometrische Lösungsverfahren häufig nur ungenaue Lösungen liefern, werden in den Lerneinheiten 4 und 5 algebraische Lösungsverfahren behandelt.

In Lerneinheit **4 Lösen linearer Gleichungssysteme mit zwei Variablen** werden zunächst das Gleichsetzungsverfahren und das Einsetzungsverfahren vorgestellt. Die Schülerinnen und Schüler werden hierbei auch angehalten, je nach Gleichungssystem ein geeignetes Verfahren zu verwenden. Da die beiden Lösungsverfahren sehr verwandt sind, könnte man sie auch unter einer einzigen Bezeichnung, z. B. Einsetzungsverfahren, subsumieren. Zur besseren Orientierung für die Lernenden wurden im Buch jedoch zwei Bezeichnungen verwendet.

In Lerneinheit **5 Additionsverfahren** lernen die Schülerinnen und Schüler ein drittes Verfahren kennen. Im Vergleich zu den beiden Verfahren aus Lerneinheit 4 verlangt es ein höheres Maß an Abstraktionsfähigkeit, liefert aber eine einfache Möglichkeit, Gleichungssysteme mit dem GTR zu lösen. Dieses wird in der Info-Box auf Seite 173 erläutert. Ferner bereitet das Verfahren den Gauß-Algorithmus vor, der in der Exkursion in einfacher Form eingeführt und später in der Kursstufe in umfangreicherer Form, aber nach dem gleichen Prinzip unterrichtet wird.

Lerneinheit **6 Anwendungen und Rätselhaftes** greift den Vier-Stufen-Kreislauf aus Kapitel IV wieder auf und überträgt ihn auf neue anwendungsbezogene Fragen, die auf lineare Gleichungssysteme mit zwei Variablen führen.

In Lerneinheit **7 Lineare Ungleichungssysteme** wird die Lösung linearer Ungleichungssysteme wieder rein geometrisch bestimmt: Sie ergibt sich als „Zwischenraum" zwischen den Graphen.

Die Exkursion erweitert das Additionsverfahren, um lineare Gleichungssysteme mit drei Gleichungen und drei Variablen zu lösen. In diesem Zusammenhang wird auch der Gauß-Algorithmus vorgestellt.

1 Lineare Gleichungen und lineare Zuordnungen

Einstiegsaufgaben

E1 Ein kleines Boot fährt einen begradigten Fluss entlang. Es ist um 8 Uhr gestartet und kommt in einer Stunde 3 km weit. Um 9 Uhr ist es also bei Flusskilometer 4.
a) Um wie viel Uhr wird es Flusskilometer 13 erreichen?
b) Wo ist das Boot gestartet?
c) Stelle die Zuordnung *Fahrzeit* ⟶ *Flusskilometer* grafisch dar.
d) Was ändert sich in der Grafik von c), wenn das Schiff mit einer anderen konstanten Geschwindigkeit fährt?
e) Was ändert sich in der Grafik von c), wenn das Schiff an einer anderen Stelle losfährt?
Tipp: Es ist sinnvoll, zunächst nur den Aufgabenteil a) zu stellen und bei der Erarbeitung der Lösung die Teile b)–e) als Erweiterung bzw. Ergänzung aufzugreifen.
(► Kopiervorlage auf Seite K 59)

E2 a) Zeichne den Graphen der linearen Zuordnung mit der Gleichung $y = 2x + 1$. Der Punkt P liegt auf diesem Graphen. Bestimme zeichnerisch die x-Koordinate von P, wenn die y-Koordinate a) -1 b) 0 c) 2 ist.
(► Kopiervorlage auf Seite K 59)

Hinweise zu den Aufgaben

Bei **1** sollte darauf geachtet werden, dass Graph und Gleichung nicht getrennt betrachtet werden. Dies kann z.B. durch das „Erkennen" der beiden Blöcke a)–d) und e)–h) geschehen.

Bei **3**, **4** und **5** können folgende Strukturen hervorgehoben werden:
Zwei Punkte legen eine Gerade und damit eine lineare Zuordnung fest (Aufgabe 3 und Aufgabe 5).
Ein Punkt und die entsprechende „Steigung" (Achtung, dieser Begriff ist noch nicht definiert, die Idee der Steigung jedoch schon angesprochen) legen eine Gerade und damit eine lineare Zuordnung fest (Aufgabe 4).

Mit begleitender Einführung kann die Aufgabe **6** auch als Partnerarbeit mit anschließendem Vortrag vor der Klasse verwendet werden.

Serviceblätter
– „Arbeitsplan: Lineare Gleichungen und lineare Zuordnungen" (Seite S 68)
– „Das Problem mit den Preisen" (Seite S 69)

2 Lineare Gleichungen mit zwei Variablen

Einstiegsaufgaben

E3 Tobias will für sein Kaninchen einen rechteckförmigen Auslauf an eine Hauswand bauen. Ihm stehen hierzu 7m Zaun zur Verfügung.
Tipp: Die Fragestellung sollte zunächst offen angegangen werden. Zunächst sollten die Schülerinnen und Schüler (evtl. durch Ausprobieren) erkennen, dass es keine eindeutige Lösung gibt. Anschließend wird erarbeitet, dass man alle denkbaren Lösungen mithilfe einer linearen Zuordnung und deren Graphen erhält.
(► Kopiervorlage auf Seite K 59)

E4 a) Gib die Koordinaten von vier verschiedenen Punkten an, die auf dem Graphen der Zuordnung mit der Gleichung $y = 4x - 7$ liegen.
b) Wie kann man grafisch alle Zahlenpaare darstellen, die die Gleichung $2y - 8x = 14$ erfüllen?
(► Kopiervorlage auf Seite K 59)

Hinweise zu den Aufgaben

3 und **4** Vernetzen das Wissen um „lineare Gleichungen" mit dem Wissen um „lineare Zuordnungen".

5 Vernetzt „Lösungen einer linearen Gleichung mit zwei Variablen" mit der Idee, „zwei Punkte legen eine Gerade fest".

Serviceblätter
– „Bingo" (Seite S 70)

3 Lineare Gleichungssysteme mit zwei Variablen

Einstiegsaufgaben

E 5 Der Regenwurm in der Zeichnung legt in einer Stunde 3 cm zurück. Die Schnecke legt in einer Stunde 0,5 cm zurück. Wie lange dauert es, bis der Regenwurm das hintere Ende der Schnecke erreicht? Stelle für beide eine Bewegungsgleichung auf.
Wie weit sind dann der Kopf des Wurms und das hintere Ende der Schnecke von der Blume entfernt?
(► Kopiervorlage auf Seite K 60)

E 6 Bestimme ein Zahlenpaar, das sowohl Lösung der Gleichung $2x + 4y = 10$ als auch Lösung der Gleichung $4x + 5y = 20$ ist.
(► Kopiervorlage auf Seite K 60)

Hinweise zu den Aufgaben

In **3** können verschiedene Lösungswege eingeschlagen werden, zum Beispiel
- geschicktes Ausprobieren durch Einsetzen in Gleichungen; hierbei kann für die vorgegebene Lösung $(a\,|\,b)$ jeweils auf die Gleichung $y = b$ zurückgegriffen werden.
- Zeichnen von Geraden durch den Punkt $P(a\,|\,b)$ und aus der Zeichnung die jeweiligen Gleichungen der Zuordnungen ablesen.

In **4** können verschiedene Lösungswege ausprobiert werden. Es sollten von Lehrerseite zunächst keine allgemeinen Hilfen vorgegeben werden, sondern im Rahmen der Partnerarbeitsphase auf individuelle Rückfragen reagiert werden.

In **5** kann durch Vergleich von Steigung (Begriff noch nicht definiert; die Bedeutung ist jedoch bekannt) und Schnittpunkt mit der y-Achse für alle Teilaufgaben sofort angegeben werden, wie viele Lösungen das jeweilige Gleichungssystem hat; danach können dann ggf. Lösungen bestimmt werden.

Die Begründung von **7** kann grafisch als Schnittpunkt(e) von drei Geraden oder algebraisch (Lösung der ersten beiden Gleichungen in dritte Gleichung einsetzen) erfolgen. Insbesondere der grafischen Argumentation kommt wegen des grundsätzlichen Verständnisses besondere Bedeutung zu.

Serviceblätter
- „Kärtchen wechsele dich … – Folienvorlage" (Seite S 72)

4 Lösen linearer Gleichungssysteme mit zwei Variablen

Einstiegsaufgabe

E 7 Alle Pakete mit einem A sind gleich schwer; auch die Pakete mit einem B haben das gleiche Gewicht. Bestimme die Gewichte der Pakete A und B.
a)   b)

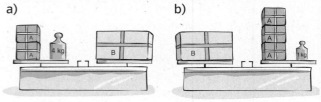

c) Bestimme die Lösung für A und B.
I: $4A - B = 2$
II: $\quad\quad B = 3 - A$
Tipp: Überlege zuerst, warum $4A - (3 - A) = 2$ ist.
(► Kopiervorlage auf Seite K 60)

Hinweise zu den Aufgaben

Bei **9** und **10** können Gleichungssysteme, die keine oder unendlich viele Lösungen besitzen, übergangen werden; siehe hierzu den Hinweis auf dem Rand des Schülerbuches.

Serviceblätter
- „SC Gleichungssystemia" (Seite S 73)

5 Additionsverfahren

Einstiegsaufgaben

E 8 Die linke und die mittlere Rolle sind jeweils im Gleichgewicht.
Begründe: Auch die rechte Rolle ist im Gleichgewicht. Gib für die Situationen an den Rollen jeweils eine Gleichung an. Wie kann man sich die Gleichung, die der rechten Rolle entspricht, aus den Gleichungen, die der linken bzw. mittleren Rolle entsprechen, entstanden denken? Lässt sich mit den Gleichungen das x und das y berechnen?
a)

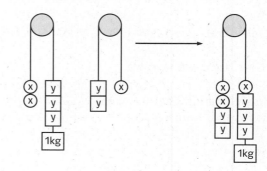

b)

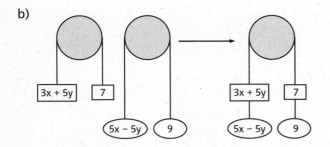

(► Kopiervorlage auf Seite K 61)

E9 Wenn Herr Müller 3 große Schritte und 5 kleine Schritte in die gleiche Richtung geht, so legt er insgesamt 6 Meter zurück. Geht er hingegen zuerst 4 große Schritte in die eine Richtung und dann 5 kleine Schritte in die entgegengesetzte Richtung, so legt er insgesamt 1 Meter zurück.
a) Welche Strecke legt Herr Müller insgesamt zurück, wenn er erst 3 große Schritte, 5 kleine Schritte und noch einmal 4 große Schritte in die eine Richtung und dann 5 kleine Schritte in die entgegengesetzte Richtung geht?
b) Wie weit gelangt Herr Müller mit 7 großen Schritten?
c) Wie groß ist ein großer und wie groß ist ein kleiner Schritt von Herrn Müller?
(► Kopiervorlage auf Seite K 61)

Hinweise zu den Aufgaben

Bei **1** bis **5** kann zunächst mithilfe von Steigung (Begriff noch nicht definiert; die Bedeutung ist jedoch bekannt) und Schnittpunkt mit der y-Achse ermittelt werden, welche Gleichungssysteme keine bzw. unendlich viele Lösungen besitzen. Siehe auch die Bemerkung auf dem Rand des Schülerbuches.

10 Die Aufgabe führt algebraisches Vorgehen und grafische Darstellung zusammen. Es wird grafisch deutlich, dass (im Rahmen des behandelten Additionsverfahrens) die Äquivalenzumformungen einzelner Gleichungen sowie die Addition zweier Gleichungen zwar zu neuen Gleichungssystemen (und damit Geraden) führen, dass jedoch die Lösung des ursprünglichen Gleichungssystems (und somit der Schnittpunkt der jeweiligen Geraden) stets der gleiche ist. (Ähnliches gilt natürlich auch für den Fall, dass das Gleichungssystem keine bzw. unendlich viele Lösungen besitzt.)
Es kann weiterhin erläutert werden, dass die Geradengleichung der roten Gerade in Fig. 5 unmittelbar den y-Wert und die Geradengleichung der blauen Gerade in Fig. 6 unmittelbar den x-Wert liefert.

Serviceblätter
– „Aufgabentheke" (Seite S 74)

6 Anwendungen und Rätselhaftes

Anmerkung zu Einstiegsmöglichkeiten

Als Einstiegssituationen können zum Beispiel direkt die Aufgaben 1 und 2 des Schülerbuches genommen werden. Da der Umgang mit Anwendungssituationen bereits in anderen Zusammenhängen geübt wurde, kann auch ohne geführten Unterrichtsgang sofort mit den Aufgaben begonnen werden. Die Lösungen können dann anschließend in einem Schülervortrag präsentiert werden. Hierbei bietet es sich an, das Vorgehen mithilfe des Vier-Stufen-Kreislaufs zu wiederholen.

Hinweise zu den Aufgaben

8 und **9** Erfordern die Interpretation von Graphen. Je nach Kenntnisstand bietet es sich daher an, einführende Fragen voranzustellen. Solche Fragen können z. B. sein:
– Wie viel Liter Wasser waren um 9.20 Uhr in Gefäß A bzw. B?
– Um wie viel Uhr waren in Gefäß A bereits 40 Liter Wasser enthalten?

Serviceblätter
–

7 Lineare Ungleichungssysteme

Einstiegsaufgabe

E10 a) Welche Straßen liegen nördlich der Böblinger Straße, südlich der Schlossstraße und westlich der Paulinenstraße?
b) Suche dir eine Straße heraus und beschreibe sie wie bei Teilaufgabe a) so deinem Nachbarn, dass er sie findet.
(► Kopiervorlage auf Seite K 62)

Hinweise zu den Aufgaben

Bei **1** und **2** ist sorgfältig auf die Interpretation von „<, >" und „≤, ≥" zu achten.

Je nach Lerngruppe sind in **4** die Formulierungen „höchstens" und „mindestens" wiederholend zu thematisieren.

Serviceblätter
– „Zettelwirtschaft" (Seite S 76)

Wiederholen – Vertiefen – Vernetzen

Die folgenden Aufgaben vertiefen bzw. vernetzen einzelne Aspekte dieses und anderer Kapitel:

1, 8 und **12** Algebraische und grafische Interpretation von Gleichungs(system)en bzw. Ungleichungs(system)en.

2, 3, 6, 7, 9, 10, 12, 14, 15 Mathematische Modellbildung bzw. Simulation.

6 Lineare Gleichsysteme und Prozentrechnung.

Insbesondere vertiefenden Charakter haben die Aufgaben:

16 und **17** Komplexere Fragestellung bzw. Umgang mit formalen Parametern (17).

18 und **19** Einsatz des GTR bietet sich an.

19 Graphen werden interpretiert.

Serviceblätter
– „Familienstammbaum" (Seite S 77)

Exkursion

Die Gleichungen drei Variablen – das geht gut

Die Exkursion kann als Vertiefung des Additionsverfahrens in Kombination mit dem Einsetzungsverfahren aufgefasst werden. Es sollte hervorgehoben werden, dass die notwendigen Rechentechniken bereits bekannt sind und somit lediglich das Verfahren – wie z.B. die Idee der Dreiecksform – hinzukommt.
Die Erweiterung auf 4 × 4-Systeme ist insbesondere für leistungsstarke Lerngruppen möglich.

Serviceblätter
–

Einstiegsaufgaben

E1 Ein kleines Boot fährt einen begradigten Fluss entlang. Es ist um 8 Uhr gestartet und kommt in einer Stunde 3 km weit. Um 9 Uhr ist es bei Flusskilometer 4.

a) Um wie viel Uhr wird es Flusskilometer 13 erreichen?

b) Wo ist das Boot gestartet?

c) Stelle die Zuordnung *Fahrzeit* → *Flusskilometer* grafisch dar.

d) Was ändert sich in der Grafik von c), wenn das Schiff mit einer anderen konstanten Geschwindigkeit fährt?

e) Was ändert sich in der Grafik von c), wenn das Schiff an einer anderen Stelle losfährt?

E2 a) Zeichne den Graphen der linearen Zuordnung mit der Gleichung $y = 2x + 1$. Der Punkt P liegt auf diesem Graphen. Bestimme zeichnerisch die x-Koordinate von P, wenn die y-Koordinate a) −1, b) 0, c) 2 ist.

E3 Tobias will für sein Kaninchen einen rechteckförmigen Auslauf an eine Hauswand bauen. Ihm stehen hierzu 7m Zaun zur Verfügung. Welche Abmessungen kann das Gehege haben?

E4 a) Gib die Koordinaten von vier verschiedenen Punkten an, die auf dem Graphen der Zuordnung mit der Gleichung $y = 4x - 7$ liegen.

b) Wie kann man grafisch alle Zahlenpaare darstellen, die die Gleichung $2y - 8x = 14$ erfüllen?

Aus: 978-3-12-734372-4 Lambacher Schweizer 3 BW Serviceband

Als Kopiervorlage freigegeben. Ernst Klett Verlag GmbH, Stuttgart 2005

VI Systeme linearer Gleichungen   K 59

E5 Der Regenwurm in der Zeichnung legt in einer Stunde 3 cm zurück. Die Schnecke legt in einer Stunde 0,5 cm zurück. Wie lange dauert es, bis der Regenwurm das hintere Ende der Schnecke erreicht? Stelle für beide eine Bewegungsgleichung auf.
Wie weit sind dann der Kopf des Wurms und das hintere Ende der Schnecke von der Blume entfernt?

7,5 cm

E6 Bestimme ein Zahlenpaar, das sowohl Lösung der Gleichung $2x + 4y = 10$ als auch Lösung der Gleichung $4x + 5y = 20$ ist.

E7 Alle Pakete mit einem A sind gleich schwer; auch die Pakete mit einem B haben das gleiche Gewicht. Bestimme die Gewichte der Pakete A und B.

a)

b)

c) Bestimme die Lösung für A und B,
I: $4A - B = 2$
II: $\quad\ B = 3 - A$
Tipp: Überlege zuerst, warum $4A - (3 - A) = 2$ ist.

Aus: 978-3-12-734372-4 Lambacher Schweizer 3 BW Serviceband
Als Kopiervorlage freigegeben. Ernst Klett Verlag GmbH, Stuttgart 2005

E8 Die linke und die mittlere Rolle sind jeweils im Gleichgewicht.
Begründe: Auch die rechte Rolle ist im Gleichgewicht. Gib für die Situationen an den Rollen jeweils eine Gleichung an. Wie kann man sich die Gleichung, die der rechten Rolle entspricht, aus den Gleichungen, die der linken bzw. mittleren Rolle entsprechen, entstanden denken? Lässt sich mit den Gleichungen das x und das y berechnen?

a)

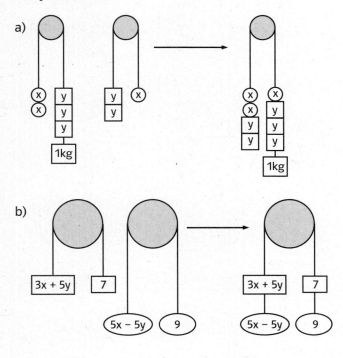

b)

```
3x + 5y    7                  3x + 5y    7
      5x – 5y   9                   5x – 5y   9
```

E9 Wenn Herr Müller 3 große Schritte und 5 kleine Schritte in die gleiche Richtung geht, so legt er insgesamt 6 Meter zurück. Geht er hingegen zuerst 4 große Schritte in die eine Richtung und dann 5 kleine Schritte in die entgegengesetzte Richtung, so legt er insgesamt 1 Meter zurück.
a) Welche Strecke legt Herr Müller insgesamt zurück, wenn er erst 3 große Schritte, 5 kleine Schritte und noch einmal 4 große Schritte in die eine Richtung und dann 5 kleine Schritte in die entgegengesetzte Richtung geht?
b) Wie weit gelangt Herr Müller mit 7 großen Schritten?
c) Wie groß ist ein großer und wie groß ist ein kleiner Schritt von Herrn Müller?

Aus: 978-3-12-734372-4 Lambacher Schweizer 3 BW Serviceband
Als Kopiervorlage freigegeben. Ernst Klett Verlag GmbH, Stuttgart 2005

E10 a) Welche Straßen liegen nördlich der Böblinger Straße, südlich der Schlossstraße und westlich der Paulinenstraße?

b) Suche dir eine Straße heraus und beschreibe sie wie bei Teilaufgabe a) so deinem Nachbarn, dass er sie findet.

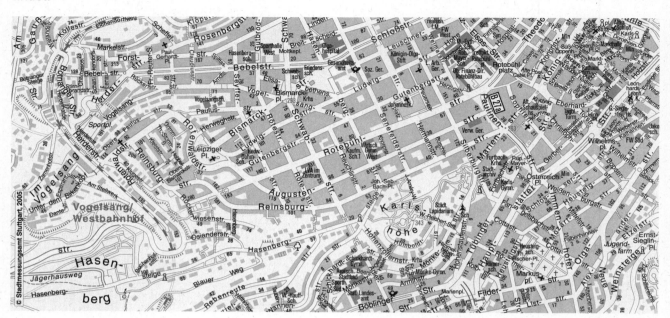

Aus: 978-3-12-734372-4 Lambacher Schweizer 3 BW Serviceband
Als Kopiervorlage freigegeben. Ernst Klett Verlag GmbH, Stuttgart 2005

Sachthemen

Grundgedanke

Die Sachthemen haben das Ziel, unterschiedliche Bereiche einer Klassenstufe in einem geschlossenen Sachzusammenhang vernetzt zu behandeln.

Bei der Erarbeitung eines Sachthemas stoßen die Lernenden auf verschiedene Fragestellungen, die sie mithilfe der Mathematik der Klasse 7 lösen können. Hierbei steht zunächst der Sachzusammenhang und nicht – wie sonst häufig im Unterricht – die mathematischen Inhalte im Vordergrund. Die Lernenden erfahren bei der Behandlung eines Sachthemas die Mathematik als nützliches Werkzeug. Die Bearbeitung eines Sachthemas fördert so das problemorientierte Arbeiten im Unterricht.

Um eine möglichst große Wahlfreiheit bezüglich Anzahl und Inhalt zu gewährleisten, bietet der Lambacher Schweizer insgesamt vier, auf die Alltagswelt der Siebtklässler abgestimmte Sachthemen an: zwei im Schülerbuch und zwei im Serviceband.

Auch wenn die Sachthemen für sich abgeschlossen sind, so zeigen die Übersichten auf den Seiten K 64, S 78 und S 89, dass jedes von ihnen ein sehr breites Spektrum mathematischer Inhalte der Klasse 7 abdeckt.

Wegen der starken Vernetzung der behandelten Themen lassen sich Sachthemen auch gut für das im Jahresablauf vorgesehene freie Drittel der Unterrichtszeit nutzen.

Einsatzmöglichkeiten

Für den Einsatz der Sachthemen im Unterricht gibt es verschiedene Möglichkeiten. Einige dieser Aspekte können auch Teil des Schulcurriculums sein. Das Sachthema kann einerseits zur Wiederholung und Vertiefung am Ende einer Unterrichtsphase oder der Klassenstufe eingesetzt werden, wenn die mathematisch relevanten Inhalte im vorangehenden Unterricht bereits erarbeitet wurden. Alternativ kann ein Sachthema für einen breiten und anwendungsbezogenen Einstieg in ein umfangreiches Thema (z.B. lineare Gleichungen) verwendet werden. Stoßen die Lernenden hierbei auf Problemstellungen, die sie mit dem vorhandenen Wissen noch nicht lösen können, so kann die Bearbeitung des Sachthemas vorübergehend durch eine Unterrichtssequenz unterbrochen werden, in der die notwendigen Kenntnisse erarbeitet werden. Mit dem neu erworbenen Wissen können die Schülerinnen und Schüler anschließend wieder die Arbeit am Sachthema fortsetzen. Die Behandlung eines Sachthemas kann sich in dieser Form über einen Zeitraum von mehreren Monaten ziehen.

Andere Lernleistung

Anhand eines Sachthemas können sich einzelne Schülerinnen und Schüler oder Schülergruppen in die Fragestellungen einarbeiten und ihre Ergebnisse z.B. in Form eines Referates vor der Klasse vortragen. Hier können Techniken wie das in der 7. Klasse vorgestellte Mind-Map eingesetzt und geübt werden. Die Schülerinnen und Schüler gewinnen so durch das selbstständige Darstellen und Erklären einen neuen Blick auf die Mathematik.

Gruppenarbeit

Ein Sachthema bietet im besonderen Maße die Gelegenheit, in arbeitsteiliger Gruppenarbeit zu unterrichten. Die Aufgabenstellungen für die einzelnen Gruppen können dabei den Interessen, dem Vorwissen und dem Leistungsvermögen der Gruppenmitglieder angepasst werden. Auf diese Weise wird zum einen das schüleraktive Arbeiten im Unterricht gefördert und zum anderen der Aspekt der „inneren Differenzierung" berücksichtigt.

Fächerverbindendes Arbeiten

Jedes Sachthema eignet sich aufgrund des hohen Anwendungsbezuges in besonderer Weise dazu, mit anderen Fächern zu kooperieren. Das Thema kann unter Berücksichtigung von unterschiedlichem Expertenwissen betrachtet und sinnvoll vernetzt werden. Dabei besteht auch die Möglichkeit, projektartig zu arbeiten (z.B. über das Thema Energiesparen im Physik-Unterricht oder das Thema Frankreichurlaub im Erdkunde- bzw. Französischunterricht).

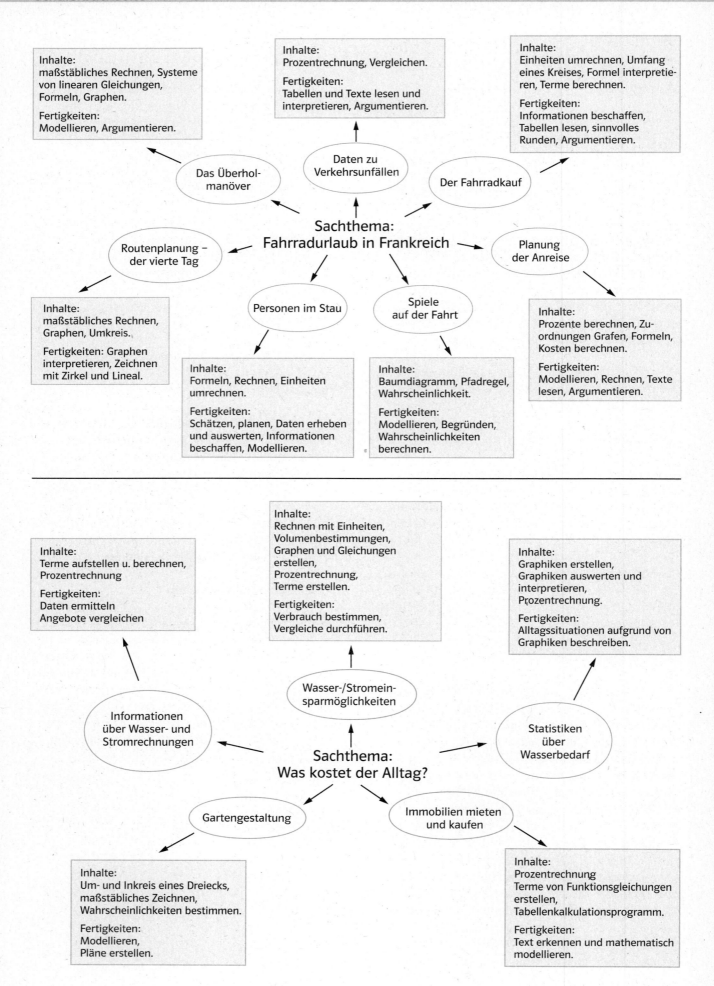

Inhalte:
maßstäbliches Rechnen, Systeme von linearen Gleichungen, Formeln, Graphen.

Fertigkeiten:
Modellieren, Argumentieren.

Inhalte:
Prozentrechnung, Vergleichen.

Fertigkeiten:
Tabellen und Texte lesen und interpretieren, Argumentieren.

Inhalte:
Einheiten umrechnen, Umfang eines Kreises, Formel interpretieren, Terme berechnen.

Fertigkeiten:
Informationen beschaffen, Tabellen lesen, sinnvolles Runden, Argumentieren.

Das Überhol-manöver

Daten zu Verkehrsunfällen

Der Fahrradkauf

Routenplanung – der vierte Tag

Sachthema:
Fahrradurlaub in Frankreich

Planung der Anreise

Personen im Stau

Spiele auf der Fahrt

Inhalte:
maßstäbliches Rechnen, Graphen, Umkreis.

Fertigkeiten: Graphen interpretieren, Zeichnen mit Zirkel und Lineal.

Inhalte:
Formeln, Rechnen, Einheiten umrechnen.

Fertigkeiten:
Schätzen, planen, Daten erheben und auswerten, Informationen beschaffen, Modellieren.

Inhalte:
Baumdiagramm, Pfadregel, Wahrscheinlichkeit.

Fertigkeiten:
Modellieren, Begründen, Wahrscheinlichkeiten berechnen.

Inhalte:
Prozente berechnen, Zu-ordnungen Grafen, Formeln, Kosten berechnen.

Fertigkeiten:
Modellieren, Rechnen, Texte lesen, Argumentieren.

Inhalte:
Terme aufstellen u. berechnen, Prozentrechnung

Fertigkeiten:
Daten ermitteln
Angebote vergleichen

Inhalte:
Rechnen mit Einheiten, Volumenbestimmungen, Graphen und Gleichungen erstellen, Prozentrechnung, Terme erstellen.

Fertigkeiten:
Verbrauch bestimmen, Vergleiche durchführen.

Inhalte:
Graphiken erstellen, Graphiken auswerten und interpretieren, Prozentrechnung.

Fertigkeiten:
Alltagssituationen aufgrund von Graphiken beschreiben.

Informationen über Wasser- und Stromrechnungen

Wasser-/Stromein-sparmöglichkeiten

Statistiken über Wasserbedarf

Sachthema:
Was kostet der Alltag?

Gartengestaltung

Immobilien mieten und kaufen

Inhalte:
Um- und Inkreis eines Dreiecks, maßstäbliches Zeichnen, Wahrscheinlichkeiten bestimmen.

Fertigkeiten:
Modellieren, Pläne erstellen.

Inhalte:
Prozentrechnung
Terme von Funktionsgleichungen erstellen, Tabellenkalkulationsprogramm.

Fertigkeiten:
Text erkennen und mathematisch modellieren.

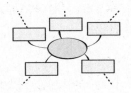

Methodenlernen in Klasse 7

Reduktion durch Visualisierung – der Einsatz von Mind-Maps

Den Schülerinnen und Schülern soll mithilfe einfacher Visualisierungstechniken ein Handwerkszeug zur effektiven Reduktion von Sachverhalten an die Hand gegeben werden. Hier bieten sich verschiedene Formen wie z. B. Flussdiagramme, Lernlandkarten, Concept-Maps und Mind-Maps an. Gerade die letzte Methode erfreut sich bei vielen Schülerinnen und Schülern aufgrund ihrer kreativen Gestaltungsmöglichkeiten und ihrer einfachen Anwendbarkeit zunehmender Beliebtheit.

Mind-Maps in der Schule

Mind-Mapping ist eine kreative Denk- und Schreibtechnik, mit der die Zusammenhänge innerhalb eines Themas in einem einzigen Bild aufgezeichnet werden. Sie ermöglicht es, unter besonderer Berücksichtigung der Funktionsweise unseres Gehirns Informationen festzuhalten und abzurufen. Das Erstellen eines Mind-Maps – zu deutsch etwa Gedächtnis-Landkarte – erweist sich im Hinblick auf eine Steigerung der Lernleistung von Schülerinnen und Schülern als sehr effizient und stellt dabei eine willkommene Abwechslung im Unterricht dar. So findet diese Methode bereits häufigen Einsatz in den Sprachen (z. B. bei der Texterfassung, Wortschatzarbeit), Gesellschaftswissenschaften (z. B. zur Darstellung zeitlicher Abläufe) und in den Naturwissenschaften (z. B. für Versuchsprotokolle).
In diesem Serviceband werden nun einige Vorschläge zur Einführung und zum Einsatz dieses Verfahrens im Mathematikunterricht der Klasse 7 gemacht.

Anwendungsgebiete

Die Einsatzmöglichkeiten im Mathematikunterricht sind vielfältig. Sie eignen sich zur

– Vorstellung eines neuen Themengebietes,
– Strukturierung komplexerer Fragestellungen,
– Zusammenfassung von Lösungsstrategien,
– Kurzwiederholung behandelter Themen,
– Vorbereitung von Klassenarbeiten,
– Erstellung eines Klassenplakates,
– Planung von Projekten,
– Vorbereitung von Redemanuskripten und als Visualisierungshilfe für Kurzvorträge und Präsentationen.

Hintergrund

Die Technik des Mind-Mappings berücksichtigt, dass die beiden Hälften des menschlichen Gehirns unterschiedliche Fähigkeiten steuern. In dieser Arbeitstechnik werden beim Schreiben, Strukturieren und Bilden von Begriffen rationale Fähigkeiten stark gefördert. Gleichzeitig wird das bildliche Denken angesprochen, indem die Schülerinnen und Schüler Bilder, Farben und Symbole einsetzen. Auf diese Weise schaffen sie sich einen phantasievoll gestalteten, ganzheitlichen Überblick über ein Thema.
Die Verbindung von begrifflichem und bildlichem Denken baut ein Gedankennetz auf, das eine größere Konzentration, eine höhere Gedächtnisleistung und damit bessere Lernleistungen ermöglicht.

Erlernen der Methode

Die Arbeitsblätter führen die Schülerinnen und Schüler schrittweise an die Verwendung von Mind-Maps im Mathematikunterricht heran. Auf Serviceblatt Seite S 2 erlernen die Schülerinnen und Schüler die wichtigsten Regeln für das Erstellen eines Mind-Maps.
Serviceblatt S 3 vermittelt den Schülerinnen und Schülern Gütekriterien, nach denen sie die Qualität eines Mind-Maps bewerten können. Anhand zweier Beispiele sollen mögliche Fehlerquellen und gelungene Ausgestaltungen erkannt werden.
Serviceblatt S 23 zum Thema „Prozente und Zinsen" hilft den Lernenden dabei, Begriffe und Beispiele gegebenen Oberbegriffen zuzuordnen. Der Einsatz dieses Arbeitsblattes setzt die vorangegangene Erarbeitung von Kapitel I des Schülerbuches voraus.
Mit Serviceblatt auf Seite S 32 üben die Schülerinnen und Schüler, die zentralen Begriffe von Kapitel II sinnvoll zu ordnen und mit anschaulichen Beispielen zu verbinden.
Serviceblatt S 33 ist kapitelbegleitend konzipiert. Die Lernenden erhalten die Überschriften der Lerneinheit als „Advance Organizer" und erstellen parallel zum Unterrichtsgeschehen ein Mind-Map. Dabei verknüpfen sich bildlich die neuen Begriffe mit den bereits erarbeiteten.
Serviceblatt S 55 stellt eine Verknüpfung zu Lerninhalten von Klasse 5 und 6 her. Die erstellten Mind-Maps können im Klassenzimmer hängen und werden fortlaufend erweitert. Denkbar ist hier, für die Gestaltung der Mind-Maps einen Preis auszusetzen.

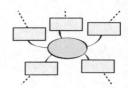

Erstellen eines Mind-Maps

1. Nimm ein unliniertes **DIN-A4-Blatt**. Beabsichtigst du ein sehr umfangreiches Mind-Map zu erstellen, so solltest du ein Blatt deines Zeichenblocks oder Plakatpapier nehmen. Für den optimalen Überblick legst du das Papier quer.
Beschrifte das Blatt immer so, dass der Text ohne Drehen gut lesbar ist.

2. Das **Thema** deines Mind-Maps schreibst du in die Mitte des Blattes. Du solltest das Thema deutlich hervorheben, z. B. durch die Größe der Schrift, Rahmen oder durch den Einsatz von Farbe. Vielleicht kannst du ja auch eine passende Zeichnung anfertigen.

Fig. 1: Thema deutlich hervorheben

3. An das Thema fügst du nun die **Hauptäste** an. Sie sind die dicksten Äste deines Mind-Maps. Auf ihnen stehen wichtige Unterpunkte zu dem Hauptthema. Versuche für jeden Hauptast möglichst einen einzigen Schlüsselbegriff zu finden. Für unser Mind-Map rechts könnte ein erster Hauptast mit dem Begriff Blatt versehen werden.
Für alle weiteren Schlüsselbegriffe legst du jetzt nach und nach eigene Hauptäste an.
Möchtest du mit deinen Ästen eine bestimmte Reihenfolge hervorheben, so ist es günstig, mit dem ersten Ast oben rechts zu beginnen und dann im Uhrzeigersinn fortzufahren.

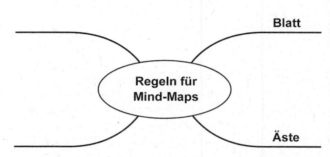

Fig. 2: Thema mit Hauptästen

4. An die Hauptäste kannst du nun **Zweige** anfügen. Diese zeichnest du deutlich dünner als die Äste. Auf sie schreibst du Unterbegriffe, die zu dem jeweiligen Hauptast gehören.
Selbstverständlich kann sich jeder Zweig noch in feinere Unterzweige aufteilen. Dabei gilt: Je feiner der Zweig, desto spezieller die dazugehörende Information.
Achte immer darauf, dass zwischen Ästen und Zweigen keine Lücke entstehen darf.

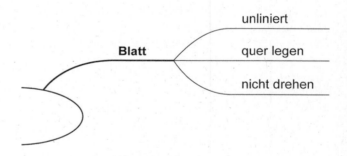

Fig. 3: (Ausschnitt) Hauptast mit Zweigen

5. Wähle für alle Äste und Zweige **Druckschrift**. Beschrifte Äste und Zweige unterschiedlich fett.

6. Durch **Farben**, **Pfeile** und **Zeichnungen** kannst du dein Mind-Map besonders einprägsam gestalten. Durch Schraffieren mit Farbe kannst du zeigen, dass verschiedene Dinge zusammengehören oder besonders wichtig sind.
Pfeile helfen dir Verbindungen aufzuzeigen.
Zeichnungen veranschaulichen abstrakte Begriffe.

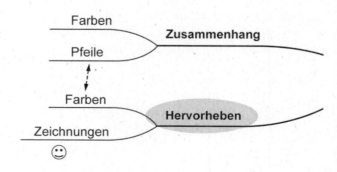

Fig. 4: Verfeinerung durch Farben und Zeichnungen

Aufgabe:
Fasse die genannten Regeln in einem Mind-Map zusammen.

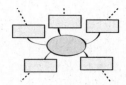

Ein Thema – zwei Mind-Maps

Jan und Ulrich haben jeweils ein Mind-Map zu ihrem Hobby Radsport entworfen. Beide wollen ihr Mind-Map für eine Präsentation im Unterricht einsetzen. Die Ergebnisse sind sehr unterschiedlich ausgefallen.

1 Welche der Regeln für Mind-Maps (Arbeitsblatt „Erstellen eines Mind-Maps", Seite S 2) haben die beiden beachtet? Welche nicht?

2 Wer von beiden hat deiner Meinung nach das bessere Mind-Map erstellt? Warum?

3 Fasse die beiden Mind-Maps zu einem zusammen und korrigiere dabei die gemachten Fehler.

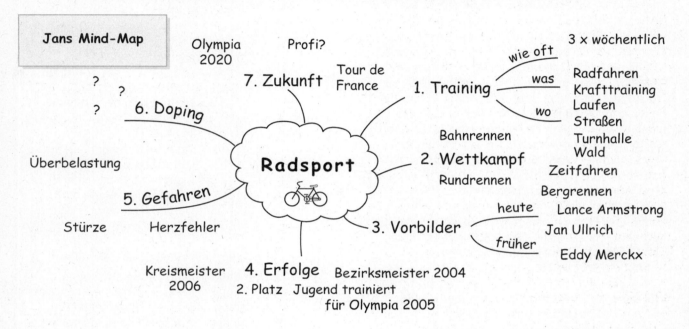

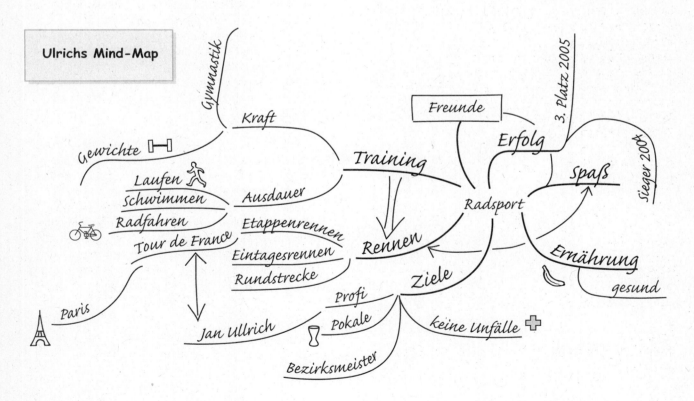

Reduzierung aufs Wesentliche – Erstellen einer wachsenden Formelsammlung

Durch das Erstellen einer wachsenden Formelsammlung sollen die Schülerinnen und Schüler lernen, mathematische Inhalte möglichst selbstständig auf das Wesentliche zu reduzieren. Sie können das in Klasse 6 erlernte Gestalten einer einzelnen Heftseite einsetzen, um ihr Formelheft übersichtlich und ansprechend zu führen und gleichzeitig die wichtigsten mathematischen Inhalte des Schuljahres nach dem Unterricht nochmals aufzubereiten. Dazu sollen die Schülerinnen und Schüler auch intensiv mit ihrem Schülerbuch arbeiten. So lernen sie, die für sie wichtigen Themen herauszufiltern. Das Strukturieren und Anfertigen einer solchen Jahresarbeit fördert das Durchhaltevermögen über einen langen Zeitraum hinweg. Im optimalen Fall werden die Schülerinnen und Schüler in den folgenden Jahren ihre Formelsammlung weiterführen, um ein umfassendes Nachschlagewerk für den Unterricht zu erhalten.

Im Unterschied zu einem Regelheft, sollen die Schülerinnen und Schüler die wachsende Formelsammlung eigenständig führen. Einzelne Tipp- und Hilfeblätter lassen sich aber auch alternativ für gezielte Regelheftaufschriebe, z. B. bei einer Planarbeit, verwenden.

Wie kann die Einführung praktisch gestaltet werden? – Ein Unterrichtsvorschlag

Die Einführung der wachsenden Formelsammlung kann in drei Phasen gegliedert werden:

1. Phase: Erarbeitung der Regeln für einen guten Formelheftaufschrieb

In dieser Phase bekommen die Schülerinnen und Schüler ein Einweisungsblatt (Seite S 5), das als wichtigstes Ziel die Dreischrittigkeit des Formelhefteintrages enthält. Beim gemeinsamen Durcharbeiten soll von Anfang an verdeutlicht werden, dass der Hefteintrag fast immer in drei Schrittfolgen (Überschrift – Beispiele – Merksatz/Regel) vorgenommen wird. Das Beispiel eines Schüleraufschriebs zeigt ihnen eine mögliche Darstellung. Um diese Regeln zu festigen und anzuwenden, stehen zwei weitere Kopiervorlagen mit Übungsmaterial zur Verfügung. Hier werden die Gestaltungsmöglichkeiten in Partner- oder Gruppenarbeit erarbeitet.

Kopiervorlage Seite S 6: Bewertung mehrerer Schüleraufschriebe.

Kopiervorlage Seite S 7: Puzzle, in dem zwei Formelhefteinträge in die richtige Reihenfolge zu bringen sind.

2. Phase: Festigung der Regeln durch die Tipps- und Hilfeblätter in den Kapiteln I bis IV

Der erste Eintrag in die Formelsammlung kann gemeinsam mithilfe des Lehrers vorgenommen werden. Danach sollen die Schülerinnen und Schüler die Hefteinträge selbstständig vornehmen. Dazu erhalten sie für die ersten Kapitel zu jedem Unterrichtsthema „Tipps- und Hilfekarten". Diese können bei dem ersten gemeinsamen Eintrag zur Einführung bereits verwendet werden. Zu jedem wichtigen Thema sind die *Hilfeblätter* als Kopiervorlagen jeweils zu Beginn der Kapitel I bis IV im Serviceband zu finden. Ein Serviceblatt enthält immer vier Unterrichtsthemen, die am besten einzeln (nach dem Kopieren mit der Schneidemaschine teilen), passend zum Thema, ausgeteilt werden.

Die Erfahrung zeigt, dass die Schülerinnen und Schüler diese Hilfe mindestens ein halbes Jahr benötigen. Während dieser Phase ist es möglich, durch Variationen der Aufgabenstellung die Kreativität beim Erstellen der Überschrift oder dem Finden eigener Beispiele zu fördern.

3. Phase: Weiterentwicklung der Hilfeblätter

Nach der Einübungs- und Festigungsphase können die Schülerinnen und Schüler auch ohne genaue Anleitung einen Hefteintrag zu einem bestimmten Thema erstellen. Allerdings sollten sie dann zumindest eine Kapitelübersicht erhalten, um keine wichtigen Einträge zu vergessen.

Zur Übung befindet sich zu Beginn von Kapitel V ein Arbeitsblatt zur Weiterentwicklung, mit dessen Hilfe die Kapitelübersichten erstellt werden können. Es empfiehlt sich, für Kapitel VI ebenfalls eine Themenübersicht (z. B. als Mind-Map) zu erstellen.

Die wachsende Formelsammlung ist eine Jahresarbeit und eignet sich deshalb auch als GFS in Mathematik für die ganze Klasse. Es empfiehlt sich, die Formelhefte mehrmals während des Schuljahres einzusammeln und zu bewerten, damit die Schülerinnen und Schüler eine Rückmeldung erhalten, was an ihrem Heft gut ist bzw. was verbessert werden sollte. Im Unterrichtsversuch hat sich gezeigt, dass eine Weiterführung des Formelheftes in Klasse 8 sinnvoll ist.

Wie gestalte ich meine wachsende Formelsammlung?

Wozu eine eigene Formelsammlung anfertigen?

Im Mathematikunterricht lernt man wichtige Dinge: Formeln, Rechengesetze, Erkennen und Lösen von Problemen und vieles mehr. Da man sich nicht alles merken kann, werden wichtige Regeln häufig in einer Formelsammlung zusammengefasst. Dort schlägt man nach, wenn man etwas nicht mehr sicher weiß. Damit die Formelsammlung zu dir passt, lernst du, wie du deine eigene Sammlung erstellen kannst.

Wie gestalte ich meine eigene Formelsammlung?

– Schreibe nur die wichtigen und wesentlichen Inhalte auf, Übungen zu einzelnen Themen gehören nicht hinein.
– Schreibe deine Regeln und Merksätze immer nach dem gleichen Schema auf. Dabei solltest du die folgenden drei Schritte beim Eintragen eines Merksatzes oder einer neuen Formel immer beachten:
  1. Notiere mit eigenen Worten eine passende **Überschrift**.
  2. Suche mindestens ein **Beispiel** und schreibe es vor dem Merksatz in dein Formelheft. Benutze ruhig dein Schulbuch als Ideenlieferant.
  In Geometrie sind meistens Skizzen hilfreich.
  3. Formuliere mit eigenen Worten möglichst allgemein die **Regel** oder den **Merksatz**. Achte darauf, dass sich hier keine Fehler einschleichen. Überprüfe und vergleiche deinen Merksatz nochmals mit den Regeln in deinem Mathematikbuch.
– Je ordentlicher und übersichtlicher die Formelsammlung ist, desto besser wird sie dir in Zukunft helfen. Benutze zum Hervorheben, außer dem Unterstreichen und Vergrößern von Wichtigem, auch wenige verschiedene Farben. Jedes Thema sollte eine eigene Seite erhalten. Erinnere dich dabei an deine in Klasse 6 erlernten Techniken zur Heftführung.

Besprich mit deiner Nachbarin oder deinem Nachbarn, wie ein gutes Formelheft aufgebaut sein soll. Was musst du beachten, damit deine Formelsammlung als Nachschlagewerk übersichtlich wird und du jederzeit wieder etwas darin finden kannst? Auf was solltest du beim Hervorheben achten?

Beispiel für einen Formelheftaufschrieb:

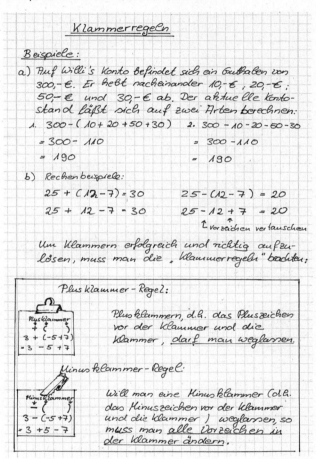

Was ist gut – was schlecht? – Beispiele für Formelhefteinträge

Vergleiche die Formelhefteinträge von Steffi, Klaus, Tobi und Marie zu den Klammerregeln.
Bewerte die einzelnen Schülereinträge und besprich deine Einschätzungen mit deinem Nachbarn oder der Gruppe. Stelle dabei für jeden Eintrag eine Liste mit Plus- und Minuspunkten auf und mache am Ende einen Notenvorschlag.

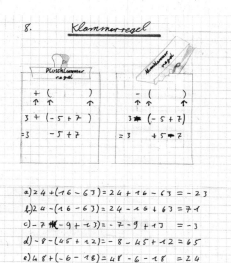

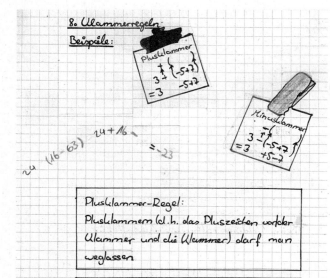

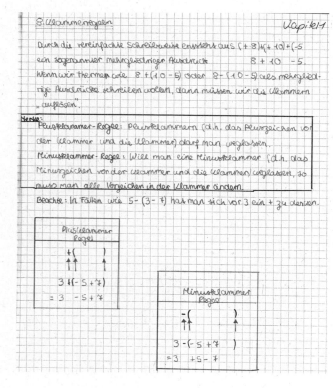

Puzzle – Was gehört in welcher Reihenfolge zusammen?

Materialbedarf: Schere, Klebstoff, leere Din-A4-Blätter

Denis' kleine Schwester hat sich einen bösen Aprilscherz erlaubt und sich an seinem Formelheft zu schaffen gemacht. Zwei Hefteinträge zu verschiedenen Themen hat sie zerschnitten. Anschließend hat sie beide Aufschriebe auch noch durcheinander gebracht und dann, wie unten zu sehen, zusammengeklebt.

1 Hilf Denis, indem du die Formelhefteinträge ausschneidest und auf einem leeren Blatt in die richtige Reihenfolge bringst.

2 Besprich mit deinem Nachbarn, weshalb Denis seinen Aufschrieb wohl gerade in dieser Reihenfolge gestaltet hat. Überlegt euch zusammen, ob man noch etwas daran verändern sollte.

> Auf der Zahlengeraden liegen negative und positive Zahlen spiegelbildlich zu 0. Man nennt deshalb z.B. -5 auch die Gegenzahl von 5.

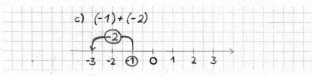

Addieren rationaler Zahlen

Negative Zahlen

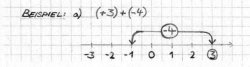

> Die durch Erweiterung des Zahlenstrahls zur Zahlengeraden neu hinzukommenden Zahlen heißen negative Zahlen, die bisherigen Zahlen positive Zahlen. Die Zahl 0 ist weder positiv noch negativ.

RATIONALE ZAHLEN

> Beim Addieren rationaler Zahlen gehen wir auf der Zahlengeraden nach {rechts / links} wenn der zweite Summand {positiv / negativ} ist.

KAPITEL III

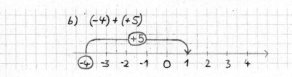

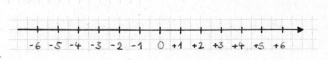

> Man unterscheidet Zahlen im negativen bzw. positiven Bereich, indem man die Negativen Zahlen mit einem – oder in rot und die Positiven Zahlen mit einem + oder in schwarz schreibt.

> NEGATIVE ZAHLEN IM ALLTAG:
> • Geographie   (Flüsse, Meere)
> • Bankgeschäft (Aktien, Konto,...)
> • Temperaturen

Wachsende Formelsammlung

Tipps und Hilfen für deine Formelsammlung

Prozente und Zinsen

1 Prozentsatz – Prozentwert – Grundwert

– Formuliere eine **Überschrift** zur Einführung der Bezeichnungen.

– Im Schülerbuch Seite 12 oben, findest du ein Beispiel zur Einführung der Begriffe Grundwert, Prozentwert und Prozentsatz. Schreibe als **Beispiel** auch eine Textaufgabe auf, in der du den Prozentangaben im Text jeweils die passenden Bezeichnungen mit den zugehörigen Buchstaben zuordnest.

– Ordne in einem **Merksatz** oder einer grafischen Übersicht, wie im Kasten auf Seite 12, den Bezeichnungen die verwendeten Buchstaben zu.

Tipps und Hilfen für deine Formelsammlung

Prozente und Zinsen

2 Grundaufgaben der Prozentrechnung

– Notiere eine **Überschrift**.

– Bei gegebenem Grundwert und Prozentwert kannst du schon selbst den Prozentsatz berechnen.
Lies im Schülerbuch Seite 15 oben den Text zur Berechnung des Prozentwertes und des Grundwertes.
Schreibe zu jedem Aufgabentyp ein **Beispiel** mit Lösungsweg in dein Formelheft.

– Notiere dir als **Merksatz** für die Ermittlung von Prozentsatz, Prozentwert und Grundwert jeweils die passende Formel.
(Orientiere dich dabei an den Merkkästen auf den Seiten 12 und 15.)

Tipps und Hilfen für deine Formelsammlung

Prozente und Zinsen

3 Darstellung in Kreisdiagrammen

– Formuliere eine **Überschrift**.

– Überlege dir, wie sich Prozentangaben in einem Diagramm darstellen lassen, und lies dazu den Text im Schülerbuch Seite 19 oben.
Beschreibe mit einem **Beispiel** in deinem Formelheft, wie man Prozentangaben im Kreisdiagramm grafisch veranschaulicht.

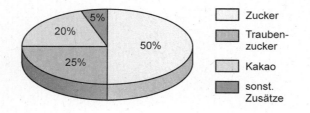

Tipps und Hilfen für deine Formelsammlung

Prozente und Zinsen

4 Zinsen

– Notiere eine **Überschrift**.

– In der Fachsprache der Banken werden für die Bezeichnungen bei Prozentangaben andere Begriffe benutzt. Ordne an einem **Beispiel** die verwendeten Begriffe in der Prozentrechnung den entsprechenden Begriffen der Finanzwelt zu. Beachte dazu die Tabelle im Schülerbuch Seite 20.

– Schreibe mit eigenen Worten einen passenden **Merksatz** auf.

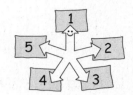

Lernzirkel: Prozente und Zinsen

Mit diesem Lernzirkel kannst du den Lernstoff für das Kapitel „Prozente und Zinsen" selbst üben und vertiefen. Bei jeder Station bearbeitest du ein anderes Thema. Dieses Blatt hilft dir bei der Arbeit. In der ersten Spalte der unteren Tabelle sind die Stationen angekreuzt (Aufgaben aufgelistet), die du auf jeden Fall bearbeiten solltest (Pflichtstationen/-aufgaben). Die anderen Stationen (Aufgaben) sind ein zusätzliches Angebot (Kürstationen/-aufgaben).

Reihenfolge der Stationen
Bevor du die Stationen 5 bis 7 bearbeitest, solltest du an den ersten vier Stationen (Bestimmen von Prozentsätzen, Prozentwerten und Grundwerten) trainiert haben.

Stationen abhaken
Wenn du eine Station bearbeitet hast, solltest du sie auf diesem Blatt abhaken. So weißt du immer, was du noch bearbeiten musst. Kläre mit deiner Lehrerin oder deinem Lehrer, wann du deine Lösungen mit dem Lösungsblatt vergleichen darfst. Danach kannst du hinter der Station in der Übersicht das letzte Häkchen machen.

Zeitrahmen
Natürlich musst du auch die Zeit im Auge behalten. Kläre mit deiner Lehrerin oder deinem Lehrer, wie viel Zeit dir insgesamt zur Verfügung steht, und überlege dir dann, wie lange du für eine Station einplanen kannst. Am Ende solltest du auf jeden Fall die Pflichtstationen (Aufgaben) erledigt und deren Themen verstanden haben.

Viel Spaß!

Pflicht (-aufgaben)	Kür (-aufgaben)	Station	bearbeitet	korrigiert
		1. Anteile und Prozente		
		2. Prozentsätze bestimmen		
		3. Prozentwerte bestimmen		
		4. Grundwerte bestimmen		
		5. Vermischtes – Kreuzworträtsel		
		6. Zinsen und Zinseszinsen		
		7. Überall Prozente		

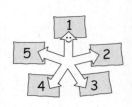

Lernzirkel: 1. Anteile und Prozente

1 Gib den Anteil der gefärbten Fläche an der Gesamtfläche als Bruch an und schreibe ihn in Prozent.

a)   b)   c)   d)   e)

f)    g)

h)   i)   j)   k)   l)

m) 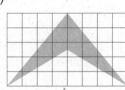   n) 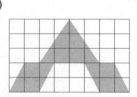   o) 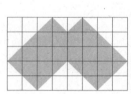   p)

2 In welcher Fläche ist der gefärbte Anteil am größten?

a) 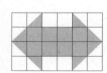   b) 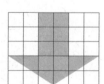   c)   d)

3 Schreibe in Prozent.

a) $\dfrac{18}{100}$ b) $\dfrac{125}{100}$ c) $\dfrac{3}{4}$ d) $\dfrac{39}{50}$ e) $\dfrac{18}{200}$ f) $\dfrac{4}{3}$ g) $\dfrac{3}{5}$

h) 0,4   i) 0,07   j) 0,125   k) 2,75   l) 0,85   m) 1,25   n) $0,\overline{3}$

4 Schreibe als Bruch. Kürze, wenn möglich.

a) 60 %   b) 8 %   c) 95 %   d) 4 %   e) 10 %   f) 100 %   g) 225 %

5 Zeichne das Rechteck (a = 10 cm, b = 1,5 cm) insgesamt fünfmal in dein Heft. Färbe die Rechtecke dann nacheinander entsprechend ein.

a) 75 %   b) $33\frac{1}{3}$ %   c) 40 %   d) 60 %   e) 15 %

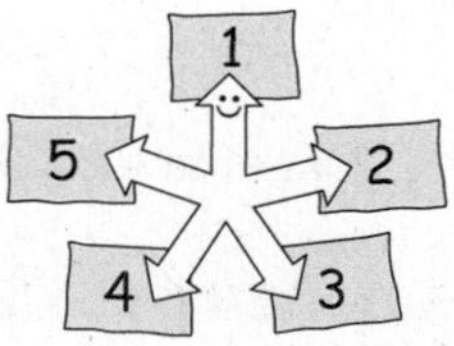

Lernzirkel: 2. Prozentsätze bestimmen

1 Berechne den Prozentsatz.

a) 22,5 kg von 150 kg
b) W = 13 dm³, G = 25 dm³
c) 0,016 km² von 8 km²
d) 10 cm von 70 cm
e) W = 5, G = 16 €
f) 65,61 t von 81 t

2 Ergänze die Prozentsätze. Berechne p % auf eine Stelle nach dem Komma.

	a)	b)	c)	d)	e)	f)	g)	h)	i)
W	2,99 €	157,5 kg	42,5 t	121 cm	0,18 €	60,75 km	254 m	2556 l	2,89 t
G	26 €	450 kg	5 000 t	110 cm	0,75 €	900 km	1587,5 m	1278 l	17 t
p %									

3 Obst ist reich an Mineralstoffen, Vitaminen und Ballaststoffen. Dabei ist der Anteil an Nähr- und Ballaststoffen in den verschiedenen Obstsorten sehr unterschiedlich. Berechne die Anteile in Prozent und vergleiche.

a)
1,1 g Eiweiß
0 g Fett
13,5 g Kohlenhydrate
3,3 g Ballaststoffe

b)
1,3 g Eiweiß
0 g Fett
10 g Kohlenhydrate
5,9 g Ballaststoffe

c)
5 g Eiweiß
0 g Fett
65 g Kohlenhydrate
9,5 g Ballaststoffe

d)
2,5 g Eiweiß
0 g Fett
17,5 g Kohlenhydrate
5 g Ballaststoffe

e)
0,5 g Eiweiß
0 g Fett
18 g Kohlenhydrate
3,5 g Ballaststoffe

4 Überprüfe die Preissenkung.

a) 1 kg Weintrauben: ~~2,99 €~~

250-g-Schale jetzt nur: 0,75 €

b) 1 kg Paprika: ~~1,95 €~~

500-g-Netz jetzt: 0,99 €

5

Alles mindestens 40 % reduziert!

???

Überprüfe die Preisreduzierung von 40 %.

a) ~~49,- €~~ 29,- €

b) ~~549,- €~~ jetzt nur noch 399,- €

c) ~~79,- €~~ 49,- €

d) ~~299,- €~~ 179,- €

e) ~~298,- €~~ 149,- €

f) ~~179,- €~~ 129,- €

978-3-12-734372-4 Lambacher Schweizer 3 BW, Serviceband Ernst Klett Verlag GmbH, Stuttgart 2005

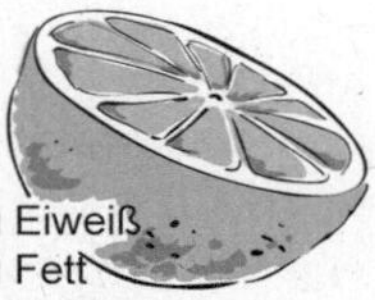

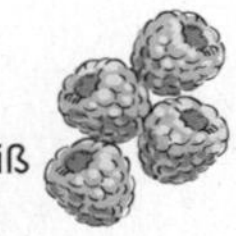

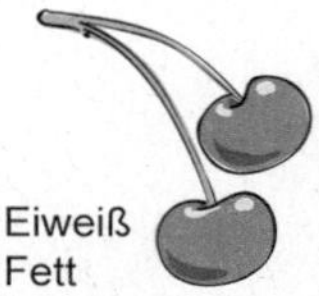

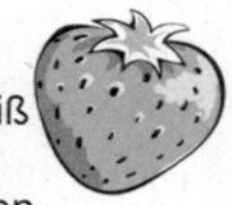

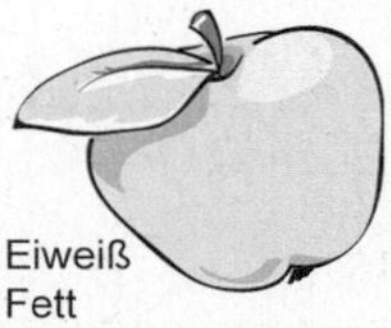

Lernzirkel: 3. Prozentwerte bestimmen

1 Berechne den Prozentwert.
a) $p\% = 15$, $G = 60\,€$
b) 67 % von 510 kg
c) $p\% = 3\%$, $G = 10\,t$
d) 120 % von 5 h
e) $p\% = 500\%$, $G = 76\,m^2$
f) 3,4 % von 190 m

2 Vervollständige die Tabelle.

	a)	b)	c)	d)	e)	f)	g)	h)	i)
p %	24 %	4 %	3,2 %	65 %	10,5 %	7,75 %	170 %	0,8 %	89 %
G	240 €	115 kg	1 800 m	25 h	700 g	5 400 km	18 cm	106 €	89 dm
W									

3 a) Vermindere 165 € (320 m, 5 t, 25 h) um 13 %.
b) Erhöhe den Preis von 50 € (83 €, 1 200 €, 49 €) um die Mehrwertsteuer.

4 Eine Reparatur kostet 243,50 €. Berechne den Endpreis, der zu zahlen ist, wenn noch die Mehrwertsteuer hinzukommt.

5 Das Kreisdiagramm (Fig. 1) zeigt die Zusammensetzung von Schokopulver.
a) Bestimme die Mittelpunktswinkel des Diagramms.
b) Wie viel g wiegen die einzelnen Bestandteile einer 800-g-Packung?

6 Täglich sollte man etwa $2\frac{1}{2}$ Liter Flüssigkeit trinken. Fruchtgetränke sind auch bei Jugendlichen beliebte Durstlöscher.
a) Wie viel ml Fruchtsaft enthalten die Getränke in Fig. 2 pro Liter mindestens?
b) Berechne den Fruchtanteil in einer Flasche mit $500\,cm^3$ ($750\,cm^3$; 0,7 l; 1,5 l).

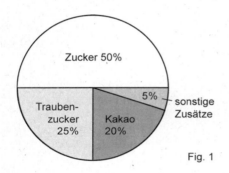

Fig. 1

Fruchtgetränke (1-Liter-Flaschen)
(Mindestgehalt an reinem Fruchtsaft)

Fruchtsaft Nektar Fruchtsaft-getränk Frucht-limonade Fig. 2

7 Hilf der Verkäuferin eines Haushaltswarenladens und berechne die neuen Verkaufspreise.

Alles **40%** reduziert!

a) **Saftgläser** je
1.20€

b) Isolierkanne
24.99€

c) Porzellan-Kombi-Set für 6 Personen:
169.-€

d) Messerblock
59.-€

e) **Besteck** (100-teilig)
349.-€

f) **Topfset** (5-teilig)
219.-€

Ernst Klett Verlag GmbH, Stuttgart 2005

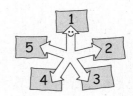

Lernzirkel: 4. Grundwerte bestimmen

1 Berechne den Grundwert.
a) 10 % sind 5 ha
b) p % = 23 %, W = 161 g
c) 4,5 % sind 105,75 €
d) 120 % sind 1 560 m
e) p % = 0,25 %, W = 13 ha
f) $33\frac{1}{3}$ % sind 8 kg

2 Vervollständige die Tabelle.

	a)	b)	c)	d)	e)	f)	g)	h)	i)
p %	3 %	16 %	54 %	0,25 %	7,5 %	80 %	160 %	32,5 %	99 %
W	12 km	80 l	1107 km	75 g	45 kg	500 hl	90 cm	26 ha	1287 h
G									

3 Jetzt geht's um die Wurst!
Leberwurst muss aufgrund der Fleischverordnung je nach Qualitäts-
stufe mindestens 10 bis 25 % gekochte Leber enthalten.
Wie viel Gramm einer Leberwurst mit 15 % (25 %; 18 %) Leberanteil
können aus 75 g (375 g; 135 g) gekochter Leber hergestellt werden?

4 Beim Räuchern verliert Rohwurst 6 % ihres Ausgangsgewichtes an
Wasser (Fig. 1).
a) Wie schwer war eine Rohwurst, die durch Räuchern 60 g, (45 g;
150 g) Wasser verloren hat?
b) Nach dem Räuchern wiegt eine Wurst 1880 g (1410 g; 1128 g).
Wie viel g betrug das ursprüngliche Gewicht?

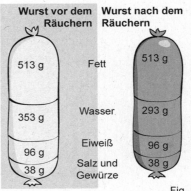

Fig. 1

5 Vervollständige die Tabelle.

	a)	b)	c)	d)	e)	f)	g)	h)	i)
p %	12 %	30 %		1,9 %	0,4 %		72 %	222 %	
W		18	16	9,5		126	367,2		10,8
G	240		400		150	360		55	80

6 Berechne die ursprünglichen Preise vor der Verkaufsaktion.

a)

Alles um **55%** reduziert!

b)
nur noch:
26.99€

c)
Nur noch:
135.-€

d)
Nur noch:
89.10€

e)
Nur noch:
247.50 €

f)

Lernzirkel: 5. Vermischtes – Kreuzworträtsel

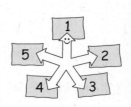

Löse die Aufgaben mit dem Taschenrechner und notiere die Ergebnisse. Wenn du den Taschenrechner drehst, kannst du die Ergebnisse als Wörter lesen. Trage zur Kontrolle diese Lösungswörter ohne Komma in das Raster ein.

Waagerecht:

2   5 % von 14 710 700 (bequeme Sitzgelegenheit)
4   17 % von ... t sind 562,36 t (Windstoß)
6   25 % mehr als 5912,8 km (Stacheltier)
7   Drei Viertel sind 29 354,25 (Streichinstrument)
8   Wie viel % sind 62,73 von 123? (engl.: ist)?
9   0,5 % sind 4,525 t (Strömung hinter einem Fahrzeug)
11   60 % weniger als 1775 (engl.: Öl)
16   5569,50 sind 150 % von ... (keine Zeit)
19   75 % von 5084 m (Baumart)
20   92 417,5 vermindert um 20 % (Philosoph)
23   Wie viel % sind 375,05 von 50 000 auf 3 Dezimale gerundet? (Hauptstadt Norwegens)
24   Von 249 € auf 199,20 € reduziert! Gib in % an. (Fluss in Sibirien)
25   Um wie viel % wurde von 4050 auf 4374 erhöht? (Autokennzeichen von Berlin)
26   370,7 von 110 sind ... % (seemännischer Ausdruck)
27   18 % von 410 100 t (heilige Schrift)
29   99 % sind 499,95 m von ...m (Notruf)
30   $66\frac{2}{3}$ % von 2601 (Kosename von Helga)
31   150 % sind 572 067 von ... (Unterkunft)
32   Wie viel % sind 43,8 min von 1 h? (span. Artikel)
33   1122,50 € abzüglich 20 % (Abkürzung für Bürgerliches Gesetzbuch)
35   80 % sind 5914,40 € von ... (Saugwurm)
36   500 % von 6 381 403,6 (Unterrichtsfach)

Senkrecht:

1   64,125 kg sind 12,5 % von ... kg (gefrorenes Wasser)
2   120 % von 61 612,5 (liegt meist voll im Wind)
3   40 % von ... € sind 14 054,80 € (nicht laut)
4   Wie viel % sind 110,4 kg von 80 kg? (Verhältniswort)
5   32 300 reduziert um 89 % (Schornstein)
10   Gib in % an: 21 von 300 (Autokennzeichen von Leipzig)
12   125 % von 268 (Gewässer)
13   Gib in % an: 1,15 t von 23 t (Autokennzeichen von Stuttgart)
14   64 % sind 201,6 m von ... m (Andredeform)
15   0,2 % von 19 157 500 (Küchengerät, Mz.)
17   Das 3-Fache von 17 % als Dezimalbruch (griech. Vorsilbe für gleich)
18   2652,75 erhöht um $33\frac{1}{3}$ % (Traubenernte)
20   8 % von ... sind 5904,32 (Werkzeug)
21   153 268 vermindert um 75 % (Gefühl)
22   Wie viel % sind 113,55 von 757? (span.: ja)
28   429,77 sind 11 % von ... (Theaterplatz)
29   50,05 von 7000 sind ...% (Getreidespeicher)
33   16 % von 3737,5 (Abkürzung für Bundsgrenzschutz)
34   112 % sind 106,4 von ... (Abkürzung für Sportgemeinschaft)
35   Gib in % an: 101,01 von 777 (Autokennzeichen von Eichstätt)

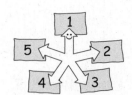

Lernzirkel: 6. Zinsen und Zinseszinsen

1 Berechne die fehlenden Angaben.

	a)	b)	c)	d)	e)	f)
Guthaben in €	1200	2000		1000	400	
Zinssatz	3 %		2,5 %	2,2 %		1,5 %
Jahreszinsen in €		80	145		4,8	60

2 Berechne die Zinsen.

	a)	b)	c)	d)	e)	f)
Guthaben in €	2400	10 000	8000	500	50 000	450
Zinssatz	2 %	3,75 %	3,5 %	1,5 %	4,5 %	1,2 %
Tage	60	120	270	756	1	50

3 a) Wie hoch ist der Zinssatz, wenn man für geliehenes Geld in Höhe von 35 000 € jährlich 3745 € Zinsen zahlen muss?
b) Herr Bode hatte während des gesamten vergangenen Jahres 8760 € auf seinem Sparkonto. Am Jahresende erhielt er Zinsen und hat zu Beginn des neuen Jahres 9088,50 € auf diesem Konto. Mit welchem Zinssatz wurde sein Kapital verzinst?

4 a) Frau Stade erhält für ihr Guthaben von 45 000 € jährlich 4,5 % Zinsen. Diese werden vierteljährlich ausgezahlt. Wie viel Euro sind das?
b) Jens legt seine Ersparnisse von 350 € bei der Bank für drei Monate an. Wie viel Zinsen erhält er bei einem Zinssatz von 2 % pro Jahr?

5 a) Wie viel Geld hat man geliehen, wenn man bei 11,4 %iger Verzinsung jährlich 1539 € Zinsen zahlen muss?
b) Frau Müller hat im Lotto gewonnen. Sie legt es in Sparbriefen zu 3,5 % pro Jahr an und erhält jährlich 6125 € Zinsen. Wie hoch war ihr Gewinn?

6 Herr Voigt überzieht sein Girokonto für 18 Tage um 450 €. Der Zinssatz beträgt 12,4 % pro Jahr. Berechne die Überziehungszinsen.

7 Am 1. Januar hat Sven 120 € auf seinem Sparkonto. Am 1. April zahlt er 100 € ein und am 1. September 125 €. Wie viel Euro kann er bei einem Zinssatz von 3 % pro Jahr am Jahresende abheben?

8 Ein Kapital von 11 000 € wird jährlich mit 5,5 % verzinst. Berechne das Guthaben nach sechs Jahren.

9 Eine Bank zahlt für ein Guthaben von 35 000 € 4,5 % Zinsen in einem Jahr. Wenn sie genauso viel Geld ausleiht, erhält sie 7,8 % pro Jahr. Wie hoch ist der Gewinn?

10 Um ein Rennrad finanzieren zu können, will sich Mark **2700 €** leihen. Er erhält zwei Angebote:

Bank A
Sie zahlen nur 7,7% Zinsen pro Jahr.
Bearbeitungsgebühr: 25 €

Bank B
Sie zahlen nur 8,2% Zinsen pro Jahr.
Ohne Bearbeitungsgebühr!

Welches Angebot ist günstiger? Begründe.

Ernst Klett Verlag GmbH, Stuttgart 2005

Lernzirkel: 7. Überall Prozente

1 Alexander hat im Aufsatz von 451 Wörtern 23 falsch geschrieben. Luisa gesteht enttäuscht, dass sie von 511 Wörtern nur 496 richtig geschrieben hat. Wer hat prozentual mehr Wörter falsch geschrieben?

2 Normale Kondensmilch enthält 7,5 % Fett, Kondensmilch „leicht" 4 %. Außerdem gibt es noch Kondensmilch mit 10 % Fettgehalt. Wie viel ml Fett enthalten jeweils
a) eine Packung mit 316 ml,   b) eine Portion von 10 ml?

3 Frau Karl verdient im Monat 2400 €. Davon werden Steuern und Versicherungsbeiträge abgezogen. Ausgezahlt erhält sie 1560 €. Wie viel Prozent betragen ihre Abzüge?

4 Für einen Computer waren im Dezember 1290 € zu zahlen. Nach Weihnachten sank der Preis um 15 %. Berechne den neuen Preis.

5 Ein Auto kostet neu 27 900 €. Als Vorführwagen des Autohauses wird es 18 % günstiger angeboten. Welchen Preis wird der Verkäufer nennen?

6 In einer Porzellanfabrik rechnet man bei der Herstellung von Geschirr mit 20 % Bruch. Wie viele Teller müssen gefertigt werden, um einen Auftrag über 1000 Stück erfüllen zu können?

7 Wie viele Mädchen sind in Katjas Klasse?

8 Bei einer Sturmversicherung muss man 20 % des Schadens selbst tragen, höchstens jedoch 250 €. Bei welcher Schadenshöhe wird dieser Betrag erreicht?

In meiner Klasse sind nur 10 Jungen und 60% sind Mädchen.

9 Unter den in Deutschland lebenden etwa 42 000 Tierarten gehören 700 zu den Wirbeltieren, 29 000 zu den Insekten, 900 zu den Krebsen, 3500 zu den Spinnentieren, 500 zu den Weichtieren und 4500 zu den Würmern, der Rest sind Urtiere. Zeichne dazu ein Kreisdiagramm.

10 Sehr kleine Anteile werden manchmal in Promille (‰) angegeben. Dabei gilt: $1‰ = \frac{1}{1000}$; $p‰ = \frac{p}{1000}$.

Wie viel Promille sind: a) $\frac{3}{1000}$ b) $\frac{1}{125}$ c) $\frac{3}{200}$ d) $\frac{7}{250}$ e) $\frac{3}{400}$ f) 1 %   g) 0,03 %

h) 12 € von 2000 €   i) 17 g von 8,5 kg   j) 72 m von 12 km   k) 338 ml von 13 l?

11 Eine 0,7-l-Flasche Mineralwasser (= 700 g) enthält 88 mg Calcium, 12 mg Kalium, 68 mg Natrium und 15 mg Magnesium. Gib die Anteile in Promille an.

12 Eine Prämie einer Feuerversicherung für ein mit Ziegel gedecktes Haus beträgt 0,7 ‰, für ein mit Stroh gedecktes Haus 5,5 ‰ des Hauswertes. Wie hoch ist die jährliche Prämie bei einem Hauswert von 215 000 €?

Achtung: Gesichtskontrolle!

Schätze zunächst den Anteil am Gesicht, berechne dann und gib das Ergebnis in Prozent an. Miss dazu die notwendigen Größen.

a) die Nase von Clown Peppo

b) das „blaue" Auge vom starken August

c) die Wangen von der schönen Lissy

d) die Sonnenbrillengläser vom coolen Lars

e) den Mund von Baby Meiki

f) den Schnauzbart von Opa Krause

Der Mensch

1 a) Bestimme in der linken Abbildung die prozentualen Anteile der chemischen Zusammensetzung des Menschen.
b) Stelle die Anteile dann in einem Kreisdiagramm (Fig. 1) dar.

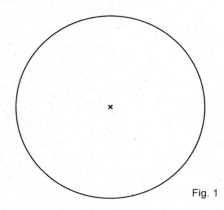

Fig. 1

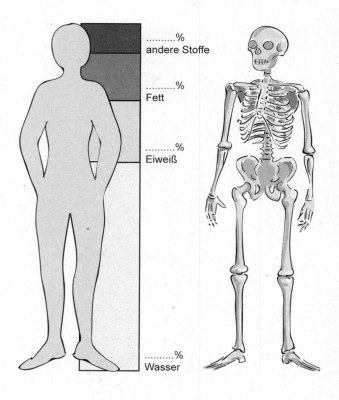

..........%
andere Stoffe

..........%
Fett

..........%
Eiweiß

..........%
Wasser

2 Ein Erwachsener hat 215 Knochen. Die Tabelle zeigt, wie sie sich zusammensetzen.
a) Berechne die Anteile und ergänze die Tabelle.
b) Stelle die Aufteilung des Skeletts in die verschiedenen Knochen in einem Kreisdiagramm dar (Fig. 2).

Körperteil	Schädel	Wirbelsäule	Schultergürtel	Becken	Brustkorb	Arm	Hand	Bein	Fuß
Anzahl der Knochen	25	35	4	6	25	6	54	8	52
Anteil als Bruch									
Anteil in Prozent									

3 Das gesamte Blutgefäßnetz eines Menschen hat eine Länge von etwa 96 500 km. Damit könnte man die Erde ca. 2,4-mal umrunden. Bei den Blutgruppen unterscheidet man zwischen den Hauptgruppen 0 und A (jeweils 40 %), B (ca. 13 %) und AB (ca. 7 %). Zeichne zu den vier Blutgruppen ein Kreisdiagramm (Fig. 3).

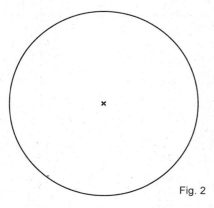

Fig. 2

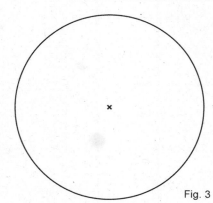

Fig. 3

4 Suche weitere interessante Fakten rund um den menschlichen Körper (z. B. im Biologiebuch, in Zeitschriften oder im Internet) und veranschauliche diese in einem Kreisdiagramm. Gestalte die Kreisteile farbig und beschrifte dein Diagramm. Stelle dein Kreisdiagramm in der nächsten Stunde deinen Mitschülerinnen und Mitschülern vor.

⏱ 30 min + Hausaufgabe   † Einzelarbeit

Prozent – Puzzle

Materialbedarf: Schere, Klebstoff

Welche Karten kannst du jeweils wie im Beispiel legen? Schneide die Karten aus und probiere. Wenn du die richtigen Varianten gefunden hast, klebe sie in dein Heft und schreibe dazu wie im Beispiel.

3%	von	505	sind	15,15

Zwei Karten bleiben übrig. Bestimme eine passende dritte Zahl.

0,5 %	1 %	5 %	10 %	12,5 %
15 %	20 %	25 %	30 %	$33\frac{1}{3}$ %
40 %	50 %	60 %	$66\frac{2}{3}$ %	75 %
80 %	0,87	1	2,1	4,3
7	11,25	12	13	17,2
50	57	66	69	77
77,7	80	87	88	95
104	116	145	150	192,5
200	222	225	277,5	333
345	405	450	555	777

978-3-12-734372-4 Lambacher Schweizer 3 BW, Serviceband   Ernst Klett Verlag GmbH, Stuttgart 2005

Silbenrätsel: Was hast du beim Prozentrechnen gelernt?

Prozentrechnen hat sehr viel mit _____ zu tun:

Der Ausdruck 20% ist nur eine andere Schreibweise für $\frac{20}{100}$. Also ist

$p\% = \frac{p}{100}$. Um Größen und Anteile miteinander _____

zu können, sind Prozentangaben sehr geschickt. Die Angabe, auf die man sich

beim Vergleichen bezieht, ist der _____ G. Für $\frac{W}{G} = \frac{6}{50}$ ist

G = 50. Den Zähler W nennt man _____ . Das Ergebnis

dieser Rechnung $\frac{W}{G} = \frac{6}{50} = \frac{12}{100} = 0,12 = 12\%$ heißt _____ .

Rechnet man bei Geldgeschäften auf der Bank mit Prozenten, so nennt man

die Prozente dort Zinsen. Erbringen die Zinsen auch im folgenden Jahr

Zinsen, so nennt man dies _____ .

Prozente findest du überall in deiner Umgebung, z. B. in Läden bei

Sonderangeboten, auf Verpackungen von Lebensmitteln oder auch bei

Umfragen und Statistiken. Kann man beim Einkauf einen prozentualen

_____ des ursprünglichen Preises einsparen, spricht man

von _____ . Vorsicht bei Gewichtsangaben: Beim _____

_____ wurde die Verpackung mitgewogen!

Das _____ ist dagegen allein das Gewicht der Ware.

1 Wenn du die richtigen Silben zu den Lösungswörtern verbunden hast, dann

bleibt dir mit den Restsilben der Titel „Rätsel- und _____"!!!

Silben:

An	batt
Bruch	Brut
chen	ge
glei	chen
ge	Grund
meis	Net
nen	Ra
Pro	satz
Re	Pro
rech	ses
teil	to
ter	ver
to	wert
wert	zent
wicht	wicht
zent	Zin
zins	

2 Einige der Lösungsworte von oben gehören in die Lücken dieses
Aufgabentextes.
a) Fülle die Lücken sinnvoll aus und berechne die Lösung:
Jan und seine Schwester Victoria wollen sich jeweils eine CD kaufen. Jeder
geht aber in ein anderes Fachgeschäft. Am Ende behaupten beide, das
bessere Geschäft gemacht zu haben. Victoria freut sich:

„Ich habe einen _____ von 12 % erhalten. Meine CD hat an der Kasse

noch 13,20 € gekostet." – Jan erwidert: „Nach Abzug des _____ von

_____ % musste ich zwar 4 € mehr zahlen als du, aber der _____

meiner CD war ursprünglich 20 €.
b) Wer hat wirklich das bessere Geschäft gemacht? Begründe deine Antwort.

978-3-12-734372-4 Lambacher Schweizer 3 BW, Serviceband   **S20**   © Als Kopiervorlage freigegeben.

Ernst Klett Verlag GmbH, Stuttgart 2005

Arbeitsplan zum Thema „Zinsen"

Arbeitszeit: 2 Schulstunden + Hausaufgaben

Vorüberlegungen (ohne Buch)

1 Anfang des Jahres zahlt Jana 200 € auf ihr Sparkonto bei einer Bank ein. Nachdem sie das Geld ein
Jahr lang auf ihrem Konto belies, hat sie am Ende
des Jahres 205 € auf ihrem Konto. Um wie viel
Prozent hat sich ihr Geld vermehrt?

2 Tom leiht sich bei der gleichen Bank 500 €.
Die Bank verlangt dafür pro Jahr 6 % mehr, als ihr
Guthabenszins beträgt. Wie viel Euro zahlt er an die
Bank, wenn er sich das Geld nur für ein halbes Jahr
leiht?

Erarbeitung und Heftaufschrieb

Lies im Schülerbuch auf Seite 20 nach, welche Begriffe in der
„Bankersprache" für die Größen verwendet werden, die du in Aufgabe
1 und 2 bestimmt hast. Beachte, mit wie vielen Tagen Banken für jeden
Monat und ein Kalenderjahr rechnen. Schreibe eine Überschrift.
Notiere in eigenen Worten einen Merksatz. Nutze dabei auch die
Tabelle „Vokabeln aus dem Bankwesen". Erstelle Musteraufgaben zur
Berechnung des Zinssatzes, von Jahreszinsen und unterjährigen
Zinsen. Wähle dabei eigene Zahlenbeispiele.
Tipp: Beispiel 1 und 2 (Schülerbuch Seite 20/21) können dabei hilfreich
sein.

Übungen

a) Trainiere zunächst selbstständig und löse auf Seite 21 des Schülerbuches Aufgabe 1. Teste nach dem
„Aufwärmen", ob du die neuen Begriffe sicher anwenden kannst, indem du Aufgabe 2 löst.
b) Erfinde ähnliche Aufgaben, löse diese Aufgaben selbst und stelle sie dann deiner Partnerin oder deinem
Partner. Löse in der Zwischenzeit die Aufgaben deines Partners. Kontrolliert gegenseitig eure Ergebnisse.
c) Verfahre mit den Aufgaben 3 und 4 wie mit Aufgabe 1 und Aufgabe 2 unter a): Zunächst selbstständiges
Lösen von Aufgabe 3 und Aufgabe 4, dann Partnertraining mit selbst erstellten, variierten Aufgaben.
d) Wenn du in der „Bankersprache" sicher bist, löse Aufgabe 5. Übertrage dazu die Tabelle, die Kathrins
„Kontobewegungen" veranschaulicht, in dein Heft und ergänze entsprechend der Aufgabenstellung.

Führe regelmäßig eine Selbstkontrolle durch. Die Lösungen der Aufgaben aus dem Schülerbuch findest du
auf dem Lehrertisch.

Kurztest

Teste mit den folgenden Aufgaben, ob du fit beim Thema „Zinsen" bist.
1 Frau May hat ihr Konto 24 Tage um 750 € überzogen. Berechne die Zinsen für einen Zinssatz von
7,5 % pro Jahr.

2 Anne hat 5 Monate und 11 Tage lang 300 € auf ihrem Sparbuch. Berechne die Zinsen für p = 3 % pro Jahr.

3 Herr Klaus hat im Lotto gewonnen. Er legt den Gewinn zu einem Zinssatz von 6 % pro Jahr an. Nach
einem Vierteljahr erhält er 6000 € Zinsen. Wie hoch war der Lottogewinn?

4 Ein Darlehen bei der Bank über 5000 € soll jeden Monat 55 € Zinsen kosten. Welchem Zinssatz entspricht
das? Vergleiche deine Lösungen mit denen deiner Partnerin oder deines Partners.

Ernst Klett Verlag GmbH, Stuttgart 2005

Phantasie gefragt

Tom und Paul betreten als erste der Klasse 7b den Matheraum. „Na prima!", ruft Paul aufgebracht. „Schau mal, wie die von der 7c wieder die Tafel gewischt haben, und ich habe Ordnungsdienst!" Paul will gerade zum Schwamm greifen, als Frau Becker, die Mathematiklehrerin, den Raum betritt. „Aha, mein Kollege hat mit der 7c auch für die bevorstehende Klassenarbeit zur Prozentrechnung geübt. – Paul, lass die Zahlen ruhig an der Tafel stehen. Ich habe da eine Idee."

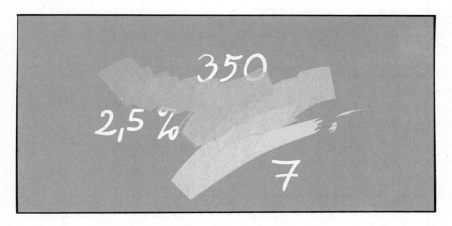

Als alle Schüler der 7b ihre Mathesachen ausgepackt hatten und der Unterricht beginnen konnte, stellte Frau Becker folgende Aufgabe, die auch du lösen sollst:

„Formuliere mithilfe dieser drei Zahlen zwei Sachaufgaben aus verschiedenen Themengebieten."

Benutze zunächst beim Probieren, Formulieren und Rechnen dein Heft. Schreibe dann die von dir erfundenen Aufgaben unten auf dieses Blatt und deine Lösungen auf die Rückseite. Lass deine Aufgabenstellungen von deinem Nachbarn auf Verständlichkeit kontrollieren und dann lösen. Kontrolliert gegenseitig eure Lösungen auf Richtigkeit und Vollständigkeit.

Aufgabe 1:

Aufgabe 2:

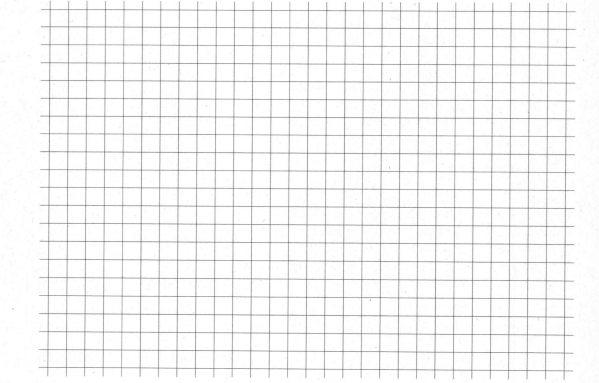

Mind-Map zum Thema „Prozente und Zinsen"

Du findest auf diesem Arbeitsblatt viele wichtige Begriffe und Rechenbeispiele zur Prozent- und Zinsrechnung. Die zentralen Begriffe sind bereits vorgegeben. Übertrage sie auf ein leeres Blatt und verwende sie als Beschriftung der Hauptäste.
Die Begriffe in Fig. 1 sollst du für die Beschriftung deiner Zweige verwenden. Achte dabei darauf, dass dein Mind-Map eine sinnvolle Anordnung erhält. Mit den Formeln aus Fig. 2 soll das Mind-Map noch weiter ergänzt werden. Suche zuletzt Beispielaufgaben (wie in Fig. 3) und füge sie an passenden Stellen ein.

Prozente im Alltag

Vergleiche

Prozente und Zinsen

Kreisdiagramme

Grundaufgaben

Zinsrechnung

Weitere Begriffe:	
Prozentsatz	Kapital
Grundwert	Guthaben
Prozentwert	Zinssatz
Promille ‰	Zinseszins
Rabatt	Jahreszinsen
Skonto	Anlagezeit
Bruttogewicht	Vollwinkel
Nettogewicht	Mittelpunktswinkel
Tara	Prozent in Brüchen
Prozentschreibweise	

Fig. 1

Formeln:

$p\% = W : G$

$G = W : p\%$

$W = p\% \cdot G$

$p\% \cdot 360° = \underline{\quad}°$

Fig. 2

116% → 243,60
1%   → 2,10
100% → 210

40 von 500
500 → 100%
5   → 1%
40 → 8%

20% von 300
$\frac{20}{100} \cdot 300 = 60$

Fig. 3

Wachsende Formelsammlung

Tipps und Hilfen für deine Formelsammlung

Häufigkeiten und Wahrscheinlichkeiten

1 Wahrscheinlichkeiten

– Formuliere mit eigenen Worten eine **Überschrift**.

– Lies den Text im Schülerbuch auf Seite 38 und mache dir daran den Unterschied von tatsächlichen Ergebnissen und Wahrscheinlichkeiten klar. Auf den Seiten 38 und 39 findest du mögliche **Beispiele** dazu.

– Notiere einen **Merksatz**, der beschreibt, was man unter der Wahrscheinlichkeit eines Ergebnisses versteht. (Siehe auch den Kasten auf Seite 39.)

Tipps und Hilfen für deine Formelsammlung

Häufigkeiten und Wahrscheinlichkeiten

2 Versuchsreihen

– Formuliere eine **Überschrift**.

– Bei manchen Zufallsversuchen ist die Wahrscheinlichkeit nicht direkt zu erkennen. Lies dazu den Text über die Wahrscheinlichkeit der Lagen eines Reißnagels im Schülerbuch auf Seite 41. Suche ein geeignetes **Beispiel** für deinen Hefteintrag und verwende dabei auch die Begriffe absolute und relative Häufigkeit.

– Schreibe einen **Merksatz** auf, der den Zusammenhang von relativer Häufigkeit und Wahrscheinlichkeit beschreibt.

Tipps und Hilfen für deine Formelsammlung

Häufigkeiten und Wahrscheinlichkeiten

3 Summenregel

– Formuliere eine **Überschrift**, die du gut findest.

– Die Wahrscheinlichkeit mehrerer Ergebnisse lässt sich aus der Wahrscheinlichkeit der Einzelergebnisse bestimmen. Lies dazu den Text über das „Mensch-ärgere-dich-nicht-Spiel" im Schülerbuch Seite 44 und notiere ein geeignetes **Beispiel** dazu.

– Beschreibe in einem **Merksatz** die Regel, wie man Wahrscheinlichkeiten mit der Summenregel berechnen kann. (Beachte den Kasten auf der Seite 44.)

Tipps und Hilfen für deine Formelsammlung

Häufigkeiten und Wahrscheinlichkeiten

4 Pfadregel

– Notiere eine geeignete **Überschrift**.

– Wird ein Zufallsversuch mehrmals durchgeführt, erhält man als Ergebnis die Abfolge der Einzelergebnisse.
Im Schülerbuch Seite 46 findest du dazu ein schönes **Beispiel**. Lies es gut durch und vollziehe die vier Ergebnisse jeweils am Baumdiagramm nach.
Notiere eines der Beispiele (evtl. von Seite 47) oder ein eigenes in dein Formelheft.

– Schreibe einen **Merksatz** zur Pfadregel auf.

---

† Einzelarbeit

978-3-12-734372-4 Lambacher Schweizer 3 BW, Serviceband   **S24**

Ernst Klett Verlag GmbH, Stuttgart 2005

Arbeitsplan zum Thema „Entscheidungshilfen"

Arbeitszeit: 1 Schulstunde + Hausaufgaben

Vorüberlegungen (ohne Buch)
Lies mit deiner Partnerin oder deinem Partner die folgenden Aussagen durch und schreibt zu allen Aussagen einen kleinen Kommentar mit eurer Meinung. Vergleicht eure Ergebnisse anschließend mit einer anderen Zweiergruppe.

Lässt man eine Münze fallen, so sind beide Münzenseiten gleich wahrscheinlich.

Hat man mit einer Münze dreimal hintereinander „Zahl" geworfen, so wird man mit hoher Wahrscheinlichkeit beim nächsten Wurf „Wappen" werfen.

Bei sechs Würfen mit einem Würfel kann man sicher davon ausgehen, dass einmal die „1" fällt.

Würfelt man mit einem Würfel sehr viele Male, kann man im Mittel erwarten, dass in der Hälfte der Würfe eine gerade Zahl fällt.

Mit einem Würfel in seiner Glücksfarbe wird man bessere Ergebnisse erzielen.

Es lässt sich nicht vorhersagen, auf welche Seite eine geworfene Münze fällt.

Würfelt man mit einem Würfel, so ist die „6" weniger wahrscheinlich als die anderen Zahlen.

An einem Freitag, den 13., wird man bei einem Glücksspiel nicht so erfolgreich sein wie an einem anderen Tag.

Wahrscheinlichkeiten lassen sich nicht berechnen.

Erarbeitung und Heftaufschrieb

Lies im Schülerbuch auf den Seiten 38 und 39 nach, was man in der Mathematik unter den Begriffen „Zufallsversuch", „Ergebnis" und „Wahrscheinlichkeit" versteht. Überlege dir anschließend verschiedene Beispiele, bei denen die Bestimmung einer Wahrscheinlichkeit nützlich sein kann. Schreibe eine Überschrift. Notiere in eigenen Worten einen Merksatz, indem du beschreibst, was man in der Mathematik unter einer Wahrscheinlichkeit versteht.

Übungen
a) Schaue dir zunächst Beispiel 2 auf Seite 39 an. Versuche folgende Zusatzfragen zu beantworten:
– Warum sollte man in Teilaufgabe c) auf „weiß" wetten?
– Wie würden sich die Ergebnisse verändern, wenn die weiße Kugel mit der „9" nicht im Behälter wäre?
– Welche Kugeln könnten in dem Behälter liegen, wenn die Wahrscheinlichkeit für eine weiße Kugel 40% betragen würde?
b) Löse anschließend die Aufgaben 1 und 3.
c) Jetzt kannst du mit der „Bist-du-sicher?-Aufgabe" auf Seite 40 testen, ob du schon sicher bist. Wenn du meinst, dass du noch etwas Übung brauchst, solltest du Aufgabe 2 erledigen. Andernfalls kannst du versuchen, die Aufgaben 8 und 9 zu lösen. Die Ergebnisse kannst du mit deinem Nachbarn vergleichen.
d) Erfinde mit deinem Nachbarn eigene Aufgaben zur Wahrscheinlichkeit und tausche sie mit einer anderen Gruppe aus. Vergleicht eure Ergebnisse anschließend gemeinsam.

Hausaufgabe
Schreibe einen kleinen Aufsatz zum Thema „Die Wahrscheinlichkeit in der Mathematik".

Fair play?

Materialbedarf: Pro Gruppe werden eine Schere, Kleber, Karton und Pappe benötigt.

Wenn man mit Freunden ein Spiel spielt, sollte man fair spielen. Unfair ist zum Beispiel, wenn man bei einem Kartenspiel die Karten nicht gerecht austeilt, um seine eigenen Gewinnchancen zu erhöhen. Ein Spiel gilt als fair, wenn alle Spieler die gleichen Gewinnchancen haben. Damit dies so ist, müssen sich alle Spieler an die vereinbarten Regeln halten. Außerdem müssen die verwendeten Spielmaterialien fair sein.

Man bezeichnet eine Münze als fair, wenn die Wahrscheinlichkeit für beide Seiten $\frac{1}{2}$ ist. Bei einer fairen Münze erwartet man bei einer langen Versuchsreihe, dass die beiden Seiten etwa gleich oft geworfen werden.

1 Überprüft bei einer Münze durch eine Versuchsreihe von 100 Würfen, ob sie fair ist.

2 Schneidet aus Pappe eine runde Scheibe aus. Beschriftet die eine Seite mit einem Wappen und die andere Seite mit einer Zahl. Überprüft anschließend durch eine Versuchsreihe, ob eure Münze fair ist.

3 Verbiegt eure selbst gebastelte Münze und führt anschließend erneut eine Versuchsreihe aus. Welche Wahrscheinlichkeiten würdet ihr für die beiden Seiten vermuten?

Man bezeichnet einen Würfel als fair, wenn die Wahrscheinlichkeit für alle sechs Seiten $\frac{1}{6}$ ist. Bei den üblichen Spielen sind die Würfel fair.

4 Bastelt euch aus Papier, aus Karton oder einem anderen Werkstoff einen möglichst „gleichmäßigen" Würfel und überprüft durch eine Versuchsreihe von 100 Würfen, ob euer Würfel fair ist.

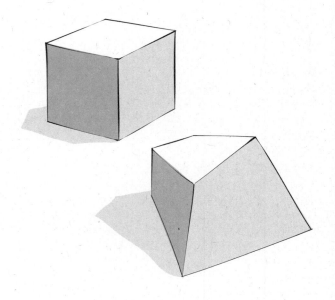

5 Bastelt euch einen möglichst „krummen" Würfel und führt anschließend erneut 100 Würfe aus. Welche Wahrscheinlichkeiten würdet ihr für die Seiten jeweils vermuten?

6 Versucht einen „Würfel" zu basteln, bei dem die Wahrscheinlichkeit für die Zahl Sechs etwa 50% beträgt.

⏱ 20 min   ⬩ Gruppenarbeit

Mensch, ärgere dich nicht!

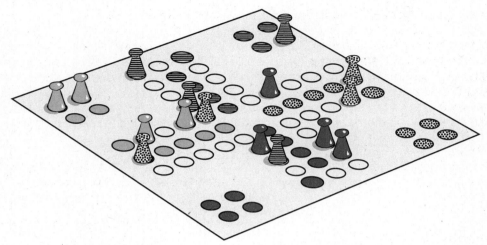

Wie groß ist die Wahrscheinlichkeit, dass bei der abgebildeten Spielsituation ...

 ... der Spieler mit den grauen Spielfiguren beim nächsten Wurf mit seiner dritten Spielfigur ins Spiel kommen kann?

 ... der Spieler mit den schwarzen Spielfiguren beim nächsten Wurf mit seiner vierten Spielfigur ins Spiel kommen kann?

 ... der Spieler mit den schwarzen Spielfiguren beim nächsten Wurf eine gepunktete Spielfigur hinauswerfen kann?

 ... der Spieler mit den schwarzen Spielfiguren beim nächsten Wurf mit einer Spielfigur auf ein Zielfeld kommen kann?

 ... der Spieler mit den grauen Spielfiguren beim nächsten Wurf eine gestreifte Spielfigur hinauswerfen kann?

 ... der Spieler mit den gepunkteten Spielfiguren beim nächsten Wurf eine andere Spielfigur hinauswerfen kann?

 ... der Spieler mit den gepunkteten Spielfiguren beim nächsten Wurf vorrücken kann?

Lösungen
Werden die Spielfiguren mit den Lösungen entsprechend den Aufgaben in die richtige Reihenfolge gesetzt, so ergeben die Buchstaben die Hauptstadt eines europäischen Landes.

Zusatzaufgabe
Überlegt euch zu zweit eine neue Spielsituation und formuliert eigene Aufgaben dazu. Tauscht die Aufgaben anschließend mit einer anderen Zweiergruppe aus. Überprüft eure Ergebnisse gemeinsam.

Mit Wahrscheinlichkeiten punkten

Das Spiel kann in Kleingruppen zu zwei bis vier Schülern gespielt werden.

Zunächst werden die Spielkarten gemischt und verdeckt auf einen Stapel gelegt. Der erste Schüler eröffnet das Spiel, indem er die drei obersten Karten aufdeckt. Auf jeder Karte sind ein Punktwert und eine Aufgabe verzeichnet, deren Lösung eine Wahrscheinlichkeit ist. Der Schüler muss nun versuchen, die Karte zu bestimmen, deren Lösung die höchste Wahrscheinlichkeit ergibt. Gelingt ihm das, kann er die Karte behalten. Die anderen beiden Karten werden wieder unter den Stapel gelegt. In gleicher Weise können die anderen Schüler reihum versuchen, Karten zu sammeln. Wenn nur noch zwei Karten auf dem Stapel liegen, addiert jeder Schüler die Punkte auf seinen Karten. Gewonnen hat der Schüler mit den meisten Punkten.

Wie groß ist die Wahrscheinlichkeit, dass man mit einem Würfel eine gerade Zahl würfelt? 2 Punkte	Wie groß ist die Wahrscheinlichkeit, dass man mit einem Würfel eine „6" würfelt? 7 Punkte	Wie groß ist die Wahrscheinlichkeit, dass man mit einem Würfel eine Zahl größer als 4 würfelt? 4 Punkte
Wie groß ist die Wahrscheinlichkeit, dass man mit einem Würfel eine „1" oder „6" würfelt? 3 Punkte	Wie groß ist die Wahrscheinlichkeit, dass man mit zwei Würfeln einen Pasch würfelt? 8 Punkte	Wie groß ist die Wahrscheinlichkeit, dass man eine schwarze Kugel zieht? 3 Punkte
Wie groß ist die Wahrscheinlichkeit, dass man eine schwarze Kugel zieht? 5 Punkte	Wie groß ist die Wahrscheinlichkeit, dass man keine schwarze Kugel zieht? 6 Punkte	Wie groß ist die Wahrscheinlichkeit, dass man eine weiße Kugel zieht? 4 Punkte
Wie groß ist die Wahrscheinlichkeit, dass die Kugel in Topf A fällt? 9 Punkte	Wie groß ist die Wahrscheinlichkeit, dass die Kugel in Topf A oder B fällt? 10 Punkte	Wie groß ist die Wahrscheinlichkeit, dass die Kugel in Topf C fällt? 8 Punkte
Wie groß ist die Wahrscheinlichkeit, dass das Glücksrad „0" zeigt? 6 Punkte	Wie groß ist die Wahrscheinlichkeit, dass das Glücksrad „1" zeigt? 7 Punkte	Wie groß ist die Wahrscheinlichkeit, dass das Glücksrad „2" zeigt? 2 Punkte
Wie groß ist die Wahrscheinlichkeit, dass das Glücksrad „0" oder „1" zeigt? 4 Punkte	Wie groß ist die Wahrscheinlichkeit, dass der Kreisel auf „schwarz" fällt? 5 Punkte	Wie groß ist die Wahrscheinlichkeit, dass der Kreisel auf „grau" fällt? 3 Punkte
Wie groß ist die Wahrscheinlichkeit, dass der Kreisel auf „weiß" fällt? 3 Punkte	Wie groß ist die Wahrscheinlichkeit, dass man aus einem Skatspiel „blind" eine Herzkarte zieht? 5 Punkte	Wie groß ist die Wahrscheinlichkeit, dass man aus einem Skatspiel „blind" eine Dame zieht? 9 Punkte

Mehrstufige Zufallsversuche – Spiele

Sau 65%

Suhle 25%

Haxe 7%

Schnauze 2%

Backe 1%

1 Bei dem Spiel „Schweinerei" werden Schwein-
chen geworfen. Dabei gibt es fünf Möglichkeiten,
wie das Schweinchen fallen kann.
– Sau – Seitenlage
– Suhle – Rückenlage
– Haxe – stehend
– Schnauze – auf der Schnauze
– Backe – wie Schnauze, jedoch seitlich auf einer
  Backe
Die Wahrscheinlichkeit für jede einzelne Lage
kannst du der Abbildung entnehmen.
a) Gib einige mögliche Ergebnisse an, wenn zwei
Schweinchen geworfen werden.
b) Kannst du jeweils die Wahrscheinlichkeiten dafür
angeben?
c) Erfinde ein Würfelspiel mit den Schweinchen.

2 Es werden zwei Reißnägel geworfen. Das Baumdiagramm zeigt die möglichen Ergebnisse.
a) Bestimme die jeweilige Wahrscheinlichkeit für die
vier Ergebnisse.
b) Ordne jedem Ergebnis für das Werfen der zwei
Reißnägel eine Wahrscheinlichkeit zu. Kannst du so
ein möglichst faires Spiel erhalten?

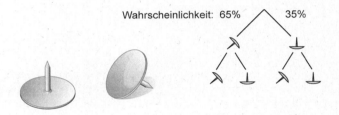

Wahrscheinlichkeit: 65%   35%

3 Würfelroulette – Spielregel:
Dieses Spiel wird mit 4 bis 6 Personen gespielt,
wobei eine Person die Bank übernimmt. Die Bank
würfelt.
Jeder erhält 5 Spielmarken, die Bank bekommt 20.
Außer der Bank setzt jede Person eine Spielmarke
auf eine beliebige Zahl des abgebildeten Feldes.
Würfelt die Bank eine Zahl der oberen bzw. unteren
Kolonne, so wird jeder Einsatz der oberen bzw.
unteren Kolonne doppelt ausgezahlt. Würfelt die
Bank eine 7, so wird der Einsatz vierfach ausgezahlt. Einsätze, die nicht gewonnen haben, werden
von der Bank eingezogen. Spielt das Spiel Würfelroulette, bis eine Person keine Münzen mehr hat.
Gibt es Zahlen, die besonders günstig bzw. ungün-
stig sind? Ist es ein ausgewogenes Spiel? Haben
Bank und Spieler gleiche Chancen?

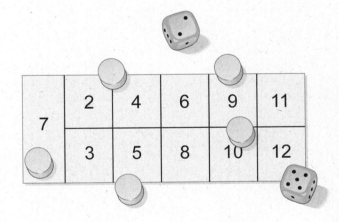

4 Klaus hat beim „Mensch, ärgere dich nicht!"-Spiel
zwei Möglichkeiten, einen Spielstein zu schlagen,
und eine Möglichkeit, ins Haus zu kommen. Mit
welcher Wahrscheinlichkeit gelingt ihm beides
nicht?

5 Der abgebildete Körper wird 5000-
mal geworfen. Dabei taucht die Eins
1472-mal auf. Schätze die Wahrscheinlichkeiten für alle fünf Seiten.

6 In einem Spiel befinden sich unter den 100 Buchstaben 20-mal „e" und 5-mal „F". Wie groß ist die
Wahrscheinlichkeit, das Wort „Fee" zu ziehen, wenn
die drei gezogenen Buchstaben umsortiert werden
dürfen?

7 Von einer Münze ist sicher, dass sie nicht
gefälscht ist. Lisa wirft 20-mal hintereinander
„Wappen". Ist für den nächsten Wurf „Wappen" oder
„Zahl" wahrscheinlicher?

Strandkorb oder Arbeit?

Gerd, Jutta, Sabine und Wolfgang zelten an der Nordsee. Gerd schlägt vor, mit Zufallsversuchen festzulegen, wer sich im Strandkorb bräunen lassen darf und wer die täglich anfallenden Arbeiten verrichten muss. Dabei ziehen, würfeln oder drehen die vier in alphabetischer Reihenfolge, Gerd also immer zuerst.

Berechne, wie hoch die Wahrscheinlichkeit für Gerd ist, jeweils einen freien Tag zu bekommen.

Beispiel:
SO

1 A
2
B 3

> Jeder zieht eine Kugel aus der Dose. Wer einen Buchstaben zieht, hat frei.

🙂 Gerd zieht eine Buchstabenkugel: $\frac{2}{5} = 0,4 = 40\%$

🙁 Gerd zieht eine Ziffernkugel: $\frac{3}{5} = 0,6 = 60\%$

Die Wahrscheinlichkeit einen freien Tag zu bekommen liegt bei 0,4 oder 40%, die Wahrscheinlichkeit arbeiten zu müssen bei 0,6 (60%).

MO

> Jeder darf einmal werfen. Wer eine Zahl wirft, muss für den Abwasch sorgen.

DI

> Jeder zieht eine der vier Karten. Wer den Herzbuben erwischt, muss heute einkaufen.

MI

> Unser Skatspiel hat 32 Karten. Wir ziehen nacheinander jeder eine Karte. Wer keine Dame zieht, muss das Zelt aufräumen.

DO

> Jeder darf einmal würfeln. Wer eine Zahl würfelt, die größer als 1 ist, hat heute frei.

FR

> Wir ziehen nacheinander jeder eine Kugel. Wer die schwarze Kugel zieht, muss heute grillen.

SA

> Jeder darf einmal drehen. Wer ein Feld mit einer geraden Zahl oder ein farbiges Feld dreht, muss die Fahrräder reparieren.

---

1 An welchen Tagen ist es sicher, dass jemand arbeiten muss? _____

2 Gibt es Tage, an denen es unwahrscheinlich ist, dass man frei hat? _____
Diskutiert, ob es sinnvoll ist, Aufgaben mit Zufallsversuchen zu verteilen. Welcher Versuch eignet sich am ehesten?

🕐 30 min   ✝ Einzel-/Partnerarbeit

978-3-12-734372-4 Lambacher Schweizer 3 BW, Serviceband   **S30**

Ernst Klett Verlag GmbH, Stuttgart 2005

Rot oder schwarz?

1 Rot oder schwarz? (Spiel für zwei Spieler)

Spielregeln: Der erste Spieler wählt aus einem Skatblatt eine rote und eine schwarze Karte und hält sie seinem Partner verdeckt hin. Dieser zieht eine der beiden Karten und legt sie offen vor sich ab. Der Vorgang wird noch zweimal wiederholt. Hat der Spieler dann drei Karten gleicher Farbe, erhält er 20 Punkte; sonst erhält er nichts. Dann wird gewechselt. Sieger ist, wer zum Schluss die meisten Punkte hat.

a) Bestimme alle möglichen Ergebnisse, indem du das Baumdiagramm vervollständigst.

1. Zug

2. Zug

3. Zug

Ergebnisse: <u>rrr/rrs/</u> _____

b) Färbe den Pfad, der zu dem Ergebnis rot, rot, rot führt, und bestimme mithilfe der Pfadregel die Wahr-

scheinlichkeit, dieses Ergebnis zu erzielen. _____

c) Verfahre ebenso für das Ergebnis schwarz, schwarz, schwarz. _____

d) Bestimme mithilfe der Summenregel die Wahrscheinlichkeit drei Karten gleicher Farbe und somit 20

Punkte zu erhalten. _____

2 Wo stecken die Roten?

Drei rote und sieben schwarze Karten werden verdeckt auf den Tisch gelegt. Löse die folgenden Aufgaben mithilfe des Baumdiagramms.

a) Du ziehst zwei Karten. Wie groß ist die Wahrscheinlichkeit, dass genau eine Karte rot ist?

_____

_____

b) Du ziehst zwei Karten. Wie groß ist die Wahrscheinlichkeit, dass beide Karten rot sind?

_____

_____

c) Ziehe nun drei Karten. Wie groß ist die Wahrscheinlichkeit, dass mindestens eine rote dabei ist?

_____

_____

978-3-12-734372-4 Lambacher Schweizer 3 BW, Serviceband   **S31**

Ordnung schaffen

Materialbedarf: 20-25 Karteikarten in zwei verschiedenen Farben, ein großes Poster

1 Ordnung schaffen

In der Tabelle findest du wichtige Begriffe aus dem Kapitel Häufigkeiten und Wahrscheinlichkeiten.
Aber Vorsicht: Einige von ihnen haben sich wohl in der Spalte geirrt. Ist ein Begriff falsch eingeordnet, so streiche ihn und schreibe ihn in die richtige Spalte. Einige Begriffe können in mehreren Spalten erscheinen. Markiere diese mit Farbe und überlege, unter welchen Überschriften sie eingeordnet werden könnten.

LE1: Wahrscheinlichkeiten	LE2: Versuchsreihen	LE3: Zusammenfassen von Ergebnissen	LE4: Mehrstufige Zufallsexperimente
Zufallsversuch	100-mal Werfen eines Reißnagels	Summenregel	Wetterbericht
Ergebnis	Relative Häufigkeit	Eine Situation – mehrere Ergebnisse	Pfadregel
Glücksrad	Absolute Häufigkeit	Baumdiagramm	Multiplizieren von Wahrscheinlichkeiten
Entscheidungshilfen	Summe ist 1		Dreimal Lose ziehen
GG; GN; NN; NG	Schätzwert		
Addieren von Wahrscheinlichkeiten			

2 Karten legen

Schreibt das Thema Häufigkeiten und Wahrscheinlichkeiten und die vier Überschriften aus Tabelle 1 deutlich lesbar auf jeweils eine Karteikarte. Anschließend entscheidet ihr, welche Begriffe für die vier Lerneinheiten ebenfalls wichtig sind, und schreibt diese auf die Karteikarten der anderen Farbe.
Sortiert die Karten nun so vor euch, dass alle Überschriften gut erkennbar sind und dass die zusammengehörenden Begriffe beieinander liegen.
Auf der Rückseite der Karten notiert ihr nun jeweils ein Beispiel, schreibt einen Merksatz oder macht eine Zeichnung, die den Begriff genauer erklärt.

Beispiel:

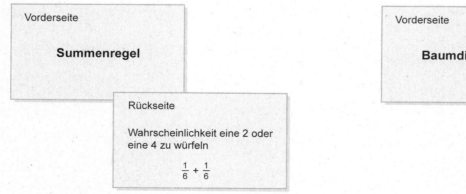

Ihr könnt anschließend die Karteikarten auf dem großen Blatt anordnen und mit Tesafilm so befestigen, dass man sie leicht umdrehen kann. Verdeutlicht die Zusammenhänge durch das Ziehen von Verbindungslinien wie in einem Mind-Map.

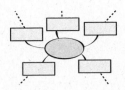

III Zuordnungen

Mit einem Mind-Map in das neue Thema

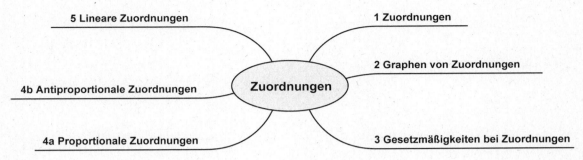

Fig. 1

Das Mind-Map in Fig. 1 bietet einen Überblick über die Lerneinheiten des Kapitels „Zuordnungen" (Kapitel III im Schülerbuch). Bisher sind lediglich das Thema und die Hauptäste angelegt. Das Mind-Map soll im Verlauf deiner Arbeit mit dem Thema immer weiter wachsen.
– Übertrage zunächst das Mind-Map auf ein unliniertes großes Blatt.
– Wann immer dir im Unterricht oder zu Hause etwas zu einem der Begriffe einfällt, ergänzt du es in deinem Mind-Map.
– Denke daran, dass in einem Mind-Map Begriffe, Formeln, Zeichnungen und Beispiele vorkommen können.

Beispiel:
Der erste Hauptast trägt den Überbegriff Zuordnungen.

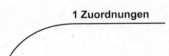

Zunächst könntest du ein paar Beispiele für Zuordnungen anfügen.

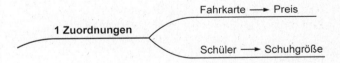

Im nächsten Schritt könntest du ergänzen, wie Zuordnungen dargestellt werden können.

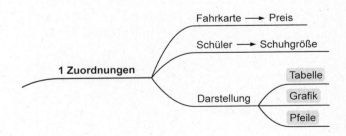

Tipp: Versuche zusätzlich zu den Begriffen Beispiele und Skizzen bzw. Zeichnungen in dein Mind-Map einzufügen.

⏱ 30 min   ⬦ Einzelarbeit

Ernst Klett Verlag GmbH, Stuttgart 2005

Wachsende Formelsammlung

Tipps und Hilfen für deine Formelsammlung

Zuordnungen

Zurückgelegter Weg eines Wanderers

Zeit (in h)	0	1	2	3	4
Wegstrecke (in m)	0	4,5	8,3	19,9	14,1

1 Zuordnungen

– Formuliere diesmal deine **Überschrift** als Frage.

– Überlege, welche Darstellungsmöglichkeiten für Zuordnungen sinnvoll sind. Notiere dir verschiedene **Beispiele** ins Heft. (Siehe auch Seite 58 im Schülerbuch.)

– Schreibe einen passenden **Merksatz** zur Darstellung von Zuordnungen auf.

Tipps und Hilfen für deine Formelsammlung

Zuordnungen

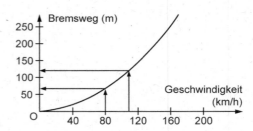

2 Graphen von Zuordnungen

– Formuliere mit eigenen Worten eine **Überschrift**.

– Schau dir im Schülerbuch auf der Seite 60 die Tabelle der Zuordnung *Uhrzeit (in Stunden) → Temperatur (in °C)* an und überlege, wo die Vorteile liegen, eine Zuordnung mithilfe eines Graphen darzustellen. Notiere ein geeignetes **Beispiel** ins Formelheft.

– Beschreibe in einem **Merksatz** die Vorteile eines Graphen.

Tipps und Hilfen für deine Formelsammlung

Zuordnungen

Je mehr, desto mehr

3 Proportionale Zuordnungen

– Notiere eine **Überschrift**.

– Schreibe ein geeignetes **Beispiel** für eine proportionale Zuordnung in dein Heft. (Im Schülerbuch Seite 68). Was sind die Besonderheiten?

– Notiere einen **Merksatz**, in dem beschrieben wird, woran man eine proportionale Funktion erkennt, wie der Graph aussieht und wie die Zuordnungsvorschrift lautet.

Erstelle einen entsprechenden Hefteintrag auch für **antiproportionale Zuordnungen**.

Tipps und Hilfen für deine Formelsammlung

Zuordnungen

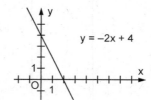

4 Lineare Zuordnungen

– Formuliere eine **Überschrift**.

– Betrachte die **Beispiele** von linearen Zuordnungen im Schülerbuch auf den Seiten 72 und 73. Entscheide, welche sich für deinen Hefteintrag eignen; du kannst auch selbst welche erfinden.

– Schreibe einen **Merksatz** auf, der die Eigenschaften der Graphen von linearen Zuordnungen beschreibt. (Vergleiche ihn mit dem Kasten auf Seite 73 im Schülerbuch.)

Sinn und Unsinn – Was ist hier wirklich wichtig?

Im nachfolgenden Text findest du immer wieder Formulierungen, Satzteile oder sogar ganze Sätze, die man weglassen könnte. Streiche diese Stellen so an, dass das Übriggebliebene Sinn macht und alle notwendigen Informationen enthält.

Zuordnungen grafisch darstellen – wie geht das?

Beziehungen zwischen Größen kannst du über fröhliche Zuordnungen angeben. Die Werte einer solchen Zuordnung veranschaulichst du jeden Tag in einem Koordinatensystem. Dieses Koordinatensystem musst du natürlich ganz besonders schön zeichnen, schließlich soll sich der Lehrer ja freuen. Schätze zunächst ab, wie viel Platz du brauchen wirst: Überlege laut vor dich hinmurmelnd, wie groß die Werte für x und für y in deiner Tabelle höchstens werden, und zeichne dann die Achsen entsprechend. Lobe dich für diese Leistung. Als Nächstes kannst du, wenn du Lust hast, die Werte der Zuordnung als Punkte (x | y) im Koordinatensystem eintragen. So entsteht der Graph der Zuordnung. Eine Zuordnung kann man nämlich in einem Koordinatensystem veranschaulichen! Verbinde die bunten Punkte sinnvoll durch eine ihnen angepasste Linie zu einer Kurve. Auf ihr liegen unendlich viele, unglaublich viele, ja unvorstellbar viele Millionen und Milliarden von Punkten - oder noch mehr! Hast du den Graphen exakt gezeichnet, dann lassen sich auch umgekehrt die Werte aus deiner ursprünglichen Tabelle ablesen und weitere Zwischenwerte können abgeschätzt werden.

Weitere Aufgaben für Kleingruppen- oder Partnerarbeit:

1 Formuliere den Lösungstext zu einem noch kürzeren Text um. (Hier hilft es dir, wenn du die einzelnen Schritte durchnummerierst.) – Wer kommt mit den wenigsten Wörtern aus, solange der Text noch verständlich bleibt?

2 Erfinde selbst Beispiele für Zuordnungen und beschreibe möglichst knapp den Graphen und seinen Verlauf, sodass die anderen raten können, welche Situation du dir vorgestellt hast.

3 Suche Texte aus deinem Mathebuch oder Heft heraus und verfremde sie, indem du überflüssige Bemerkungen einfügst. Schaffen es deine Mitschüler, die wesentlichen Aussagen herauszufiltern?

978-3-12-734372-4 Lambacher Schweizer 3 BW, Serviceband   Ernst Klett Verlag GmbH, Stuttgart 2005

Bärbel Bleifuß

1 Bärbel Bleifuß fährt wie jeden Sonntag mit ihrem
Sportflitzer spazieren. Der abgebildete Graph gibt
an, wie schnell sie während ihrer letzten Fahrt fuhr.
Schreibe zu der Spazierfahrt eine kurze Geschichte
auf.

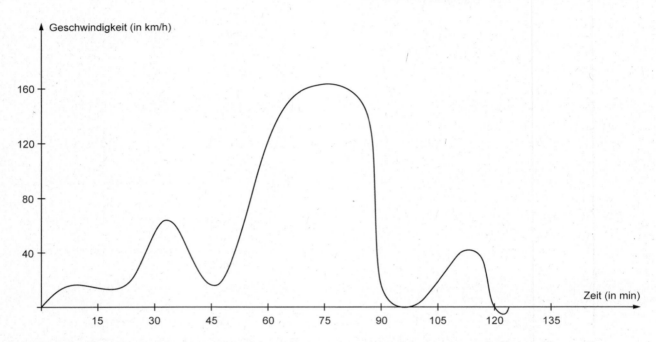

2 Nach einer anderen Fahrt hatte sie ihrer Freundin Nena Neugierig einen Brief geschrieben:

Liebe Nena,

ich hoffe, dir geht es gut! Gestern konnte ich mal wieder eine kleine Spritztour unternehmen.
Es war herrlich! Gut, als ich um 15.00 Uhr losgefahren bin, fuhr ich auf der B31 zunächst hinter
einem Sonntagsfahrer her. (Mehr als 30 km/h waren einfach nicht möglich.) Glücklicherweise ist
er etwa nach einer viertel Stunde abgebogen und es hieß: Freie Fahrt für unsere Blitz-Bärbel.
So konnte ich um 16.00 Uhr den See in den Bergen erreichen. Dort habe ich für eine halbe Stunde eine Pause eingelegt und den wunderbaren Blick genossen. Die Bergluft tat richtig gut. Anschließend bin ich mit offenem Verdeck gemütlich um den See gefahren. Um 17.15 Uhr habe ich
mich nach einem kurzem Tankstopp dann auf den Heimweg begeben. Leider bin ich kurz vor der
Stadt noch einmal in einen Stau geraten, der mich sicher noch einmal 20 Minuten gekostet hat.
So kam ich erst gegen 18.30 Uhr wieder zu Hause an. Hättest du Lust, mich am nächsten Sonntag auf der nächsten Tour zu begleiten?

Viele Grüße
deine Bärbel

Versuche mithilfe des Briefes einen Graphen wie in Aufgabe 1 zu erstellen.

Gesetzmäßigkeiten erkennen und beschreiben

1 Erstelle für die Zuordnung x → y, bei der sich der y-Wert mit der angegebenen Formel berechnen lässt, eine Wertetabelle im Heft.

a) $y = 3 \cdot x$

b) $y = 2 \cdot x + 3$

c) $y = x + x + 2 + x$

d) $y = -x^2$

2 Die Werte in der Tabelle gehören zu einer Zuordnung. Beschreibe eine mögliche Gesetzmäßigkeit mit eigenen Worten und ergänze die noch leeren Felder.

a)

x	−8	−7	−6	−5	−4	−3	−2	−1	0	1	2	3	4	5	6	7	8
y	−16		−10		−4				2		6		10		14		

b)

x	−8	−7	−6	−5	−4	−3	−2	−1	0	1	2	3	4	5	6	7	8
y	8		6		3	2			−1		−3	−4					

c)

x	−8	−7	−6	−5	−4	−3	−2	−1	0	1	2	3	4	5	6	7	8
y			−0,5			−0,2	−0,1		0,1			0,4		0,6	0,7	0,8	

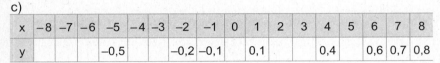

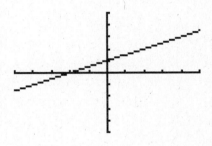

d)

x	−8	−7	−6	−5	−4	−3	−2	−1	0	1	2	3	4	5	6	7	8
y					16	9	4	1	0	1	4	9	16				

3 Die Werte in der Tabelle gehören zu einer Zuordnung. Bestimme eine mögliche Formel, mit der sich der y-Wert berechnen lässt, und ergänze die noch leeren Felder.

a)

x	−8	−7	−6	−5	−4	−3	−2	−1	0	1	2	3	4	5	6	7	8
y	−4		−3			−1,5			0	0,5			2	2,5			

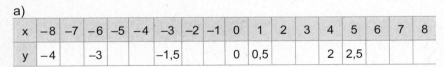

b)

x	−8	−7	−6	−5	−4	−3	−2	−1	0	1	2	3	4	5	6	7	8
y			12	10			2	0			−6	−8	−10				−16

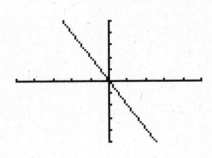

c)

x	−8	−7	−6	−5	−4	−3	−2	−1	0	1	2	3	4	5	6	7	8
y	0	1	2	3	4												16

d)

x	−8	−7	−6	−5	−4	−3	−2	−1	0	1	2	3	4	5	6	7	8
y			−11	−9			−3	−1	1	3	5		9	11			17

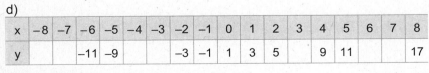

Zusatzaufgabe

Erstelle die Wertetabelle einer Zuordnung und tausche sie mit der deines Nachbarn oder deiner Nachbarin. Versuche nun, die Wertetabelle deines Nachbars zu ergänzen und eine Formel zu finden, mit der sich die y-Werte berechnen lassen.

Graphen mit dem GTR

Zeichne jeweils den Graphen der Zuordnung mit der angegebenen Formel zur Berechnung für y-Werte im vorgegebenen Bereich. Die Lösungen findest du (durcheinander) in Fig. 1.

1) $y = 3 + x$; $X_{min} = -10$; $X_{max} = 10$; $Y_{min} = -10$; $Y_{max} = 10$.

2) $y = x - 3 + x$; $X_{min} = -3$; $X_{max} = 3$; $Y_{min} = -10$; $Y_{max} = 10$.

3) $y = x \cdot x$; $X_{min} = -2$; $X_{max} = 5$; $Y_{min} = -5$; $Y_{max} = 20$.

4) $y = 1 : x$; $X_{min} = 0,5$; $X_{max} = 2$; $Y_{min} = 0$; $Y_{max} = 2$.

5) $y = 3 - x$; $X_{min} = -100$; $X_{max} = 100$; $Y_{min} = -100$; $Y_{max} = 100$.

6) $y = x^2 + x$; $X_{min} = -2$; $X_{max} = 2$; $Y_{min} = 0$; $Y_{max} = 5$.

7) $y = x^2$; $X_{min} = 1,5$; $X_{max} = 1,6$; $Y_{min} = 2,3$; $Y_{max} = 2,5$.

8) $y = x - 500$; $X_{min} = -10$; $X_{max} = 10$; $Y_{min} = -1000$; $Y_{max} = 1000$.

9) $y = x - 500$; $X_{min} = -1000$; $X_{max} = 1000$; $Y_{min} = -10$; $Y_{max} = 10$.

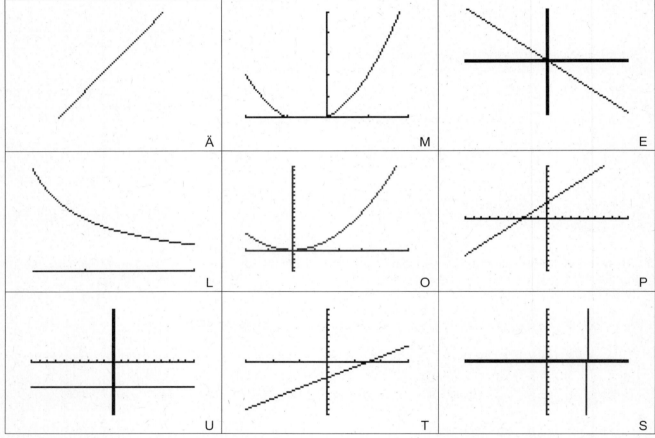

Fig. 1

Lösungskontrolle

Werden die Buchstaben bei den Graphen entsprechend der Aufgaben hintereinander geschrieben, so erhält man als Lösungswort den Namen eines Astronoms aus Alexandria, der um 150 n. Chr. gelebt hat.

Zusatzaufgabe

1 Erstelle mithilfe des GTR zu drei Zuordnungen eine Wertetabelle.

2 Stelle deinem Banknachbarn eigene Aufgaben und kontrolliert eure Ergebnisse gemeinsam.

Experiment 1 – Gefäße

Materialbedarf:
– ein zylinderförmiges durchsichtiges Gefäß
– ein Waschbecken mit Wasserhahn
– eine Stoppuhr
– ein abwaschbarer Folienstift
– ein Maßband oder ein Lineal
– (für das Zusatzexperiment eine leere Glaswasserflasche)

So experimentiert ihr:
1 Stellt den Wasserhahn so ein, dass ein kleiner Wasserstrahl fließt. (Der Wasserstrahl sollte während des Experiments nicht weiter verändert werden.)

2 Sobald ihr das Gefäß unter den Wasserhahn stellt, startet ihr die Stoppuhr.

3 Nach jeweils 30 Sekunden markiert ihr mit dem Folienstift die Wasserhöhe. Dabei sollte das Gefäß möglichst waagrecht gehalten werden.

4 Markiert auf diese Weise mindestens fünf Wasserstandshöhen.

So wertet ihr das Experiment aus:
1 Füllt für die Zuordnung *Zeit* (in min) → *Wasserstandshöhe* (in cm) die Tabelle aus.

Zeit (in min)	0	0,5	1	1,5	2	2,5	3	3,5	4	4,5	5
Wasserstandshöhe (in cm)											

2 Zeichnet mithilfe der Tabelle den Graphen der Zuordnung.

3 Schreibt auf, um welchen Zuordnungstyp es sich handelt.

4 Welche Wasserstandshöhe würde man nach 40 Sekunden erwarten?

Zusatzexperiment
1 Führt das Experiment noch einmal mit einer Glasflasche durch und zeichnet den dazugehörigen Graphen.

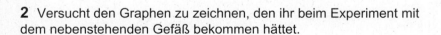

2 Versucht den Graphen zu zeichnen, den ihr beim Experiment mit dem nebenstehenden Gefäß bekommen hättet.

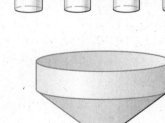

Experiment 2 – Wippe

Materialbedarf:
– ein Lineal
– fünf gleiche Münzen
– ein Bleistift mit sechseckiger oder achteckiger Grundfläche

So experimentiert ihr:
1 Legt das Lineal so quer auf den Bleistift, dass es auf dem Bleistift balanciert und den Untergrund nicht berührt.

2 Legt auf die beiden äußeren Enden des Lineals wie in Fig. 1 jeweils eine Münze. Das Lineal darf dabei den Untergrund weiterhin nicht berühren.

3 Messt die Strecke zwischen dem Münzenmittelpunkt und dem Bleistift. Schreibt den gemessenen Wert in die unten stehende Tabelle unter „1".

4 Legt auf die rechte Münze eine zweite Münze und verschiebt den Stapel so, dass das Lineal wieder auf dem Bleistift balanciert. (Die linke Münze bleibt unverändert.) Messt wie unter 3 die Strecke zwischen dem Münzenstapel und dem Bleistift. Schreibt den gemessenen Wert in die untenstehende Tabelle unter „2".

5 Füllt in gleicher Weise die Tabelle für 3, 4 ... Münzen aus.

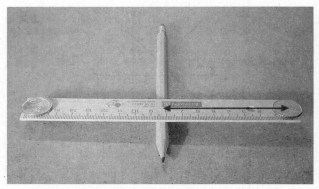

Fig. 1

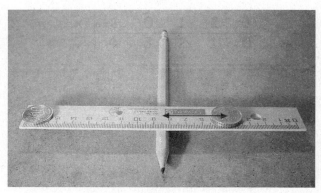

Fig. 2

So wertet ihr das Experiment aus:
1 Zeichnet mithilfe der Tabelle den Graphen der Zuordnung *Anzahl der Münzen → Strecke* (in cm).

2 Schreibt auf, um welchen Zuordnungstyp es sich handelt.

3 Welche Strecke würde man bei sechs Münzen erwarten?

Anzahl der Münzen	1	2	3	4	5
Strecke (in cm)					

Zusatzexperiment
Setzt zu Beginn auf die beiden äußeren Linealenden jeweils zwei Münzen und führt das Experiment anschließend noch einmal aus.

Experiment 3 – Feder

Materialbedarf:
- eine Metallfeder
- ein Maßband oder ein Lineal
- ein Stift
- ein leichter Plastikbeutel (z. B. Frühstücksbeutel o. Ä.)
- fünf gleich schwere Gewichte, größere Schrauben o. Ä.)
- (für das Zusatzexperiment ein Gummiband)

So experimentiert ihr:
1 Hängt die Feder mithilfe des Stiftes auf und befestigt den Plastikbeutel wie in Fig. 1 am unteren Ende der Feder.

2 Messt mit dem Maßband die Strecke zwischen Bleistift und Beutelbefestigung. Schreibt den gemessenen Wert in die unten stehende Tabelle unter „0".

3 Wiederholt die Messung, wenn ihr in den Beutel nacheinander immer mehr Gewichte legt.

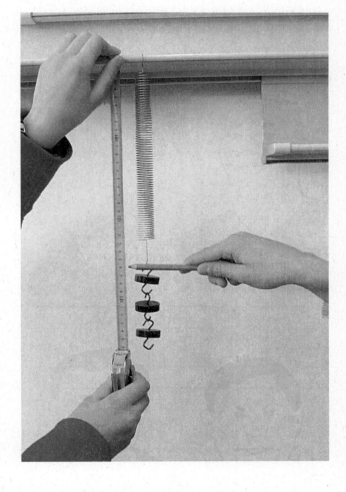

Anzahl der Gewichte	0	1	2	3	4	5
Strecke (in cm)						

So wertet ihr das Experiment aus:
1 Zeichnet mithilfe der Tabelle den Graphen der Zuordnung *Anzahl der Gewichte → Strecke* (in cm).

2 Schreibt auf, um welchen Zuordnungstyp es sich handelt.

3 Welche Strecke würde man bei sechs Gewichten erwarten?

Zusatzexperiment
1 Tauscht die Feder durch das Gummiband aus und führt das Experiment anschließend noch einmal aus.

2 Warum lässt sich der Graph des Experiments nicht beliebig verlängern?

978-3-12-734372-4 Lambacher Schweizer 3 BW, Serviceband **S41**

Arbeitsplan zum Thema „Von Punkten zu Geraden"

Erarbeitung

Bei einem kleinen Elektrowagen wurde zu verschiedenen Zeiten t (in s) gemessen, welche Strecke s (in cm) der Wagen gefahren ist. Die Ergebnisse wurden in nebenstehender Tabelle eingetragen:

t (in s)	0	1	2	3	4	5	6	7	8	9	10
s (in cm)	0	7	16	19	24	33	50	45	52	62	67

Da der Wagen während der Messzeit gleich schnell fährt, hätte man erwarten können, dass die Zuordnung s → t proportional ist und dass der dazugehörige Graph daher auf einer Geraden durch den Ursprung liegt. In einem Koordinatensystem eingetragen sieht man aber, dass die Punkte zwar ungefähr, aber nicht exakt auf einer Geraden liegen. Eine mögliche Ursache für die Abweichungen könnte darin liegen, dass die Zeiten oder die Strecken ungenau gemessen wurden.

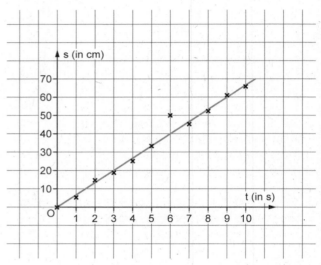

Da die Punkte ungefähr auf einer Geraden liegen, kann man als Graph nach Augenmaß eine Ausgleichsgerade einzeichnen, die den Werten möglichst gut entspricht. Hierbei kann man zunächst grobe Messfehler streichen (im Beispiel z. B. der Messwert (6|50)). Anschließend zeichnet man die Ausgleichsgerade so,

– dass die Gerade durch sichere Punkte verläuft (zu Beginn der Messung ist der Wagen noch keine Strecke gefahren; der Punkt (0|0) ist also sicher) und

– dass entweder die Anzahl der Punkte über- und unterhalb der Geraden gleich groß sind oder die Abweichungen der Punkte über- und unterhalb der Geraden etwa gleich groß sind.

Heftaufschrieb

Schreibe eine Überschrift und notiere in eigenen Worten einen Merksatz, in dem du das oben dargestellte Verfahren zusammenfasst.

Übungen

1 An eine Feder werden verschieden schwere Gewichte gehängt und dabei gemessen, wie weit sich die Feder dehnt.

Zeichne eine Ausgleichsgerade und lies ab, welche Ausdehnung der Feder bei einem 25-g-Gewicht bzw. bei einem 120-g-Gewicht zu erwarten ist. Welche Werte würde man für die Ausgleichsgerade weglassen? Vergleiche die Ergebnisse mit deinem Nachbarn.

Gewicht (in g)	0	10	20	30	40	50	60	70	80	90	100
Ausdehnung (in cm)	0	11	25	32	92	66	71	93	99	100	118

2 Die Tabellen gehören zu Zuordnungen, bei denen man einen linearen Zusammenhang vermutet. Versuche mithilfe einer geeigneten Ausgleichsgeraden die nicht gemessenen Werte zu bestimmen.

a)

x	0	1	2	3	4	5	6	7	8	9	10
y	4,9	7,1	9,6	11,6	13,9		18,1	20,2	22,5	24,7	

b)

x	0	1	2	3	4	5	6	7	8	9	10
y			15,4	14,2	12,3	10,9	9,5	7,9	6,6		

Wachsende Formelsammlung

Tipps und Hilfen für deine Formelsammlung

Terme und Gleichungen

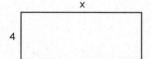

Umfang: U = 2x + 8

Fläche: A = 4x

1 Aufstellen von Termen

– Suche eine **Überschrift**, die du für geeignet hältst.

– Es gibt viele Beispiele aus dem Alltag, bei denen es sinnvoll ist, in einem Rechenvorgang Zahlen durch Platzhalter, so genannte Variablen, zu ersetzen.
Schreibe mindestens ein **Beispiel** auf, an dem du schrittweise beschreibst, wie man beim Aufstellen von Termen vorgeht. (Siehe Schülerbuch Seite 86.)

– Formuliere dazu mit eigenen Worten einen **Merksatz**.

Tipps und Hilfen für deine Formelsammlung

Terme und Gleichungen

2 Gleichwertige Terme

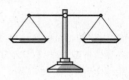

– Formuliere eine **Überschrift**, in der der Begriff „vereinfachen" verwendet wird.

– Vergleiche den Term a+a+a mit dem Term 3 · a. Überlege, weshalb es sinnvoll sein kann, bestimmte Terme durch gleichwertige Terme zu ersetzen. Notiere **Beispiele** wie die im Schülerbuch auf den Seiten 88 und 89, an denen du zeigen kannst, wie man Terme vereinfacht.

– Beschreibe mit eigenen Worten in einem **Merksatz**, was man unter äquivalenten Termen versteht.

Tipps und Hilfen für deine Formelsammlung

Terme und Gleichungen

3 Rechengesetze für Terme

– Notiere eine **Überschrift.**

– Lies sorgfältig die Einführung im Schülerbuch auf der Seite 92 durch und beschreibe an einem passenden **Zahlenbeispiel**, wie man mithilfe der Rechengesetze äquivalente Terme erzeugen kann.

– Schreibe die wichtigsten Gesetze als allgemeine Regel in einen **Merkkasten**.

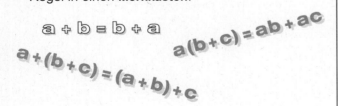

Tipps und Hilfen für deine Formelsammlung

Terme und Gleichungen

Zu diesem Kapitel hast du bisher drei Hefteinträge erstellt. Die folgenden Themeneinträge sollst du jetzt ohne Tipps- und Hilfeblätter in deiner Formelsammlung vornehmen. Die Buchüberschriften dazu lauten:

4. Gleichungen und Ungleichungen
5. Lösen von Gleichungen
6. Lösen von Ungleichungen und
7. Lösen von Problemen mit System

Es ist gut, wenn du die Überschriften mit eigenen Worten formulierst. Du kannst auch mehrere passende Themen zu einem gemeinsamen Eintrag zusammenfassen.
Wichtig ist nur, dass dein Formelheft am Ende vollständig ist.

Lernzirkel: Terme und Gleichungen

Mit diesem Lernzirkel kannst du den Lernstoff für das Kapitel „Terme und Gleichungen" selbst üben und vertiefen. Bei jeder Station bearbeitest du ein anderes Thema. Dieses Blatt hilft dir bei der Arbeit. In der ersten Spalte der unteren Tabelle sind die Stationen angekreuzt (Aufgaben aufgelistet), die du auf jeden Fall bearbeiten solltest (Pflichtstationen/-aufgaben). Die anderen Stationen (Aufgaben) sind ein zusätzliches Angebot (Kürstationen/-aufgaben).

Reihenfolge der Stationen
Bevor du die Station 5 bearbeitest, solltest du schon an Station 1 bis 4 trainiert haben. Zur Station 6 kannst du gehen, wenn du Station 1–3 bearbeitet hast.

Stationen abhaken
Wenn du eine Station bearbeitet hast, solltest du sie auf diesem Blatt abhaken. So weißt du immer, was du noch bearbeiten musst. Kläre mit deiner Lehrerin oder deinem Lehrer, wann du deine Lösungen mit dem Lösungsblatt vergleichen darfst. Danach kannst du hinter der Station in der Übersicht das letzte Häkchen machen.

Zeitrahmen
Natürlich musst du auch die Zeit im Auge behalten. Kläre mit deiner Lehrerin oder deinem Lehrer, wie viel Zeit dir insgesamt zur Verfügung steht, und überlege dir dann, wie lange du für eine Station einplanen kannst. Am Ende solltest du auf jeden Fall die Pflichtstationen (Aufgaben) erledigt und deren Themen verstanden haben.

Viel Spaß!

Pflicht (-aufgaben)	Kür (-aufgaben)	Station	bearbeitet	korrigiert
		1. Terme aufstellen		
		2. Terme umformen		
		3. Gleichungen lösen		
		4. Ungleichungen lösen		
		5. Probleme lösen		
		6. Kreuzzahlrätsel		

Ernst Klett Verlag GmbH, Stuttgart 2005

Lernzirkel: 1. Terme aufstellen

1 Gib für die folgenden Rechenvorschriften Terme mit einer Variablen an.
a) Multipliziere eine Zahl mit $-0,5$ und addiere 4.
b) Subtrahiere von -6 das 1,5fache einer Zahl.
c) Addiere zu einer Zahl 2 und multipliziere danach mit $\frac{1}{3}$.
d) Quadriere die um 5 kleinere Zahl.

2 Wofür stehen jeweils die Variablen?
a) Umfang einer Raute: $4 \cdot z$
b) Oberflächeninhalt eines Würfels: $6 \cdot a \cdot a$
c) Sven ist 3 Jahre älter als Jens: $x - 3$
d) Katja ist 5 Jahre jünger als Jana: $y + 5$

3 Beschreibe die folgenden Terme mit Worten.

a) $5 \cdot a + 3,5$

b) $(y - 3) \cdot 7$

c) $t - 3 : (-4)$

d) $\frac{1}{2} x \cdot (x + 2)$

e) $\left(\frac{e}{5}\right)^2$

4 Ordne den folgenden Sätzen die Terme zu und erkläre die Bedeutung der jeweiligen Variablen.
a) Vom doppelten Gewicht 25 kg abziehen.
b) Das Tempo ist jetzt viermal höher.
c) Den Kuchen in vier gleiche Teile zerteilen.
d) Ein Jahr weniger als die Hälfte deines Alters.
e) Das Haus ist 25 m höher als der Bungalow.
f) Es kostet 25 € mehr als das Doppelte des Vorjahrespreises.

$g : 4$ $2 \cdot z + 25$ $\frac{1}{2}h - 1$

$e : 2 - 1$ $\frac{1}{4} c$ $a + 25$ $4 \cdot x$ $2 \cdot y - 25$

5 Bilde mit den Kärtchen
a) eine Summe
b) eine Differenz
c) ein Produkt
d) einen Quotienten.

6 Stelle Terme für den Umfang der Figuren auf.
a)
b)
c)

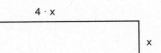

7 Ein Quader hat die Kantenlängen a, $2 \cdot a$ und $5 \cdot a$. Stelle einen möglichst einfachen Term auf, um für ein Kantenmodell des Quaders die Drahtlänge zu bestimmen, die mindestens gebraucht wird.

8 a) Bestimme die Summe der Kantenlängen des Körpers in Fig. 1.
b) Stelle einen Term für den Oberflächeninhalt des Körpers auf, dessen Netz in Fig. 2 dargestellt ist (ohne Klebeflächen).

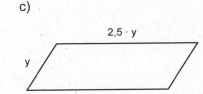

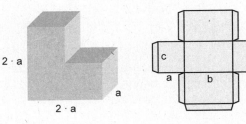

Fig. 1   Fig. 2

🕐 30 min   ⭱ Einzelarbeit

Lernzirkel: 2. Terme umformen

1 Ergänze folgende Tabelle im Heft.

a)

a	−7,5	−2	0,5	32
16 + 0,5a				

b)

x	−5	−1,5	0,5	15
7x − 1,5				

2 Setze für die Variable nacheinander die Zahlen −12, −3, $-\frac{1}{2}$, 0, 1,5 und 15 ein und berechne jeweils den Termwert. Schreibe die Ergebnisse in einer Tabelle auf.

a) $0,5 \cdot z - 0,5$ b) $(a + 5) \cdot 4$ c) $k + 4 : 5$ d) $0,5c \cdot (c - 5)$

3 Welche Terme sind äquivalent? Begründe durch eine Rechnung.

a) $2,5x - 27,5$ und $(x - 11) \cdot 2,5$ b) $13 - 5y$ und $y \cdot 13 - 5$

c) $-3 \cdot x + 4 - 4 \cdot x + 5$ und $2 + 2x$ d) $6z - 7 + z$ und $7(z - 1)$

4 Paul hat noch Probleme beim Umformen von Termen. Wo stecken die Fehler? Hilf ihm und korrigiere.

a)   b)   c)   d)

$6a - a = 6$ $2y - 2 = y$ $-9c + c = -8$ $6z + 5 = 11z$

5 Vereinfache.

a) $6x + 4 + 15x$ b) $11 - 14y + (-7)$ c) $-17z + 3 + (-18z) - 2$ d) $-5,4a + 3,5 - 1,8a$

6 Löse die Klammern auf und vereinfache.

a) $-4x + (3 + 15x)$ b) $5a - (3,5 + 9a)$ c) $-2,5b - (-2 + 1,7b)$

d) $-4z + (-5 + 2,9z) - 3$ e) $0,4t - (11,5 - 3t)$ f) $\frac{5}{7}e + [\frac{1}{6} - (e - 5)]$

7 Löse die Klammern auf und vereinfache.

a) $12 \cdot (3 + 12x)$ b) $0,5 \cdot (9y - 2,8) + 2$ c) $(-2) \cdot (-3 + 18z)$

d) $8 \cdot (-2 + 4b) + (-3b)$ e) $(-3) \cdot (1,5c - 2) - c$ f) $(-2,5d) \cdot (1 - 2,5d) + d$

8 Klammere soweit wie möglich aus.

a) $36 + 24 \cdot x$ b) $14y - 7$ c) $-11 \cdot a - 121$

d) $0,5v - 17$ e) $-2,5z - 7,5z^2$ f) $1,3c + 1,69 - 2,6c^2$

9 Vereinfache soweit wie möglich.

a) $3(x + 2) + 5(0,5 - x)$ b) $-(2a - 4) + 0,5(1 - a)$ c) $-2(2v + 1,5) + 4 \cdot (0,5 - v)$

d) $1,5(-2t + 1) + 6(-5 - 2t)$ e) $-4 \cdot (1,5u - 3) - (1 - u)$ f) $5(-e + 0,2) - 4(0,5 - e)$

g) $c(3,5 - c) + c \cdot (c - 3,5)$ h) $\frac{2}{3}(6s + \frac{3}{4}) - 2(\frac{3}{4}s + 1)$

10 Ein Quader hat die Kantenlängen a, 2a und 5a. Stelle einen Term zur Berechnung des Oberflächeninhalts dieses Quaders auf. Vereinfache diesen Term soweit wie möglich.

a

2a

5a

Lernzirkel: 3. Gleichungen lösen

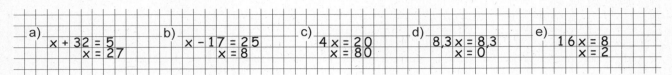

1 Lisa hat sich für die Hausaufgaben nicht viel Zeit genommen. Wo stecken die Fehler? Korrigiere.

a) $x + 32 = 5$	b) $x - 17 = 25$	c) $4x = 20$	d) $8,3x = 8,3$	e) $16x = 8$
$x = 27$	$x = 8$	$x = 80$	$x = 0$	$x = 2$

2 Welche der Gleichungen sind jeweils zueinander äquivalent? Begründe.

a) $6a = -3a - 3$ und $10a = -3$

b) $-2,5y - 15 = 4y - 2$ und $-0,5y = 1$

c) $b + \frac{1}{2}(4 - 3b) = -(b - 2)$ und $b = 0$

d) $12x - 18 = 0$ und $12 - 18x = 0$

3 Löse die folgenden Gleichungen. Überprüfe deine Lösungen mit einer Probe.

a) $4y - 21 = -5$

b) $-1,5x + 3,6 = -6,9$

c) $\frac{1}{2}t - 7,8 = \frac{1}{5}$

d) $-z - 3 = 0,25z$

e) $7,5c = -4c - 23$

f) $0 = -2a - 37$

g) $-b + 5 = 3b - 15$

h) $4,8f - 3 = 1,2f - 1,2$

i) $1,3 - 2,5v - 9 = -1,25v - 7,7$

j) $2(4n + 5) - 7 = -1$

k) $5x - 4(-0,5x + 2) = -(7 + 3x)$

l) $4 - (6w - 1,5) = 3w - 0,2(25 + 10w)$

4 Ergänze zu einer äquivalenten Gleichung.

a) $x = -3$ und $x - \boxed{} = -15$

b) $-z = 12,5$ und $6 + 2z = \boxed{}$

c) $-4w = -0,8$ und $-10w - \boxed{} = 5$

d) $\frac{1}{4}y = -3$ und $\boxed{} + 0,25y = -3$

5 Gib jeweils drei Gleichungen mit der folgenden Lösung an.

a) -6

b) $\frac{4}{5}$

c) $2,2$

d) $-0,75$

6 Prüfe, welche der folgenden Gleichungen allgemein gültig sind, welche eine Lösung haben und welche nicht lösbar sind.

a) $2(x - 3) = -0,5(8 - 3x)$

b) $2(x - 3) = -0,5(8 - 4x)$

c) $2(x - 3) = -0,5(12 - 3x)$

d) $2(x - 3) = -0,5(12 - 4x)$

e) $7,5x - 4,5 = 3(-1,5 + 4x) - 4,5x$

f) $7,5x - 5,4 = 3(-1,5 + 4x) - 4,5x$

g) $7,5x - 4,5 = 3(-2,5 + 4x) - 5,5x$

h) $7,5x - 4,5 = 3(-1,5 + 4x) - 5,5x$

7 Tinas Opa ist fünfmal so alt wie sie. Zusammen sind die beiden 78 Jahre alt. Wie alt ist Tina?

8 Zum Knobeln:

1.

2.

3.

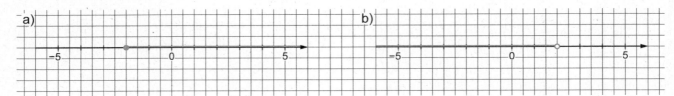

Lernzirkel: 4. Ungleichungen lösen

1 Gib zu jeder an den Zahlengeraden dargestellten Zahlenmenge eine Ungleichung an, die die Zahlenmenge als Lösungsmenge hat.

a)

b)

2 Tom ist noch nicht sicher beim Lösen von Ungleichungen. Wo stecken die Fehler? Hilf ihm und korrigiere.

a)

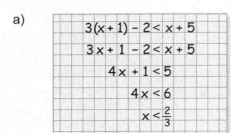

$$3(x+1) - 2 < x + 5$$
$$3x + 1 - 2 < x + 5$$
$$4x + 1 < 5$$
$$4x < 6$$
$$x < \frac{2}{3}$$

b)

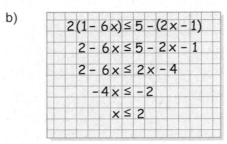

$$2(1 - 6x) \leq 5 - (2x - 1)$$
$$2 - 6x \leq 5 - 2x - 1$$
$$2 - 6x \leq 2x - 4$$
$$-4x \leq -2$$
$$x \leq 2$$

3 Löse die Ungleichung und veranschauliche die Lösungen an einer Zahlengeraden.
a) $y - 7 < -5$ b) $36 \geq 3x + 12$ c) $-7{,}5z + 20 < 50$
d) $-2{,}5a - 13 > 4a$ e) $-8b - 17 \leq -41 - 11b$ f) $0 \geq -2(c - 3) - 4c$

4 Löse die folgenden Ungleichungen.
a) $-10a + 5 + 2{,}5a < 0{,}5 \cdot 8 - 5a$ b) $2b - 3 + 13b > 8 - 6b - 11$ c) $-(c - 3) \leq 3(-1 - 3c)$
d) $-2{,}5(d + 1) \geq -0{,}5(17 - 3d)$ e) $5 - 3(2e + 1) > -4e + 3(e + 12 - 3e) - 2$

5 Prüfe, welche der folgenden Ungleichungen allgemein gültig sind, welche eine Lösung haben und welche nicht lösbar sind.
a) $2(2{,}5x - 3) < 5x - 8$ b) $2(2{,}5x - 3) < 3x - 8$ c) $2(2{,}5x - 3) > 5x - 8$ d) $2(2{,}5x - 4) \geq 3x - 8$

6 Wie lang muss a sein, damit der Umfang kleiner als 47 cm ist?
a)

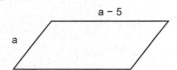

b)

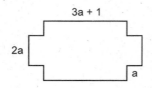

7 Max will für sein Kaninchen im Garten eine rechteckige Auslauffläche einzäunen. Von seinem Opa hat er dafür 30 m Maschendrahtzaun bekommen. Eine Seite der Fläche soll doppelt so lang sein wie die andere. Wie lang können die Seiten höchstens sein?

978-3-12-734372-4 Lambacher Schweizer 3 BW, Serviceband   **S48**   Ernst Klett Verlag GmbH, Stuttgart 2005

Lernzirkel: 5. Probleme lösen

1 Zahlenrätsel

a) Multipliziert man eine Zahl mit –5 und addiert 23, so erhält man –22.

b) Addiert man 3,5 zu einer Zahl und multipliziert dann mit 0,4, so ergibt sich 1,2.

c) Vermindert man das 3fache einer Zahl um 13, so erhält man dasselbe wie das 7fache der Zahl um 14 vermindert.

d) Welche vier aufeinanderfolgenden natürlichen Zahlen haben die Summe 120?

2 Geometrie

a) Ein Rechteck hat einen Umfang von 32 cm. Die eine Seite ist viermal so lang wie die andere. Wie groß sind die Rechteckseiten?

b) Verlängert man die Seite eines Quadrates um 7,5 cm, so vervierfacht sich der Umfang des Quadrates.
Wie lang ist die Seite?

c) Du hast 1,5 m Draht zur Verfügung, um für einen Quader mit den Kantenlängen a, 2a und 3a ein Kantenmodell zu erstellen. Wie lang kann die Seite a höchstens werden?

3 Altersrätsel

a) Ein Vater ist 47 Jahre, seine Tochter 11 Jahre alt. In wie vielen Jahren wird der Vater 3-mal so alt sein wie seine Tochter?

b) Eine Mutter ist heute 4-mal so alt wie ihr Sohn. In vier Jahren ist die Mutter noch 3-mal so alt wie ihr Sohn. Wie alt sind Mutter und Sohn heute?

4 Vermischtes aus dem Alltag

a) Von einem 1 kg schweren Käse werden 20 gleich schwere Scheiben abgeschnitten. Es bleiben 600 g übrig. Wie schwer ist eine Scheibe?

b) Aus einem Krug mit 4 Liter Apfelsaft werden 12 gleich große Gläser gefüllt. Es bleiben 0,4 Liter übrig. Wie viel Liter Apfelsaft ist in den einzelnen Gläsern?

c) Von einer 2,50 m langen Leiste werden 4 gleich lange Stücke abgesägt. Es bleibt ein 10 cm langer Rest übrig. Wie lang ist jedes abgesägte Stück?

Lernzirkel: 6. Kreuzzahlrätsel

Löse die folgenden 15 Aufgaben im Heft und trage deine Ergebnisse zur Kontrolle in das Raster ein.

Waagerecht:
Bestimme die Termwerte für a = –2 und b = 6.

1 $16b – 3a + 7b – 2,5a$

3 $–23a + b^2 – 19a + 10 \cdot (–b)$

5 $15a^2 – 70a + 12,5b$

7 $36 (35b – 34a) – 33a + 32b$

9 $–16ab – 28b + (–a) \cdot 16$

11 $7,5a^2 – 5b$

13 $(b + a)^2 + ab$

15 $–111a + 222b – 333ab$

Senkrecht:
Löse die Gleichungen.

2 $–4 (0,5x + 1) = – (3x – 5)$

4 $5 (z – 3) + 9z = 13z – 2(z –3)$

6 $–7y + 3,5 + 11y = 12,5 + 1,5y + 21$

8 $–[8 – (5u – 10)] = –5 (u – 5) + 8u – 3$

10 $–\frac{1}{2} (–v + 9) = \frac{2}{5} (v + 75)$

12 $(6,6t + 1) \cdot 2,5 = 4,5 (2t + 11) –7 (–t + 1) – 2,5$

14 $w (–w + 1) = –(1 – 2w) – w^2$

Kontrolle: Die Summe aller Ziffern in den Lösungsfeldern 1 bis 15 ist 54.

978-3-12-734372-4 Lambacher Schweizer 3 BW, Serviceband   **S50**   Ernst Klett Verlag GmbH, Stuttgart 2005

Lösungen gesucht

Materialbedarf: pro Person 1 Spielfigur und 1 Farbstift; 1 Würfel

Spielregeln: Stellt eure Spielfiguren auf das Startfeld. Würfelt abwechselnd. Wer an der Reihe ist, setzt seine Spielfigur entsprechend der gewürfelten Augenzahl vor und löst die Gleichung. Der Partner kontrolliert das Ergebnis. Ist es richtig, darf der Spieler das Feld mit seiner Farbe ausmalen. Ist es falsch, wandert der Spieler zwei Schritte vor. Kommt man auf ein Feld, das schon gefärbt ist, muss man auf dem Feld stehen bleiben und auf die nächste Runde warten. Das Spiel ist beendet, wenn die erste Figur das Ziel erreicht hat. Sieger ist, wer die meisten Felder mit seiner Farbe gekennzeichnet hat. Der Verlierer löst die übrig gebliebenen Gleichungen.

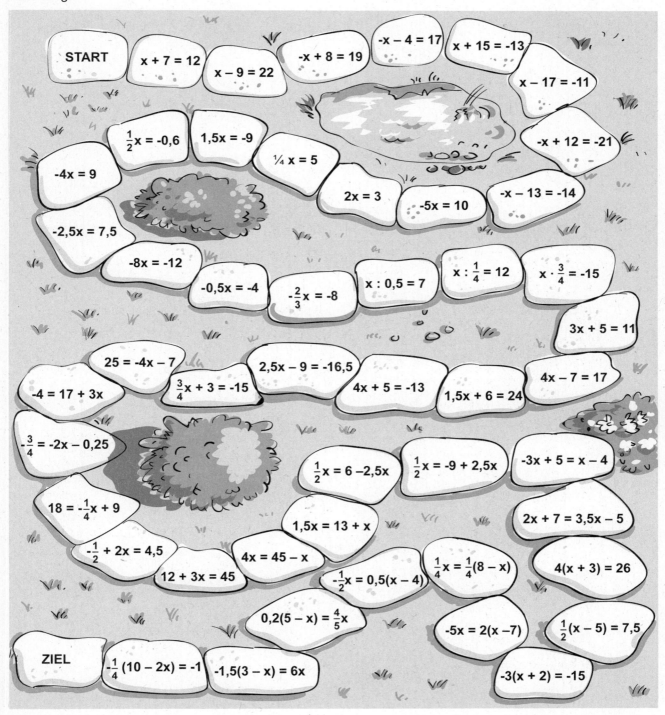

Gleichungstennis

Spielt euch die Lösungen zu. Die Lösungen der einen Seite werden in die Gleichungen auf der anderen Seite eingesetzt. Die ersten Buchstaben der Lösungszahlen auf jeder Seite ergeben jeweils ein Lösungswort.

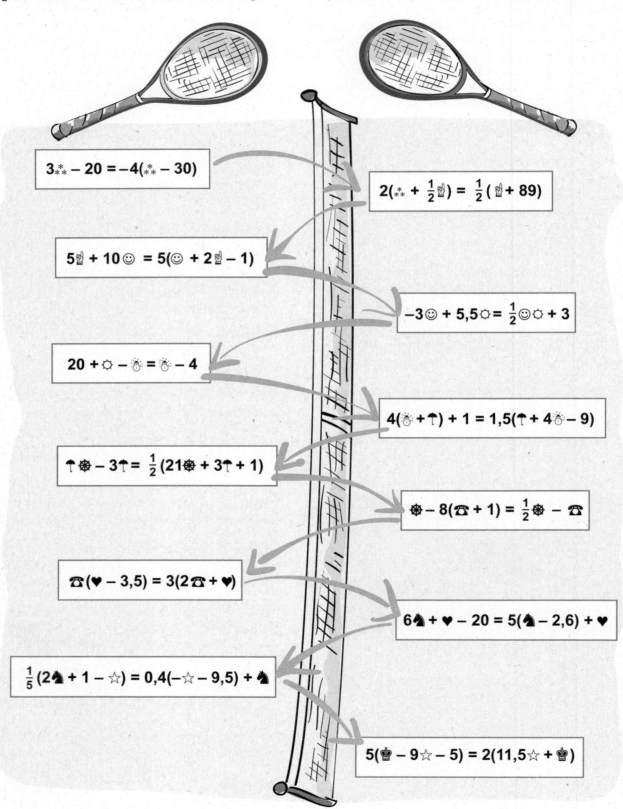

Die 7b bastelt

1 Tobias und Lisa stellen Weihnachtskarten her. Für die Kerzen verwenden sie Samtband.

a) Wie lang muss das Samtband für eine Karte sein? Stelle einen Term auf und fasse gleiche Glieder zusammen.

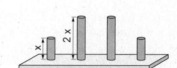
Tobias   Lisa

Tobias: _____ Lisa: _____

b) Wie viel m Samtband brauchen sie für jeweils 10 Karten, wenn x = 5 cm und y = 2x lang ist?

_____

2 Martin baut Kerzenständer.

a) Gib die Gesamtlänge des Rundholzes mithilfe eines Terms an.

_____

b) Wie viel Rundholz muss Martin kaufen, wenn x = 8 cm lang ist?

_____

3 Ute möchte diesen Kerzenhalter herstellen. Sie hat eine 1 m lange Holzleiste. Reicht sie aus, wenn x = 4,5 cm lang ist?

_____

_____

4 Jana, Anne und Jens stellen Engel in drei Größen her. Gib jeweils die Länge von Rundholz und Holzstäben mit einem Term an.

a) Jana fertigt von jeder Sorte einen Engel an.

b) Jens baut 3 kleine und 2 große Engel.

c) Anne stellt 2 kleine, 4 mittlere und 3 große Engel her.

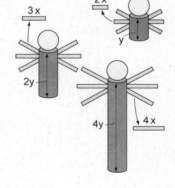

a) _____ b) _____

c) _____

d) Berechne den gesamten Materialbedarf für x = 2,5 cm und y = 8 cm.

Holzstäbe: _____ Rundholz: _____

5 Andreas möchte Bilderrahmen bauen.

a) Wie viel Meter einer 3 cm breiten Holzleiste braucht er mindestens für einen Rahmen, wenn a = 8,5 cm ist?

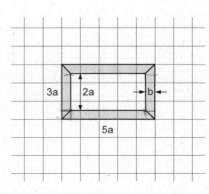

_____

b) Kann er aus einer 1 m langen und 2 cm breiten Holzleiste auch einen Rahmen nach den Vorgaben bauen? Wie groß kann dann a höchstens sein?

_____

Modeschmuck

1 Hanna verziert Sicherheitsnadeln mit Perlen, um daraus modische Schmuckstücke herzustellen.
a) Wie viele Perlen benötigt Hanna für die einzelnen Nadeln? Stelle Terme auf.

N1: _____ N2: _____ N3: _____ N4: _____

b) Für einen Ohrring benötigt Hanna eine Nadel der Sorte N1 und eine Nadel der Sorte N2. Stelle einen Term für den Perlenverbrauch auf und vereinfache.

_____

○   Perle a
    (2 mm, 4 Cent)

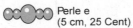   Perle b
    (2 cm, 12 Cent)

●   Perle c
    (3 mm, 5 Cent)

   Perle d
    (3 cm, 20 Cent)

  Perle e
    (5 cm, 25 Cent)

  Schmetterlingsperle s
    (1 cm, 40 Cent)

2 Stelle weitere Terme für den Perlenverbrauch auf.
a) Ein Ohrring erhält je eine Nadel N3 und N4.

_____

b) Für eine Kette werden 3 Nadeln der Sorte N2 benötigt und 8 Perlen der Sorte a.

_____

c) Eine Kette enthält 3-mal N1, 1-mal N4 und Perlen: 6-mal a und 12-mal c.

_____

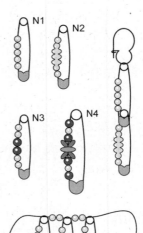

3 Bastian und Irina fädeln die Perlen auf elastische Nylonfäden auf, um daraus Armbänder herzustellen.
a) Bestimme die Länge der Armbänder mithilfe von Termen.

A1: _____

A2: _____

A3: _____

b) Berechne die Kosten für das Armband A1. Der Nylonfaden kostet 10 Cent.

_____

A1

4 Entwirf selbst Muster für ein Armband und für einen Ohrring. Ermittle mithilfe von Termen den Materialbedarf und die Kosten.

N: _____

A: _____

_____

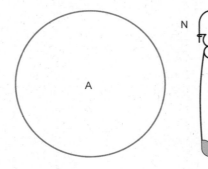
A   N

A2

A3

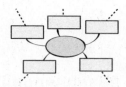

Wettbewerb:
Wer erstellt das beste Mind-Map zu „Terme und Gleichungen"?

Materialbedarf: Schere, Plakatpapier

Schneide zunächst die Kärtchen aus. Begriffe, die zusammengehören, sollst du unter geeigneten Ober-
begriffen zusammenfassen. Es wurden auch einige Begriffe untergemogelt, die mit dem Thema gar nichts zu
tun haben.
Vergleiche deine Anordnung mit der eines Mitschülers oder einer Mitschülerin. Versucht euch gegenseitig
Begriffe zu erklären und sucht passende Beispiele dazu.
Erstellt anschließend auf einem großen Blatt ein Mind-Map mit dem Thema „Terme und Gleichungen".
Entscheidet ausgehend von eurer Anordnung der Kärtchen, für welche Begriffe ihr Hauptäste und Zweige
anlegen möchtet. Versucht auch eigene Beispiele zu finden und in euer Mind-Map einzubauen.
Zuletzt stellen einige Schülerinnen und Schüler der Klasse jeweils kurz ihr Mind-Map vor. Die Klasse berät
gemeinsam, wer die Aufgabe am besten gelöst hat.

Rechnen mit Termen	gleichwertig	vereinheitlichen	ausklammern	Term aufstellen
Steigerung	dekadent	ordnen	Schnittmenge	Selbe Zahl multiplizieren oder dividieren
Zahlenbereich	Aufstellen von Termen	potenzieren	vereinfachen	Term subtrahieren oder addieren
Gleichung	Klammer auflösen	ausmultiplizieren	Lösungsmenge	Äquivalenz-umformungen
Kommutativgesetz	Stammzahlen	äquivalent	umformen	Terme mit einer Variablen
Ungleichungen	Assoziativgesetz	Ungleichheits-zeichen umkehren	Grundwert	Lösen von Gleichungen
Lösen von Ungleichungen	Multiplikation oder Division mit Zahl < 0	Distributivgesetz	Waage	Probe

Wachsende Formelsammlung – Überschrift und Beispiel

Mit den Tipps- und Hilfeblättern hast du in der Zwischenzeit gelernt, deine eigenen Formelhefteinträge vorzunehmen. Die folgenden Kapitel sollst du nun ohne weitere Tipps- und Hilfeblätter in deine Formelsammlung eintragen.

Eine komplette Übersicht über die Themen für Kapitel V wird dir dabei helfen, deine Eintragungen vollständig vorzunehmen. Du kannst dann sicher sein, dass du keinen Eintrag vergessen hast.

Das Ergebnis der folgenden Übung liefert dir am Ende alle notwendigen Themeneinträge.

In der Übung sollst du zu den Überschriften im Schülerbuch mögliche passende Alternativen finden.

	Inhaltsübersicht zu Kapitel V: Figuren und Winkel	
	Überschrift (aus dem Schülerbuch)	Alternativüberschrift
1.		
2.		
3.		
4.		
5.		
6.		
7.		

1 Zu jedem der sieben Themen aus Kapitel V stehen unten zwei Überschriftenvorschläge. (insgesamt 14 Überschriften)

Je eine der Überschriften ist das Original aus dem Schülerbuch, die andere eine mögliche Alternative dazu. Fülle die Tabelle aus, indem du erst die Überschriften mithilfe deines Schulbuches zuordnest und in die richtige Reihenfolge bringst. Anschließend musst du die möglichen Alternativüberschriften richtig zuordnen. Diese Inhaltsübersicht dient dir als Hilfe für deine Formelhefteinträge.

Überschriften:

Wie misst man die kürzeste Entfernung? — Zusammenhänge bei symmetrischen Figuren — Besonderheiten beim gleichschenkligen Dreieck — Alle Punkte gleichen Abstandes — Der Winkel im Thaleskreis — Wie lassen sich große Zeichnungen anfertigen? — Besondere Punkte im Dreieck — Abstände von Punkten und Geraden, Ortslinien — Wie groß sind die Innenwinkel im Dreieck zusammen? — Abstände — Umkreise und Inkreise — Winkelsummen — Der Satz des Thales — Konstruktion mit Zirkel und Lineal

2 Erstelle zu jeder Überschrift ein Beispiel auf einer Karteikarte (Lösung auf der Rückseite). Dieses Beispiel soll das Thema besonders gut verdeutlichen. Mische die Karten und tausche sie mit deinem Partner. Ordnet die Karten den Abschnitten zu.

3 Bewertet für jeden Abschnitt die beiden Beispiele. Aus welchem kann man viel lernen? Warum?

Walbeobachtung mit Folgen – Wo ist die Kamera?

Die Mannschaft des Forschungsschiffs Orca befindet sich zurzeit bei rauer See an der norwegischen Fjordküste, um nach Minkwalen Ausschau zu halten. Plötzlich taucht eine Gruppe von Blauwalen auf, die nun das Schiff begleiten. Sie sind fast so lang wie ein Flugzeug des Typs Boing 737! Ausgewachsene Tiere messen gewöhnlich 24–27 Meter, Neugeborene ungefähr 7 Meter. Alle Kameras werden sofort in Position gebracht. Die Unterseite der Schwanzflosse (Fluke) ist bei jedem Wal ein unverwechselbares Merkmal. Forscher aus allen Ländern fotografieren die *Fluken* und archivieren die Fotos in einer speziellen Datenbank.

Die Expeditionscrew der Orca macht ihre Kameras bereit. Dabei passiert es.

Eine ihrer wertvollsten Unterwasserkameras geht über Bord und muss nun von den Tauchern unbedingt gefunden werden. Mit dem Echolotverfahren messen die Experten eine Meerestiefe von etwa 45 m. Da sich die Taucher ohne Risiko nur etwa 10 min in dieser Tiefe aufhalten können, muss die Crew sofortige Vorbereitungen treffen und die Wale schweren Herzens ziehen lassen. Das erste Tauchteam geht schnell ins Wasser, da die Strömung nicht leicht abzuschätzen ist und die Kamera deshalb abdriften kann. Die Taucher suchen nach dem Suchprinzip des Spiralmusters. Sie finden die Kamera in einer Felsspalte festgeklemmt, kurz bevor ihre Tauchzeit vorbei ist. Oben angekommen, müssen sie nun dem zweiten Team anhand einer selbst angefertigten Skizze den Ort der Kamera mitteilen. Dabei drückt sich der Tauchkollege etwas kompliziert aus:

„Wenn ihr am Ankerseil den Grund erreicht, seht ihr linker Hand einen Steilabfall in große Tiefen. Die Kamera ist etwa 20 m davor festgeklemmt. Rechter Hand könnt ihr einen auffallenden Felsturm erkennen. Schräg vor euch befindet sich das Wrack eines Fischerbootes. Die Kamera ist halb so weit von dem Wrack entfernt wie der Felsturm vom Steilabfall."

Markiere auf der Skizze, wo sich die Kamera befinden kann. Weshalb könnte auch das zweite Tauchteam Schwierigkeiten haben, die Kamera beim ersten Tauchgang zu bergen?

Eine Stadtrallye nach Plan (1)

Materialbedarf: Zirkel, Geodreieck und Stadtplan (Kopiervorlage Seite S 59)

Eine Stadtrallye zum Kennenlernen einer Stadt kennst du bestimmt. Hier sollst du gesuchte Orte und Entfernungen direkt auf einem Plan finden. Jeder Lösung, die du findest, wird unten ein Buchstabe zugeordnet. Wenn du diese in der richtigen Reihenfolge einträgst, erhältst du das gesuchte Lösungswort. Führe die Arbeitsanweisungen der Reihe nach auf dem Stadtplan aus. Der Maßstab beträgt 1 : 6000.

1 Der Startpunkt liegt bei den drei Gymnasien genau auf der Kreuzung von Uhlandstraße und Derendinger Allee. Markiere und bezeichne ihn mit S. Bestimme nun die Entfernung zwischen S und dem Hölderlinturm H. _____

2 Auf der Ortslinie der Punkte, die von S und H gleichweit entfernt sind, liegen zwei wichtige Gebäude. Es ist zum einen südlich der Hauptbahnhof und das andere stadtbekannte Anwesen ist

_____ .

3 Für viele Besucher ist die Platanenallee am Neckar ein reizvoller Ausflugspunkt. Bestimme nun die kürzeste Entfernung (Luftlinie) vom Hauptbahnhof zur Platanenallee. Es sind etwa _____

_____ . Markiere den Fußpunkt F auf der Platanenallee.

4 Um zu Fuß zur Platanenallee zu gelangen, geht man auf der Europastraße direkt vom Hauptbahnhof zur Karlstraße und von dort zur Eberhards-Brücke. Wie weit ist es insgesamt bis zum Fußpunkt F? Man legt ca._____ zurück.

5 Zeichne nun die Ortslinie aller Punkte ein, die sowohl von der Uhlandstraße als auch von der Eberhards-Brücke gleichweit entfernt sind. (Zeichne hierzu Geraden durch Uhlandstraße und Eberhards-Brücke. Markiere den Schnittpunkt der beiden als Scheitel W des Winkels).
In ca. 360 m Entfernung Luftlinie von W befindet sich ein zentraler Ort in der Altstadt, der von Uhlandstraße und Eberhards-Brücke gleichweit entfernt ist. Es ist der_____ .
Markiere seine Mitte mit M.

6 Geht man von M aus etwa 400 m in Richtung Norden, steht man direkt vor der_____ .
Gehe direkt zur angrenzenden Osianderstraße und markiere den Standpunkt O.

7 Markiere ebenso den Mittelpunkt vom Innenhof des bekannten Anwesens aus 2. Bezeichne ihn mit I. Bestimme nun die Orte der Punkte, die von O und I gleichweit entfernt sind und von M ca. 420 m entfernt sind. Es gibt nur eine Möglichkeit, nämlich die_____ .

8 Geht man von der Silcherschule auf die Kelternstraße, so führt deren Mittelparallele (Luftlinie) in den _____ .

9 In welchem Abstand zu dieser Mittelparallelen befindet sich die Post der Neuen Straße/Ecke Hafengasse? Der Abstand beträgt etwa _____ .

10 Nach dieser langen Tour ist es spät geworden und wir wollen auf dem schnellst möglichen Fußweg von der Post, über den Holzmarkt an der Stiftskirche vorbei – wieder zurück zum Startpunkt S. Wie viele Meter sind das etwa? _____ .

Marktplatz (I)	Alter Botanischer Garten (T)	Augenklinik (L)
etwa 540 m (N)	ca. 250 m (I)	Schloss Hohentübingen (E)
ca. 880 m (O)	ca. 190 m (R)	ca. 540 m (N)
Silcherschule (S)		

Das Lösungswort ergibt sich, wenn man die zugeordneten Buchstaben von unten nach oben liest.

Eine Stadtrallye nach Plan (2)

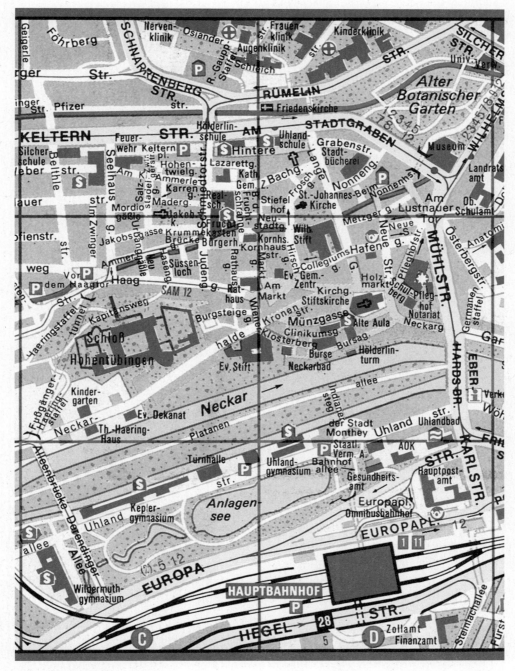

Maßstab 1 : 6000

6) 6,6 cm → Augenklinik L
7) r = 7 cm um 9 → Silcherschule S
8) Alt. Bot. Garten T
9) 3 cm ≙ 190 m R
10) 14,6 cm ≙ 880 m O

1) 9 cm ≙ 540 m N
2) Schloß Hohentübingen E
3) Ca 250 m ≙ 4 cm I
4) Ca 9 cm ≙ 540 m N
5) Stadtplan = 6 cm I

Ordnung ist das halbe Leben

Nummeriere die einzelnen Teilschritte sinnvoll und schreibe sie in der richtigen Reihenfolge ab. Ordnest du die Tipps den Schritten passend zu, ergibt sich ein Lösungswort.

1 Zeichne ein Dreieck mit c = 7 cm, b = 5,5 cm und $\beta = 40°$.

____ Trage β in B an $\overline{AB}$ ab.

____ Zeichne die Strecke $\overline{AB}$.

____ Beide Dreiecke können Lösung sein. Es gibt zwei Möglichkeiten!

____ K schneidet die Schenkel von β in den zwei Schnittpunkten C und D.

____ Zeichne einen Kreis k um A mit Radius 5,5 cm.

Hier findest du zu jedem Schritt noch einen Tipp:

Wenn du jetzt nur einen Schnittpunkt erhältst, hast du den Kreis um den falschen Punkt gezeichnet. (T)

Vergiss nicht das Beschriften der Endpunkte der Strecke. (K)

Wo soll β liegen? Wie sieht das Dreieck nachher wohl aus? Fertige eine kleine Skizze an! (R)

Zeichne den Kreis nicht zu klein … (E)

Beachte, dass manche Konstruktionen auch zwei Lösungen liefern können. (A)

2 Die Punkte A(2|−1) und B(8|1) bilden zusammen mit dem Punkt C ein Dreieck, wobei $\alpha = 45°$ und $\beta = 72°$ ist. Gesucht wird der Umkreis des Dreiecks mit dem Umkreismittelpunkt U.

____ Zeichne das Dreieck ABC ein.

____ Zeichne $\overline{AB}$ in einem Koordinatensystem ein.

____ Zeichne den Umkreis ein mit Mittelpunkt U und Radius $\overline{UA}$.

____ Trage α in A und β in B ab. Du erhältst C.

____ Der Schnittpunkt von m_a und m_c ist U.

____ Konstruiere die Mittelsenkrechten von a und von c.

Achte auf korrekte Beschriftung der Achsen. (F)

m_b kann man sich sparen. (E)

Zeichne exakt. (S)

Auf dem Kreis liegen die Eckpunkte. (T)

Hast du an den richtigen Umlaufsinn gedacht? (A)

Zeichne die Linien der Hilfskreise nur dort, wo du sie brauchst. (N)

Sinn und Unsinn – Was ist hier wirklich wichtig?

Im nachfolgenden Text findest du immer wieder Formulierungen, Satzteile oder sogar ganze Sätze, die man weglassen könnte. Streiche diese Stellen so an, dass das Übriggebliebene Sinn macht und alle notwendigen Informationen enthält.

Wie man einen ganz besonderen Punkt in einem Dreieck finden kann – Eine Konstruktionsbeschreibung

Zeichne ein großes Dreieck ABC mit den Seitenlängen a = 6,5 cm, b = 8 cm und c = 9 cm und den Eckpunkten A, B und C. a liegt A gegenüber, b liegt B und c liegt C gegenüber. Zeichne dieses Dreieck. Achte darauf, exakt zu zeichnen und die Punkte richtig zu verbinden. Spitze deinen Bleistift rechtzeitig.

Konstruiere die Mittelsenkrechte zur Seite c, indem du zwei Kreise mit gleich großem Radius um den Punkt A und den Punkt B ziehst und durch die Schnittpunkte der beiden Kreise eine Gerade zeichnest. Das ist die Mittelsenkrechte zur Seite c, also zur Strecke $\overline{AB}$.

Konstruiere ebenso die Mittelsenkrechten zu den Seiten a und b. Zeichne zwei Kreise um B und C mit gleich großem Radius und verbinde wie oben die Schnittpunkte der beiden Kreise. Das ist die Mittelsenkrechte zur Seite a, also zur Strecke $\overline{BC}$. Ziehe nun zwei Kreise um A und C mit gleich großem Radius und verbinde wieder die Schnittpunkte der beiden Kreise. Das ist die Mittelsenkrechte zur Seite b, also zur Strecke $\overline{AC}$.

Markiere den Schnittpunkt der drei Mittelsenkrechten mit Farbe und nenne ihn M. Ziehe einen sauberen Kreis um M mit Radius r = $\overline{MA}$. Der schöne Kreis geht durch den Punkt A. Schaue ganz genau hin: Der schöne Kreis geht überraschenderweise auch durch den Punkt B und durch den Punkt C. Man nennt diesen Kreis Umkreis und den Punkt M Umkreismittelpunkt.

Weitere Aufgaben für Kleingruppen- oder Partnerarbeit:

1 Formuliere den Lösungstext zu einem noch kürzeren Text um. (Hier hilft es dir, wenn du die einzelnen Schritte durchnummerierst.) – Wer kommt mit den wenigsten Wörtern aus, solange der Text noch verständlich bleibt?

2 Suche Texte aus dem Mathebuch oder aus deinem eigenen Heft heraus und verfremde sie, indem du ein paar überflüssige Bemerkungen einfügst. – Schaffen es deine Mitschüler, die wesentlichen Aussagen herauszufiltern?

3 Versuche das Vorgehen zu beschreiben. Gelingt es nach deiner Beschreibung, eine weitere solche Figur zu zeichnen?

Ernst Klett Verlag GmbH, Stuttgart 2005

Und was kommt jetzt?

Die Kärtchen mit den Anweisungen der Konstruktionsbeschreibungen sind hier leider etwas durcheinander geraten. Entscheide dich für eine Reihenfolge und überprüfe, ob sie richtig ist: Fertige dazu in deinem Heft eine Zeichnung an, bei der du die einzelnen Schritte nacheinander ausführst, und notiere dir dazu die Lösungsnummern. (Tipp: Kontrolliere, ob alle Kärtchen nötig sind.)

1 Zwei Geraden g und h schneiden sich unter einem Winkel von 70°. Gesucht ist ein Punkt P: Er soll von g 2 cm entfernt sein und von h einen Abstand von 3 cm haben.

1	2	3
Zeichne eine Parallele zu g im Abstand 2 cm.	Der Schnittpunkt der beiden Parallelen ist der gesuchte Punkt.	Zeichne die Gerade g.

4	5	
Wähle einen Punkt auf g und zeichne dort unter einem Winkel von 70° die Gerade h ein.	Zeichne eine Parallele zu h im Abstand 3 cm.	

2 Der Punkt R liegt auf der Geraden k. Bestimme alle Punkte, die von R 3 cm entfernt sind und von k den Abstand 2 cm haben.

1	2	3
Zeichne einen Kreis um R mit Radius 3 cm.	Zeichne zwei zu k parallele Geraden im Abstand von 2 cm.	Der Kreis schneidet die beiden Parallelen in vier Schnittpunkten S_1, S_2, S_3 und S_4.

4	5	6
Zeichne jeweils einen Kreis um S_1 und S_3 mit Radius 2 cm.	Zeichne die Gerade k mit dem Punkt R auf k.	Die vier Schnittpunkte sind von R 3 cm und von k 2 cm entfernt.

3 Gib selbst eine Konstruktionsbeschreibung zur Konstruktion dieses Dreiecks an und zeichne es aufgrund der angegebenen Werte in dein Heft. Vergleiche die Zeichnung mit deinem Nachbarn.

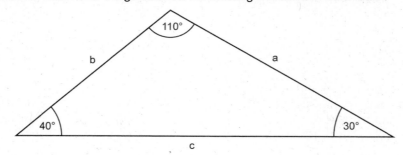

Winkelsumme im Dreieck – Ein Arbeitsplan

Materialbedarf: Geodreieck, Papier und Schere

Arbeitszeit: 1 Schulstunde + Hausaufgaben

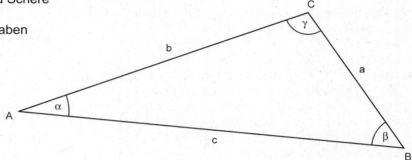

Vorüberlegungen (ohne Buch)

a) Winkel messen kannst du sicher noch. Miss die Innenwinkel α, β und γ des obigen Dreiecks und notiere die Winkel in die nebenstehende Tabelle. Zeichne zwei weitere Dreiecke, eines davon so groß wie möglich, auf extra Konzeptpapier und bezeichne sie. Miss auch die Innenwinkel deiner selbst gezeichneten Dreiecke und trage sie in die Tabelle ein.

Dreieck	Winkel α	Winkel β	Winkel γ	Winkel-summe
1				
2				
3				

b) Berechne für alle drei Dreiecke die Summe der drei Winkel und trage sie in die Tabelle ein. Welche Ergebnisse für die Winkelsummen hast du erhalten? Formuliere eine Vermutung und vergleiche sie mit der deines Nachbarn.

Schneide das große Papierdreieck aus und schneide anschließend alle Ecken (mit den eingetragenen Winkeln) ab. Lege die ausgeschnittenen Winkel so an die lange Seite des Geodreiecks, dass du deine Vermutung überprüfen kannst.

Erarbeitung und Heftaufschrieb

Lies im Schülerbuch die Seite 133 gut durch und vergleiche die Begründung für die Winkelsumme mit deinen eigenen Überlegungen von oben in Aufgabe b.

Erstelle nun einen eigenen Heftaufschrieb zum Thema „Winkelsumme im Dreieck". Überlege dir vorher die Gestaltung der Heftseite (Überschrift – Beispiel – Merksatz).

Übungen

Bearbeite folgende Aufgaben im Schülerbuch:
Seite 134 Aufgaben 2 b), 3 a), c), 4, 5 a), c), 6 a), c), e) und 7 a), b).
Kläre mit deiner Lehrerin oder deinem Lehrer, wie du die Kontrolle der gelösten Aufgaben durchführen sollst.

Für schnelle Rechner

Wenn du schon sehr schnell fertig bist, lies im Schülerbuch Seite 135 Nr. 12 und bearbeite die Aufgabe so (z. B. auf einer Folie), dass du sie deinen Klassenkameraden vorstellen und erläutern kannst.
Wenn du immer noch Zeit hast, bearbeite auf der selben Seite Aufgabe 13.

Wer ist eigentlich Thales? – Ein Referat

Du hast dir als Referat in Mathematik das Thema: „Der Satz des Thales" ausgesucht. Auf diesem Hinweisblatt findest du einige allgemeine und auch speziell auf dein Thema abgestimmte Tipps für deine Präsentation.

1. Informationen beschaffen

Im ersten Schritt ist es wichtig, möglichst viele Informationen zu dem Präsentationsthema zusammenzutragen. Beim Thema „Der Satz des Thales" können das sowohl Informationen zum mathematischen Sachverhalt des Satzes von Thales als auch Details über den geschichtlichen Hintergrund sein. Zu beidem findest du in deinem Mathematikbuch auf den Seiten 137 bis 140 Angaben.
Weitere wichtige Quellen für die grundlegende Informationsbeschaffung sind klassische Lexika und CD-Lexika, in denen du auch oft gutes Bildmaterial findest. Darüber hinaus kannst du mit einer geeigneten Suchmaschine im Internet nach Informationen zu Thales suchen.

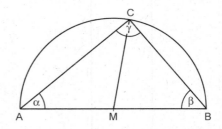

2. Gliederung und schriftliche Fixierung

Im nächsten Schritt musst du die gefundenen Informationen sichten und entscheiden, welche Punkte in deinem Referat angesprochen werden sollen. Mit einer Gliederung lassen sich diese Punkte übersichtlich ordnen. Eine Möglichkeit wäre hier z. B.:
a) Überblick über das Leben von Thales,
b) Vorstellung des Satzes mit mathematischer Begründung und
c) Einordnung dieses Themas in seine sonstigen wissenschaftlichen Verdienste.
Anhand der Gliederung kannst du auch überprüfen, wo du noch weitere Informationen benötigst. Anschließend kannst du aus den ausgewählten Informationen mit deinen eigenen Worten einen Text für die schriftliche Ausarbeitung formulieren. Achte darauf, dass er gut gegliedert, verständlich und ohne Rechtschreibfehler geschrieben ist. Durch passende Bilder oder Skizzen lässt sich der Text zudem auflockern. Diese helfen auch, bestimmte Sachverhalte genauer zu erklären und zu veranschaulichen. Auf jeden Fall sollten ein Titelblatt und eine Inhaltsangabe nicht fehlen. Auch eine Quellenangabe am Ende gehört zur schriftlichen Ausarbeitung.

3. Vortrag und Präsentation

Für den Vortrag vor der Klasse ist oft ein Stichwortzettel hilfreich, auf dem alle wichtigen Punkte und Daten stehen. Er gibt dir die Möglichkeit, zum einen wichtige Informationen schnell zu finden und zum anderen weitgehend frei vor der Klasse zu sprechen. Für Bilder oder Skizzen eignen sich Folien, die du auf dem Tageslichtprojektor zeigen kannst.
Denke bei dem Vortrag daran, dass deine Klassenkameraden sich bisher noch nicht mit Thales und seinem Satz beschäftigt haben. Damit sie deinem Vortrag folgen können, musst du langsam, deutlich und ausreichend laut in einfachen Sätzen sprechen. Es kann auch hilfreich sein, sie an passender Stelle mit einer kleinen Aufgabe einzubeziehen. (Z. B. einen Halbkreis zeichnen lassen und mehrere Dreiecke mit Grundseite auf dem Durchmesser und Ecke auf der Kreislinie zeichnen lassen.)

... und deshalb ist es wichtig, sich zu bewegen und vor allem frei zu reden.

Mokabeln – Zur Wiederholung von Mathe-Vokabeln

Vorbereitung
Jede Spielgruppe benötigt einen ausreichend großen Satz verschiedener Spielkarten. Dabei kann man die Karten an der gestrichelten Linie knicken und dann halbiert zusammenkleben.

Ablauf
Übungsphase: In den ersten Runden zieht ein Spieler eine Karte und umschreibt den anderen den Hauptbegriff, ohne ihn selbst zu nennen. Dabei muss er alle bzw. möglichst viele der angegebenen Hilfswörter verwenden.

Schwieriger wird es in der **Wettkampfphase:** Ab jetzt dürfen außer dem Ratewort auch die zusätzlichen Begriffe nicht mehr verwendet werden. Ableitungen aus diesen Wörtern und pantomimische Hilfen gelten ebenfalls nicht!

Bei drei Spielern raten die beiden Zuhörer um die Wette, der Sieger erhält die Karte und darf den nächsten Begriff erklären. Man kann aber auch zu Beginn festlegen, dass reihum gewechselt wird.

Bei vier Spielern kann man zwei Mannschaften bilden! Ein Spieler erklärt nur für den eigenen Mitspieler (Zeitlimit setzen!).

Für ein Spiel **mit der ganzen Klasse** sollten möglichst viele Karten zur Verfügung stehen.

Spielvarianten
– Wird ein Begriff erraten, muss dieser Spieler erst eine einfache Begriffserklärung formulieren, bevor er die Karte erhält: Hier sollen die zuvor nicht erlaubten Worte mitverwendet werden.
– Wenn sich im Laufe des Schuljahres ein immer größer werdender Kartenvorrat ansammelt, wird das Spiel natürlich noch interessanter.

Abstand zweier Punkte	Mokabeln	**Lot**	Mokabeln
A B	Länge messen Verbindungsstrecke kürzester Weg	P / A B	senkrecht rechter Winkel Verbindungsstrecke schneiden
parallel h g	Abstand Entfernung zeichnen Gerade	**Mittelsenkrechte** A B	Lot Kreis gleicher Abstand teilen
Achsenspiegelung P P'	Verbindungslinie Bildpunkt senkrecht umgekehrter Umlaufsinn	**Mittelpunkt einer Strecke** A M B	Länge halbieren Mittelsenkrechte abmessen konstruieren
Punktspiegelung A B' B A'	Drehzentrum Bildpunkt verbinden gleicher Umlaufsinn	**gleichseitiges Dreieck**	symmetrisch 60° drehen Seitenlänge

978-3-12-734372-4 Lambacher Schweizer 3 BW, Serviceband **S65** Ernst Klett Verlag GmbH, Stuttgart 2005

Mokabeln

Achsensymmetrie	Mokabeln	Satz des Thales	Mokabeln
	Achsenspiegelung Figur auf sich selbst abbilden deckungsgleich		Halbkreis Strecke rechter Winkel unter
gleichschenkliges Dreieck	Mokabeln	**Scheitelwinkel**	Mokabeln
	Basiswinkel Schnittpunkt gleich lang spezielles Dreieck		gegenüber gleich groß Geraden Schnittpunkt
Winkelhalbierende	Mokabeln	**Winkelweite**	Mokabeln
	konstruieren Kreis teilen gleiche Winkelgröße		Gradzahl messen Kreis Ausschnitt
Kreis	Mokabeln	**orthogonal**	Mokabeln
	Mittelpunkt Abstand rund Radius		senkrecht Geraden schneiden 90°-Winkel
Koordinatensystem	Mokabeln	**Winkelsummensatz**	Mokabeln
	beschriften Punkte Geraden Zahlenstrahl		180° Dreieck ergänzen zusammenzählen
rechtwinkliges Dreieck	Mokabeln	**Schnittpunkt**	Mokabeln
	orthogonal zeichnen 90° Winkel		Geraden Kreise aufeinander treffen gemeinsam
Nebenwinkel	Mokabeln	**punktsymmetrisch**	Mokabeln
	gemeinsame Schenkel ergänzen 180° zusammen		Figur Punktspiegelung deckungsgleich abbilden

978-3-12-734372-4 Lambacher Schweizer 3 BW, Serviceband   **S66**   Ernst Klett Verlag GmbH, Stuttgart 2005

Geometrie? Hatten wir schon!

1 Brainstorming: Zunächst versucht jeder von euch allein in einer vorgegebenen Zeit (z. B. fünf Minuten) möglichst viele Begriffe zum Thema Geometrie aus Klasse 5 und 6 aufzuschreiben.
Los geht's: Kreis, Gerade …

2 Vergleichen: Nach Ablauf der Zeit vergleicht ihr eure Ergebnisse. Zählt zunächst einmal nach, wer mehr Begriffe gefunden hat.

3 Ergänzen: Ergänzt nun eure Liste um die Begriffe, die euer Partner zusätzlich gefunden hat. Anschließend sucht ihr euch zwei Mitschüler oder Mitschülerinnen und vergleicht eure Listen.

4 Erklären: Versucht euch gegenseitig unklare Begriffe zu erklären. (Z. B.: Was war noch mal ein spitzer Winkel?)

5 Ordnen: Sucht nun Oberbegriffe, unter denen ihr eure Ergebnisse zusammenfassen könnt (z. B. Körper, Figuren …).

6 Erstellen eines Mind-Maps: Erstellt nun für eure Begriffsammlung ein Mind-Map.
Verwendet dafür ein großes Plakat. Achtet darauf, dass euer Mind-Map **viel Platz** zum Wachsen hat.

Alle neuen Geometriebegriffe aus Klasse 7 sollen darin untergebracht werden können.
Versucht euer Mind-Map möglichst anschaulich zu gestalten, indem ihr viele Zeichnungen einfügt.

7 Ausstellung: Alle Geometrie-Mind-Maps werden nun in eurem Klassenzimmer aufgehängt.
Nachdem jeder Schüler die Möglichkeit hatte, die Mind-Maps der anderen anzuschauen, gibt es ein Klassengespräch über die Gestaltung der einzelnen Ergebnisse.

8 Fortsetzung: Immer wenn ihr etwas Neues in Geometrie lernt, könnt ihr dieses in euer Mind-Map mit aufnehmen. So behaltet ihr stets den Gesamtüberblick.

© Als Kopiervorlage freigegeben.
978-3-12-734372-4 Lambacher Schweizer 3 BW, Serviceband   **S67**   Ernst Klett Verlag GmbH, Stuttgart 2005

Arbeitsplan zum Thema
„Lineare Gleichungen und lineare Zuordnungen"

Arbeitszeit: 2 Schulstunden + Hausaufgaben

Vorüberlegungen (ohne Buch)

1 Löse folgende Gleichungen mithilfe von Äquivalenzumformungen.

a) $3 - 2x = -1$ b) $-2x + 3 = 4$ c) $2(1{,}5 - x) = 0$

2 a) Die Abbildung zeigt den Graphen einer linearen Zuordnung.
Bestimme die Formel, mit der sich y bestimmen lässt.
b) Bestimme den fehlenden x-Wert für die Punkte P $(x|-1)$, Q $(x|4)$ und R $(x|0)$.
c) Beschreibe, wie du dabei vorgegangen bist. Besprich es mit deinem Partner.
d) Vergleiche deine Lösungen von Aufgabe 1 und 2. Schreibe auf, was dir dabei auffällt.

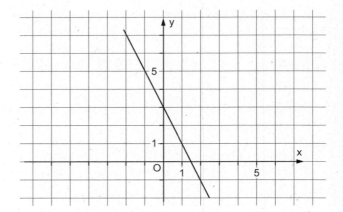

Erarbeitung und Heftaufschrieb

Lies im Schülerbuch auf Seite 156 nach, wie man Gleichungen mithilfe von linearen Zuordnungen lösen kann.
Schreibe eine Überschrift.
Notiere in eigenen Worten einen Merksatz.
Erstelle selbst eine Musteraufgabe und löse sie rechnerisch und zeichnerisch. Gehe dabei wie im Beispiel vor. Wiederhole mithilfe der Aufgabe Nr. 6, wie viele Lösungen lineare Gleichungen besitzen können. Ergänze deine Notizen im Heft entsprechend.

Übungen

a) Trainiere zunächst selbstständig und löse auf Seite 157 die Aufgabe 1.
Erfinde ähnliche Aufgaben, löse diese Aufgaben selbst und stelle sie dann deinem Partner. Löse in der Zwischenzeit die Aufgaben deines Partners. Kontrolliert gegenseitig eure Ergebnisse.
b) Ob du fit bist, kannst du mit der Aufgabe aus dem Kasten „Bist du sicher?" testen.
c) Löse Aufgaben 3, 4a, 4c und von Aufgabe 5 die Teilaufgaben b, d, e.
d) Wähle aus den Aufgaben 7 und 8 auf Seite 158 je eine Teilaufgabe aus und löse sie.
e) Die Aufgaben 9, 10 und 11 auf Seite 158 sind Anwendungsaufgaben zum Thema. Wähle eine Aufgabe aus und löse sie rechnerisch und zeichnerisch.

Führe regelmäßig eine Selbstkontrolle durch. Die Lösungen der Aufgaben aus dem Schülerbuch findest du auf dem Lehrertisch.

Das Problem mit den Preisen ...

Kevin ist aus dem Schullandheim zurückgekehrt und hat viele Schnappschüsse mit seiner Digitalkamera gemacht. Seine Klassenkameraden wollen nun Abzüge bei ihm bestellen. Am Nachmittag sucht er sich von der Firma „Prixel-Net" drei Angebote im Internet heraus:

	Grundgebühr inkl. Versand	Preis pro Abzug
Angebot 1	1,25 €	50 ct
Angebot 2	3,50 €	25 ct
Angebot 3	1,50 €	40 ct

1 Tom möchte drei Bilder, Gabi 13 und Frank 18 Fotos bestellen. Da die Sommerferien bereits nächste Woche beginnen, wollen alle drei ihre Bilder jeweils zu sich nach Hause geschickt bekommen. Welches Angebot ist für wen interessant?

2 Kevin notiert zur Berechnung des Preises p (in €) bei Angebot 1 die Gleichung $p = \frac{1}{2}a + 1{,}25$, wobei a für die Anzahl der Fotos steht. Wie lauten die Gleichungen für die anderen Angebote?

3 Dem Graphen der Zuordnung *Anzahl der Fotos → Preis von Angebot 1* kann man entnehmen, dass Tom 2,75 € für die drei Bilder bezahlen muss. Wie viel Geld müssen Gabi und Frank jeweils bei Angebot 1 zahlen?

4 Die anderen Klassenkameraden waren ganz begeistert, dass Kevin die Angebote im Internet rausgesucht hat. Da er nicht für jeden Schüler einzeln das günstigste Angebot ausrechnen will, stellt er die Angebote als Graphen einer Zuordnung dar. Für welche Fotoanzahl ist welches Angebot am günstigsten?

5 Steffi möchte wissen, wie viele Fotos sie sich schicken lassen kann, wenn sie 5,50 € zur Verfügung hat. Sie stellt dazu für Angebot 2 folgende Gleichung auf: $\frac{1}{4}a + 3{,}50 = 5{,}50$.

a) Berechne die Anzahl der Fotos.
b) Nun möchte Steffi wissen, wie viele Fotos sie bei Angebot 2 für den gleichen Preis mehr oder weniger bestellen kann als bei den beiden anderen Angeboten.

6 Thomas behauptet, dass er bei Angebot 3 für 21 Fotos 9,50 € zahlen muss. Überprüfe dies rechnerisch.

Bingo

Materialbedarf: eine Kopie des Bingo-Prüfbogens (Seite S 70–71)

Vorbereitung:
Jeder Spieler zeichnet sich seine Bingo-Karte mit 3 Zeilen und 3 Spalten. Anschließend tragen die Spieler in jedes Feld ein Zahlenpaar (Beispiel: (4|3)) ein. Das Zahlenpaar darf nur ganze Zahlen von – 4 bis + 4 enthalten. Es müssen alle Felder mit unterschiedlichen Zahlenpaaren belegt werden.

Spielbeschreibung:
Der Lehrer oder die Lehrerin schreibt eine Gleichung an die Tafel (vgl. Bingo-Prüfbogen). Die Spieler bekommen nun 30 Sekunden Zeit, um die zuvor gewählten Wertepaare zu überprüfen. Lösungszahlenpaare werden durch ein Kreuz auf der Bingo-Karte markiert. Der Lehrer oder die Lehrerin vermerkt sich auf dem Bingo-Prüfbogen die vorgelesene Gleichung zur späteren Kontrolle. Danach wird die Gleichung weggewischt und die nächste Gleichung angeschrieben.
Wer zuerst drei Zahlenpaare als Lösung in einer zusammenhängenden horizontalen, vertikalen oder diagonalen Reihe hat, muss „Bingo" rufen und hat gewonnen.

Varianten:
Zahlenpaare mit „Null" als x-Wert werden limitiert.
Die Gleichungen werden nicht notiert.
Die Bingo-Karte wird auf 4 Zeilen und 4 Spalten ausgeweitet.

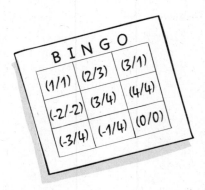

Bingo – Prüfbogen (1)

Schwierig-keitsstufe 1	Schwierig-keitsstufe 2	−4	−3	−2	−1	0	1	2	3	4
$\frac{1}{4}x - 0{,}5 = y$	$4y = x - 2$			(−2|−1)				(2|0)		
$\frac{1}{5}x - 1{,}8 = y$	$y = \frac{1}{5}(x-9)$				(−1|−2)					(4|−1)
$\frac{3}{7}x + 1 = y$	$5y - 5 = 2\frac{1}{7}x$					(0|1)				
$\frac{3}{4}x + 2 = y$	$9y = 6\frac{3}{4}x + 18$	(−4|−1)				(0|2)				
$\frac{5}{4}x - 3 = y$	$\frac{5}{4}\left(x - \frac{12}{5}\right) - y = 0$					(0|−3)				(4|2)
$2x - 3 = y$	$2(x-3) = y - 3$					(0|−3)	(1|−1)	(2|1)	(3|3)	
$1{,}5x + 0{,}5 = y$	$y = \left(x + \frac{1}{3}\right)\frac{3}{2}$		(−3|−4)		(−1|−1)		(1|2)			
$-\frac{6}{4}x + 4 = y$	$6x + 4y = 16$					(0|4)		(2|1)		(4|−2)

Bingo – Prüfbogen (2)

Schwierig-keitsstufe 1	Schwierig-keitsstufe 2	−4	−3	−2	−1	0	1	2	3	4
$-1+\frac{3}{4}x=y$	$\frac{3}{4}x=y+1$	(−4|−4)				(0|−1)				(4|2)
$\frac{3}{4}x-\frac{1}{4}=y$	$\frac{1}{4}(3x-1)=y$				(−1|−1)				(3|2)	
$y=x$	$y=1-\frac{1}{2}(2-2x)$	(−4|−4)	(−3|−3)	(−2|−2)	(−1|−1)	(0|0)	(1|1)	(2|2)	(3|3)	(4|4)
$y=-3x+1$	$7+2y=-6x+9$				(−1|4)	(0|1)	(1|−2)			
$y=x+3$	$y-9=(x+3)-9$	(−4|−1)	(−3|0)	(−2|1)	(−1|2)	(0|3)	(1|4)			
$y=5+x$	$7+y=(5+x)+7$	(−4|1)	(−3|2)	(−2|3)	(−1|4)					
$y=-2x$	$5-y=-2x+5$			(−2|4)	(−1|2)	(0|0)	(1|−2)	(2|−4)		
$y=-0,4x+1,2$	$1,2=y+0,4x$			(−2|2)					(3|0)	
$y=x-1$	$y+2=x+1$		(−3|−4)	(−2|−3)	(−1|−2)	(0|−1)	(1|0)	(2|1)	(3|2)	(4|3)
$y=-\frac{1}{2}x+3$	$-\left(\frac{1}{2}x-3\right)=y$			(−2|4)		(0|3)		(2|2)		(4|1)
$x+2=y$	$-(x+2)=-y$	(−4|−2)	(−3|−1)	(−2|0)	(−1|1)	(0|2)	(1|3)	(2|4)		
$y-x=-4$	$-(y-x)=4$					(0|−4)	(1|−3)	(2|−2)	(3|−1)	(4|0)
$y=-x+4$	$-y+4=x$					(0|4)	(1|3)	(2|2)	(3|1)	(4|0)
$3y+3x=-3$	$1=-(x+y)$	(−4|3)	(−3|2)	(−2|1)	(−1|0)	(0|−1)	(1|−2)	(2|−3)	(3|−4)	
$y=-x+2$	$-y=-(-x+2)$			(−2|4)	(−1|3)	(0|2)	(1|1)	(2|0)	(3|−1)	(4|−2)
$y=3x-1$	$3+y=3\left(x-\frac{1}{3}\right)+3$				(−1|−4)	(0|−1)	(1|2)			
$y=-x$	$y=-(-(-x))$	(−4|4)	(−3|3)	(−2|2)	(−1|1)	(0|0)	(1|−1)	(2|−2)	(3|−3)	(4|−4)
$y-1=-x$	$-(y-1)=-(-x)$		(−3|4)	(−2|3)	(−1|2)	(0|1)	(1|0)	(2|−1)	(3|−2)	(4|−3)
$y=3x+2$	$0=-y+3x+2$			(−2|−4)	(−1|−1)	(0|2)				
$y=x+1$	$y-x=\frac{4}{4}$	(−4|−3)	(−3|−2)	(−2|−1)	(−1|0)	(0|1)	(1|2)	(2|3)	(3|4)	
$x-5=y$	$x-7=y-2$						(1|−4)	(2|−3)	(3|−2)	(4|−1)
$-7=y+4x$	$-7-y=4x$			(−2|1)	(−1|−3)					
$y=4+x$	$8+2x=2y$	(−4|0)	(−3|1)	(−2|2)	(−1|3)	(0|4)				
$3y=-3x-6$	$-3(y+x)=6$	(−4|2)	(−3|1)	(−2|0)	(−1|−1)	(0|−2)	(1|−3)	(2|−4)		

„Kärtchen, wechsele dich ..." – Folienvorlage

Materialbedarf: Vier Kärtchen pro Spieler
Gruppe: Vier Spieler

Kärtchen K1
Zeichne ein Koordinatensystem mit zwei sich
schneidenden Geraden auf ein Kärtchen. Achte
darauf, dass sich der Schnittpunkt gut ablesen lässt.
Bezeichne das Kärtchen mit K1 und gib es deinem
rechten Nachbarn.

Beispiel:

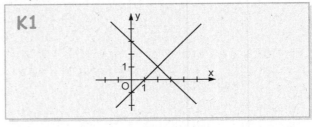

Kärtchen K2
Schreibe auf ein zweites Kärtchen zwei Werte-
tabellen, die zu den beiden Geraden des Kärtchens
K1 gehören.
Bezeichne das Kärtchen mit K2 und gib es mit dem
Kärtchen K1 deinem rechten Nachbarn.

K2

x	-1	0	1	2	3
y	-2	-1	0	1	2
x	-1	0	1	2	3
y	4	3	2	1	0

Kärtchen K3
Schreibe auf ein drittes Kärtchen zwei Gleichungen,
mit denen sich bei den beiden Geraden jeweils der
y-Wert mit dem x-Wert berechnen lässt.
Bezeichne das Kärtchen mit K3 und gib es mit den
beiden anderen Kärtchen K1 und K2 deinem
rechten Nachbarn.

K3

$$y = x - 1$$
$$y = -x + 3$$

Kärtchen K4
Forme die beiden Gleichungen von K3 äquivalent
zu zwei neuen Gleichungen um. Schreibe die
beiden neuen Gleichungen auf ein viertes Kärtchen
und bezeichne es mit K4. Lege die vier Kärtchen in
die Tischmitte.

K4

$$2y = 2x - 2$$
$$x + y - 5 = -2$$

Jetzt werden die vier Quartette gemeinsam überprüft, gemischt und anschließend an eine weitere Gruppe
gegeben. Welche Gruppe hat zuerst alle Quartette richtig zusammengestellt?

SC Gleichungssystemia

Die Sumo-Ringer des Klubs „SC Gleichungssystemia" veranstalten ein Freundschaftsturnier gegen eine japanische Mannschaft. Zu Beginn des Spieles wählt jeder Mitspieler einen Sumo-Ringer des Klubs „SC Gleichungssystemia" als seinen Sumo-Ringer aus. Dieser Ringer fordert dann jeweils einen japanischen Gegner heraus. Die beiden Kämpfer stehen sich mit ihren Gleichungen gegenüber. Der Ausgang des Spiels wird durch den x-Wert der Lösung dieses Gleichungssystems bestimmt.

Wird bei dem Kampf **keine gemeinsame Lösung** oder **unendlich viele gemeinsame Lösungen** erzielt, dann bekommt der Sumo-Ringer des Klubs „SC Gleichungssystemia" **zwei Punkte**. Bei **einer gemeinsamen** Lösung erhält er **einen Punkt**. Für die nächste Runde wird ein anderer japanischer Gegner herausgefordert. Es werden insgesamt fünf Runden gekämpft. Sieger des Freundschaftstuniers ist der Sumo-Ringer mit der höchsten Punktezahl.

Gerd
$2y - 8 = -\frac{4}{3}x$

Gunter
$-\frac{15}{4}x = -3y + 21$

Gustav
$4x + 7y = 56$

Gerhardt
$3y + 6 = 7x$

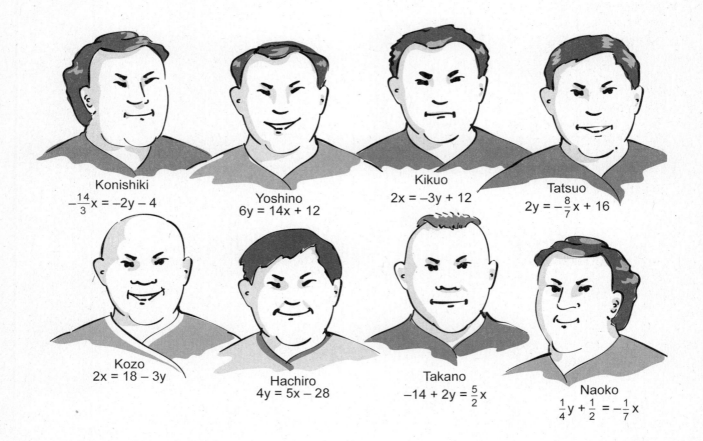

Konishiki
$-\frac{14}{3}x = -2y - 4$

Yoshino
$6y = 14x + 12$

Kikuo
$2x = -3y + 12$

Tatsuo
$2y = -\frac{8}{7}x + 16$

Kozo
$2x = 18 - 3y$

Hachiro
$4y = 5x - 28$

Takano
$-14 + 2y = \frac{5}{2}x$

Naoko
$\frac{1}{4}y + \frac{1}{2} = -\frac{1}{7}x$

978-3-12-734372-4 Lambacher Schweizer 3 BW, Serviceband   Ernst Klett Verlag GmbH, Stuttgart 2005

Aufgabentheke

Ziel bei der Bearbeitung dieses Arbeitsblattes ist, die Aufgaben so schnell wie möglich korrekt zu lösen. Ihr arbeitet in Dreier-Teams zusammen; teilt die Aufgaben jeweils auf. Wenn ihr eine Stufe fertig habt, korrigiert ihr eure Lösungen mit dem Lösungsblatt auf Seite S 75.

STUFE 1

1 $x + 2y = 5$

$-x + y = 4$

2 $3x + 4y = 7$

$-3x + 2y = 3$

3 $2x - 5y = -4$

$x + 5y = -1$

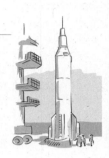

STUFE 2

4 $x + 2y = 9$

$3x + 2y = 5$

5 $7a + 3b = 4$

$-5a + 3b = 2$

6 $5x + 3y = 9$

$3y - 4x = 13$

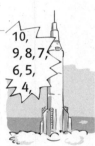

STUFE 3

7 $3x - 5y = 21$

$-6x + 15y = 13$

8 $2q - p = 11$

$-8q - 7p = 17$

9 $2u + 12v = 0$

$20u - 4v = 3$

STUFE 4

10 $3y = 2 - 7x$

$9 = 15y - 3x$

11 $21u - 5v = 3$

$2u = -10v$

12 $22r - 44s = 222$

$11r - 22s = 444$

STUFE 5

13 $\frac{1}{3}y - \frac{4}{3}x = 2$

$\frac{5}{7}y + \frac{5}{6}x = 3$

14 $\frac{1}{9}c + \frac{1}{8}d = \frac{1}{7}$

$\frac{1}{6}d - \frac{1}{5}c = \frac{1}{4}$

15 $\frac{3}{8}u + \frac{4}{9}v = \frac{3}{10}$

$\frac{2}{7}u - \frac{1}{6}v = \frac{6}{5}$

Aufgabentheke – Lösung

In dieser Tabelle ist nur eine der zehn Antworten die richtige Lösung. Findet die zutreffende Lösung heraus und notiert den zugehörigen Buchstaben in euer Heft.
Wenn ihr die Buchstaben aneinander reiht, erhaltet ihr das Lösungswort. Es handelt sich um einen berühmten Mathematiker.

Tipp: Habt Ihr schon eine Probe gemacht?

	A	B	D	E	I	L	N	O	R	U
1	$(-3\mid1)$	$(1\mid-3)$	$(-1\mid3)$	$(3\mid1)$	$(3\mid-1)$	$(-3\mid-1)$	$(1\mid3)$	$(-\frac{1}{3}\mid0)$	$(-1\mid-3)$	$(\frac{1}{3}\mid0)$
2	$(\frac{1}{9}\mid\frac{5}{3})$	$(-\frac{1}{9}\mid-\frac{5}{3})$	$(-\frac{1}{8}\mid-\frac{2}{17})$	keine Lösung	$(-\frac{1}{9}\mid\frac{5}{3})$	$(\frac{1}{8}\mid-\frac{2}{17})$	$(\frac{7}{8}\mid\frac{2}{17})$	$(-\frac{1}{6}\mid\frac{17}{18})$	$(-\frac{1}{8}\mid\frac{2}{17})$	$(\frac{1}{9}\mid-\frac{5}{3})$
3	$(-\frac{1}{9}\mid\frac{5}{3})$	$(\frac{1}{8}\mid-\frac{2}{17})$	$(-\frac{7}{8}\mid-\frac{2}{17})$	$(\frac{7}{8}\mid\frac{2}{17})$	$(\frac{3}{5}\mid\frac{15}{2})$	$(\frac{1}{8}\mid\frac{2}{17})$	$(-\frac{5}{3}\mid\frac{2}{15})$	$(-\frac{3}{5}\mid\frac{15}{2})$	keine Lösung	$(-\frac{7}{8}\mid\frac{2}{17})$
4	$(2\mid0)$	$(-2\mid-\frac{2}{11})$	keine Lösung	$(2\mid-\frac{2}{11})$	$(-2\mid\frac{11}{2})$	$(-2\mid\frac{2}{11})$	$(2\mid\frac{11}{2})$	$(2\mid-\frac{2}{11})$	$(0\mid-2)$	$(2\mid\frac{2}{11})$
5	$(\frac{1}{6}\mid-\frac{18}{17})$	$(-\frac{1}{6}\mid\frac{18}{17})$	$(\frac{1}{6}\mid\frac{18}{17})$	$(\frac{1}{6}\mid\frac{17}{18})$	$(-\frac{1}{6}\mid\frac{17}{18})$	$(\frac{1}{9}\mid\frac{17}{18})$	$(-\frac{1}{9}\mid\frac{17}{18})$	$(-\frac{1}{6}\mid-\frac{17}{18})$	$(\frac{1}{9}\mid-\frac{17}{18})$	$(\frac{1}{6}\mid-\frac{17}{18})$
6	$(\frac{3}{22}\mid\frac{3}{110})$	$(-\frac{6}{22}\mid\frac{3}{110})$	$(-\frac{3}{22}\mid\frac{63}{110})$	$(-\frac{3}{22}\mid-\frac{3}{110})$	$(-\frac{3}{22}\mid\frac{3}{110})$	$(-\frac{4}{9}\mid\frac{101}{27})$	$(\frac{3}{22}\mid-\frac{3}{110})$	keine Lösung	$(\frac{4}{9}\mid\frac{101}{27})$	$(-\frac{4}{9}\mid-\frac{101}{27})$
7	keine Lösung	$(\frac{76}{3}\mid11)$	$(\frac{76}{3}\mid-11)$	$(\frac{1}{8}\mid-\frac{2}{17})$	$(\frac{7}{8}\mid\frac{2}{17})$	$(-\frac{76}{3}\mid11)$	$(\frac{1}{9}\mid-\frac{5}{3})$	$(-\frac{1}{8}\mid-\frac{2}{17})$	$(14\mid17)$	$(-\frac{1}{9}\mid-\frac{5}{3})$
8	$(\frac{60}{11}\mid-\frac{30}{11})$	$(\frac{61}{11}\mid-\frac{30}{11})$	$(\frac{60}{11}\mid-\frac{31}{11})$	$(-\frac{61}{11}\mid\frac{30}{11})$	$(\frac{61}{11}\mid\frac{30}{11})$	$(-\frac{60}{11}\mid-\frac{30}{11})$	$(-\frac{60}{11}\mid-\frac{31}{11})$	$(\frac{60}{11}\mid-\frac{30}{11})$	$(\frac{60}{11}\mid-\frac{31}{11})$	keine Lösung
9	$(-\frac{3}{22}\mid\frac{3}{110})$	$(-\frac{8}{62}\mid\frac{4}{123})$	keine Lösung	$(-\frac{8}{62}\mid-\frac{4}{123})$	$(-\frac{4}{9}\mid-\frac{101}{27})$	$(-\frac{6}{22}\mid\frac{3}{110})$	$(\frac{8}{62}\mid\frac{4}{123})$	$(\frac{3}{22}\mid\frac{3}{110})$	$(\frac{9}{62}\mid-\frac{3}{124})$	$(\frac{8}{62}\mid-\frac{4}{123})$
10	$(\frac{1}{38}\mid-\frac{23}{38})$	$(-\frac{1}{6}\mid\frac{17}{18})$	$(\frac{1}{9}\mid-\frac{17}{18})$	$(-\frac{1}{9}\mid\frac{17}{18})$	$(-\frac{1}{38}\mid\frac{23}{38})$	keine Lösung	$(\frac{1}{38}\mid\frac{23}{38})$	$(-\frac{1}{38}\mid-\frac{23}{38})$	$(-\frac{1}{6}\mid\frac{17}{18})$	$(\frac{1}{9}\mid-\frac{17}{18})$
11	keine Lösung	$(-\frac{3}{22}\mid\frac{3}{110})$	$(\frac{1}{8}\mid\frac{2}{17})$	$(-\frac{6}{22}\mid\frac{3}{110})$	$(\frac{4}{9}\mid\frac{101}{27})$	$(-\frac{4}{9}\mid-\frac{101}{27})$	$(-\frac{3}{22}\mid-\frac{3}{110})$	$(\frac{3}{22}\mid\frac{3}{110})$	$(-\frac{3}{22}\mid\frac{63}{110})$	$(\frac{3}{5}\mid\frac{15}{2})$
12	$(-\frac{6}{22}\mid\frac{3}{110})$	$(\frac{3}{5}\mid\frac{15}{2})$	$(-\frac{3}{5}\mid\frac{15}{2})$	$(\frac{1}{8}\mid\frac{2}{17})$	$(3\mid1)$	$(-\frac{1}{9}\mid-\frac{5}{3})$	$(\frac{4}{9}\mid-\frac{101}{27})$	$(-\frac{1}{6}\mid\frac{17}{18})$	$(-\frac{1}{8}\mid\frac{2}{17})$	keine Lösung
13	$(-\frac{8}{62}\mid\frac{4}{123})$	$(-\frac{4}{9}\mid\frac{101}{27})$	$(-\frac{54}{155}\mid\frac{714}{155})$	$(-\frac{60}{11}\mid\frac{31}{11})$	$(\frac{54}{155}\mid\frac{714}{155})$	$(-\frac{54}{155}\mid\frac{714}{155})$	$(-\frac{3}{5}\mid\frac{15}{2})$	$(\frac{60}{11}\mid\frac{31}{11})$	$(\frac{1}{38}\mid\frac{23}{38})$	$(\frac{1}{8}\mid\frac{2}{17})$
14	$(\frac{76}{3}\mid-11)$	$(-\frac{76}{3}\mid-11)$	$(\frac{61}{11}\mid\frac{30}{11})$	keine Lösung	$(-\frac{61}{11}\mid\frac{30}{11})$	$(-\frac{225}{1316}\mid\frac{426}{329})$	$(-\frac{76}{3}\mid11)$	$(-\frac{61}{11}\mid-\frac{30}{11})$	$(\frac{54}{155}\mid\frac{714}{155})$	$(\frac{61}{11}\mid-\frac{30}{11})$
15	$(\frac{1}{8}\mid-\frac{2}{17})$	$(-\frac{7}{8}\mid-\frac{2}{17})$	$(\frac{1}{6}\mid\frac{17}{18})$	$(\frac{54}{155}\mid\frac{714}{155})$	$(\frac{588}{191}\mid\frac{1836}{955})$	$(\frac{1}{6}\mid\frac{18}{17})$	keine Lösung	$(\frac{1}{9}\mid-\frac{17}{18})$	$(\frac{1}{6}\mid\frac{17}{18})$	$(-\frac{4}{9}\mid\frac{101}{27})$

978-3-12-734372-4 Lambacher Schweizer 3 BW, Serviceband **S75** Ernst Klett Verlag GmbH, Stuttgart 2005

Zettelwirtschaft

Eine Schülergruppe hat im Rechnerraum ihre Ergebnisse ausgedruckt. Dabei sind die Seiten durcheinander geraten. Ordne die Ausdrucke mit den Graphen den Aufgaben der Teams zu. Wenn du die Seite als Punkt in ein Koordinatensystem einträgst, erhältst du ein Lösungsbild. Beginne mit x = 1,5, y = 2 und trage es als Punkt (1,5|2) ein, danach ebenso die Seite von Team 1, dann die von Team 2 usw.

Team 1:

$12y + 4x > 4$

$\frac{1}{3}x - \frac{1}{6}y > \frac{4}{3}$

Team 2:

$6y < 15$

$x < -2$

Team 3:

$4y > 4x$

$4y + 4 < 4x$

Team 4:

$2y < 4x - 2$

$3y < 12 - \frac{4}{3}x$

Team 5:

$-2x < 2y$

$5y > 10 + \frac{5}{2}x$

Team 6:

$2y > -x - 6$

$-3 < x - 3y$

Team 7:

$10y > 5$

$6y - 3x < 9$

Team 8:

$4x > 8$

$y + \frac{1}{2}x < -3$

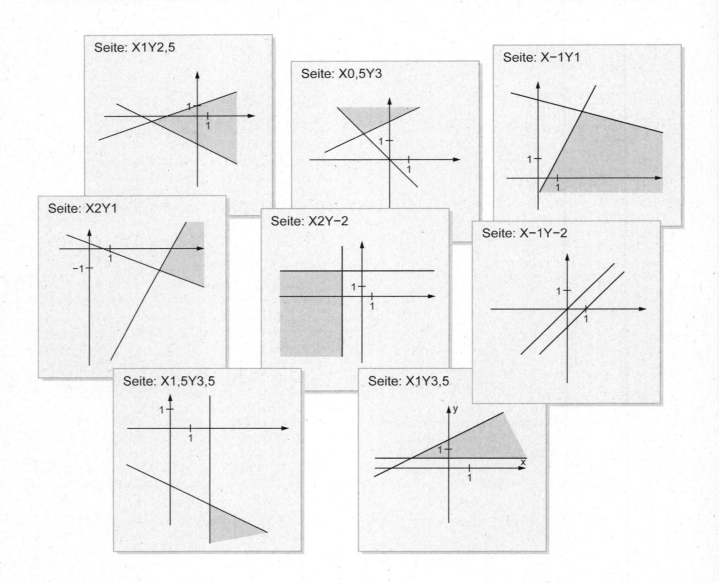

Seite: X1Y2,5

Seite: X0,5Y3

Seite: X−1Y1

Seite: X2Y1

Seite: X2Y−2

Seite: X−1Y−2

Seite: X1,5Y3,5

Seite: X1Y3,5

Familienstammbaum

Oma Irene und Opa Hans sind wie jeden Dienstag beim Stammtisch. Oma Irene möchte Frau Berger, die neu in die Gruppe gekommen ist, erklären, wie der Stammbaum der Familie Kaus aussieht. Oma Irene erzählt manchmal etwas durcheinander. Hier ist ihre Erklärung. Kannst du den Stammbaum mit Altersangabe aufzeichnen?

- Marie ist die Schwester von Sara. Marie wird in 7 Jahren 1,5-mal so alt sein wie jetzt.

- Anton ist der Bruder von Lisa. Anton und seine Mutter Evi sind zusammen 53 Jahre alt. In 17 Jahren wird die Mutter genau doppelt so alt sein wie Anton.

- Sara ist eine Tochter von meiner ältesten Tochter. Die beiden sind zusammen 57 Jahre alt. Die Mutter ist doppelt so alt wie Sara.

- Sandi, Nicole und Yvonne sind unsere anderen Enkelkinder. Von diesen drei Schwestern ist die jüngste 3 Jahre jünger und die älteste 5 Jahre älter als die mittlere. Zusammen sind sie 32 Jahre alt. Sandi ist das jüngste und Yvonne das älteste Kind.

- Unser Sohn Jürgen ist zwei Jahre älter als unsere Tochter Birgit, die zwei Kinder hat.

- Renate und Birgit sind Geschwister und insgesamt sechs Jahre jünger als ihr Bruder.

- Joachim und Horst sind unsere Schwiegersöhne. Die beiden sind zusammen genau so alt wie Jürgen und Evi zusammen sind. Joachim ist mit Renate verheiratet und drei Jahre älter als seine Frau.

- Opa Hans ist so alt, wie die Kinder von Birgit und Jürgen zusammen alt sind.

- Vor 52 Jahren war Opa Hans gerade mal $\frac{1}{3}$ so alt, wie seine Frau heute ist.

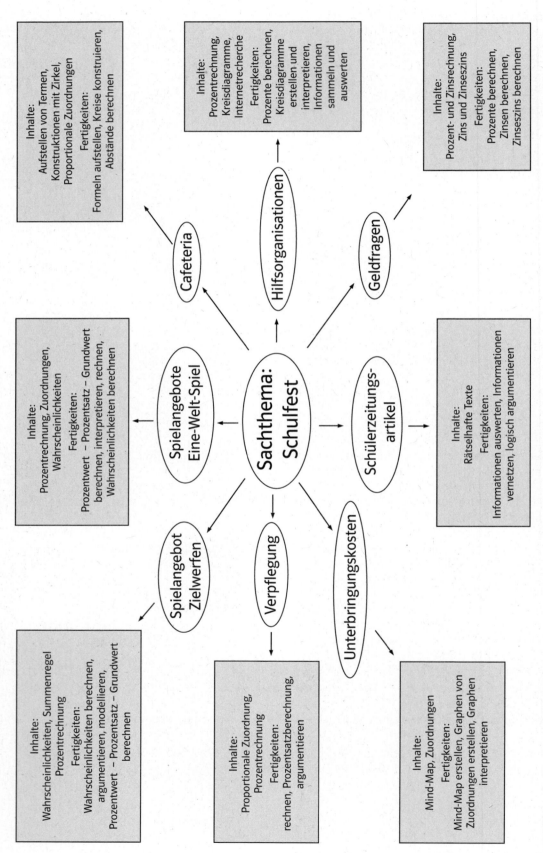

Inhalte:
Aufstellen von Termen, Konstruktionen mit Zirkel, Proportionale Zuordnungen
Fertigkeiten:
Formeln aufstellen, Kreise konstruieren, Abstände berechnen

Inhalte:
Prozentrechnung, Kreisdiagramme, Internetrecherche
Fertigkeiten:
Prozente berechnen, Kreisdiagramme erstellen und interpretieren, Informationen sammeln und auswerten

Inhalte:
Prozent- und Zinsrechnung, Zins und Zinseszins
Fertigkeiten:
Prozente berechnen, Zinsen berechnen, Zinseszins berechnen

Inhalte:
Prozentrechnung, Zuordnungen, Wahrscheinlichkeiten
Fertigkeiten:
Prozentwert – Prozentsatz – Grundwert berechnen, interpretieren, rechnen, Wahrscheinlichkeiten berechnen

Inhalte:
Rätselhafte Texte
Fertigkeiten:
Informationen auswerten, Informationen vernetzen, logisch argumentieren

Cafeteria

Hilfsorganisationen

Geldfragen

Spielangebote Eine-Welt-Spiel

Sachthema: Schulfest

Schülerzeitungs- artikel

Spielangebot Zielwerfen

Verpflegung

Unterbringungskosten

Inhalte:
Wahrscheinlichkeiten, Summenregel Prozentrechnung
Fertigkeiten:
Wahrscheinlichkeiten berechnen, argumentieren, modellieren, Prozentwert – Prozentsatz – Grundwert berechnen

Inhalte:
Proportionale Zuordnung, Prozentrechnung
Fertigkeiten:
rechnen, Prozentsatzberechnung, argumentieren

Inhalte:
Mind-Map, Zuordnungen
Fertigkeiten:
Mind-Map erstellen, Graphen von Zuordnungen erstellen, Graphen interpretieren

Vorbereitungen für das SMV-Wochenende (1)

Unterbringungskosten

Andrea, Paul und Sophie sind die Schülersprecher des Erasmus-Gymnasiums. Sie haben sich getroffen, um das anstehende Wochenende der Schülervertretung (SMV) zu planen. Dieses Zusammentreffen soll einerseits den Zusammenhalt innerhalb der SMV stärken. Andererseits ist die Vorbereitung des zum ersten Mal stattfindenden Schulfestes ein zentrales Anliegen der drei Schülersprecher. Ein wichtiges Ziel wird es sein, dass genügend Freiwillige in einer der Vorbereitungsgruppen engagiert mitarbeiten.
Andrea, Paul und Sophie entwerfen folgendes Mind-Map, um sich einen Überblick zu verschaffen.

? Ordne in das Mind-Map den verschiedenen Vorbereitungsgruppen folgende Aufgabenfelder zu:
Abrechnung, Bestuhlung, Bühnenbeleuchtung, Eine-Welt-Spiel, Form, Geldanlage, Geschicklichkeitsspiele, Glücksspiele, Hilfsorganisationen, Hilfsprojekt, Kuchenbedarf, Land und Leute.
Vor der weiteren Planung müssen Andrea, Paul und Sophie zunächst entscheiden, welches Haus sie für das SMV-Treffen mieten wollen. Sie haben drei Angebote für zwei Übernachtungen eingeholt und vergleichen sie:

? Welches der drei Angebote scheint auf den ersten Blick das günstigste zu sein?

? Überprüfe deine Vermutung anhand einer geeigneten Darstellung in einem Koordinatensystem.

? Für welche Teilnehmerzahlen ist das Angebot der Pfarrgemeinde das günstigste?

? Bei welcher Teilnehmerzahl sind die Unterbringungskosten auf Burg „Siebenstein" und im Gemeindehaus gleich?

? Welches Angebot ist für 57 Teilnehmer das günstigste?

Vorbereitungen für das SMV-Wochenende (2)

Verpflegung

Andrea, Paul und Sophie konnten bereits vor
Beginn des Wochenendes einen kleinen Erfolg
verbuchen: Es haben sich insgesamt 54 Klassen-
sprecherinnen und Klassensprecher der verschie-
denen Klassenstufen angemeldet, sodass die
Entscheidung für die Waldhütte eindeutig war. Die
Vorbereitungen sind größtenteils abgeschlossen.
Lediglich die Verpflegung für zwei Frühstücke und
zwei Abendessen muss noch eingekauft werden.
Paul und Sophie erklären sich bereit, den Einkauf
zu übernehmen und vergleichen die folgenden
Angebote:

SUPER-Markt informiert:

EINMALIGES ANGEBOT

Am heutigen Tag übernimmt Ihr SUPER-Markt
die **Mehrwertsteuer von 16%.**
Machen Sie heute Ihren Großeinkauf bei uns!!!

ILDA informiert

Wir sind günstiger als „SUPER-Markt"!!!

	„SUPER"-Preis	unser Preis
Nudeln (500g)	0,59	**0,49**
Tomatensoße	0,79	**0,75**
Fruchtsäfte (1l)	0,85	**0,79**
Mineralwasser (1,5l)	0,29	**0,19**
Apfelschorle (1,5l)	0,59	**0,49**
Stieleis (12 Stück)	1,99	**1,89**
Butter (250 g)	0,69	**0,59**
Brot (500 g)	0,59	**0,45**
Marmelade (200 g)	0,79	**0,75**
Tee (25 Beutel)	0,99	**0,89**
Pommes frites (750 g)	0,99	**0,79**
Fischstäbchen (450 g)	1,49	**1,29**
Ketchup (500 ml)	0,89	**0,79**
Mayonnaise (500 g)	0,99	**0,85**

Sophie bringt eine Einkaufsliste für 15 Personen
mit, die sie noch von einer früheren Freizeit hat:
2 kg Nudeln, 2 Dosen Tomatensoße, je 20 Flaschen
Fruchtsäfte, Mineralwasser und Apfelschorle,
15 Stieleis, 3 kg Brot, 750 g Butter, 3 Gläser
Marmelade, 2 Packungen Tee, 1,8 kg Fischstäbchen, 3 kg Pommes frites, 500 ml Ketchup und
500 g Mayonnaise.

? Berechne auf der Basis der obigen Liste die
benötigten Mengen für 57 Personen.

? Erstelle anhand deiner obigen Berechnungen
eine sinnvolle Einkaufsliste für das Wochenende.

Paul ist der Meinung, dass bei dieser Menge das
Angebot vom SUPER-Markt unschlagbar sei, denn
16 % vom Einkaufspreis könnte man bei Ilda auf gar
keinen Fall sparen.

? Von welchen Einkaufskosten geht Paul aus?
Sophie behauptet jedoch, dass Paul das Angebot nicht richtig gelesen hätte. Denn tatsächlich
würde man bei dem Angebot im SUPER-Markt nur
knapp 14 % sparen und somit wäre Ilda doch
günstiger.

? Warum hat Sophie Recht? Berechne den Prozentsatz (gerundet auf zwei Dezimale), der
im SUPER-Markt tatsächlich gespart wird.

? Welches ist das günstigere Angebot?
Endlich ist es soweit, alle sind gut in der
„Waldhütte" angekommen. Andrea, Paul und
Sophie teilen die einzelnen Vorbereitungsgruppen
ein, sodass alle mit Eifer an die Vorbereitung des
Schulfestes gehen können.

SMV-Wochenende (1)

Vorbereitungsgruppe „Spiel-Angebote" – Zielwerfen 1
Stefanie, Philipp und Martin sammeln mit ihrer Gruppe Ideen für Spiele, die auf dem Schulfest angeboten werden könnten:

Einige von diesen Vorschlägen kennst du sicher, entweder aus dem Unterricht oder aufgrund eigener Spielerfahrungen.

? Entscheide für die oberen zehn Vorschläge, ob es sich bei den Spielen um einen Zufallsversuch oder ein mehrstufiges Zufallsexperiment handelt.

- Glücksrad
- Lose ziehen
- Roulette
- Mini-Lotto (4 aus 12)
- Bingo
- 17 und 4 (Kartenspiel)
- Eine-Wette-Spiel

- Schießbude (Dartpfeile auf Luftballons)
- Geschicklichkeitsspiele (z.B. Zielwerfen)
- Münze werfen
- Torwandschießen
- Quiz
- „6" gewinnt (unterschiedliche Würfel)
- Schweinerei (Lage des Gummischweins)

Stefanie, Philipp und Martin diskutieren über die Möglichkeit, Zielwerfen auf dem Schulfest anzubieten:
Sie wollen das abgebildete Muster auf ein rechteckiges Holzbrett aufmalen und mit einem Dartpfeil darauf werfen. Die Farbe des getroffenen Feldes entscheidet über Gewinn oder Verlust des Spielers. Der Einsatz beträgt 0,50 € und wird nach folgender Tabelle ausgezahlt:

gelb		grün
	blau	
		orange

Farbe	blau	grün	orange	gelb
Auszahlung	1	0,75	0,50	0

Ich denke, dass die meisten die Felder rein zufällig treffen werden. Dann machen wir einen Gewinn.

Eventuell bekommen wir aber Schwierigkeiten bei der Positionsbestimmung der Pfeile.

? Mit welcher Wahrscheinlichkeit trifft ein Spieler laut Stefanie ein grünes (oranges, gelbes, blaues) Feld?

? Mit welcher Wahrscheinlichkeit erhält ein Spieler demnach mehr als seinen Einsatz zurück?

? Nenne eine Pfeilposition, bei der es tatsächlich Schwierigkeiten geben könnte. Wie könnte man einen solchen Ausgang vermeiden?

? Anna hält es für realistischer, dass etwa ein Fünftel der Würfe das Holzbrett verfehlen werden. Bestimme die Wahrscheinlichkeit, mit der die SMV demnach einen Gewinn macht.

? Sebastian gefällt die Idee des Zielwerfens. Statt neun Feldern möchte er jedoch eine Landkarte verwenden. Wie könnte sein Entwurf aussehen?

SMV-Wochenende (2)

Vorbereitungsgruppe „Spiel-Angebote" – Zielwerfen 2

Sebastian erklärt seine Zielwurfidee: Zunächst fertigen wir eine Weltkarte in Petersprojektion an. Auf dieser Karte werden nur die Umrisse der Kontinente und die Wasserflächen blau eingezeichnet.

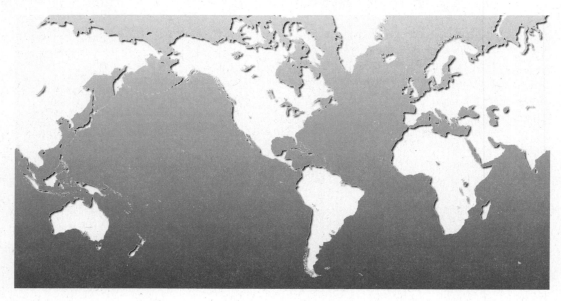

Bei dem Spiel wird aus 5 m Entfernung mit einer kleinen, runden Holzscheibe auf die Weltkarte geworfen. Der Spieleinsatz beträgt 50 ct. Der Gewinn oder Verlust eines Spielers richtet sich nach der Lage der Holzscheibe. Landet die Scheibe im Wasser (Ozean oder See), verliert der Spieler seinen Einsatz.
Landet die Scheibe auf dem Land, so richtet sich der Auszahlungsbetrag nach der Größe des Kontinents:

Anteil der Fläche an der Gesamtfläche aller Kontinente:	< 10 %	10 % - 20 %	> 20 %
Auszahlungsbetrag:	1,50 €	1 €	50 ct

? Informiere dich, was das Besondere an einer Petersprojektion ist. Warum ist gerade die Petersprojektion der Erde für dieses Spiel besonders geeignet?

? Bestimme den prozentualen Flächenanteil der einzelnen Kontinente (Afrika, Asien, Amerika, Europa, Antarktis und Australien) an der Gesamtfläche aller Kontinente. (Nimm ein Lexikon zu Hilfe.)

? Nur etwa 29 % der Gesamtoberfläche der Erde ist nicht von Wasser bedeckt. Wie viel Prozent der gesamten Erdoberfläche beträgt die Fläche Europas?

? Sara wendet ein, dass es Schwierigkeiten bei der Lagebestimmung der Scheibe geben kann. Nenne zwei Scheibenpositionen, die problematisch sind.

? Auf welchen Kontinenten müsste die Scheibe landen, damit ein Spieler mehr als seinen Einsatz zurückerhält?

? Mit welcher Wahrscheinlichkeit trifft der Spieler einen dieser Kontinente, wenn die endgültige Position der Holzscheibe als rein zufällig angenommen wird?

? Von welchen Voraussetzungen wird bei den obigen Überlegungen ausgegangen? Hältst du diese Voraussetzungen für realistisch?

SMV-Wochenende (3)

Vorbereitungsgruppe „Spiel-Angebote" – Eine-Welt-Spiel

Anna erklärt ihrer Gruppe, wie ihr Spielvorschlag, das Eine-Welt-Spiel, funktionieren soll:
Durch Lose werden die Mitspieler den Kontinenten Afrika, Asien, Nord-Amerika, Süd-Amerika und Europa zugeordnet. Die so entstandenen Gruppen teilen sich später ihren Preis.

? Welche Kontinente finden bei der Auflistung keine Beachtung? Was könnte der Grund dafür sein?

? Bestimme für jeden der fünf Kontinente den prozentualen Bevölkerungsanteil an der Gesamtbevölkerung.

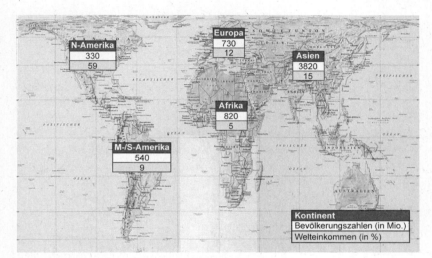

Anna erklärt, dass 25 Kinogutscheine im Wert von je 12 € als Gewinn zur Verfügung stehen (Eintritt für eine Person, ein Getränk und eine Tüte Popcorn). Die Anzahl der Gutscheine, die einem einzelnen Kontinent zugeteilt werden, richtet sich nach dessen prozentualem Anteil am Welteinkommen. Ein Gutschein kann nicht auf zwei Kontinente verteilt werden.

? Bei der Berechnung fällt Paul auf, dass die Verteilung der Gutscheine nicht genau aufgeht. Wie werden demnach die Gutscheine den einzelnen Kontinenten zugeordnet?

? Die Arbeitsgruppe beschließt, 100 Lose à 2 € zu verkaufen. Jeder Schüler darf maximal ein Los kaufen. Wie hoch müsste der Lospreis sein, um die Gutscheine von den Einnahmen kaufen zu können?

? Die Anzahl der Lose, die mit dem Namen eines Kontinents beschriftet werden, richtet sich nach dem prozentualen Bevölkerungsanteil des jeweiligen Kontinents an der Weltbevölkerung. Es gibt also keine Nieten. Berechne, wie viele Lose jedem einzelnen Kontinent zugeordnet werden.

? Die Verteilung der Lose führt dazu, dass sich einzelne Gewinner einen Gutschein teilen müssen, z.B. alle Afrika-Losbesitzer die Afrika zugeordneten Kinogutscheine. Mit welcher Wahrscheinlichkeit gewinnt ein Spieler mehr als einen Kinogutschein?

? Die Arbeitsgruppe beschließt, dass im Streitfall die Gutscheine von der SMV zurückgekauft werden können, sodass die Vertreter eines Kontinents den entsprechenden Gegenwert (12 €) unter sich aufteilen können. Mit welcher Wahrscheinlichkeit macht ein Spieler unter diesen Umständen einen Verlust?

? In welchen Kontinenten machen die Mitspieler einen Gewinn? Wie hoch ist folglich die Gewinnwahrscheinlichkeit?

? Beschreibe das Ergebnis des Spiels in eigenen Worten. Welche Meinung werden die verschiedenen Mitspieler haben?

⏱ 40 min   ✝ Einzelarbeit

SMV-Wochenende (4)

Vorbereitungsgruppe „Cafeteria"

Stellas Teilgruppe muss sich nun überlegen, wie viele Kuchen (Elternspenden) für das Schulfest benötigt werden. Die SMV rechnet mit 900 bis 1500 Besuchern und geht davon aus, dass jeder Besucher im Schnitt eineinhalb Stücke Kuchen isst. Ein Kuchen wird in 12 Stücke aufgeschnitten.

? Gib eine Formel für die Anzahl der benötigten Kuchenstücke an. Wie viele Kuchenstücke werden bei 900, bei 1200 bzw. bei 1500 Besuchern benötigt?

? Was ist bei der obigen Formel zu beachten, wenn nur von ganzen Kuchenstücken ausgegangen werden soll? Berechne dafür die Anzahl der benötigten Kuchenstücke für z. B. 945 oder 1115 Besucher.

? Bestimme eine Formel, mit der die Anzahl der benötigten Kuchen berechnet werden kann. Wie viele Kuchen werden bei 945, bei 1200 bzw. bei 1500 Besuchern benötigt?

? Florian nimmt an, dass ein Drittel aller Besucher Rührkuchen (z. B. Marmorkuchen) isst und dass von diesen Kuchen durchschnittlich zwei Stücke gegessen werden. Die Rührkuchen können in 15 Stücke, die runden Kuchen in jeweils 12 Stücke aufgeteilt werden. Welche Formeln für die Kuchenzahlen ergeben sich aus dieser Annahme? Wie viele Rührkuchen und wie viele runde Kuchen werden bei 900, bei 1200 bzw. bei 1500 Besuchern für das Fest benötigt?

? Welche Einnahmen ergeben sich bestenfalls für die SMV?

Währenddessen plant Kira mit ihrer Gruppe, wie die Bühne (3 m breit, 6 m lang) möglichst geschickt ausgeleuchtet werden kann. Es stehen sechs Lampen zur Verfügung, die einen runden Lichtkreis erzeugen. Werden sie in 3 m Höhe aufgehängt, so hat der Lichtkreis einen Durchmesser von 1,5 m. Frank – ein Schüler aus Klasse 9 – erinnert sich, dass die Zuordnung *Lampenhöhe → Lichtkreisdurchmesser* proportional ist. Kiras Gruppe überlegt nun, wie die Lampen aufgehängt werden müssen, um eine möglichst gute Ausleuchtung der Bühne zu erreichen.

? Wie lautet die Formel, mit der sich der Lichtkreisdurchmesser mithilfe der Höhe berechnen lässt?

? Überprüfe anhand einer Zeichnung, wie viele in 4 m Höhe aufgehängte Lampen nötig sind, um die Bühne lückenlos auszuleuchten.

? Wie hoch müssen sechs Lampen mindestens aufgehängt werden, damit die Ausleuchtung der Bühne vollständig ist? Wie hoch müssen die Lampen aufgehängt werden, damit zwei dieser Lampen ausreichen? Ist das sinnvoll?

? Die Deckenhöhe über der Bühne beträgt 7,5 m, sodass die Lampen höchstens 7 m hoch hängen können. Wie viele Lampen werden mindestens gebraucht, wenn die gesamte Höhe über der Bühne ausgenutzt wird?

SMV-Wochenende (5)

Hilfsorganisationen 1

Die SMV beschließt, die Einnahmen des Schulfestes zur Hälfte für SMV-Projekte auszugeben und die andere Hälfte an eine Hilfsorganisation zu spenden. Jens hat im Vorfeld Informationen über zwei Hilfsorganisationen gesammelt. Ihn interessiert natürlich, welcher Anteil einer Spende schließlich bei den bedürftigen Menschen ankommt.

Ausgaben 2003	
Gesamtausgaben: 17 464 805,40 €, davon entfallen auf:	
Projektarbeit	14 283 090,87
Informationsarbeit	1 403 829,47
Verwaltung und Spendenwerbung	1 296 059,46
Wirtschaftlicher Geschäftsbetrieb	392 044,60
Rücklagensaldo	89 781,00

Die Projetkausgaben in Höhe von 14 283 090,87 € verteilen sich auf:	
Lateinamerika	11,4 %
Asien	16,4 %
Afrika	12,7 %
Inland	8,4 %
Allgemeine Projektaufwendungen	10,4 %
Zweckgebundene und Drittmittel-Projekte	40,7 %

Hilfe bei Katastrophen, wie der Flutwelle im ostasiatischen Raum 2005

Bildung für Kinder ist ein Schwerpunkt der terre des hommes-Projektarbeit

? Wie viel Prozent der Gesamtausgaben entfiel 2003 auf die Projektarbeit von terre des hommes (tdh)?

? Ein Arzt spendet 10 000 € für ein Projekt. Wie viel Geld fließt dann in die Arbeit vor Ort?

? Erstelle ein Kreisdiagramm, das widerspiegelt, wie sich die Gesamtausgaben auf die Einzelposten (von Projektarbeit bis Rücklagensaldo) verteilen.

? Berechne die Beträge, die terre des hommes jeweils für Projekte in Lateinamerika, Afrika und Asien ausgegeben hat.

? Angenommen, der Anteil der Verwaltungs- und Spendenwerbungskosten für Projekte in Afrika entspricht den 12,7 % der Projektausgaben für Afrika. Wie viel Prozent der Gesamtausgaben entfällt dann auf die Verwaltungs- und Spendenwerbungskosten für Projekte in Afrika?

? Was versteht man unter „Nichtregierungsorganisationen"? Informiere dich im Internet über die Ziele der Hilfsorganisation terre des hommes. Woher kommt der Name der Organisation? Was bedeutet er?

SMV-Wochenende (6)

Hilfsorganisationen 2
Ferner hat sich Jens über die Hilfsorganisation DAHW informiert und folgendes Diagramm mitgebracht:

Ausgaben 2003

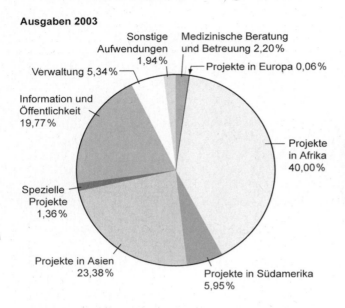

Vielen Menschen in Brasilien fehlt sauberes Trinkwasser. In den Stadtteilen der Armen und in den einsamen Dörfern auf dem Land gibt es meistens keine Wasserleitungen. Die Bewohner benutzen deswegen Wasser aus den Flüssen und Brunnen. Das Wasser ist oft sehr stark verschmutzt und enthält Krankheitserreger.

? Informiere dich im Internet unter www.dahw.de, um welche Hilfsorganisation es sich hier handelt. Ein Schwerpunkt ist die Arbeit gegen die Krankheit Lepra. Was für eine Krankheit ist das?

? Die Hilfsorganisation DAHW hat im Jahr 2003 Aufwendungen in Höhe von 16 663 741,50 € gehabt. Berechne die Beträge, die DAHW jeweils für Projekte in Südamerika, Afrika und Asien ausgegeben hat.

? In welchen Kontinenten hat die DAHW ihren Arbeitsschwerpunkt? Warum ist das vermutlich so?

? Welche der beiden Hilfsorganisationen tdh und DAHW hat 2003 mehr Geld in ihre Projekte investiert?

Jasmin hat folgende Kurzfassung des Rechenschaftsberichts 2003 der Hilfsorganisation Misereor dabei:

	Projektarbeit	Bildungsarbeit	Öffentlichkeitsarbeit	Verwaltung
Ausgaben (in Mio. EUR)	146,6	1,9	5,4	6,9

? Wie viel Prozent der Gesamtausgaben entfiel 2003 auf die Projektarbeit von Misereor?

? Wenn du die restlichen Ausgaben (also Gelder, die nicht direkt in Projekte geflossen sind) der drei Hilfsorganisationen vergleichst, lassen sich Unterschiede sowohl bei den Prozentsätzen als auch bei den Geldbeträgen feststellen. Veranschauliche diese Unterschiede in einem Balkendiagramm. Wie sind diese Unterschiede zu erklären?

? Das Spendensiegel des DZI ist für alle Hilfsorganisationen von großer Bedeutung. Warum ist dieses Siegel für eine Hilfsorganisation und für Spender so wichtig? Sind die von Jens genannten Organisationen mit diesem Siegel ausgezeichnet?

? Für eine Informationswand sollen verschiedene Projekte von Hilfsorganisationen vorgestellt werden. Wählt in Gruppen jeweils ein Projekt aus und begründet eure Entscheidung.

Deutsches Zentralinstitut für soziale Fragen/DZI

DZI Spenden-Siegel: Geprüft+Empfohlen

SMV-Wochenende (7)

Vorbereitungsgruppe „Geldfragen"

Die Vorbereitungsgruppe von Judith und Aleksei soll überlegen, was nach dem Schulfest mit dem eingenommenen Geld geschehen wird. Da sie eine Projektpatenschaft übernehmen möchten, wollen sie das Geld auf einer Bank anlegen. Judith, Aleksei und Frank vergleichen verschiedene Angebote:

Die Spar-bei-uns-Bank bietet folgende Konditionen an:
Pluskonto mit 1,9% Zinsen bei täglicher Verfügbarkeit ab einer Einlage von 2000 € und sogar 2,18% Zinsen ab 5000 €.

Die S-Bank bietet folgende Anlageform an:
• Hohe 2,2 %* Zinsen ab dem ersten Euro
• Tägliche Verfügbarkeit

*Zinsen werden auf ein Girokonto der S-Bank ausgezahlt!

Die Sparfuchs-Bank macht zurzeit mit folgendem Angebot Werbung:

„Unser Jugend-Konto zeichnet sich durch Flexibilität bei besonders hoher Rendite aus. Die Einlagen sind täglich verfügbar und werden mit 1,6% verzinst.

Der besondere Bonus:
Am Ende eines Sparjahres werden die nicht verfügten Einlagen mit einem Bonus von 0,5% verzinst. Wurde über eine Einlage zwei Jahre lang nicht verfügt, so wird für das zweite Jahr sogar ein Bonus von 1% gezahlt."

? Welches Konto ist bei einer einjährigen Festanlage in Höhe von 2000 € am profitabelsten?

? Welche Bank zahlt die meisten Zinsen, wenn diese Anlage zwei Jahre unberührt bleiben würde? Alle Angebote bieten die für eine Patenschaft wichtige Voraussetzung der kurzfristigen Verfügbarkeit. Die Gruppe muss nun nur noch überlegen, bei welcher Bank das Geld der SMV möglichst Gewinn bringend angelegt werden kann.

? Gehe zunächst von Einnahmen der SMV in Höhe von 3500 € und von einer Unterstützung des Projektes jeweils zu Beginn eines Monats in Höhe von 200 € aus. Bei welcher Bank ist das Geld für ein Jahr am besten angelegt?

? Ändert sich deine Entscheidung, falls die SMV wider Erwarten 5500 € einnehmen sollte?

? Bei Einnahmen in Höhe von 5500 € wäre auch eine längerfristige Unterstützung eines Projektes möglich. Wie lange kann die SMV damit das Projekt ohne neue Einnahmen unterstützen? Bei welcher Bank wäre unter diesen Umständen die Anlage effizienter?

In der Pause treffen sich Aleksei und Paul, der bei der Informationswand mitarbeitet. Paul erzählt Aleksei von den teilweise recht hohen Verwaltungskosten einzelner Hilfsorganisationen und fragt sich, ob es nicht effektiver wäre, das Geld direkt an ein Hilfsprojekt vor Ort zu überweisen.

? Ein Auslands-Orderscheck in Höhe von ca. 200 € kostet 12 € Gebühren und Versicherung. Welchem prozentualen Anteil entsprechen diese Zusatzkosten? Ein Auslands-Orderscheck wird stets in US$ ausgestellt. Was ist beim Kauf eines solchen Schecks zusätzlich zu bedenken? Wie viel von den 200 € bleiben für das Projekt übrig, wenn ein Auslands-Orderscheck verwendet wird?

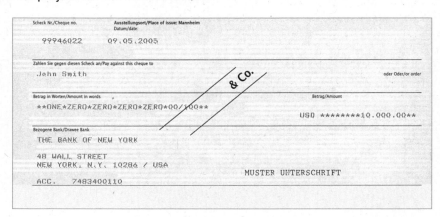

Rückblick auf das SMV-Wochenende

Schülerzeitungsartikel

Inzwischen sind alle vom SMV-Wochenende in den Schulalltag zurückgekehrt. Der Verlauf und die Ergebnisse der einzelnen Vorbereitungsgruppen waren für die Schülersprecher so positiv, dass sie in der Schülerzeitung des Erasmus-Gymnasiums einen Artikel schreiben.
Andreas hat zum Spaß alle Mädchen und Jungen, die Gruppen geleitet haben, verschlüsselt. Außer den neun Sätzen verrät er nur, dass alle aus verschiedenen Klassen kommen und verschiedene Nachnamen haben.

1. Andrea heißt mit Nachnamen Meier.
2. Becker geht weder in die 9. noch in die 10. Klasse.
3. Die Vorbereitungsgruppe „Hilfsorganisationen" leitete jemand aus der 9. Klasse.
4. Die Vorbereitungsgruppe „Cafeteria" leitete jemand, der weder in die 8. Klasse, die von Florian besucht wird, noch in die 11. oder 12. Klasse geht.
5. Die Vorbereitungsgruppe „Cafeteria" wurde nicht von Müller geleitet.
6. Die Vorbereitungsgruppe „Spielangebote" wurde nicht von May aus der 11. Klasse geleitet.
7. Die Vorbereitungsgruppe „Organisation" leitete Baier.
8. Regina leitete die Vorbereitungsgruppe „Geldfragen".
9. Sophie heißt mit Nachnamen weder Müller noch Becker.

? Versuche mit folgendem Schema, in dem du die Informationen nur durch + und − einträgst, die richtigen Leiterinnen und Leiter den Gruppen zuzuordnen:

	Baier	Becker	May	Meier	Müller	Cafeteria	Geldfragen	Hilfsorganisationen	Organisation	Spielangebote	Klasse 8	Klasse 9	Klasse 10	Klasse 11	Klasse 12
Andrea															
Paul															
Sophie															
Florian															
Regina															
Klasse 8															
Klasse 9															
Klasse 10															
Klasse 11															
Klasse 12															
Cafeteria															
Geldfragen															
Hilfsorganisationen															
Organisation															
Spielangebote															

978-3-12-734372-4 Lambacher Schweizer 3 BW, Serviceband   Ernst Klett Verlag GmbH, Stuttgart 2005

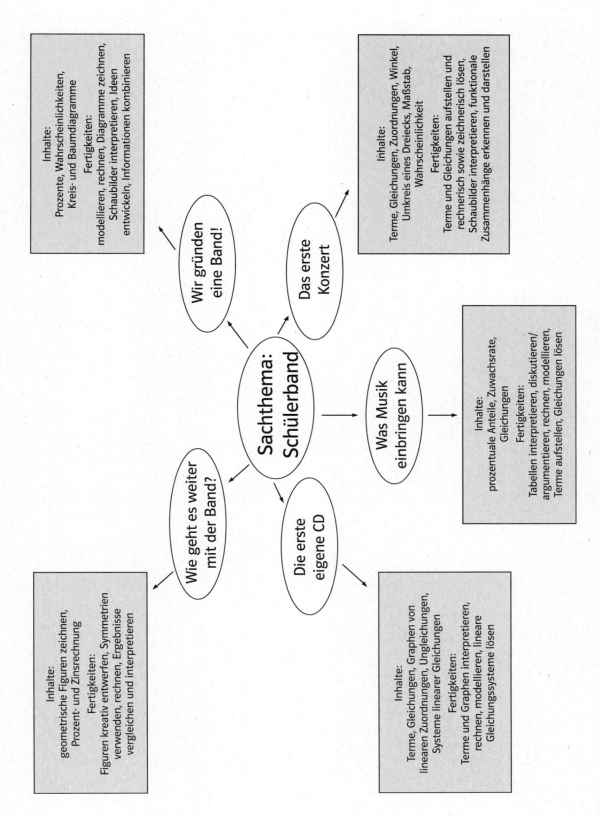

Sachthema: Schülerband

Wir gründen eine Band!

Inhalte:
Prozente, Wahrscheinlichkeiten, Kreis- und Baumdiagramme
Fertigkeiten:
modellieren, rechnen, Diagramme zeichnen, Schaubilder interpretieren, Ideen entwickeln, Informationen kombinieren

Das erste Konzert

Inhalte:
Terme, Gleichungen, Zuordnungen, Winkel, Umkreis eines Dreiecks, Maßstab, Wahrscheinlichkeit
Fertigkeiten:
Terme und Gleichungen aufstellen und rechnerisch sowie zeichnerisch lösen, Schaubilder interpretieren, funktionale Zusammenhänge erkennen und darstellen

Was Musik einbringen kann

Inhalte:
prozentuale Anteile, Zuwachsrate, Gleichungen
Fertigkeiten:
Tabellen interpretieren, diskutieren/ argumentieren, rechnen, modellieren, Terme aufstellen, Gleichungen lösen

Wie geht es weiter mit der Band?

Inhalte:
geometrische Figuren zeichnen, Prozent- und Zinsrechnung
Fertigkeiten:
Figuren kreativ entwerfen, Symmetrien verwenden, rechnen, Ergebnisse vergleichen und interpretieren

Die erste eigene CD

Inhalte:
Terme, Gleichungen, Graphen von linearen Zuordnungen, Ungleichungen, Systeme linearer Gleichungen
Fertigkeiten:
Terme und Graphen interpretieren, rechnen, modellieren, lineare Gleichungssysteme lösen

Ernst Klett Verlag GmbH, Stuttgart 2005

Wir gründen eine Band!

Alex spielt begeistert Gitarre und Jonas übt schon seit der 5. Klasse regelmäßig das Schlagzeugspielen bei einem Freund aus seinem Musikverein. Zusammen besuchen sie die 7. Klasse ihres Gymnasiums in Altstadt-Feldsee. Wenn sie sich treffen, reden sie ständig über Sänger, Sängerinnen und vor allem über Bands. Nun machen sie Pläne für die Gründung einer eigenen Schülerband. Das Gymnasium hat 650 Schülerinnen und Schüler. Alex und Jonas überlegen zunächst einmal, wie viele Schülerinnen und Schüler in ihrer Klasse ein Instrument spielen. Von den 30 Schülern ihrer Klasse spielen fünf Schüler Klavier, drei Schüler Gitarre oder Bass und zwei Schüler Trompete.

? Welche prozentualen Anteile ergeben sich für ihre Klasse? Runde dabei sinnvoll. Erstelle ein passendes Kreisdiagramm für die Klasse. Können die Anteile auf die anderen Klassen übertragen werden?

? Wie verändert sich das Diagramm, wenn noch weitere Musikanten oder eine Anzahl an Sängern/Sängerinnen vorkommen?

? Wie viele Klavierspieler wird es an ihrem Gymnasium geben, wenn die Anteile in jeder Klasse etwa gleich groß sind?

Jonas überlegt bereits weiter: „Es gibt doch viele Musikgruppen, die sich über Wettbewerbe, Anzeigen oder Inserate gefunden haben." „Und was machen wir?" „Wir hängen ein Plakat ans schwarze Brett! Dann sollen alle Interessierten zu einer Auswahl kommen", sagt Jonas, „so ein Plakat sehen sicher etwa 80 % aller Schülerinnen und Schüler!" Alex ist einverstanden: „Klasse. Und ich frage gleich morgen den SMV-Lehrer wegen des Raums."

? Wie könnten die Jungen sonst noch Werbung für ihre Idee machen? „Lohnt sich der Aufwand überhaupt?" Die beiden Jungen rechnen ihre Chancen aus: „Bleiben wir mal dabei, dass in einer Klasse etwa 10 Leute ein Instrument spielen oder singen können. Wenn das mit den 80 % stimmt, dann erreichen wir vielleicht ..."

? Wie groß ist die Wahrscheinlichkeit, dass jemand aus einer Klasse mit 32 Schülern das Plakat liest und auch bei der Band mitmachen könnte? Zeichnet ein Baumdiagramm.

Der Andrang am Freitag ist tatsächlich groß, allerdings kommen ausschließlich Jungen. Am Ende haben sich Alex und Jonas auf fünf von ihnen aus verschiedenen Klassen geeinigt. Die Jungen sind 10, 11, 13, 14 und 15 Jahre alt.

? Findet mithilfe der Tipps heraus, wer welches Instrument spielt.

Vergesst die Charts!

Unsere Band ist besser! **Machst du mit?**

Dann treffen wir uns am Freitag ab 16.00 Uhr in Raum 203 zum Casting!

Alex und Jonas (7a)

A) Der Klavierspieler ist drei Jahre jünger als Yannick.
B) Der Bassist ist ein Jahr älter als Daniel und außerdem auch älter als Martin.
C) Ein Schüler singt.
D) Leon ist ein Jahr jünger als der Gitarrist.
E) Thomas ist ein Jahr älter als der Trompeter.

978-3-12-734372-4 Lambacher Schweizer 3 BW, Serviceband   **S90**

Das erste Konzert

Sieben Jungen hatten sich bisher zu einer Band zusammengefunden. Inzwischen sind auch noch zwei Mädchen dazugekommen: Julia steigt bei den Vocals ein und Sarah-Marie hat die anderen davon überzeugt, dass auch Geigenspiel recht „fetzig" sein kann. Nun steht ihr erster Auftritt bevor.
Wo soll das Konzert stattfinden? Wie ist es mit der Technik (Verstärker, Lautsprecher, Mikrofone, Kabel usw.)? Welchen Unkostenbeitrag können sie verlangen? Alex und Stefan haben zwei Angebote vorliegen:

Sie überlegen, 3,50 € für den Eintritt zu verlangen.

? Bei welchen Besucherzahlen x bietet sich welches Angebot an? Stellt jeweils einen Term für den Gewinn y auf und bildet daraus ein lineares Gleichungssystem. Löst die Aufgabe rechnerisch und zeichnerisch. Achtet darauf, passende Einheiten im Koordinatensystem zu wählen, die auf den beiden Achsen unterschiedlich sein dürfen (Zehner- bzw. Hunderterschritte).

? Wie minimiert sich das Verlustrisiko (falls zu wenige Zuschauer kommen), wenn für den Eintritt 4 € verlangt werden?

? Für eine Bestuhlung des Saales würden sich bei Angebot B die Saalkosten noch einmal um 50 € erhöhen. Man könnte dann jedoch 5 € verlangen. Ab wie vielen Zuschauern macht das Sinn?

? Wie könnte der Plan für die Bühne (8 m breit, 6 m lang, Stromanschluss genau in der Mitte) aussehen? Erstellt in Partnerarbeit eine erste Skizze (Maßstab 1:50). Versucht dabei, möglichst viele Bedingungen zu erfüllen. Denkt auch an die optische Wirkung auf die Zuschauer.

? Wie nahe können die beiden Vokalisten ans Publikum?

? Jeder legt für sich fest, wo die restlichen Bandmitglieder stehen. Beschreibt in einem kurzen Konstruktionstext eine der Positionen und lasst die anderen diese dann einzeichnen.

Daniel und Julia legen am Tag vor dem Konzert in der Schule Wunschzettel für einige der Lieder aus, die sie geübt haben.

? Ein Titel wird gewählt. Wie groß ist die Wahrscheinlichkeit, dass bei 12 Titelvorschlägen eines der drei Lieblingsstücke von Daniel gewünscht wird? Welche Annahme machst du dabei? Wie könnten sich seine Chancen verringern?

Julias Freundin Sandra gefallen eigentlich alle Vorschläge und so kreuzt sie ohne hinzuschauen einfach zwei Songs an.

? Wie groß ist die Wahrscheinlichkeit, dass sie genau zwei (einen) von Julias drei Favoriten erwischt hat? Tipp: Baumdiagramm.

Angebot A:

Schulturnhalle	0 €
technische Ausrüstung (muss ausgeliehen werden)	300 €

Angebot B:

private Halle	100 €
technische Ausrüstung (ist vorhanden)	0 €
Abgabe pro Besucher	2 €

Bühnenaufbau:

– Man braucht eine gleichmäßige Beleuchtung von allen Seiten durch drei Scheinwerfer mit 3-m-Kabelverbindung zur Steckdose in der Mitte der Bühne.
– Die Scheinwerfer strahlen ihr Licht in einem Winkel von 100° ab.
– Sänger und Sängerin sollen nebeneinander möglichst weit vorne stehen, hell angestrahlt und mit freiem Blick auf die Zuschauer.
– Das Schlagzeug steht in der Mitte der Bühne.

Wunschzettel

Ich heiße _____
und möchte folgende Songs hören:

☐ Leuchtturm
☐ Smoke on the water
☐ I will survive
☐ Walk this way
☐ Wish you were here
☐ …

Bitte maximal drei Titel ankreuzen!

Was Musik einbringen kann

Bei der Planung ihres Konzertes bekommen die Bandmitglieder vom Verbindungslehrer den Tipp, dass sie ein Konzert bei der GEMA* anmelden müssen. Im Internet finden sie hierzu einige Informationen.

GEMA

Die GEMA stellt sicher, dass Künstler für ihre Werke entlohnt werden und nicht jeder mit dem, was andere geschaffen haben, Geld verdienen kann. Wird z. B. im Radio der Song „Mensch" von Herbert Grönemeyer gespielt, so zahlt der Sender dafür der GEMA eine Gebühr, von welcher dann der Künstler einen Anteil bekommt.

Im Geschäftsjahr 2003 ergaben sich Erträge von 813 616 557,73 € (darunter z. B. 219,857 Mio. € Einnahmen aus dem Bereich Rundfunk und Fernsehen). Am Ende bleibt für die Künstler eine Verteilungssumme von 694 162 625,81 €.

? Findet heraus, seit welchem Jahr der Anteil der Verteilungssumme weniger als 86 % beträgt.

Obwohl die Erträge und auch die Verteilungssumme von Jahr zu Jahr steigen, sind die Verantwortlichen mit den Ergebnissen nicht zufrieden.

? Warum nicht? Vergleicht die jährliche prozentuale Zuwachsrate. Diskutiert mögliche Ursachen und Folgen dieser Entwicklung.

Einnahmen und Ausgaben der GEMA in den letzten Jahren

	Erträge	Personal- und Sachkosten	Auszahlungen an die Künstler und Rechteinhaber
2003	813,6 Mio.	119,4 Mio.	694,2 Mio.
2002	812,5 Mio.	118,7 Mio.	693,8 Mio.
2001	810,5 Mio.	117,9 Mio.	692,6 Mio.
2000	801,4 Mio.	116,9 Mio.	684,5 Mio.
1999	774,4 Mio.	114,9 Mio.	659,5 Mio.
1998	748,9 Mio.	103,4 Mio.	645,5 Mio.
1997	729,5 Mio.	98,5 Mio.	631,0 Mio.

(Quelle: Geschäftsbericht der GEMA zum Geschäftsjahr 2003)

Daniel hat bei der GEMA nachgefragt:
Für Jugendbands gibt es keine Vergünstigungen, wenn sie Unterhaltungsmusik wie Rock und Pop spielen. Rechnet deshalb mit folgenden Tarifen:

Auszug aus der Tarifübersicht 2005 für Veranstaltungen der GEMA für Livemusik

Größe des Veranstaltungs-raumes (in m²)	ohne Eintrittsgeld oder bis zu 1,00 €	bis zu 1,50 €	bis zu 2,50 €	bis zu 4,00 €	bis zu 6,00 €	Alle Beträge sind Nettobeträge und erhöhen sich um 7 % gesetzliche Umsatzsteuer!
bis 100 m²	20,30 €	28,20 €	44,00 €	59,30 €	74,50 €	
bis 133 m²	23,20 €	44,00 €	65,80 €	88,40 €	109,30 €	
bis 200 m²	32,50 €	60,00 €	91,90 €	118,00 €	145,50 €	

? Was ist günstiger für eine Band: Einen kleinen Veranstaltungssaal mit 100 m² für 100 Personen zu mieten und 3 € Eintritt zu verlangen oder in einem Saal mit einer Größe von 130 m² für 130 Personen mit 2,50 € Eintritt aufzutreten? Vergesst nicht die Umsatzsteuer (USt)!

? Wie viele Zuschauer müssen im kleineren Saal mindestens kommen, damit bei einem Eintritt von 1 € (2 €, 4 €, 5 €) die GEMA-Gebühren (mit USt) bezahlt werden können? Stellt passende Terme bzw. Gleichungen auf.

*Gesellschaft für musikalische Aufführungs- und mechanische Vervielfältigungsrechte

---

Die erste eigene CD

Thomas und Alex schreiben zu Texten von Daniel und Julia auch selbst ein paar Songs. Um den Gewinn zu steigern, beschließen die Bandmitglieder, einige dieser Songs auf einer CD zu veröffentlichen. „Die CD könnten wir bei unseren Konzerten und privat an Freunde oder Geschwister verkaufen", meint Jonas begeistert. Yannicks Bruder erklärt sich bereit, für 100 € die Live-Aufnahmen zu bearbeiten.

? Stellt einen Term für die Gesamtausgaben bei c CDs auf, wenn der Preis für einen CD-Rohling 1 € beträgt.

? Zeichne den Graphen der Zuordnung *Anzahl der CDs c → Gesamtausgaben a* in ein geeignetes Koordinatensystem. Um welchen Zuordnungstyp handelt es sich dabei?

? Den Verkaufspreis will die Band auf 8 € festsetzen. Zeichne den Graphen der Zuordnung *Anzahl der CDs c → Gewinn g* in ein weiteres Koordinatensystem. Lies am Graphen ab, ab welcher Verkaufszahl die Band einen Gewinn erzielt.

? Wie würde sich der Graph der zweiten Zuordnung verändern, wenn man den Verkaufspreis auf 10 € erhöht? Würde die Band durch den höheren Verkaufspreis ihren Gewinn steigern?

Für die Bandmitglieder stellt sich nun die Frage, welche ihrer Stücke sie auf die CD nehmen. Einige Stücke sind mit etwa drei Minuten eher kurz. Daneben haben sie aber auch noch ein paar Stücke, die mit ungefähr sieben Minuten vergleichsweise lang sind.

? Gib einen Term für die Gesamtspieldauer an, wenn auf der CD zwei lange Stücke und n kurze Stücke gebrannt werden sollen.

? Wie viele kurze Songs könnte man neben den zwei langen Stücken noch höchstens auf die CD nehmen, wenn die Spielzeit auf 70 Minuten begrenzt ist? Wie viel Zeit würde in diesem Fall noch übrig bleiben?

? Gib verschiedene Möglichkeiten an, wie die Band die 70 Minuten einer CD mit ihren Liedern vollständig füllen kann.

? Wie viele kurze und wie viele lange Stücke müssten auf die CD, wenn die CD mit 14 Stücken genau gefüllt wird?

Die Jungen und Mädchen der Band überschlagen, dass jeder etwa zehn Personen kennt, die ihre CD wohl kaufen würden. Nach zwei Monaten haben sie nach Abzug ihrer Ausgaben nur 152 € verdient. Außerdem entdeckt Leon bei einem Freund eine ihrer CDs, die nicht das Logo der Band auf dem Label hat.

? Wie viele Raubkopien wurden vermutlich hergestellt? Schätzt den möglichen Verlust der Band ab.

Wie geht es weiter mit der Band?

Das erste Konzert hat die junge Band erfolgreich hinter sich gebracht. Nun sitzen einige der Bandmitglieder zusammen in Jonas' Zimmer und planen weiter: Bisher haben sie sich „Die beste Schulband, die es bisher bei uns gab" genannt. Jetzt suchen sie einen zugkräftigen Namen und ein dazu passendes Bandlogo für die neuesten Werbeplakate.
Jonas will einen kurzen, prägnanten Namen. Yannick findet, dass das Zeichen auch Buchstaben enthalten und möglichst symmetrisch sein sollte.

? Erfindet einen Namen für die Band und entwerft ein Erkennungszeichen.

Die Band meldet sich zu einem Nachwuchswettbewerb an und gewinnt tatsächlich den ersten Preis: Mit dem Scheck über 5000 € wollen sie damit beginnen, sich eine eigene technische Ausrüstung und weitere Instrumente zu kaufen.

Thomas erfährt, dass sie sich mit dem doppelten Betrag ein aktuelles Sonderangebot mit mehreren hochwertigen Geräten leisten könnten. Er informiert sich bei einer Bank über die Zinsen bei einer Kreditaufnahme.

? Bei einem recht günstigen Angebot liegt der Jahreszins bei 4 %. Wenn man also 5000 € für ein Jahr von der Bank leihen möchte, muss man 4 % von 5000 € zur geliehenen Summe dazurechnen. Verteilt man dann den Gesamtbetrag auf zwölf Raten, so erhält man die monatlichen Rückzahlraten. Wie hoch wären diese?

? Wie viel mehr ist monatlich zu zahlen, wenn die Band für ein Jahr mit 5,5 % Zinsen rechnen muss?

? Berechnet die Laufzeit des Kredits, wenn die Bank für die 5000 € einmalig 4 % berechnet und die Band monatlich 200 € zurückzahlt.

Ein anderes Angebot über zwei Jahre lautet so: Im ersten Jahr sind bei einem Kredit über 5000 € und einer monatlichen Rückzahlung von 200 € 4 % Zinsen zu zahlen. Im zweiten Jahr zahlt man für den Restbetrag 5 % Zinsen.

? Wie hoch ist die Monatsrate im zweiten Jahr?

? Wäre es günstiger, im ersten Jahr nur 150 € (schon 250 €) zu zahlen? Schätzt zuerst und rechnet dann.

Der Bankangestellte hat Thomas zunächst für älter gehalten. Deshalb erfährt dieser erst am Ende des Gesprächs, dass man volljährig sein muss, um einen Kredit aufnehmen zu können. Als der Angestellte von der Band und ihrem Erfolg hört, rät er dazu, manche Geräte weiterhin auszuleihen und das Geld fest anzulegen. Er gibt Thomas ein Faltblatt zum aktuellen Förderprogramm der Bank mit.

? Wie viel Zinsen könnte die Band bei einer Kontoeröffnung zum Jahresbeginn in den ersten beiden Jahren einnehmen?

? Berechnet den möglichen Kontostand am Ende des zweiten Jahres mit Zinseszins, wenn nach Konzertauftritten der Band jeweils am 1. Juli 500 € auf das Konto eingezahlt werden.

> **KOHLE FÜR KULTUR**
> Wir unterstützen die Jugend mit unserem Kulturförder-Programm:
> → kostenlose Beratung
> → günstige Kredite
> → Sparkonten für Jugendabteilungen von kulturellen Vereinen und jugendliche Musikgruppen
> * mit 7,5 % Zinsen in diesem Kalenderjahr
> * mit 2,2 % Zinsen ab dem nächsten Jahr

Lösungen der Serviceblätter

Methodenlernen in Klasse 7

Kopiervorlage 1: Erstellen eines Mind-Maps, Seite S 2

Lösungsvorschlag:

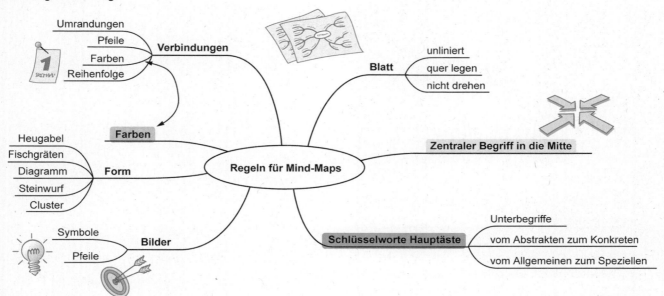

Kopiervorlage 2: Ein Thema – zwei Mind-Maps, Seite S 3

Jans Mind-Map:

☺ Gut:
- Papier im Querformat
- Thema in der Mitte und deutlich hervorgehoben
- sinnvolle Einteilung der Hauptäste
- Anordnung der Hauptäste im Uhrzeigersinn
- Überbegriffe in Druckbuchstaben

☹ Schlecht:
- Hauptäste nicht deutlich hervorgehoben
- Überbegriffe stehen nicht auf Ästen
- Zweige fehlen
- (fast) keine Zeichnungen und Symbole

Ulrichs Mind-Map:

☺ Gut:
- Papier im Querformat
- Ast und Zweige sind gezeichnet
- Zeichnungen und Symbole

☹ Schlecht:
- Thema nicht in der Mitte und nicht hervorgehoben
- unübersichtlich durch Überkreuzen von Ästen
- Blatt muss zum Lesen gedreht werden
- Äste und Zweige teilweise nicht verbunden
- Schreibschrift
- Hauptäste und Überbegriffe nicht deutlich hervorgehoben

Wie gestalte ich meine wachsende Formelsammlung?, Seite S 5

Individuelle Lösungen

Was ist gut – was schlecht?, Seite S 6

Lösungen sollten Klarheit, lesbare Schrift und Fehler thematisieren. Regeln etc. werden mit den Schülern erstellt.

Puzzle – Was gehört in welcher Reihenfolge zusammen?, Seite S 7

KAPITEL Ⅲ

RATIONALE ZAHLEN

Negative Zahlen

NEGATIVE ZAHLEN IM ALLTAG:

- Geographie   (Flüsse, Meere)
- Bankgeschäft   (Aktien, Konto, ...)
- Temperaturen

Man unterscheidet Zahlen im negativen bzw. positiven Bereich, indem man die Negativen Zahlen mit einem – oder in rot und die Positiven Zahlen mit einem + oder in schwarz schreibt.

Die durch Erweiterung des Zahlenstrahls zur Zahlengeraden neu hinzukommenden Zahlen heißen negative Zahlen, die bisherigen Zahlen positive Zahlen. Die Zahl 0 ist weder positiv noch negativ.

-6 -5 -4 -3 -2 -1 0 +1 +2 +3 +4 +5 +6

Auf der Zahlengeraden liegen negative und positive Zahlen spiegelbildlich zu 0. Man nennt deshalb z.B. -5 auch die Gegenzahl von 5.

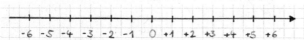

Addieren rationaler Zahlen

BEISPIEL: a) (+3) + (-4)

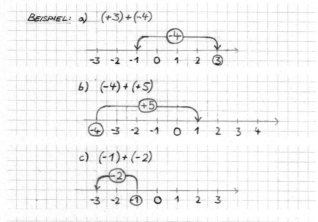

b) (-4) + (+5)

c) (-1) + (-2)

Beim Addieren rationaler Zahlen gehen wir auf der Zahlengeraden nach {rechts / **links**} wenn der zweite Summand {positiv / **negativ**} ist.

I Prozente und Zinsen

Wachsende Formelsammlung, Seite S 8

Individuelle Lösungen

Lernzirkel: Prozente und Zinsen, Seite S 9

1. Anteile und Prozente, Seite S 10

1 a) $\frac{3}{4} = 75\,\%$ b) $\frac{1}{4} = 25\,\%$ c) $\frac{1}{2} = 50\,\%$

d) $\frac{1}{3} = 33\frac{1}{3}\,\%$ e) $\frac{1}{2} = 50\,\%$ f) $\frac{4}{10} = 40\,\%$

g) $\frac{1}{6} = 16\frac{2}{3}\,\%$ h) $\frac{1}{2} = 50\,\%$ i) $\frac{3}{8} = 37,5\,\%$

j) $\frac{3}{8} = 37,5\,\%$ k) $\frac{9}{16} = 56,25\,\%$ l) $\frac{7}{16} = 43,75\,\%$

m) $\frac{1}{4} = 25\,\%$ n) $\frac{7}{20} = 35\,\%$ o) $\frac{11}{20} = 55\,\%$

p) $\frac{23}{40} = 57,5\,\%$

2 a) $\frac{12}{24} = \frac{1}{2} = 50\,\%$ b) $\frac{12}{30} = \frac{4}{10} = 40\,\%$

c) $\frac{13}{25} = \frac{52}{100} = 52\,\%$ d) $\frac{19}{40} = 47,5\,\%$

In der Fläche von c) ist der gefärbte Anteil am größten.

3 a) 18 %   b) 125 %   c) 75 %   d) 78 %

e) 9 %   f) $133\frac{1}{3}\,\%$ g) 60 %   h) 40 %

i) 7 %   j) 12,5 %   k) 275 %   l) 85 %

m) 125 %   n) $33\frac{1}{3}\,\%$

4 a) $\frac{3}{5}$ b) $\frac{2}{25}$ c) $\frac{19}{20}$ d) $\frac{1}{25}$ e) $\frac{1}{10}$ f) 1   g) $\frac{9}{4}$

5 z.B.

a)

b)

c)

d)
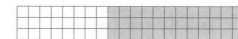

e)

2. Prozentsätze bestimmen, Seite S11

1 a) 15 %   b) 52 %
c) 0,2 %   d) 14,28 oder $14\frac{2}{7}$ %
e) 31,25 %   f) 81 %

2 a) 11,5 %   b) 35 %   c) 0,85 %
d) 110 %   e) 24 %   f) 6,75 %
g) 16 %   h) 200 %   i) 17 %

3

	Eiweiß	Kohlenhydrate	Ballaststoffe
a)	6,15 %	75,42 %	18,44 %
b)	7,56 %	58,14 %	34,30 %
c)	6,29 %	81,76 %	11,95 %
d)	10 %	70 %	20 %
e)	2,27 %	81,82 %	15,91 %

4 a) Keine Preissenkung! Preis pro kg jetzt 3,00 €, vorher 2,99 €
b) Keine Preissenkung! Preis pro kg jetzt 1,98 €, vorher 1,95 €

5 a) um 41 %, ja   b) um 27 %, nein
c) um 38 %, nein   d) um 40 %, ja
e) um 50 %, ja   f) um 28 %, nein

3. Prozentwerte bestimmen, Seite S12

1 a) 9 €   b) 341,7 kg   c) 0,3 t
d) 6 h   e) 380 m²   f) 6,46 m

2 a) 57,60 €   b) 4,6 kg   c) 57,6 m
d) 16,25 h   e) 73,5 g   f) 418,5 km
g) 30,6 cm   h) 0,85 €   i) 79,21 dm

3 a) 143,55 €; 278,4 m; 4,35 t; 21,75 h
b) 58 €; 96,28 €; 1392 €; 56,84 € (bei 16 % Mwst.)

4 Preis mit 16 % Mwst.: 282,46 €

5

	Zucker	Traubenzucker	Kakao	sonstige Zusätze
a) Mittelpunktswinkel	180°	90°	72°	18°
b) pro 800 g-Packung	400 g	200 g	160 g	40 g

6

	a)		b)		
	1 l	500 cm³	750 cm³	0,7 l	1,5 l
100 %	1000 ml	500 ml	750 ml	700 ml	1500 ml
25 %	250 ml	125 ml	187,5 ml	175 ml	375 ml
6 %	60 ml	30 ml	45 ml	42 ml	90 ml
3 %	30 ml	15 ml	22,5 ml	21 ml	45 ml

7 a) 0,72 €   b) 14,99 €   c) 101,40 €
d) 35,40 €   e) 209,40 €   f) 131,40 €

4. Grundwerte bestimmen, Seite S13

1 a) 50 ha   b) 700 g   c) 2350 €
d) 1300 m   e) 5200 ha   f) 24 kg

2 a) 400 km   b) 500 l   c) 2050 km
d) 30 000 g   e) 600 kg   f) 625 hl
g) 56,25 cm   h) 80 ha   i) 1300 h

3

	15%	25%	18%
75 g	G = 500 g	G = 300 g	$G = 416\frac{2}{3}$ g
375 g	G = 2500 g	G = 1500 g	$G = 2083\frac{1}{3}$ g
135 g	G = 900 g	G = 540 g	G = 750 g

4 a)

Wasserverlust	Gewicht vor dem Räuchern
60 g	1000 g
45 g	750 g
150 g	2500 g

b)

nach dem Räuchern	ursprüngliches Gewicht
1880 g	2000 g
1410 g	1500 g
1128 g	1200 g

5 a) W = 28,8   b) G = 60   c) p = 4%
d) G = 500   e) W = 0,6   f) p = 35%
g) G = 510   h) W = 122,1   i) p = 13,5%

6 a) 4,00 €   b) 59,98 €   c) 300 €
d) 198 €   e) 550 €   f) 700 €

5. Vermischtes – Kreuzworträtsel, Seite S14

¹E		²S	E	S	S	E	³L			⁴B	O	E	⁵E
⁶I	G	E	L			⁷G	E	I	G	E		⁸I	S
⁹S	O	G		¹⁰L	¹¹O	I	L			I			S
		E	¹²S	¹³S		S		¹⁴S		¹⁵S			E
¹⁶E	¹⁷I	L	E		¹⁸L	E		I		I			
	S	¹⁹E	I	B	E		²⁰H	E	G	E	L		
²¹L	O	²²S		²³O	S	L	O		²⁴O	B		²⁵B	
I		I		²⁶L	E	E		²⁷B	I	B	E	²⁸L	
E		²⁹S	O	S	³⁰H	E	L	I		O			
³¹B	L	E	I	B	E		³²E	L		³³B	G	B	
E			L		³⁴S			³⁵E	G	E	L		
	³⁶B	I	O	L	O	G	I	E		I	S		

6. Zinsen und Zinseszinsen, Seite S 15

1 a) 36 €   b) 4 %   c) 5800 €
d) 22 €   e) 1,2 %   f) 4000 €

2 a) 8 €   b) 125 €   c) 210 €
d) 15,75 €   e) 6,25 €   f) 0,75 €

3 a) 10,7 %   b) 3,75 %

4 a) 506,25 €   b) 1,75 €

5 a) 13 500 €   b) 175 000 €

6 Überziehungszinsen für 18 Tage: 2,79 €

7 Zinsen am Jahresende: 7,10 €
Guthaben am Jahresende: 352,10 €
(Die Einzahlungstage werden verzinst; jeder Monat
hat 30 Tage.)

8 Guthaben nach 6 Jahren: 15167,27 €
(Auch Bruchteile von € werden verzinst.)

9 Gewinn: 1155 €

10 Angebot A: Zinsen pro Jahr + Gebühr: 232,90 €
Angebot B: Zinsen pro Jahr: 221,40 €
Das Angebot B ist günstiger.

7. Überall Prozente, Seite S 16

1 Alexander: 5,1 %, Luisa: 2,9 %
Alexander hat prozentual mehr Wörter falsch
geschrieben.

2

Fettgehalt Kondensmilch	a) 316 ml	b) 10 ml
7,5 %	23,7 ml	0,75 ml
4 %	12,64 ml	0,4 ml
10 %	31,6 ml	1 ml

3 35 % Abzüge

4 neuer Preis: 1096,50 €

5 Angebotspreis: 22 878 €

6 1250 Teller

7 10 Jungen sind 40 % → G = 25 Schüler
Mädchen: 15

8 1250 €

9 Tierarten in Deutschland:

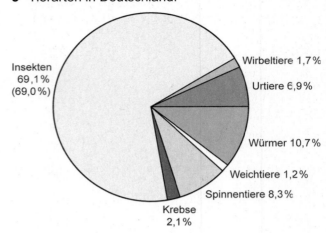

10 a) 3 ‰   b) 8 ‰   c) 15 ‰   d) 28 ‰
e) 7,5 ‰   f) 10 ‰   g) 0,3 ‰   h) 6 ‰
i) 2 ‰   j) 6 ‰   k) 26 ‰

11 Calcium: 0,126 ‰   Natrium: 0,097 ‰
Kalium: 0,017 ‰   Magnesium: 0,021 ‰

12 Haus mit Ziegeldach: 150,50 €
Haus mit Strohdach: 1182,50 €

Achtung: Gesichtskontrolle!, Seite S 17

a) $\frac{0{,}85^2 \cdot 100}{2{,}5^2} \approx 11,6\,\%$ (12 %)

b) $\frac{0{,}75^2 \cdot 100}{2{,}5^2} = 9\,\%$

c) $\frac{2 \cdot 0{,}45^2 \cdot 100}{2{,}5^2} \approx 6,5\,\%$

d) $\frac{2 \cdot 1{,}3 \cdot 0{,}6 \cdot 100}{2{,}5^2 \pi} \approx 8\,\%$

e) $\frac{(1{,}1^2 \cdot \pi - 0{,}09) \cdot 100}{2{,}5^2 \pi} \approx 18,9\,\%$ (19 %)

f) $\frac{0{,}75^2 \cdot 100}{2{,}5^2} = 9\,\%$

Der Mensch, Seite S 18

1 a) andere Stoffe: 8 %, Fett: 14 %
Eiweiß: 18 %, Wasser: 60 %

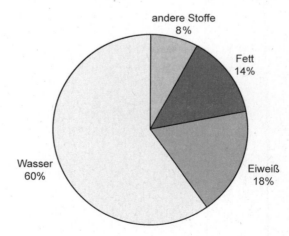

Fig. 1

Körperteil Knochen	Anzahl	Anteil als Bruch	Anteil in Prozent
Schädel	25	$\frac{25}{215} = \frac{5}{43}$	11,6
Wirbelsäule	35	$\frac{35}{215} = \frac{7}{43}$	16,3
Schultergürtel	4	$\frac{4}{215}$	1,9
Becken	6	$\frac{6}{215}$	2,8
Brustkorb	25	$\frac{25}{215} = \frac{5}{43}$	11,6
Arm	6	$\frac{6}{215}$	2,8
Hand	54	$\frac{54}{215}$	25,1
Bein	8	$\frac{8}{215}$	3,7
Fuß	52	$\frac{52}{215}$	24,2

b)

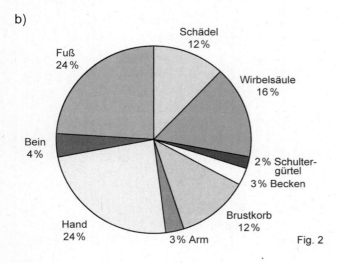

Fig. 2

3

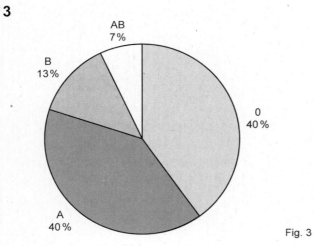

Fig. 3

Prozent – Puzzle, Seite S 19

p	G	W
0,5 %	200	1
1 %	87	0,87
5 %	225	11,25
10 %	777	77,7
12,5 %	104	13
15 %	80	12
20 %	345	69
25 %	17,2	4,3
30 %	7	2,1
$33\frac{1}{3}$ %	150	50
40 %	192,5	77
50 %	555	277,5
60 %	95	57
$66\frac{2}{3}$ %	333	222
75 %	88	66
80 %	145	116

Mögliche Ergänzungen:
90 %   von   450   sind   405
oder
$111\frac{1}{9}$ %   von   405   sind   450

Silbenrätsel: Was hast du beim Prozentrechnen gelernt?, Seite S 20

Prozentrechnen hat sehr viel mit BRUCHRECHNEN zu tun: Der Ausdruck 20 % ist nur eine andere Schreibweise für $\frac{20}{100}$. Also ist $p\% = \frac{p}{100}$. Um Größen und Anteile miteinander VERGLEICHEN zu können, sind Prozentangaben sehr geschickt.
Die Angabe, auf die man sich beim Vergleichen bezieht, ist der GRUNDWERT G.
Für $\frac{W}{G} = \frac{6}{50}$ ist G = 50. Den Zähler W nennt man PROZENTWERT. Das Ergebnis dieser Rechnung $\frac{W}{G} = \frac{6}{50} = \frac{12}{100} = 0,12 = 12\%$ heißt PROZENTSATZ.
Rechnet man bei Geldgeschäften auf der Bank mit Prozenten, so nennt man die Prozente dort Zinsen. Erbringen die Zinsen auch im folgenden Jahr Zinsen, so nennt man dies ZINSESZINS.
Prozente findest du überall in deiner Umgebung, z. B. in Läden bei Sonderangeboten, auf

Verpackungen von Lebensmitteln oder auch bei Umfragen und Statistiken. Kann man beim Einkauf einen prozentualen ANTEIL des ursprünglichen Preises einsparen, spricht man von RABATT. Vorsicht bei Gewichtsangaben: Beim BRUTTOGEWICHT wurde die Verpackung mitgewogen! Das NETTOGEWICHT ist dagegen allein das Gewicht der Ware.

1 Es bleibt am Ende mit den Restsilben der Titel „RÄTSEL- UND RECHENMEISTER".

2 a) Lückentext der Aufgabe:
[…] Victoria freut sich: „Ich habe einen **Rabatt** (oder: **Prozentwert**) von 12 % erhalten. Meine CD hat an der Kasse noch 13,20 € gekostet." – Jan erwidert: „Nach Abzug des **Rabatts** von **14** % musste ich zwar 4 € mehr zahlen als du, aber der **Grundwert** (auch möglich: **Preis**) meiner CD war ursprünglich 20 €."
b) Jan hat einen Nachlass von **14** % erhalten, also **2,80 €** weniger gezahlt. Der Grundwert von Victorias CD lag ursprünglich bei **15 €**. Sie hat zwar nur **12** % Nachlass erhalten, musste aber **insgesamt weniger** zahlen. – Die Entscheidung, wer das bessere Geschäft gemacht hat, kann also unterschiedlich begründet werden.

Arbeitsplan zum Thema Zinsen, Seite S 21

Vorüberlegungen
1 um 2,5 %

2 Zinssatz 8,5 %, 21,25 €

Übungen
S. 21, Nr. 1–5: siehe Lösungen des Schülerbuchs

Kurztest
1 3,75 €

2 4,03 €

3 400 000 €

4 13,2 %

Phantasie gefragt, Seite S 22
Individuelle Lösungen

Mind-Map zum Thema „Prozente und Zinsen", Seite S 23
Individuelle Lösungen

II Häufigkeiten und Wahrscheinlichkeiten

Wachsende Formelsammlung, Seite S 24
Individuelle Lösungen

Arbeitsplan zum Thema „Entscheidungshilfen", Seite S 25
Individuelle Lösungen

Übungen: Siehe Lösungen zum Schülerbuch, „Bist du sicher?" hinten im Lehrbuch

Fair play?, Seite S 26
Individuelle Lösungen

Mensch, ärgere dich nicht!, Seite S 27
Lösungswort: Belgrad

Mit Wahrscheinlichkeiten punkten, Seite S 28
Individuelle Lösungen

Mehrstufige Zufallsversuche – Spiele, Seite S 29

1 a) Schnauze-Sau, Haxe-Suhle ...
b) Pfadregel beachten, z. B. Schnauze-Sau = 1,3 %
c) individuelle Lösungen

2 a)

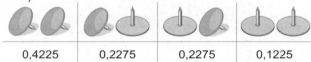

| 0,4225 | 0,2275 | 0,2275 | 0,1225 |

b) 1 – 2 – 2 – 4 ist eine Möglichkeit.
Bei wenigen Würfen wäre 1 – 10 – 10 – 100 sicherlich nicht ähnlich fair.

3 Wahrscheinlichkeiten für Würfelergebnisse

2	3	4	5	6	7	8	9	10	11	12
$\frac{1}{36}$	$\frac{2}{36}$	$\frac{3}{36}$	$\frac{4}{36}$	$\frac{5}{36}$	$\frac{6}{36}$	$\frac{5}{36}$	$\frac{4}{36}$	$\frac{3}{36}$	$\frac{2}{36}$	$\frac{1}{36}$

Setzt man auf Zahlen, die verschieden sind von 7, so wird die Bank für jede eingesetzte Marke $\frac{5}{6}$ Marken auszahlen. Setzt man auf 7, so wird die Bank für jede eingesetzte Marke im Mittel $\frac{2}{3}$ Marken auszahlen. Man sollte also nicht auf 7 setzen. Aus Sicht der Bank ist der Erwartungswert für die Auszahlung $2\frac{1}{3}$; sie wird bankrott gehen.

(e_i)	oben	unten	7
$P(e_i)$	$\frac{15}{36}$	$\frac{15}{36}$	$\frac{6}{36}$
Auszahlung	2 €	2 €	4 €

4 Mit 50 %.

5 Angenommen, die Flächen 2 und 4 sind gleich zu 1 und 3 gleich zu 5 und der Würfel ist fair gearbeitet.

	1	2	3	4	5
Anzahl Würfe	1472	1472	292	1472	292
geschätzte Wahrscheinlichkeit	0,2944	0,2944	0,0584	0,2944	0,0584

6 Fee = $\frac{5}{120} \cdot \frac{100}{119} \cdot \frac{99}{118} \approx 0,0294$

eFe = $\frac{100}{120} \cdot \frac{5}{119} \cdot \frac{99}{118} \approx 0,0294$

eeF = $\frac{100}{120} \cdot \frac{99}{119} \cdot \frac{5}{118} \approx 0,0294$

Gesamte Wahrscheinlichkeit: 0,0881

7 Weder noch, da die Münze nicht gefälscht ist.

Strandkorb oder Arbeit?, Seite S 30

Tag	☺
Mo	$\frac{1}{2} = 0,5 = 50\%$
Di	$\frac{3}{4} = 0,75 = 75\%$
Mi	$\frac{4}{32} = 0,125 = 12,5\%$
Do	$\frac{5}{6} \approx 0,83 = 83\%$
Fr	$\frac{4}{5} = 0,8 = 80\%$
Sa	$\frac{1}{10} = 0,1 = 10\%$

1 Sonntag, Dienstag

2 Es ist unwahrscheinlich, dass man an einem Samstag oder Mittwoch frei hat.

Rot oder schwarz?, Seite S 31

1 a)

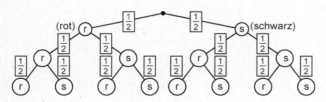

Ergebnisse: rrr/rrs/rsr/rss/srr/srs/ssr/sss

b) Wahrscheinlichkeit (rrr) = $\frac{1}{2} \cdot \frac{1}{2} \cdot \frac{1}{2} = \frac{1}{8} = 12,5\%$

c) Wahrscheinlichkeit (sss) = $\frac{1}{2} \cdot \frac{1}{2} \cdot \frac{1}{2} = \frac{1}{8} = 12,5\%$

d) $\frac{1}{8} + \frac{1}{8} = \frac{1}{4} = 25\%$

2

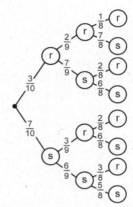

a) $\frac{21}{45} \approx 0,47 = 47\%$

b) $\frac{1}{15} \approx 7\%$

c) Gegenereignis: $\frac{7}{10} \cdot \frac{6}{9} \cdot \frac{5}{8} = \frac{210}{720} \approx 0,29$

Ereignis: 1 – 0,29 = 0,71 = 71 %

Ordnung schaffen, Seite S 32

LE 1: Wahrscheinlichkeiten	LE 2: Versuchsreihen	LE 3: Zusammenfassen von Ergebnissen	LE 4: Mehrstufige Experimente
Zufallsversuch	100-mal Werfen eines Reißnagels	Addieren von Wahrscheinlichkeiten	GG; GN; NN; NG
Ergebnis	Schätzwert		Pfadregel
Glücksrad	relative und absolute Häufigkeit	Dreimal Lose ziehen	Multiplizieren von Wahrscheinlichkeiten
Entscheidungshilfen	Summe ist 1	Eine Situation, mehrere Ergebnisse	Baumdiagramm
Wahrscheinlichkeiten	Wahrscheinlichkeiten	Wahrscheinlichkeiten	Wahrscheinlichkeiten
Summe ist 1			

III Zuordungen

Mit einem Mind-Map in das neue Thema, Seite S 33

Individuelle Lösungen

Wachsende Formelsammlung, Seite S 34

Individuelle Lösungen

Sinn und Unsinn – Zuordnungen, Seite S 35

Beziehungen zwischen Größen kannst du über ~~fröhliche~~ Zuordnungen angeben. Die Werte einer solchen Zuordnung veranschaulichst du ~~jeden Tag~~ in einem Koordinatensystem. ~~Dieses Koordinatensystem musst du natürlich ganz besonders schön zeichnen, schließlich soll sich der Lehrer ja freuen.~~ Schätze zunächst ab, wie viel Platz du brauchen wirst: Überlege ~~laut vor dich hinmurmelnd~~, wie groß die Werte für x und für y in deiner Tabelle höchstens werden, und zeichne dann die Achsen entsprechend. ~~Lobe dich für diese Leistung.~~ Als Nächstes kannst du, ~~wenn du Lust hast~~, die Werte der Zuordnung als Punkte (x I y) im Koordinatensystem eintragen. So entsteht der Graph der Zuordnung. ~~Eine Zuordnung kann man nämlich in einem Koordinatensystem veranschaulichen!~~ Verbinde die ~~bunten~~ Punkte sinnvoll durch eine ihnen angepasste Linie zu einer Kurve. Auf ihr liegen unendlich viele, ~~unglaublich viele, ja unvorstellbar viele~~ Millionen ~~und Milliarden von~~ Punkte~~n – oder noch mehr~~!
Hast du den Graphen exakt gezeichnet, dann lassen sich auch umgekehrt die Werte aus deiner ursprünglichen Tabelle ablesen und weitere Zwischenwerte können abgeschätzt werden.

Bärbel Bleifuß, Seite S 36

1 Bärbel fährt langsam aus dem Wohngebiet heraus, beschleunigt auf der Hauptstraße, muss aber wegen eines Traktors wieder abbremsen, bis dieser kurz vor der Autobahnauffahrt in ein Feld biegt. Danach gibt Bärbel Gas. Dann muss sie eine Vollbremsung hinlegen, da hinter einer Kuppe ein Stau aufgetaucht ist. Der Stau löst sich langsam auf und Bärbel nimmt die nächste Ausfahrt zu einer Raststätte, wo sie mit Schwung rückwärts einparkt, bevor sie ihre Pause mit Kaffee und Kuchen antritt.

2

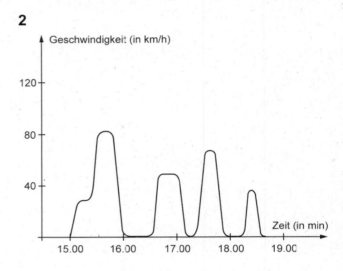

Gesetzmäßigkeiten erkennen und beschreiben, Seite S 37

1

a)
x	−8	−7	−6	−5	−4	−3	−2	−1	0	1	2	3	4	5	6	7	8
y	−24	−21	−18	−15	−12	−9	−6	−3	0	3	6	9	12	15	18	21	24

b)
x	−8	−7	−6	−5	−4	−3	−2	−1	0	1	2	3	4	5	6	7	8
y	−13	−11	−9	−7	−5	−3	−1	1	3	5	7	9	11	13	15	17	19

c)
x	−8	−7	−6	−5	−4	−3	−2	−1	0	1	2	3	4	5	6	7	8
y	−22	−19	−16	−13	−10	−7	−4	−1	2	5	8	11	14	17	20	23	26

d)
x	−8	−7	−6	−5	−4	−3	−2	−1	0	1	2	3	4	5	6	7	8
y	−64	−49	−36	−25	−16	−9	−4	−1	0	−1	−4	−9	−16	−25	−36	−49	−64

2

a) Der y-Wert ist das Doppelte des x-Wertes.

x	−8	−7	−6	−5	−4	−3	−2	−1	0	1	2	3	4	5	6	7	8
y	−16	−14	−12	−10	−8	−6	−4	−2	0	2	4	6	8	10	12	14	16

b) Der y-Wert ist Gegenzahl des x-Wertes.

x	−8	−7	−6	−5	−4	−3	−2	−1	0	1	2	3	4	5	6	7	8
y	8	7	6	5	4	3	2	1	0	−1	−2	−3	−4	−5	−6	−7	−8

c) Der y-Wert ist ein Zehntel des x-Wertes.

x	−8	−7	−6	−5	−4	−3	−2	−1	0	1	2	3	4	5	6	7	8
y	−0,8	−0,7	−0,6	−0,5	−0,4	−0,3	−0,2	−0,1	0	0,1	0,2	0,3	0,4	0,5	0,6	0,7	0,8

d) Der y-Wert ist Quadratzahl des x-Wertes.

x	−8	−7	−6	−5	−4	−3	−2	−1	0	1	2	3	4	5	6	7	8
y	64	49	36	25	16	9	4	1	0	1	4	9	16	25	36	49	64

3

a) $y = x : 2 = \frac{1}{2} \cdot x$

x	−8	−7	−6	−5	−4	−3	−2	−1	0	1	2	3	4	5	6	7	8
y	−4	−3,5	−3	−2,5	−2	−1,5	−1	−0,5	0	0,5	1	1,5	2	2,5	3	3,5	4

b) $y = -2x$

x	−8	−7	−6	−5	−4	−3	−2	−1	0	1	2	3	4	5	6	7	8
y	16	14	12	10	8	6	4	2	0	−2	−4	−6	−8	−10	−12	−14	−16

c) $y = x + 8$

x	−8	−7	−6	−5	−4	−3	−2	−1	0	1	2	3	4	5	6	7	8
y	0	1	2	3	4	5	6	7	8	9	10	11	12	13	14	15	16

d) $y = x \cdot 2 + 1 = 2x + 1$

x	−8	−7	−6	−5	−4	−3	−2	−1	0	1	2	3	4	5	6	7	8
	−15	−13	−11	−9	−7	−5	−3	−1	1	3	5	7	9	11	13	15	17

Graphen mit dem GTR, Seite S 38

Lösungswort: Ptolemäus

Experiment 1 – Gefäße, Seite S 39

1 Für die Wasserstandshöhe sollte ein linearer Zusammenhang mit der Zeit erhalten werden.

2, 3, 4 und Zusatzexperiment:

Individuelle Lösungen

Experiment 2 – Wippe, Seite S 40

Individuelle Lösungen

2 Man erwartet eine Anitproportionalität.

Experiment 3 – Feder, Seite S 41

Individuelle Lösungen

Arbeitsplan zum Thema „Von Punkten zu Geraden", Seite S 42

1

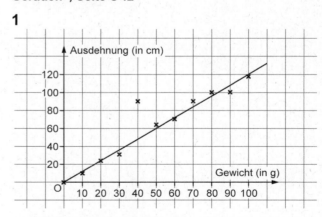

Bei einem 25-g-Gewicht würde man eine Ausdehnung der Feder um 32 cm erwarten. Da der Punkt (40 | 92) stark von der Gerade abweicht, würde man ihn vermutlich weglassen.

2 a)

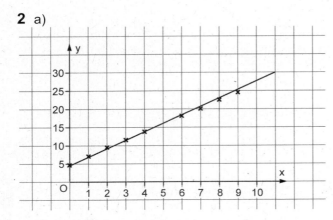

x	0	1	2	3	4
y	4,9	7,1	9,6	11,6	13,9

x	5	6	7	8	9	10
y	15,9	18,1	20,2	22,5	24,7	26,9

b)

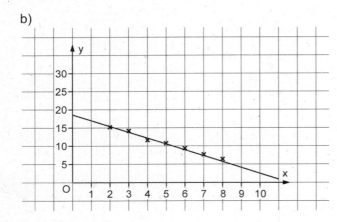

x	0	1	2	3	4
y	18,4	16,9	15,4	14,2	12,3

x	5	6	7	8	9	10
y	10,9	9,5	7,9	6,6	5,0	3,5

IV Terme und Gleichungen

Wachsende Formelsammlung, Seite S 43

Individuelle Lösungen

Lernzirkel: Terme und Gleichungen, Seite S 44

1. Terme aufstellen, Seite S 45

1 a) $-0,5 \cdot x + 4$ b) $-6 - 1,5 \cdot x$
c) $(x + 2) \cdot \frac{1}{3}$ d) $(x - 5)^2$

2 a)   z   Seitenlänge der Raute
b)   a   Kantenlänge des Würfels
c)   x   Alter von Sven
d)   y   Alter von Katja

3 z. B.:
a) Zum Fünffachen einer Zahl wird 3,5 addiert.
b) Von einer Zahl wird 3 subtrahiert und danach mit 7 multipliziert.
c) Von einer Zahl wird der Quotient aus 3 und −4 subtrahiert.
d) Die Hälfte einer Zahl wird mit der Summe aus 2 und dieser Zahl multipliziert.
e) Der Quotient aus einer Zahl und 5 wird mit sich selbst multipliziert.

4 a) $2 \cdot y - 25$ b) $4 \cdot x$ c) $g : 4$
d) $\frac{1}{2} h - 1$ e) $a + 25$ f) $2 \cdot z + 25$

5 z. B.:
a) $3 + (-5)$ b) $x - 3$
c) $3 \cdot (x - 5)$ d) $x : (-5)$

6 a) $U = 10 \cdot x$ b) $U = 5 \cdot a + 2 \cdot b$ c) $U = 7 \cdot y$

7 $K = 32 \cdot a$

8 a) $K = 22 \cdot a$
b) $O = 2 \cdot a \cdot b + 2 \cdot b \cdot c + 2 \cdot a \cdot c$

2. Terme umformen, Seite S 46

1 a) 12,25; 15; 16,25; 32
b) -36,5; -12; 2; 103,5

2

	a) $0,5z - 0,5$	b) $(a + 5) \cdot 4$	c) $k + 4 : 5$	d) $0,5c \cdot (c - 5)$
−12	−6,5	−28	−11,2	102
−3	−2	8	−2,2	12
$-\frac{1}{2}$	−0,75	18	0,3	1,375
0	−0,5	20	0,8	0
1,5	0,25	26	2,3	−2,625
15	7	80	15,8	75

3 a) $2{,}5x - 27{,}5$ ist äquivalent zu
$(x - 11) \cdot 2{,}5 = 2{,}5x - 27{,}5$
b) $13 - 5y$ ist nicht äquivalent zu $13y - 5$
c) $-3 \cdot x + 4 - 4 \cdot x + 5 = -7x + 9$ ist nicht
äquivalent zu $2 + 2x$
d) $6z - 7 + z = 7z - 7$ ist äquivalent zu
$7(z - 1) = 7z - 7$

4 a) $6a - a = 5a$
b) Der Term lässt sich nicht weiter vereinfachen.
c) $-9c + c = -8c$
d) Der Term lässt sich nicht weiter vereinfachen.

5 a) $21x + 4$ b) $4 - 14y$
c) $-35z + 1$ d) $-7{,}2\,a + 3{,}5$

6 a) $11x + 3$ b) $-4a - 3{,}5$ c) $-4{,}2b + 2$
d) $-1{,}1z - 8$ e) $3{,}4t - 11{,}5$ f) $-\frac{2}{7}e + \frac{31}{6}$

7 a) $36 + 144x$ b) $4{,}5y + 0{,}6$ c) $6 - 36z$
d) $-16 + 29b$ e) $-5{,}5c + 6$ f) $-1{,}5d + 6{,}25d^2$

8 a) $12(3 + 2x)$ b) $7(2y - 1)$
c) $-11(a + 11)$ d) $0{,}5(v - 34)$
e) $-2{,}5z(1 + 3z)$ f) $1{,}3(c + 1{,}3 - 2c^2)$

9 a) $-2x + 8{,}5$ b) $-2{,}5a + 4{,}5$
c) $-8v - 1$ d) $-15t - 28{,}5$
e) $-5u + 11$ f) $-e - 1$
g) 0 h) $2{,}5s - 1{,}5$

10 $O = 2 (2\,a^2 + 10\,a^2 + 5\,a^2) = 2 \cdot 17\,a^2 = 34\,a^2$

3. Gleichungen lösen, Seite S 47

1 a) $x = -27$ b) $x = 42$ c) $x = 5$
d) $x = 1$ e) $x = 0{,}5$

2 a) $a = -\frac{1}{3}$ ist nicht äquivalent zu $a = -0{,}3$
b) $y = -2$ ist äquivalent zu $y = -2$
c) $b = 0$ ist äquivalent zu $b = 0$
d) $x = \frac{3}{2}$ ist nicht äquivalent zu $x = \frac{2}{3}$

3 a) $y = 4$ b) $x = 7$ c) $t = 16$
d) $z = -2{,}4$ e) $c = -2$ f) $a = -18{,}5$
g) $b = 5$ h) $f = 0{,}5$ i) $v = 0$
j) $n = -0{,}5$ k) $x = 0{,}1$ l) $u = 1{,}5$

4 a) 12 b) -19 c) -7 d) 0

5 z. B.:   a) $x + 5 = -1$ b) $x + \frac{1}{5} = 1$
           $-3x - 10 = 8$ $2x - 1 = 0{,}6$
             $3 + 2x = -9$ $5x - 4 = 0$

           c) $5x + 4 = 15$ d) $4x + 5 = 2$
             $x - \frac{1}{5} = 2$ $1 - x = 1{,}75$
             $-10x + 10 = -12$ $0 = -2x - 1{,}5$

6 a) $x = 4$ b) nicht lösbar
c) $x = 0$ d) allgemein gültig
e) allgemein gültig   f) nicht lösbar
g) $x = -3$ h) $x = 0$

7 Tina: t Opa: $5t$ $t + 5t = 78$
13 Jahre   65 Jahre

8 Ein Kätzchen wiegt so viel wie ein Stein. Um den
Hund aufzuwiegen, braucht man 9 Steine.

4. Ungleichungen lösen, Seite S 48

1 a) z. B.: $x \geq -2$; $3x \geq -6$; …
b) z. B.: $x < 2$; $5x - 3 < 3x + 1$; …

2 a) $3 (x + 1) - 2 < x + 5$
     $3x + 3 - 2 < x + 5$
       $2x + 1 < 5$
         $2x < 4$
           $x < 2$

b) $2 (1 - 6x) \leq 5 - (2x - 1)$
     $2 - 12x \leq 5 - 2x + 1$
     $2 - 12x \leq 6 - 2x$
       $-10x \leq 4$
         $x \leq -0{,}4$

3 a) $y < 2$

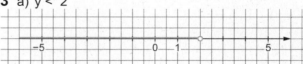

b) $8 \geq x$

c) $z > -4$

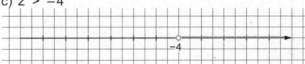

d) $-2 > a$

e) $b \leq -8$

f) $c \geq 1$

4 a) a > 0,4   b) b > 0   c) c ≤ −0,75
d) d ≤ 1,5   e) e > 8

5 a) nicht lösbar   b) x < −1
c) allgemein gültig   h) x ≥ 0

6 a) 2a + 2(a − 5) < 47
a muss kleiner als 14, 25 cm lang sein.
b) 18a + 2 < 47
a muss kleiner als 2,5 cm lang sein.

7 2a + 2 · 2a ≤ 30
Die Seiten können höchstens 5 m und 10 m lang
sein.

5. Probleme lösen, Seite S 49

1 Zahlenrätsel
a) −5x + 23 = −22
          x = 9
b) (x + 3,5) · 0,4 = 1,2
          x = −0,5
c) (3x − 13) = 7x − 14
          x = 0,25
d) x+(x+1)+(x+2)+(x+3) = 120
          x = 28,5
Es gibt keine solchen natürlichen Zahlen.

2 Geometrie
a) 2(4b + b) = 32   b) 4(a + 7,5) = 4 · 4a
     b = 3,2   a = 2,5
Seitenlängen: b = 3,2 cm   a = 2,5 cm
          a = 12,8 cm
c) 4a + 8a + 12a ≤ 150
          a ≤ 6,25
Die Seite a kann höchstens 6,25 cm lang sein.

3 Altersrätsel
a) v = 47, t = 11; x Anzahl der Jahre
          3(11 + x) = 47 + x
               x = 7
In 7 Jahren wird der Vater dreimal so alt sein wie
seine Tochter.

b) m = 4s; m + 4 = 3(s + 4)
          4s + 4 = 3(s + 4)
               s = 8   m = 32
Mutter und Sohn sind heute 32 und 8 Jahre alt.

4 Vermischtes aus dem Alltag
a) 1000 − 20x = 600   b) 4 − 12y = 0,4
          x = 20 g   y = 0,3 l
c) 250 − 4z = 10
          z = 60 cm

6. Kreuzzahlrätsel, Seite S 50

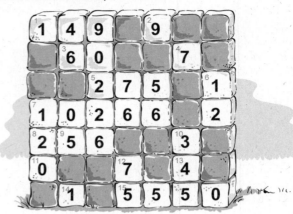

Lösungen gesucht, Seite S 51

Gleichungstennis, Seite S 52

✱✱ = 20	✌ = 9	☺ = 8	☼ = 18
☀ = 21	↑ = 11	❀ = 100	☎ = 6
♥ = 19	♞ = 7	☆ = 1	♛ = 31

Die beiden Lösungswörter heißen:
linke Seite: ZAEHNE   rechte Seite: NAESSE

Die 7b bastelt, Seite S 53

1 a) Tobias: 2y   Lisa: 6x
b) Tobias: 200 cm = 2 m
Lisa: 300 cm = 3 m
Zusammen: 500 cm = 5 m

2 a) 6x   b) 48 cm ≈ 0,5 m

3 21x; für x = 4,5 cm → 94,5 cm; ja, es reicht

4 a) 54x + 7y b) 84x + 11y   c) 168x + 22y
d) Holzstäbe: 306x; für x=2,5 cm → 765 cm = 7,65 m
Rundholz: 40y; für y = 8 cm → 320 cm = 3,20 m

5 a) Ohne Beachtung der Gehrung:
Term: 16 a
benötigte Länge: 1,65 m.
Mit Beachtung der Gehrung:
Term: 14 a + b
benötigte Länge: 1,22 m.
b) a kann höchstens 7 cm sein. Mit a = 8,5 m reicht
1 m Holz nicht.

Modeschmuck, Seite S 54

1 a) N1: 5a ; N2: 2a + b; N3: 4a + 2c;
N4: 2a + 4c + s
b) 5a + 2a + b = 7a + b

2 a) 6a + 6c + s   b)   14a + 3b
c) 23a + 16c + s

3 a) A1: 6a + 6d   → 19,2 cm
A2: 12a + 3c + 3e   → 18,3 cm
A3: 20a + 5b + 5s   → 19,0 cm
b) 1,54 €

4 Individuelle Lösungen

V Figuren und Winkel

Wachsende Formelsammlung – Überschrift und Beispiel, Seite S 56

1

Inhaltsübersicht zu Kapitel V: Figuren und Winkel		
	Überschrift (aus dem Schülerbuch)	Alternativüberschrift (mögl. Lösungen)
1.	Abstände	Wie misst man die kürzeste Entfernung?
2.	Abstände von Punkten und Geraden – Ortslinien	Alle Punkte gleichen Abstandes
3.	Konstruktionen mit Zirkel und Lineal	Wie lassen sich große Zeichnungen anfertigen?
4.	Zusammenhänge bei symmetrischen Figuren	Besonderheiten beim gleichschenkligen Dreieck
5.	Winkelsummen	Wie groß sind die Innenwinkel im Dreieck zusammen?
6.	Der Satz des Thales	Der Winkel im Thaleskreis
7.	Umkreise und Inkreise	Besondere Punkte im Dreieck

2 und 3 Individuelle Lösungen

Walbeobachtung mit Folgen – Wo ist die Kamera?, Seite S 57

Das 2. Tauchteam könnte an der falschen Stelle suchen, da die Lösung nicht eindeutig ist. K1 und K2 sind die möglichen Orte, an denen sich die Unterwasserkamera befinden kann:

Eine Stadtrallye nach Plan (1), (2), Seite S 58, S 59

Lösungswort: Ortslinien

Ordnung ist das halbe Leben, Seite S 60

1 Das Lösungswort ist KRETA.
(1: K) Zeichne die Strecke $\overline{AB}$.
(2: R) Trage β in B an $\overline{AB}$ ab.
(3: E) Zeichne einen Kreis k um A
mit dem Radius 5,5 cm.
(4: T) k schneidet die Schenkel von β in den zwei
Schnittpunkten C und D.
(5: A) Beide Dreiecke können Lösung sein. Es gibt
zwei Möglichkeiten!

2 Man erhält C(5|5), U(4,5|1,5) und v = 3,5 cm. Das
Lösungswort ist FASNET (für „Fastnacht",
„Fasching").
(1: F) Zeichne $\overline{AB}$ in einem Koordinatensystem
ein.
(2: A) Trage α in A und β in B ab. Du erhältst C.
(3: S) Zeichne das Dreieck ABC ein.
(4: N) Konstruiere die Mittelsenkrechten von a und
von c.
(5: E) Der Schnittpunkt von m_a und m_c ist U.
(6: T) Zeichne den Umkreis ein mit Mittelpunkt U
und Radius $\overline{UA}$.

**Sinn und Unsinn – Was ist hier wirklich wichtig?,
Seite S 61**

Wie man einen ganz besonderen Punkt in einem
Dreieck finden kann – Eine Konstruktionsbeschrei-
bung.
Zeichne ein ~~großes~~ Dreieck ABC mit den Seiten-
längen a = 6,5 cm, b = 8 cm und c = 9 cm ~~und den
Eckpunkten A, B und C. a liegt A gegenüber,
b liegt B und c liegt C gegenüber. Zeichne dieses
Dreieck. Achte darauf, exakt zu zeichnen und die
Punkte richtig zu verbinden. Spitze deinen Bleistift
rechtzeitig.~~
Konstruiere die Mittelsenkrechte zur Seite c, indem
du zwei Kreise mit gleich großem Radius um ~~den
Punkt~~ A und ~~den Punkt~~ B ziehst und durch die
Schnittpunkte der beiden Kreise eine Gerade
zeichnest. ~~Das ist die Mittelsenkrechte zur Seite c,
also zur Strecke $\overline{AB}$.~~
Konstruiere ebenso die Mittelsenkrechten zu den
Seiten a und b. ~~Zeichne zwei Kreise um B und C
mit gleich großem Radius und verbinde wie oben
die Schnittpunkte der beiden Kreise. Das ist die
Mittelsenkrechte zur Seite a, also zur Strecke $\overline{BC}$.
Ziehe nun zwei Kreise um A und C mit gleich
großem Radius und verbinde wieder die Schnittpunkte der beiden Kreise. Das ist die Mittelsenkrechte zur Seite b, also zur Strecke $\overline{AC}$.~~
Markiere den Schnittpunkt der drei Mittelsenkrechten ~~mit Farbe~~ und nenne ihn M. Ziehe einen
~~sauberen~~ Kreis um M mit Radius r = $\overline{MA}$. Der
~~schöne~~ Kreis geht durch den Punkt A. ~~Schaue ganz
genau hin:~~ Der Kreis geht ~~überraschenderweise~~
auch durch ~~den Punkt~~ B und durch ~~den Punkt~~ C.

Man nennt diesen Kreis Umkreis und den Punkt M
Umkreismittelpunkt.

1, 2 und 3 Individuelle Lösungen

Und was kommt jetzt?, Seite S 62

1 (verkleinert)

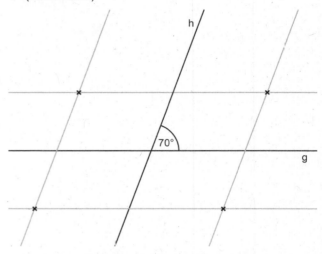

1. Schritt: (3) Zeichne die Gerade g.
2. Schritt: (4) Wähle einen Punkt auf g und zeichne
dort unter einem Winkel von 70° die Gerade h ein.
3. Schritt: (1) Zeichne eine Parallele zu g im
Abstand 2 cm.
4. Schritt: (5) Zeichne eine Parallele zu h im
Abstand 3 cm.
5. Schritt: (2) Der Schnittpunkt der beiden Parallelen
ist der gesuchte Punkt.
Reihenfolge der Kärtchen: 3 – 4 – 1 – 5 – 2
Oder: 3 – 4 – 5 – 1 – 2

Anmerkung: Es gibt vier verschiedene Stellen, an
denen P liegen kann.

2 (verkleinert)

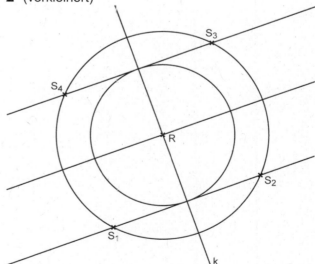

1. Schritt: (5) Zeichne die Gerade k mit dem Punkt R
auf k.

2. Schritt: (1) Zeichne einen Kreis um R mit Radius 3 cm.
3. Schritt: (2) Zeichne zwei zu k parallele Geraden im Abstand 2 cm.
4. Schritt: (3) Der Kreis schneidet die beiden Parallelen in vier Schnittpunkten S_1, S_2, S_3 und S_4.
5. Schritt: (6) Die vier Schnittpunkte sind von R 3 cm und von k 2 cm entfernt.

Reihenfolge der Kärtchen: 5 – 1 – 2 – 3 – 6
(4 gehört nicht dazu und macht keinen Sinn!)
Oder: 5 – 2 – 1 – 3 – 6

3 Gleiche Winkelangaben ergeben aufgrund der Ähnlichkeit nicht unbedingt gleiche/kongruente Dreiecke.

Winkelsumme im Dreieck – Ein Arbeitsplan, Seite S 63

Vorüberlegungen: Ergebnissumme jeweils um 180°.
($\alpha = 25°$; $\beta = 50°$; $\gamma = 105°$)

Übungen: Siehe Lösungen zum Schülerbuch.

Wer ist eigentlich Thales?, Seite S 64

Individuelle Lösungen

VI Systeme linearer Gleichungen

Arbeitsplan zum Thema „Lineare Gleichungen und lineare Zuordnungen", Seite S 68

Vorüberlegungen

1 a) $x = 2$ b) $x = -0,5$ c) $x = 1,5$

2 a) $y = -2x + 3$
b) P: $x = 2$; Q: $x = -0,5$; R: $x = 1,5$
c) und d) individuelle Lösungen

Übungen
Seite 157, Nr. 1, 3, 4a, 4c, 5b, 5d, 5e und „Bist du sicher?" sowie Seite 158, Nr. 7, 8, 9, 10, 11 siehe Lösungen des Schülerbuchs

Das Problem mit den Preisen …, Seite S 69

	Angebot 1	Angebot 2	Angebot 3
Tom	2,75 €	4,25 €	2,70 €
Gabi	7,75 €	6,75 €	6,70 €
Frank	10,25 €	8,00 €	8,70 €

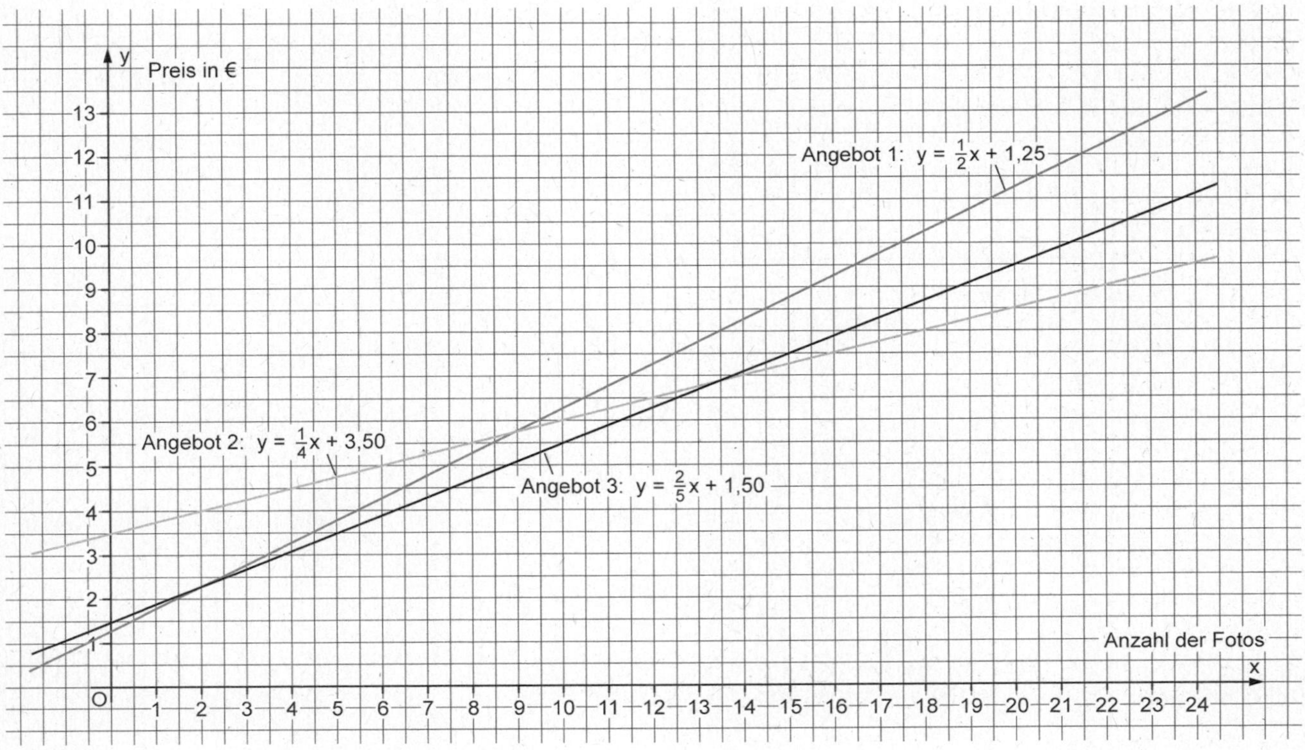

Angebot 1: $y = \frac{1}{2}x + 1,25$

Angebot 2: $y = \frac{1}{4}x + 3,50$

Angebot 3: $y = \frac{2}{5}x + 1,50$

Gabi: 7,75 €   Frank: 10,25 €

Angebot 1 lohnt sich bei weniger als drei Fotos. Angebot 2 ist bei mehr als 13 Fotos am preiswertesten. Angebot 3 rentiert sich ab drei oder weniger als 14 Fotos.

Steffi kann sich 8 Fotos schicken lassen. Bei Angebot 1 ebenfalls 8 Fotos. Bei Angebot 3 kann sie sich zwei Bilder mehr schicken lassen. Thomas' Behauptung ist falsch. Er muss 9,90 € zahlen.

SC Gleichungssystemia, Seite S 73

	Gerd	Gunter	Gustav	Gerhardt
Konishiki	$x = 2$	$x = \dfrac{108}{13}$	$x = \dfrac{210}{61}$	unendlich viele Lsg.
Yoshino	$x = \dfrac{2}{3}$	$x = \dfrac{60}{13}$	$x = \dfrac{126}{61}$	keine Lsg.
Kikuo	unendlich viele Lsg.	$x = -\dfrac{36}{23}$	$x = -42$	$x = 2$
Tatsuo	$x = -42$	$x = \dfrac{28}{51}$	unendlich viele Lsg.	$x = \dfrac{210}{61}$
Kozo	keine Lsg.	$x = -\dfrac{12}{23}$	$x = -21$	$x = \dfrac{8}{3}$
Hachiro	$x = \dfrac{132}{23}$	keine Lsg.	$x = \dfrac{140}{17}$	$x = -\dfrac{60}{13}$
Takamo	$x = -\dfrac{36}{23}$	unendlich viele Lsg.	$x = \dfrac{28}{51}$	$x = \dfrac{108}{13}$
Naoko	$x = 63$	$x = -\dfrac{84}{17}$	keine Lsg.	$x = 0$

Aufgabentheke, Seite S 74/75

Lösungswort: Daniel Bernoulli

Zettelwirtschaft, Seite S 76

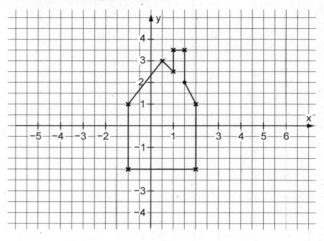

Familienstammbaum, Seite S 77

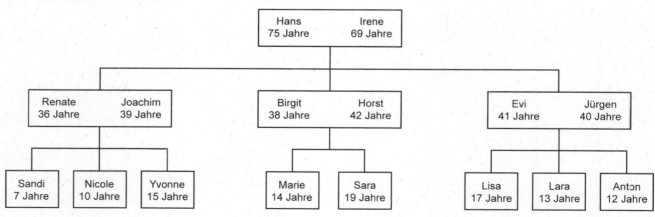

Sachthema: Schulfest

Vorbereitungen für das SMV-Wochenende (1), Seite S 79

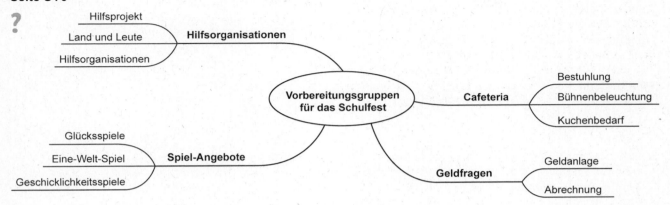

Ohne Zuordnung: Form

? Auf den ersten Blick scheint das Angebot der Burg Siebenstein das günstigste zu sein, allerdings abhängig von der Gruppengröße.

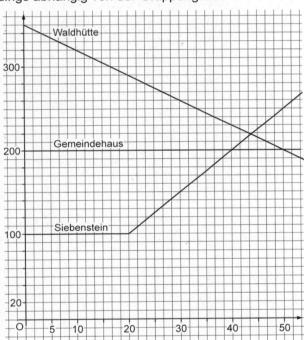

? Für 41 bis 49 Personen ist das Gemeindehaus der Pfarrgemeinde St. Peter am günstigsten.

? Für 40 Personen sind die Unterbringungskosten gleich.

? Für 57 Teilnehmer ist die Waldhütte am günstigsten.

Vorbereitungen für das SMV-Wochenende (2), Seite S 80

? 8 kg Nudeln, 8 Dosen Tomatensoße, je 80 Flaschen Fruchtsäfte, Mineralwasser und

Apfelschorle, 60 Stieleis, 12 kg Brot, 3 kg Butter, 12 Gläser Marmelade, 8 Packungen Tee, 7,2 kg Fischstäbchen, 12 kg Pommes frites, 2 l Ketchup und 2 kg Mayonnaise.

? Ilda ist günstiger bei: Nudeln, Mineralwasser, Apfelschorle, Brot, Pommes frites.
Gleich bei: Butter und Mayonnaise.

? Paul geht bei Ilda von 214,73 € aus und zieht beim SUPER-Markt von 251,15 € 16 % ab, so dass sich ein Preis von 210,97 € ergibt.

? Weil die Mehrwertsteuer nicht auf den Bruttopreis sondern auf den Nettopreis bezogen ist. Der eingesparte Prozentsatz beträgt rund 13,79 %.

? Tatsächlich ist das Angebot von Ilda um 1,78 € günstiger. Im SUPER-Markt müsste Paul nämlich tatsächlich rund 216,51 € bezahlen.

SMV-Wochenende (1), Vorbereitungsgruppe „Spiel-Angebote" – Zielwerfen 1, Seite S 81

? Zufallsversuche: Glücksrad, Roulette, Münzwurf, Schweinerei. Mehrstufige Zufallsexperimente: Lose ziehen, Mini-Lotto, Bingo, 17 und 4.
Bei den anderen Spielen handelt es sich nicht um zufällige Ereignisse.

? grün: $\frac{1}{3}$; orange: $\frac{2}{9}$; gelb: $\frac{1}{3}$; blau: $\frac{1}{9}$

? p = $\frac{4}{9}$ für „Spieler erhält mehr als seinen Einsatz zurück".

? Wenn ein Pfeil genau auf einer Linie landet. Möglichkeiten dies zu vermeiden: Linien einfärben oder Linien mit einer Erhöhung aus Blech versehen (vgl. Dartscheiben).

? Die SMV macht mit p = $\frac{7}{15}$ $\left(= \frac{1}{3} \cdot \frac{4}{5} + \frac{1}{5} = \frac{7}{15}\right)$ einen Gewinn.

? Individuelle Lösungen, z. B. die Bundesländer oder eine Karte aus der Umgebung (Unterscheidung Straßen, Wald, Wasser ...), siehe als Beispiel auch das Service-Blatt S 82.

SMV-Wochenende (2), Vorbereitungsgruppe „Spiel-Angebote" – Zielwerfen 2, Seite S 82

? Bei einer Petersprojektion werden die Kontinente flächentreu dargestellt. Für dieses Spiel bedeutet es, dass der Flächenanteil auf dem Brett dem der Wirklichkeit entspricht und die Wahrscheinlichkeiten unter der Annahme eines rein zufälligen Treffens über die Landesfläche berechnet werden können.

?

	Fläche (Mio km^2)	Fläche (%)
Afrika	30,3	20,4
Asien	44,4	29,8
N-Amerika	23,5	15,8
M/S-Amerika	18,3	12,3
Europa	10,5	7,1
Antarktis	14	9,4
Australien	7,7	5,2

? Die Fläche Europas beträgt 2,06 % der gesamten Erdoberfläche.

? Schwierigkeiten können auftreten, wenn die Scheibe sowohl Land als auch Wasser berührt oder wenn die Scheibe zwischen Nord- und Mittelamerika liegen bleibt, bzw. wenn die Scheibe zu groß gewählt wird, könnten an engen Stellen auch zwei andere Kontinente betroffen sein. Lösbar z. B. durch die Regel, dass die Scheibe ganz in einem Kontinent liegen muss und der Wurf ansonsten als Fehlwurf gewertet wird (damit aber Verschiebung der Trefferwahrscheinlichkeiten, dies würde eine interessante Modellierungsaufgabe für Flächenabschätzungen für die Schüler darstellen). Geeigneter ist die Mitte der Scheibe als Trefferpunkt zu definieren (evtl. Loch in die Scheibe bohren).

? N-Amerika, M/S-Amerika, Europa, Antarktis und Australien wären gewinnbringende Treffer.

? Einer dieser Kontinente wird mit einer Wahrscheinlichkeit von 14,4 % getroffen.

? Es wird davon ausgegangen, dass jeder Wurf ein Treffer ist und dass die Lage der Scheibe rein zufällig ist. Beide Annahmen entsprechen nicht der zu erwartenden Realität.

SMV-Wochenende (3), Vorbereitungsgruppe „Spiel-Angebote" – Eine-Welt-Spiel, Seite S 83

? Die Antarktis und Australien finden keine Beachtung, da sie aufgrund ihrer geringen Bevölkerungszahlen für dieses Spiel ohne ausschlaggebende Bedeutung sind.

?

	Anteil an der Gesamtbevölkerung (%)
Afrika	13,1
Asien	61,2
N-Amerika	5,3
M/S-Amerika	8,7
Europa	11,7

?

	Anzahl der Gutscheine (es wird gerundet)	Gewinn in €
Afrika	1	12
Asien	4	48
N-Amerika	15	180
M/S-Amerika	2	24
Europa	3	36

? 25 Gutscheine haben einen Gesamtwert von 300 €, so dass ein Los 3 € kosten müsste.

?

	Losanzahl	Kosten in €
Afrika	13	26
Asien	61	122
N-Amerika	5	10
M/S-Amerika	9	18
Europa	12	24

? Mehr als einen Gutschein gewinnen nur die Teilnehmer, die ein N-Amerika-Los erhalten. Die Wahrscheinlichkeit hierfür beträgt 5 %.

? Ein Spieler macht mit einer Wahrscheinlichkeit von 74 % einen Verlust bei diesem Spiel.

? Die Mitspieler machen in N-Amerika, Europa und M/S-Amerika einen Gewinn. Die Gewinnwahrscheinlichkeit beträgt folglich 26 %.

? Individuelle Lösungen: Die Mitspieler werden die Verteilung der Gutscheine als ungerecht empfinden. Mit dem Spiel wird die ungleiche Veteilung des Welteinkommens erfahrbar.

SMV-Wochenende (4), Vorbereitungsgruppe „Cafeteria", Seite S 84

? y = 1,5 · x .
900 Besucher essen 1350 Stück Kuchen.
1200 Besucher essen 1800 Stück Kuchen.
1500 Besucher essen 2250 Stück Kuchen.

? Bei der obigen Formel können auch halbe Kuchenstücke im Ergebnis vorkommen, so dass die Zahl aufgerundet werden muss.
Bsp.: 945 Besucher essen 1417,5 ≈ 1418 Stücke.
1115 Besucher essen 1672,5 ≈ 1673 Stücke.

? $y = (1{,}5 \cdot x) : 12 = \frac{1}{8}x$

Für 945 Besucher sind 118,125 ≈ 119 Kuchen nötig. Für 1200 Besucher sind 150 Kuchen nötig. Für 1500 Besucher sind 187,5 ≈ 188 Kuchen nötig.

? Rührkuchen: $y = \left(\frac{1}{3}x \cdot 2\right) : 15 = \frac{2}{45}x$

runde Kuchen: $y = \left(\frac{2}{3}x \cdot 1{,}5\right) : 12 = \frac{1}{12}x$

Besucher	Rührkuchen	runde Kuchen
900	40	75
1200	$53\frac{1}{3} \to 54$	100
1500	$66\frac{2}{3} \to 67$	125

? Hier sollen die Schüler modellieren und Annahmen über Preise und Kosten zugrunde legen. Hierbei müssen unterschiedliche Preise für die Kuchen zumindest als Möglichkeit betrachtet werden. Rabatte für Vielesser bzw. für ganze Kuchen machen das Modell noch komplexer.

? $y = 0{,}5 \cdot x$

? Für eine lückenlose Ausleuchtung sind hier 10 Lampen notwendig.

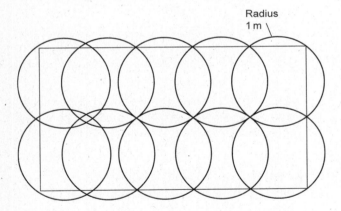

Radius 1 m

? Die 6 Lampen müssen mindestens 5 m hoch aufgehängt werden damit die Bühne vollständig ausgeleuchtet wird. 2 Lampen müssen ungefähr 8,5 m hoch aufgehängt werden damit die Bühne vollständig ausgeleuchtet wird.

? Es werden mindestens 4 Lampen benötigt. Auch hier wird die Lichtstärke nicht berücksichtigt, d. h., es muss von ausreichend starken Strahlern ausgegangen werden.

SMV-Wochenende (5), Hilfsorganisationen 1, Seite S 85

? Auf die Projektarbeit entfielen 81,78 %.

? Von den 10 000 € werden somit 8178 € in die Projektarbeit vor Ort fließen können.

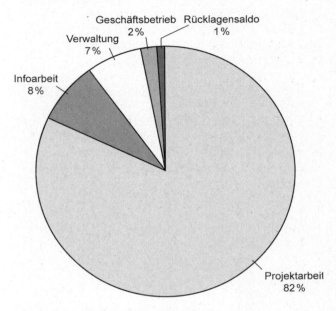

Geschäftsbetrieb 2%
Rücklagensaldo 1%
Verwaltung 7%
Infoarbeit 8%
Projektarbeit 82%

? Lateinamerika: 1 628 272,36 €
Asien: 2 342 426,90 €
Afrika: 1 813 952,54 €

? Es würden dann 0,94 % der Spendenwerbungskosten auf die Projekte in Afrika entfallen.

? Nichtregierungsorganisationen (NRO) sind auf private Initiative hin gegründete Gruppierungen, Vereine, Gesellschaften und Organisationen (z. B. Frauen- oder Umweltverbände), die weder einer Verwaltung noch einer Regierung angehören sowie nicht profitorientiert arbeiten (NGOs, auch non governmental organisations, engl.). Bei „terre des hommes" handelt es sich um ein Kinderhilfswerk, das besonders in Kriegsgebieten Waisenkinder betreut. Der Name terre des hommes kommt aus dem Französischen und bedeutet Erde der Menschlichkeit.

SMV-Wochenende (6), Hilfsorganisationen 2, Seite S 86

? Es handelt sich hier um die „Deutsche Lepra- und Tuberkulosehilfe e.V.". Die vier Buchstaben stehen für den ursprünglichen Namen „Deutsches Aussätzigen Hilfswerk".

? Südamerika: 991 492,62 €
Asien: 3 895 982,76 €
Afrika: 6 665 496,60 €

? Die Arbeitsschwerpunkte liegen in Asien und Afrika, da in vielen Ländern dieser Kontinente eine größere Lepra- und Tuberkulosegefahr herrscht bzw. viele arme Menschen sich die Behandlung und Heilung von diesen Krankheiten nicht leisten können.

? Tdh hat mehr Geld in ihre Projektarbeit fließen lassen, da DAHW fast ein Fünftel der Spendengelder allein in die Information und Öffentlichkeitsarbeit investiert hat.

? 2003 entfielen 91,2 % auf die Projektarbeit von Misereor.
Misereor ist ein kirchliches Hilfswerk, dass sehr eng mit „Brot für die Welt" zusammenarbeitet. Misereor leistet im wesentlichen Hilfe zur Selbsthilfe. Schwerpunkte der Arbeit sind Asien, Lateinamerika und Afrika.

?

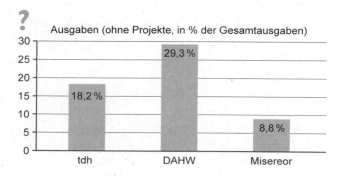

Ausgaben (ohne Projekte, in % der Gesamtausgaben)

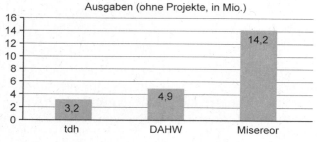

Ausgaben (ohne Projekte, in Mio.)

Die Unterschiede ergeben sich aus den relativ hohen Grundkosten in den Bereichen Verwaltung und Öffentlichkeitsarbeit, sodass eine Hilfsorganisation mit sehr hohem Spendenaufkommen prozentual geringe Kosten auflisten kann, obwohl die Zahlenwerte deutlich höher sind als bei kleineren Hilfsorganisationen.

? DZI steht für Deutsches Zentralinstitut für soziale Fragen. Das Spendensiegel wird auf Antrag gemeinnützigen Organisationen zuerkannt, deren Verwendung der Spendengelder zweckgerichtet und sparsam ist, die wahre, eindeutige und sachliche Werbung betreiben, ihre Rechnungslegung eindeutig und nachvollziehbar gestalten und ihre Jahresrechnung prüfen lassen. Somit stellt das Spenden-Siegel eine Art Gütesiegel dar, welches für Spender eine Orientierung gibt, ob die Hilfsorganisation mit dem gespendeten Geld professionell und nachvollziehbar umgeht.
Terre des hommes, Misereor und die DAHW sind mit diesem Siegel ausgezeichnet.

? Individelle Lösungen. Hier sollen sowohl die finanziellen Zahlen eine Rolle spielen, wie auch die inhaltlichen und den aktuellen Gegebenheiten entsprechenden Informationen, persönliche Erfahrungen (Landeserfahrung) etc.

Vorbereitungsgruppe „Geldfragen", Seite S 87

? Die höchsten Jahreszinsen bei einer Festanlage von 2000 € bietet die S-Bank.

? Bei zwei Jahren Festanlage ist die Sparfuchs Bank profitabler, da bei der S-Bank die Zinsen nicht weiterverzinst werden, sondern auf ein Extrakonto gezahlt werden.

Zeit	Spar-bei-uns	S-Bank	Sparfuchs
	2000,00 €	2000,00 €	2000,00 €
nach 1 Jahr	2038,00 €	2044,00 €	2042,00 €
nach 2 Jahren	2076,72 €	2088,00 €	2095,09 €

? Bei der S-Bank ist das Geld am besten angelegt.

Zeit	Spar-bei-uns	S-Bank	Sparfuchs
1. Monat	3300,00 €	3300,00 €	3300,00 €
2. Monat	3100,00 €	3100,00 €	3100,00 €
3. Monat	2900,00 €	2900,00 €	2900,00 €
4. Monat	2700,00 €	2700,00 €	2700,00 €
5. Monat	2500,00 €	2500,00 €	2500,00 €
6. Monat	2300,00 €	2300,00 €	2300,00 €
7. Monat	2100,00 €	2100,00 €	2100,00 €
8. Monat	1900,00 €	1900,00 €	1900,00 €
9. Monat	1700,00 €	1700,00 €	1700,00 €
10. Monat	1500,00 €	1500,00 €	1500,00 €
11. Monat	1300,00 €	1300,00 €	1300,00 €
12. Monat	1100,00 €	1100,00 €	1100,00 €
Verzinsung	1141,80 €	1148,40 €	1140,70 €

? Nein, die S-Bank bleibt am profitabelsten.

Zeit	Spar-bei-uns	S-Bank	Sparfuchs
1. Monat	5300,00 €	5300,00 €	5300,00 €
2. Monat	5100,00 €	5100,00 €	5100,00 €
3. Monat	4900,00 €	4900,00 €	4900,00 €
4. Monat	4700,00 €	4700,00 €	4700,00 €
5. Monat	4500,00 €	4500,00 €	4500,00 €
6. Monat	4300,00 €	4300,00 €	4300,00 €
7. Monat	4100,00 €	4100,00 €	4100,00 €
8. Monat	3900,00 €	3900,00 €	3900,00 €
9. Monat	3700,00 €	3700,00 €	3700,00 €
10. Monat	3500,00 €	3500,00 €	3500,00 €
11. Monat	3300,00 €	3300,00 €	3300,00 €
12. Monat	3100,00 €	3100,00 €	3100,00 €
Verzinsung	3182,23 €	3192,40 €	3182,70 €

? Das Geld würde für eine Unterstützung von 2 Jahren und 4 Monaten reichen.

Zeit	Spar-bei-uns	S-Bank	Sparfuchs
1. Monat	5300,00 €	5300,00 €	5300,00 €
2. Monat	5100,00 €	5100,00 €	5100,00 €
3. Monat	4900,00 €	4900,00 €	4900,00 €
4. Monat	4700,00 €	4700,00 €	4700,00 €
5. Monat	4500,00 €	4500,00 €	4500,00 €
6. Monat	4300,00 €	4300,00 €	4300,00 €
7. Monat	4100,00 €	4100,00 €	4100,00 €
8. Monat	3900,00 €	3900,00 €	3900,00 €
9. Monat	3700,00 €	3700,00 €	3700,00 €
10. Monat	3500,00 €	3500,00 €	3500,00 €
11. Monat	3300,00 €	3300,00 €	3300,00 €
12. Monat	3100,00 €	3100,00 €	3100,00 €
Verzinsung	3182,23 €	3192,40 €	3182,70 €
13. Monat	2982,23 €	2900,00 €	2982,70 €
14. Monat	2782,23 €	2700,00 €	2782,70 €
15. Monat	2582,23 €	2500,00 €	2582,70 €
16. Monat	2382,23 €	2300,00 €	2382,70 €
17. Monat	2182,23 €	2100,00 €	2182,70 €
18. Monat	1982,23 €	1900,00 €	1982,70 €
19. Monat	1782,23 €	1700,00 €	1782,70 €
20. Monat	1582,23 €	1500,00 €	1582,70 €
21. Monat	1382,23 €	1300,00 €	1382,70 €
22. Monat	1182,23 €	1100,00 €	1182,70 €
23. Monat	982,23 €	900,00 €	982,70 €
24. Monat	782,23 €	700,00 €	782,70 €
Verzinsung	817,99 €	832,00 €	820,65 €
25. Monat	617,99 €	500,00 €	620,65 €
26. Monat	417,99 €	300,00 €	420,65 €
27. Monat	217,99 €	100,00 €	220,65 €
28. Monat	17,99 €	32,00 €	20,65 €

Bei einer längerfristigen Anlage wäre die S-Bank am lukrativsten.

? Die Zusatzkosten entsprechen einem prozentualen Anteil von ca. 5,7 %. Beim Kauf eines Auslands-Orderschecks ist durchaus auch der Dollartageskurs eine bedenkenswerte Größe. Außerdem kommt noch das Porto für einen Brief „Wert international" in Höhe von 4,05 € bei einem Wert von 200 € hinzu.
Beim Auslands-Ordercheck kommen ca. 188 € beim Projekt vor Ort an. Bei einer Spende an eine Hilfsorganisation liegt der Betrag der das Projekt erreicht zwischen 145,90 € und 182,40 €. Hierbei ist allerdings die Sicherheit, die eine Hilfsorganisation bietet, nicht zu unterschätzen. Oft ist auch eine kontinuierliche Arbeit, wie sie von Hilfsorganisationen geleistet werden kann, gegenüber einer einmaligen Aktion vorzuziehen.

Rückblick auf das SMV-Wochenende, Seite S 88

?

Vorname	Nachname	Vorbereitungs-gruppe	Klasse
Andrea	Meier	Cafeteria	10
Paul	Müller	Hilfs-organisationen	9
Sophie	Baier	Organisation	12
Florian	Becker	Spiele	8
Regina	May	Geldfragen	11

Sachthema: Schülerband

Wir gründen eine Band!, Seite S 90

? **Prozentuale Anteile für ihre Klasse:**

Klavier: $\frac{5}{30} \approx 16,7\%$, Gitarre: $\frac{3}{30} = 10\%$,

Trompete: $\frac{2}{30} \approx 6,7\%$, kein Instrument: $\frac{20}{30} \approx 66,7\%$.

? **Prozentuale Anteile in den 7. Klassen zusammen:**

Kreisdiagramm: Klavier: $\frac{1}{6} \cdot 360° = 60°$,

Gitarre: $\frac{1}{10} \cdot 360° = 36°$, Trompete: $\frac{1}{15} \cdot 360° = 24°$

? Individuelle Lösungen für Gesang oder andere Instrumente verändern nur den Restanteil des Kreises, nicht die Kreisausschnitte für Klavier, Gitarre oder Trompete.

? Bei gleichen Anteilen wird es an der Schule etwa 108 Klavierspieler geben.

? **Weitere Werbeideen:** Einzelne direkt ansprechen, mehrere Plakate verteilen, Flyer verteilen, eine Durchsage machen, in den Klassenzimmern die Idee selbst vorstellen...

? **Baumdiagramm für die 7c:**

1. Ebene: 0,8 gesehen/0,2 nicht gesehen;

2. Ebene: $\frac{10}{32} = \frac{5}{16} = 0,3125$ Interessierte/

$\frac{22}{32} = \frac{11}{16} = 0,6875$ Nicht-Interessierte;

Pfadregel liefert: $0,8 \cdot 0,3125 = 0,25 = \frac{1}{4}$

? **Wer spielt welches Instrument?**

Leon	10	Klavier
Martin	11	Gitarre
Yannick	13	Gesang
Daniel	14	Trompete
Thomas	15	Bass

Man muss mit Hinweis A anfangen und dabei zwei Möglichkeiten überlegen.

Das erste Konzert, Seite S 91

Eintritt: 3,50 €

$y = 3,5x - 300$

$y = 1,5x - 100$

Rechnerisch: Für x = 100 Zuschauer sind beide Angebote gleich gut. Kommen weniger als 86 Zuschauer (Angebot A) oder 67 Zuschauer (Angebot B), zahlt die Band sogar drauf. Für 67 bis 99 Zuschauer wäre Angebot B sinnvoller, erscheinen mehr als 100 Zuschauer lohnt sich Angebot A.

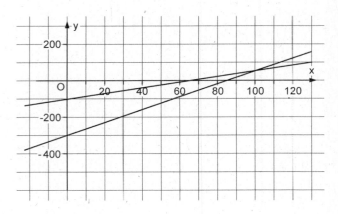

Eintritt: 4 €

Gewinn: 4x – 300 (Verlust bei weniger als 75 Zuschauern)

Gewinn: 2x – 100 (Verlust bei weniger als 50 Zuschauern)

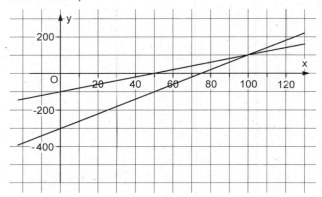

Bestuhlung und Eintritt: 5 €

Gewinn: 5x – 350

Gewinn: 3x – 150

Die Bestuhlung macht Sinn, wenn Platz für mehr als 50 Zuschauer ist.

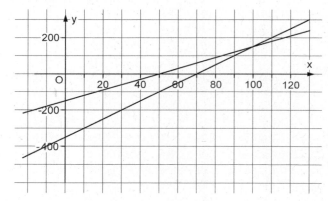

Bühnenaufbau:

Verteilt man die Schweinwerfer gleichmäßig auf einem Kreis mit einem Radius von 3 m auf der Bühne, so ergibt sich der Umkreis eines gleichseitigen Dreiecks (gepunktete Linie) mit je einem Scheinwerfer links und rechts „vorne"; wenn die Sänger noch angestrahlt werden sollen, können sie bis etwa 0,55 m an den Bühnenrand herangehen.

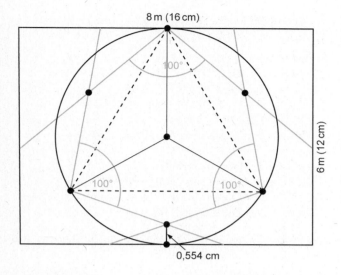

8 m (16 cm)

6 m (12 cm)

100°

100°   100°

0,554 cm

Wunschzettel:

? Daniel: Die Wahrscheinlichkeit für einen seiner Wunschtitel liegt, bei der Annahme einer gleichmäßigen Verteilung der Wünsche auf alle Titel, bei $\frac{3}{12} = 0,25 = 25\%$.

Da normalerweise bestimmte Songs favorisiert werden, verschlechtern sich Daniels Chancen, wenn ihm ein eher ungewöhnliches bzw. unbekanntes Lied besonders gut gefällt.

? Sandras blinde Wahl bedeutet eine Gleich-verteilung, sodass folgendes Baumdiagramm entsteht (0,25 Lieblingstitel gewählt (LT); 0,75 kein Lieblingstitel gewählt (kLT)).

Ergebnis	Wahrscheinlichkeit
(LT, LT)	$0,25 \cdot \frac{2}{11} = \frac{1}{22} \approx 0,045 = 4,5\%$
(LT, kLT)	$0,25 \cdot \frac{9}{11} = \frac{9}{44} \approx 0,205 = 20,5\%$
(kLT, LT)	$0,75 \cdot \frac{3}{11} = \frac{9}{44} \approx 0,205 = 20,5\%$
(kLT, kLT)	$0,75 \cdot \frac{8}{11} = \frac{6}{11} \approx 0,545 = 54,5\%$

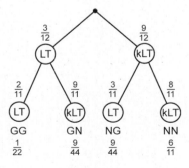

Wahrscheinlichkeiten: genau zwei Titel: 4,5 %; genau ein Titel: 20,5 % + 20,5 % = 41 %

Was Musik einbringen kann, Seite S 92

? Der Anteil der Verteilungssumme beträgt ab dem Jahr 1999 weniger als 86 %.

? Die prozentuale Zuwachsrate nimmt Jahr für Jahr ab und liegt schon unter 1 %. Probleme ergeben sich z. B. durch professionelle Raubkopierer, aber auch durch das widerrechtliche Herunterladen und Weiterverbreiten von Songs aus dem Internet; weitere Stichworte: Kaufkraft der Haushalte lässt nach, überteuerte Eintritts- und Tonträgerpreise, Konkurrenz durch andere Freizeitangebote, Qualität der produzierten Ware... Mögliche Folgen: Weniger Einnahmen für den Einzelnen, Fördergelder werden eingeschränkt, das Risiko, auf unbekannte Künstler zu setzen, wird weniger oft eingegangen, alleinige Konzentration auf erfolgreiche Sparten...

? Man muss zuerst die 7 % Umsatzsteuer addieren:

Größe des Veranstaltungs-raumes (in m²)	bis zu 2,50 €	bis zu 4,00 €
bis 100 m²	47,08 €	≈ 63,45 €
bis 133 m²	≈ 70,41 €	≈ 94,59 €

Saal mit 100 m² für 100 Personen und 3,00 € Eintritt: 300 € − 63,45 € = 236,55 €
Saal mit 130 m² für 130 Personen und 2,50 € Eintritt: 325 € − 70,41 € = 254,59 €

? Mindestzahl an Zuschauern für den Ausgleich der GEMA-Gebühren:

Eintritt	Mindestzahl an Zuschauern	Geichungen
1 €	22	$x \cdot 1 - 21,72 = 0$
2 €	24	$x \cdot 2 - 47,08 = 0$
4 €	16	$x \cdot 4 - 63,45 = 0$
5 €	16	$x \cdot 5 - 79,72 = 0$

Die erste eigene CD, Seite S 93

Eigene CDs verkaufen:

? Gesamtausgaben: $c + 100$

? $a = c + 100$ ist eine lineare Zuordnung.

? $g = 7c - 100$; sie müssen mindestens 15 CDs verkaufen, um Gewinn zu machen.

? Der Gewinn wird bei einem Verkaufspreis von 10 € größer: Bereits bei 12 verkauften CDs macht die Band Gewinn, sie verdient an jeder CD 2 € mehr. Allerdings kann man annehmen, dass die Verkaufszahlen der CD aufgrund des höheren Preises geringer werden. (Term: $g = 9c - 100$)

? Term für die Gesamtspieldauer:
$n \cdot 3 + 2 \cdot 7 = 3n + 14$

? Anzahl der kurzen Stücke: $3n + 14 < 70$, also ist $n \approx 18,67$; es könnten maximal 18 kurze Titel sein, sodass noch 2 Minuten übrig bleiben.

? Vollständiges Auffüllen: z. B. sieben 3-Minuten-Stücke und sieben 7-Minuten-Songs oder auch nur zehn 7-Minuten-Stücke.

? 14 Stücke: Mit $3n + 7x = 70$ und $n + x = 14$ ergibt sich $n = x = 7$.

Raubkopien:
? Mit dem Term $7x - 100$ berechnet man die Einnahmen. Die 9 Bandmitglieder könnten demnach etwa 530 € erwarten. Der mögliche Verlust beträgt 378 € (54 CDs), 36 CDs wurden verkauft.

Wie geht es weiter mit der Band?, Seite S 94

Bandname und -logo:
? Individuelle Lösungen sind möglich; die Symmetrie-Vorgabe für das Zeichen sollte zumindest ansatzweise eingehalten werden.

Angebot der Bank für einen Kredit:
? $5000 € \cdot 4\% = 200 €$; $5200 € : 12 \approx$ **433,33 €**

? $5000 € \cdot 5,5\% = 275 €$; $5275 € : 12 \approx$ **439,58 €**
Man muss also etwa **6,25 €** mehr bezahlen.

? Laufzeit: $5200 € : 200 € = 26$. Der Kredit läuft 2 Jahre und 2 Monate.

Zweijahresangebot:
1. Jahr: $5000 € \cdot 4\% = 200 €$
$5200 € - 12 \cdot$ **200 €** $= 2800 €$

2. Jahr: $2800 € \cdot 5\% = 140 €$
$2940 € : 12 =$ **245 €**
Gesamtkosten:
$12 \cdot 200 € + 12 \cdot 245 €$
$= 2400 € + 2940 € =$ **5340 €**

? 1. Jahr: $5000 € \cdot 4\% = 200 €$
$5200 € - 12 \cdot$ **150 €** $= 3400 €$

2. Jahr: $3400 € \cdot 5\% = 170 €$
$3570 € : 12 = 297,50 €$
$297,50 € - 245 € = 52,50 €$
Gesamtkosten:
$12 \cdot 150 € + 12 \cdot 297,50 €$
$= 1800 € + 3570 € =$ **5370 €**

1. Jahr: $5000 € \cdot 4\% = 200 €$
$5200 € - 12 \cdot$ **250 €** $= 2200 €$

2. Jahr: $2200 € \cdot 5\% = 110 €$
$2310 € : 12 = 192,50 €$
$245 € - 192,50 € = 52,50 €$
Gesamtkosten: $12 \cdot 250 € + 12 \cdot 192,50 €$
$= 3000 € + 2310 € =$ **5310 €**
Es ist günstiger, gleich 250 € zurückzuzahlen.

Angebot der Bank (Sparkonto):
Kulturförder-Programm „Kohle für Kultur":
1. Jahr: 7,5 % Zinsen für 5000 € entsprechen **375 €**.
2. Jahr: 2,2 % Zinsen für 5375 € entsprechen **118,25 €**.
Gesamtzins: **493,25 €**, neuer Kontostand: **5493,25 €**.

Mit zusätzlichen Einzahlungen:
1. Jahr (Beginn im Januar):
6 Monate Zinsen für 5000 €:
$\frac{180}{360} \cdot 375 € = 187,50 €$;
6 Monate Zinsen für 5500 €:
$\frac{180}{360} \cdot 412,50 € = 206,25 €$;
neuer Kontostand: **5893,75 €**

2. Jahr:
6 Monate Zinsen für 5893,75 €:
$\frac{180}{360} \cdot 129,66 € = 64,83 €$;
6 Monate Zinsen für 6393,75 €:
$\frac{180}{360} \cdot 140,66 € = 70,33 €$;
neuer Kontostand: **6528,91 €**

I Prozente und Zinsen

1 Prozente – Vergleiche werden einfacher

Seite 11

1 Anteile in Prozent
a) 7%   b) 27%   c) 6%   d) 94%
e) 5%   f) 16%   g) 25%   h) 60%
i) 70%   j) 5%   k) 0,5%   l) 37,5%

2 Angabe als Bruch
a) $\frac{23}{100}$ b) $\frac{1}{10}$ c) $\frac{3}{4}$ d) $\frac{99}{100}$
e) $\frac{3}{5}$ f) $\frac{18}{25}$ g) $\frac{11}{100}$ h) $\frac{7}{10}$
i) $\frac{6}{5}$ j) $\frac{1}{200}$ k) $\frac{3}{1}$ l) $\frac{9}{125}$
Angabe als Dezimalzahl
a) 0,23   b) 0,1   c) 0,75   d) 0,99
e) 0,6   f) 0,72   g) 0,11   h) 0,7
i) 1,2   j) 0,005   k) 3,0   l) 0,072

3 a) Anteile der gefärbten Flächen in Prozent:
75% – 60% – 40% – 50% – 25% – $66\frac{2}{3}$ – $66\frac{2}{3}$%.
b) der Größe nach geordnet: 25% – 40% – 50% –
60% – $66\frac{2}{3}$% – $66\frac{2}{3}$% – 75%
Lösungswort: TREFFER

4 Prozentangaben, gerundet auf eine
Dezimalstelle:
a) 22,5%   b) 75%   c) 0,6%   d) 23,75%
e) 16,7%   f) 77,8%   g) 3,3%   h) 42,9%
i) 140%   j) 66,7%   k) 33,3%   l) 120%

5 a) Zehn Prozent der Baden-Württemberger sind
zwischen 6 und 15 Jahre alt.
b) 50 Prozent der Bergunfälle sind Lawinen-
unglücke.
c) Ein Meisterschütze trifft bei 90 Prozent seiner
Schüsse ins Schwarze.
d) 3,75% der Eisberge, die jährlich von Westgrön-
land ausgehen, driften in den Nordatlantik und
gefährden dort die Schifffahrt.

6 a) 5% < 8%   b) 20% < $\frac{1}{4}$ c) 0,65 < $\frac{5}{6}$
d) $\frac{4}{5}$ > $\frac{7}{11}$ e) 5,6% < 5,6   f) $\frac{9}{11}$ < 99%

7 Sven hat eine Trefferquote von 63,3%, Svenja
60%, also die kleinere Trefferquote.

8 Der Mandelanteil bei der 100-g-Tafel Schokolade beträgt 23%, der bei dem 30-g-Knusperriegel
23,3%, also ist der Anteil der Mandeln bei dem
Riegel größer.

9

Klasse	7a	7b	7c
Schüler	30	32	28
Stimmen	Tanja 16	David 17	Steffi 15
Anteil	53,3%	53,1%	53,6%

Steffi hat den größten Stimmenanteil.

10 Mögliche Aufgabe mit Lösung:
a) Wie groß ist der Ausländeranteil in Deutschland
(in Baden-Württemberg)? Gib die Antwort in Prozent an.
Der Anteil der Ausländer in Deutschland (BW) beträgt etwa 8,5% (12,3%).
b) Wie groß ist der prozentuale Anteil der Kfz in
Baden-Württemberg; vergleiche mit dem Einwoh-
neranteil.
Der Anteil der Kfz in BW beträgt etwa 13,2%, der
Bevölkerungsanteil 12,9%.

2 Prozentsatz – Prozentwert – Grundwert

Seite 13

1

	a)	b)	c)	d)	e)	f)	g)	h)	i)	j)
W	5	5	1	7	11	30	30	13	30	90
G	10	20	5	35	11	40	300	50	20	1000
p%	50%	25%	20%	20%	100%	75%	10%	26%	150%	9%

2 a) 15,8%   b) 60%   c) 9,7%   d) 95%
e) 105,3%   f) 50%   g) 90,9%   h) 100%

3 a) 20%, 10%, 1%, 5%
b) 40%, 20%, 8%, 2%
c) 17,1%, 3%, 65,9%, 120%
d) 31,1%, 15,6%, 12,7%, 112%
e) 15%, 10%, 2,7%, 60%
f) 0,1%, 9,1%, 1,03%, 4%

4 Von den 48 Gummibärchen sind
a) 10 grün, 14 rot, 14 gelb und 10 blau, das sind
20,8% bzw. 29,2% bzw. 29,2% bzw. 20,8% der Gummibärchen.
b) 30 nach rechts geneigt, das sind 62,5% der Gummibärchen.

5 obere Zahl: x, untere Zahl: y.

	a)	b)	c)	d)	e)
x	15	6	7	12	1,1
y	10	5	4	7	1
„x > y"	50 %	20 %	75 %	71,4 %	10 %
„y < x"	33,3 %	16,7 %	42,9 %	41,7 %	9,1 %

	f)	g)	h)	i)	j)
x	50	30	1,3	1400	8
y	33	29,9	1,25	500	10
„x > y"	51,5 %	0,3 %	4 %	180 %	–20 %
„y < x"	34 %	0,3 %	3,8 %	64,3 %	–25 %

Seite 14

6 Mögliche Werte für Prozent- und Grundwert:
a) Daniels Taschengeld erhöht sich z. B. um W = 1 €
von G = 5 € auf G = 6 €.
b) Der Preis der Jeans wird z. B. von G = 50 €
um W = 20 € reduziert.
c) Wenn z. B. G = 20 Millionen zu der betreffenden
Zeit ferngesehen haben, dann haben
W = 2,4 Millionen die Spielshow angeschaut.

7 a) Noemis Quote beträgt 31,25 %, Roberts Quote
31,7 %. Also ist Roberts Comics-Quote etwas höher.
b) Bei Anna beträgt der Anteil von „a" 6,56 %, der
Anteil von „n" 9,75 %. Nena zählte 2850 Buchstaben;
bei ihr beträgt der Anteil von „a" 6,60 %, der Anteil
von „n" 9,82 %, der Anteil von „e" 17,12 %.
Vgl. die Tabelle auf Seite 43.

8 a) Bekannt sind W = 16 Millionen und
p % = 20 % … 30 %.
b) Überprüfung der Prozentangabe, falls man von
80 Millionen Deutschen ausgeht: $\frac{16}{80}$ = 20 %, also
passt die Angabe zu den Daten.
c) Da die Anzahl der Schüler einer Klasse relativ
klein ist, können durchaus Abweichungen auftreten.

9

	p %	W	G
Käse	45 %	Fettgewicht in der Trockenmasse	Gewicht vom gesamten Käse
Stiefel	50 %	halber Preis	ganzer Preis
Verurteilte	45 %	Zahl der Verkehrssünder	Zahl der Verurteilten

10 a) 50 %　　b) 100 %

11 a) G = 370, W = 300 bzw. W = 64
G = 2270, W = 878, p % = 43 %

b) Falsch ist die Prozentangabe am Schluss des
Zeitungsartikels, denn $\frac{878}{2270}$ = 38,7 %.
c) Individuelle Lösung

12 Mögliche Aufgaben:
a) Wie viel Prozent der Erststimmen bei der Bun-
destagswahl 2002 waren ungültig?
gegeben: G = 48 582 761, W = 741 037;
gesucht p % (= 1,53 %).
b) Wie viele Internetnutzer gab es unter den Befragten?
gegeben: p % = 47 %, G = 3880;
gesucht W (= 1824).

3 Grundaufgaben der Prozentrechnung

Seite 16

1 a) 14 % von 72 = 10,08
b) 9 % von 700 = 63
c) 1,5 % von 2345 = 35,175
d) 16 % von 450 € = 72 €
e) 99 % von 620 € = 613,8 €
f) 0,15 % von 400 kg = 0,6 kg
g) 0,4 % von 18 ha = 0,072 ha
h) 110 % von 2 dm³ = 2,2 dm³

2 a)

	800	92	3,5	7100
5 %	40	4,6	0,175	355
9 %	72	8,28	0,315	639
15 %	120	13,8	0,525	1065
45 %	360	41,4	1,575	3195

b)

	20	70	0,8	13
7 %	1,4	4,9	0,056	0,91
0,7 %	0,14	0,49	0,0056	0,091
14 %	2,8	9,8	0,112	1,82
77 %	15,4	53,9	0,616	10,01

3 a) 106; 212; 530; 10 600 ist um 6 % größer als
100; 200; 500; 10 000
b) 15; 30; 75; 1500 ist um 85 % kleiner als 100;
200; 500; 10 000

4 Grundwertberechnung

	a)	b)	c)	d)	e)	f)	g)	h)	i)	j)
p %	50 %	25 %	10 %	5 %	1 %	5,3 %	1,5 %	5 %	1,2 %	125 %
W	100	40	33	5	22	44	123	1,75	12	120
G	200	160	330	100	2200	830,2	8200	35	1000	96

5 Ergebniswerte sind fett angegeben.

	a)	b)	c)	d)	e)
p%	5%	**8,8%**	20%	**25%**	1,7%
W	**10**	44	300	1,7	6,8
G	200	500	**1500**	6,8	**400**

W=G·p $\frac{W}{G}$=p%   Dreisatz $\frac{W}{G}$=p%   Dreisatz

	f)	g)	h)	i)	j)
p%	1,7%	22%	22%	116%	116%
W	**0,1156**	**220**	1000	**522**	522
G	6,8	1000	**4545,45**	450	**450**

W=G·p%   W=G·p%   Dreisatz   W=G·p%   Dreisatz

6 a) Einkaufspreis: 125 €
b) Preis vor Preissenkung: 187,50 €

Seite 17

7 1971 gab es etwa 217 000 Gymnasiasten.

8 Die Mieterhöhung beträgt 122,40 Euro.

9 a) 89,9%; 88,2%; 93,2%; 80,3%
b) Die prozentuale Einsparung, also die Einsparung im Vergleich zum alten Preis, ist bei dem Angebot mit dem alten Preis 1,22 € am größten. Insofern hat Lisa recht. Es kommt natürlich beim Einkauf darauf an, wie viel man einkauft. Die absolute Einsparung ist zum Beispiel viel größer bei dem Artikel mit dem alten Preis 169 €, wenn man je einen der reduzierten Artikel vergleicht.

10 a) 600 g
b) Wenn man nochmals 20% von dem alten Grundwert 600 g hinzufügt, erhält man 840 g. Bezieht man sich aber auf 720 g als neuen Grundwert, so erhält man 864 g.

11 a)

	Eiweiß	Kohlenhydrate	Fett
Anteil vorher in %	11,7	73,7	1,4
Anteil nachher in %	4,2	25,5	0,5
Abnahme in %	64,1	65,4	64,3

Die Spaghetti nehmen beim Kochen viel Wasser auf.
b) 400 g (gekochte Spaghetti)

12 Individuelle Lösung

Seite 18

13 Mögliche Fragen mit Antworten:
a) Wie viel Prozent der deutschen Grenze beträgt die Grenze mit Frankreich?
Etwa 11,9%.
b) Wie viel Prozent wurden für Schüler von Gymnasien mehr ausgegeben als im Durchschnitt?
Etwa 21,4%.
c) Wie viele Lehrer wurden etwa im Schuljahr 2000/2001 in Deutschland beschäftigt?
Etwa 792 500 Lehrer.
d) Wie groß war der Anteil der Türken im Jahre 2001 in Deutschland an der ausländischen Bevölkerung mindestens?
Etwa 27%.
e) Wie weit ist der Jupiter etwa von der Sonne entfernt?
Etwa 780 Millionen km.

14 Individuelle Lösung

15 Individuelle Lösung

16 A(1,5|2,5), B(2,5|1,5), C(−2,5|0,5), D(2|−2), E(−3|−2,5)

17 a) A'(1,5|−2,5)   b) B'(−2,5|1,5)

18

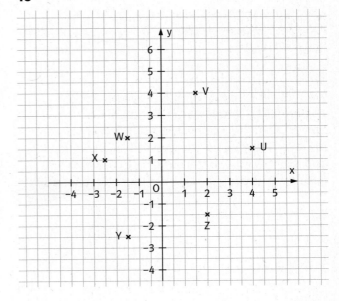

Seite 19

19 a) In einer $2\frac{1}{2}$-kg-Packung sind 0,625 kg Heu, 1 kg Gerste, 0,5 kg Trockengemüse und 0,375 kg Mais enthalten.

b)

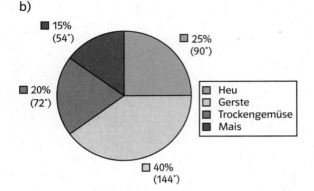

- 15% (54°)
- 25% (90°)
- 20% (72°)
- 40% (144°)

Legende:
- Heu
- Gerste
- Trockengemüse
- Mais

20 Kreisdiagramm

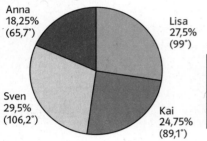

Anna 18,25% (65,7°)
Lisa 27,5% (99°)
Sven 29,5% (106,2°)
Kai 24,75% (89,1°)

Kandidat	Stimmen
Lisa	110
Kai	99
Sven	118
Anna	73
Summe	400

21 a) Winkel durch Ausmessen bestimmt; Anteile in Prozent:

	Hafer-flocken	Rosinen	Hasel-nüsse	Sonnen-blumenkerne
Winkel	100°	40°	140°	80°
Anteil	27,8%	11,1%	38,9%	22,2%

b) Etwa 308 g Müsli ist in dem Glas.
c) Etwa 68 g Sonnenblumenkerne.
d) Man kann die Winkel (oder die Prozentzahlen) als Teile zählen. Dann sind noch 320 Teile da, also $\frac{100}{320}$ = 31,25% Haferflocken, $\frac{140}{320}$ = 43,75% Haselnüsse und $\frac{80}{320}$ = 25% Sonnenblumenkerne.

22 Individuelle Lösung

4 Zinsen

Seite 21

1

	a)	b)	c)	d)	e)	f)	g)
Guthaben in €	500	500	4000	2400	7124	4866	15,86
Zinssatz %	3	4	5	2,5	1,5	3,5	2,75
Jahreszinsen €	15	20	200	60	106,86	170,31	0,44

2 a) 2,5%   b) 4%
c) 8,61 €   d) 86,10 €
e) 3000 €   f) 6000 € bzw. 2500 €

3

	a)	b)	c)	d)	e)	f)
Guthaben in €	1200	150	70 000	7000	7000	7700
Zinssatz %	3	1,5	3,5	3,5	7	7
Tage	100	70	1	10	50	10
Zinsen in €	10	0,44	6,81	6,81	68,06	14,97

4 a) 4%   b) 4%

5 a) Zinsen 2005: 4,77 €; Guthaben 154,77 €
b) 157,09 €   c) Zinsen 2005: 5,53 €

5 Zinseszinsen

Seite 23

1 a) bei 3% Zinsen:

Jahr	Guthaben ohne Zinsen	Zinsen	Guthaben mit Zinsen
2006	1500,00 €	45,00 €	1545,00 €
2007	1545,00 €	46,35 €	1591,35 €
2008	1591,35 €	47,74 €	1639,09 €
2009	1639,09 €	49,17 €	1688,26 €
2010	1688,26 €	50,65 €	1738,91 €

b) bei 6% Zinsen:

Jahr	Guthaben ohne Zinsen	Zinsen	Guthaben mit Zinsen
2006	1500,00 €	90,00 €	1590,00 €
2007	1590,00 €	95,40 €	1685,40 €
2008	1685,40 €	101,12 €	1786,52 €
2009	1786,52 €	107,19 €	1893,71 €
2010	1893,71 €	113,62 €	2007,33 €

c) bei 1,5% Zinsen:

Jahr	Guthaben ohne Zinsen	Zinsen	Guthaben mit Zinsen
2006	1500,00 €	22,50 €	1522,50 €
2007	1522,50 €	22,84 €	1545,34 €
2008	1545,34 €	23,18 €	1568,52 €
2009	1568,52 €	23,53 €	1592,05 €
2010	1592,05 €	23,88 €	1615,93 €

d) bei 4,5% Zinsen:

Jahr	Guthaben ohne Zinsen	Zinsen	Guthaben mit Zinsen
2006	1500,00 €	67,50 €	1567,50 €
2007	1567,50 €	70,54 €	1638,04 €
2008	1638,04 €	73,71 €	1711,75 €
2009	1711,75 €	77,03 €	1788,78 €
2010	1788,78 €	80,50 €	1869,28 €

2

	a)	b)	c)	d)	e)
Kapital in €	300	1000	5000	1200	3000
Zinssatz	3,50%	1,50%	4,12%	2,80%	4%
Jahre	2	3	4	6	4,5
Endkapital €	321,37	1045,68	5876,34	1416,25	3579,77

3 Die Zunahme beträgt in jedem Fall 21,55%.

Kapital in €	1450	270	9999
Zinssatz	5,00%	5,00%	5,00%
Jahre	4	4	4
Endkapital €	1762,48	328,19	12 153,85

4 Die Lösung wird durch gezieltes Ausprobieren mit Hilfe des Taschenrechners gefunden (vgl. Beispiel 1 im Lehrtext).
a) Unabhängig vom Anfangskapital muss man das Kapital bei einem Zinssatz von 10% (5%; 3%) für 8 (15; 24) Jahre anlegen, damit es sich mit Zinseszins verdoppelt.
b) Etwa 14,9%.

5 1240,25 € (1267,32 €)

6 a)

Jahr	Zinssatz	Kapital
0. Jahr		5000,00 €
1. Jahr	2,00%	5100,00 €
2. Jahr	2,25%	5214,75 €
3. Jahr	2,75%	5358,16 €
4. Jahr	3,50%	5545,70 €
5. Jahr	4,00%	5767,53 €
6. Jahr	4,50%	6027,07 €
7. Jahr	5,00%	6328,42 €

Hannah bekommt 6328,42 € zum 1.1.2010 ausbezahlt.
b) Aktuelle Konditionen kann man im Internet nachschlagen (in eine Suchmaschine das Stichwort „Bundesschatzbriefe" eingeben). Die Rechnung ist entsprechend.

6 Überall Prozente

Seite 25

1 Etwa 60,2 Millionen Autos werden im Jahre 2030 auf deutschen Straßen fahren.

2 a) etwa 21,2%   b) etwa 23,3%

3 a) 25%   b) 20%

4 alter Preis: 255 €; neuer Preis: 191,72 €; gespart: etwa 24,8%

5 a) Etwa 40,3 Millionen Einwohner in Deutschland sind männlich (Quelle: Statistisches Bundesamt, Daten von 2001). Es leiden dann etwa 2,8 Millionen männliche Bundesbürger an Dichromasie.
b) Als grobe Schätzung kann man etwa 1100 Schülerinnen und Schüler angeben, denn
35 : 0,07 + 6 : 0,01 = 1100. Die Schätzung ist aber sehr ungenau, da die wahren Anteile um 7% bzw. 1% schwanken.

Seite 26

6 a) bei z. B. 30 Schülern etwa 8
b) bei z. B. 800 Schülern etwa 210
c) etwa 104 000

7 a)

Zahl der Tore	0	1	2	3	4	5
Zahl der Spiele	18	42	79	68	52	28
Prozente	5,9%	13,7%	25,8%	22,2%	17,0%	9,2%

Zahl der Tore	6	7	8	9	10
Zahl der Spiele	7	8	2	1	1
Prozente	2,3%	2,6%	0,7%	0,3%	0,3%

Bei den insgesamt 306 Spielen fielen durchschnittlich 2,9 Tore pro Spiel.
b) Die Prozentzahlen der Tabelle sind ähnlich. Dahinter steckt eine statistische Gesetzmäßigkeit (Poissonverteilung).

8 Die Schulterhöhen werden durch Abmessen bestimmt: Equus: 6,0 cm; Merychippus: 2,0 cm; Eohippus: 0,9 cm.
a) etwa 220%   b) etwa 650%   c) etwa 300%

9 a) etwa 51,3%   b) etwa 26,7%

Seite 27

10 a) 44,10 €   b) 12 €   c) 150 €

11 etwa 36,2 %

12 a) Das Nettogewicht beträgt 80 % des Bruttogewichtes, die Tara 20 % des Bruttogewichtes.
b) 12,5 kg.
c) Individuelle Lösung

13 a) 5568 €
b) 5400,96 €
c) das Ergebnis ist jeweils gleich
d) etwa 12,5 %

14 Eine Flasche Bier enthält etwa 0,025 Liter
Alkohol, ein Körper mit 80 kg Masse enthält etwa
64 Liter Wasser. Wenn der Alkohol sich gleichmäßig im gesamten Körperwasser verteilt, beträgt
der Alkoholanteil $\frac{0,025}{64}$ = 0,00039 ≈ 0,4 ‰. Man darf
sich also nicht nur auf die 5 Liter Blut beziehen.

15 a) 5·(7 + 13) = 5·20 = 100 oder 5·(7 + 13)
= 5·7 + 5·13 ausmultipliziert, weiter bei b)
b) 5·7 + 5·13 = 35 + 65 = 100
c) 5·(7·13) = 5·91 = 455
d) (5·7)·13 = 35·13 = 455
e) (5·7)·(5·13) = 35·65 = 2275

16 Rechenbaum zu dem Term 12·(5 + 3·8) – 27

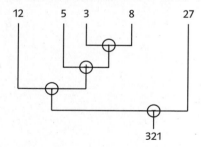

321

17 a) (35 – 19)·5 = 35 – 19·5 ist falsch ausmultipliziert
b) 35 – 19·5 = (7 – 19)·5 ist richtig ausgeklammert,
denn 35 = 5·7
c) (13 + 15) + 17 = 13 + 17 + 15 ist richtig, da AG und
KG angewendet wurden.

Wiederholen – Vertiefen – Vernetzen

Seite 28

	a)	b)	c)	d)	e)	f)	g)	h)	i)	j)
p %	3 %	**41,7 %**	25 %	**25 %**	1,75 %	1,75 %	32 %	16 %	105 %	116 %
W	**6**	250	350	1,8	4,9	**4,9**	**448**	448	**294**	870
G	200	600	**1400**	7,2	**280**	280	1400	**2800**	280	**750**

2 a) 6,89 €   b) 54 €
c) G = 52 €. Der Rucksack von Jana war 11,7 % billiger. Der Rucksack von Jan war 13,3 % teurer.

3 a)

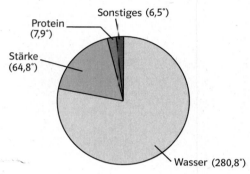

b) 1,95 kg; 0,45 kg; 0,055 kg
c) 1,28 kg Kartoffeln enthalten 1 Liter Wasser.

4 Werte vor dem Umbau: U = 40 m; A = 96 m²;
V = 624 m³;
nach dem Umbau: U' = 49 m; A' = 117,5 m²;
V' = 699,25 m³
a) 22,5 %   b) 22,4 %   c) 12,1 %

5

Ballspiel	Fußball	Basketball	Tennis	Eishockey
Zeit netto	58 min	40 min	39 min	60 min
Zeit brutto	94 min	88 min	168 min	133 min
Lösungen	62 %	120 %	331 %	122 %

6 a) Ken hat Recht, denn $\frac{71,4 - 18,2}{71,4}$ ≈ 75 %.
Barby rechnet einfach 100 % – 75 % = 25 %.
Richtig wäre: $\frac{71,4 - 18,2}{18,2}$ ≈ 293 %.
b) Das kann sein, da jemand z.B. mehrere Handys
haben kann oder sich ein neues kaufen will.

Seite 29

7 a) etwa 900 Millionen Tonnen
b) Man geht von 100 % aus und multipliziert wie
beim Zinseszinsrechnen fortgesetzt mit dem
„Wachstumsfaktor" 1,004 und erhält nach Subtrak-
tion von 100 % auf diese Weise 2,01 % bzw. 4,07 %
bzw. 8,31 %.

8 a) 0,25 % von 35 % von 510 Mill. km² = 0,25 % von 178,5 Mill. km² = 0,45 Mill. km².
b) 38,8 %
c) etwa 258 %
d) (35 % von 510 Mill. km²) · 4,282 km = 764 Mill. km³;
e) 764 Mill. km³ : 357 000 km² = 2140 km.
Der See wäre 2140 km (!) tief.

9 a) Das Wort „sogar" deutet auf mehr hin, aber $\frac{1}{3} > \frac{1}{4}$!
b) Die Summe der Prozentzahlen von männlich und weiblich müsste 100 % ergeben.
c) Gemeint ist wohl: Der Zustand eines 70-Jährigen war der eines 10 Jahre jüngeren.
d) $\frac{1}{10} < \frac{1}{5}$, also wäre die Zahl der zu schnellen Fahrer gestiegen. Offenbar wird $\frac{1}{10}$ mit 10 %, $\frac{1}{5}$ mit 5 % identifiziert.

Exkursion – Von großen und kleinen Tieren

Seite 32

1 a) 20 %
b) 0,6 m (mittelgroßer Hund)

2 Elefant: 78 %, Strauß: 92 %, Krokodil: 57 %

3 180 cm

4 a) Es sind etwa 45 000 Arten von Wirbeltieren bekannt.
b) 20 700 Fischarten, 5400 Säugetierarten, 8550 Vogelarten, 7200 Kriechtierarten und 3150 Lurcharten.

Seite 33

5 56 % der Säugetiere sind Nagetiere und 14 % der Säugetiere sind Fledertiere.

6 In den Wäldern leben 25 % der Säugetiere auf den Bäumen, 67 % am Boden und 8 % unterirdisch.
In den Steppen leben 0 % der Säugetiere auf den Bäumen, 51 % am Boden und 49 % unterirdisch.
In den Wüsten leben 0 % der Säugetiere auf den Bäumen, 28 % am Boden und 72 % unterirdisch.

7 a) 7 °C
b) Die Anzahl der Herzschläge geht um etwa 99 %, die des Atemholens um etwa 95 % zurück.

8

Tier	Geburtsgewicht bezogen auf das Geburtsgewicht der Mutter	Zunahme bezogen auf das Geburtsgewicht
Elefant	4 %	2400 %
Känguru	0,003 %	3 000 000 %
Fledermaus	20 %	400 %
Seehund	10 %	900 %
Mensch	5,7 %	1700 %

II Häufigkeiten und Wahrscheinlichkeiten

1 Wahrscheinlichkeiten – Entscheidungshilfen

1 a) Rad (1): $\frac{2}{6}$; Rad (2): $\frac{4}{8}$; Rad (3): $\frac{3}{12}$
b) Rad (1): 80-mal; Rad (2): 120-mal;
Rad (3): 60-mal

2 a) $\frac{18}{37}$ b) $\frac{10}{37}$

3 a) „unter drei" hat die W. $\frac{2}{6}$. Svea hat die W. $\frac{4}{6}$ zu zahlen.
b) Michael würde etwa 100-mal, Svea 200-mal zahlen.
c) mögliche Abänderung: Michael zahlt, wenn 1, 2 oder 3 fällt, sonst Svea.

4 Weil eine W. höchstens 100 % betragen kann.

5 Individuelle Lösung

6 8 Felder blau (für „Regen") und 2 Felder gelb (für „nicht Regen") färben.

7 mit dem Würfel z. B. wie in Tabelle 1, mit dem Dodekaeder z. B. wie in Tabelle 2.

Würfel	1, 2	3, 4	5, 6
→	Eis essen	Kino	Radtour

Dodekaeder	1, 4, 7, 10	2, 5, 8, 11	3, 6, 9, 12
→	Eis essen	Kino	Radtour

8 a) $\frac{1}{365}$ b) $\frac{31}{365}$ c) 0

9 a) falsch (bzw. nur angenähert richtig), da die Monate unterschiedlich lang sind.
b) Der Wert ist angenähert richtig.
c) falsch, da der 1. Advent immer ein Sonntag ist.
d) richtig

2 Versuchsreihen ergeben Wahrscheinlichkeiten

1

	Helena	Susanne	Pascal
relative Häufigkeit	0,708	0,644	0,621
mögliche Schätzung	0,7	0,65	0,62

Da Pascal wesentlich öfter geworfen hat, kann man erwarten, dass seine Schätzung am besten ist.

2
a) Schätzung 1 gehört wohl zum Lego-Vierer
Schätzung 3 gehört wohl zum Lego-Sechser
Schätzung 2 gehört wohl zum Lego-Achter
b) Hier sollten am Ende alle Ergebnisse zusammengetragen werden. Beim Zusammentragen kann man eine Tabelle wie folgt anlegen, um zu erkennen, dass sich die Werte mit zunehmender Wurfzahl stabilisieren.

Wurfzahl		50	100	150	…
relative Häufigkeit					

3 z. B.

Ziffer	1	2	3	4	5	6	7	8	9
rel. Häufigkeit	0,26	0,22	0,12	0,04	0,08	0,04	0,14	0,06	0,05

Man beachte, dass die Anfangsziffern der Hausnummern keineswegs gleich wahrscheinlich sind (Benford-Gesetz).
Bei 30 Schülern (also 1500 Hausnummern) sollte etwa folgende Verteilung herauskommen:

Ziffer	1	2	3	4	5	6	7	8	9
rel. Häufigkeit	0,30	0,18	0,12	0,10	0,08	0,07	0,06	0,05	0,04

4 a) Auszählen vieler Texte. Die W. sind dann die relativen Häufigkeiten, die man dabei ermittelt.
b) Individuelle Lösung
c) Man kann die Häufigkeiten analysieren und mit der Tabelle den richtigen Buchstaben zuordnen, vgl. d).

d) Häufigkeitsanalyse des Textes. Schon nach etwa einem Viertel des Textes zeichnet sich z $\triangleq$ e ab:

a	b	c	d	e	f	g	h	i	j	k	l	m	n
I		II	IIII		I		III	IIII				III	HHT

o	p	q	r	s	t	u	v	w	x	y	z
HHT I				IIII			I	I	HHT HHT		

und damit die Zuordnung:

a	b	c	d	e	f	g	h	i	j	k	l	m	n	o	p	q	r	s	t	u	v	w	x	y	z
f	g	h	i	j	k	l	m	n	o	p	q	r	s	t	u	v	w	x	y	z	a	b	c	d	e

Damit ergibt sich die Auflösung: mathematik | ist | eines | der | interessantesten | faecher | mit | sehr | hoher | wahrscheinlichkeit | kann | man | probleme | des | alltags | mit | hilfe | der | mathematik | loesen

5 a) Näherungsweise sollte sich ergeben:

Note	1	2	3	4	5	6
Würfel	16,7%	16,7%	16,7%	16,7%	16,7%	16,7%
4 Münzen	6,25%	25%	37,5%	25%	6,25%	0

b) und c) Individuelle Lösung

6 a) $\frac{5}{22} \cdot 13 \approx 3$. Drei Kugeln sind zu erwarten.

b) $\frac{31}{100} \cdot 13 \approx 4$. Vier Kugeln sind zu erwarten.

„Zu erwarten" heißt nicht „sicher sein". Geringe Abweichungen sind nicht ausgeschlossen.

7 Für die Strecke S – B würde er vier Stunden brauchen. Um einen 120 m langen Sportplatz zu überfliegen, würde er 2,88 sec brauchen.

3 Zusammenfassen von Ergebnissen – Summenregel

Seite 45

1 Wahrscheinlichkeiten für

a) (Fig. 1) blau: $\frac{3}{6} = \frac{1}{2}$; gelb: $\frac{1}{6}$; grün: $\frac{1}{3}$

(Fig. 2) blau: $\frac{4}{16} = \frac{1}{4}$; gelb: $\frac{4}{16} = \frac{1}{4}$; grün: $\frac{8}{16} = \frac{1}{2}$

b) (Fig. 1) gelb oder blau: $\frac{4}{6} = \frac{2}{3}$

(Fig. 2) gelb oder blau: $\frac{8}{16} = \frac{1}{2}$

c) gelb oder blau: 46% + 21% = 67%

2 a) $\frac{12}{30} = \frac{2}{5}$ b) $\frac{15}{30} = \frac{1}{2}$

c) Wenn Jonas ein Bonbon mit Himbeer- oder Pfefferminzgeschmack nimmt: $\frac{14}{29}$

Wenn Jonas kein Bonbon mit Himbeer- oder Pfefferminzgeschmack nimmt: $\frac{15}{29}$

3 a) $\frac{2}{6} = \frac{1}{3}$ b) $\frac{2}{6} = \frac{1}{3}$ c) $\frac{2}{6} = \frac{1}{3}$

Der Spieler weiß, dass sehr wahrscheinlich etwas Günstiges für ihn passiert.

4 a) Unter der Annahme, dass alle Wochentage als Geburtstage gleich wahrscheinlich sind, ist die Wahrscheinlichkeit, an einem Samstag oder Sonntag geboren zu werden $\frac{2}{7}$.

b) $\frac{3}{7}$; es waren nur „s" gefragt, nicht „S".

c) Bei a) sinkt die Wahrscheinlichkeit etwas, bei b) steigt sie etwas.

5 a) Etwa 33,2% + 19,8% + 16,5% = 69,5% der 98 Schüler und Schülerinnen der Klassenstufe 7 sehen mehr als 2 Stunden täglich fern, also etwa 68 Schüler und Schülerinnen.

b) Bei a) macht man die Annahme, dass sich die Prozentzahlen der Umfrage unmittelbar auf die Schüler und Schülerinnen des Richard-Wilhelmi-Gymnasiums übertragen lassen.

6

Farbe	blau	gelb	grün
Anteil a)	30%	20%	50%
Anteil b)	40%	10%	50%
Winkel im Glücksrad a)	108°	72°	180°
Winkel im Glücksrad b)	144°	36°	180°

4 Mehrstufige Zufallsexperimente – Pfadregel

Seite 47

1 W. $\triangleq$ Wahrscheinlichkeit

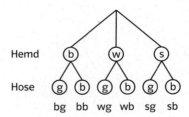

2 a) $\frac{1}{4}$

b) $\frac{1}{4} \cdot \frac{1}{4} = \frac{1}{16}$

c) $\frac{3}{4} \cdot \frac{3}{4} \cdot \frac{3}{4} = \frac{27}{64}$

d) $\frac{1}{4} \cdot \frac{1}{4} \cdot \frac{3}{4} + \frac{1}{4} \cdot \frac{3}{4} \cdot \frac{1}{4} + \frac{3}{4} \cdot \frac{1}{4} \cdot \frac{1}{4} = \frac{9}{64}$

d) Zu der Situation „2-mal gelb" gehören die Ergebnisse ggḡ, gḡg, ḡgg mit den W. $\frac{1}{4}\cdot\frac{1}{4}\cdot\frac{3}{4}=\frac{3}{64}$ bzw. $\frac{1}{4}\cdot\frac{3}{4}\cdot\frac{1}{4}=\frac{3}{64}$ bzw. $\frac{1}{4}\cdot\frac{1}{4}\cdot\frac{3}{4}=\frac{3}{64}$. Also ist die W. für „2-mal gelb" $\frac{9}{64}$.

Baum zu c), d):

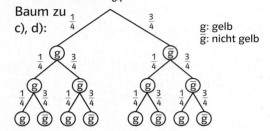

g: gelb
ḡ: nicht gelb

3 Lösung an einem Baumdiagramm.

a) $\frac{1}{2}\cdot\frac{1}{2}\cdot\frac{1}{2}=\frac{1}{8}$ aus dem Ergebnis ZZZ.

b) $3\cdot\frac{1}{2}\cdot\frac{1}{2}\cdot\frac{1}{2}=\frac{3}{8}$ aus den Ergebnissen ZWW, WZW, WWZ.

c) $4\cdot\frac{1}{2}\cdot\frac{1}{2}\cdot\frac{1}{2}=\frac{1}{2}$ aus den Ergebnissen von b) und WWW.

4 a) $\frac{2}{5}\cdot0,6\cdot0,85=0,204$ b) $\frac{3}{5}\cdot0,4\cdot0,15=0,036$

c) $\frac{2}{5}\cdot\frac{2}{5}\cdot\frac{2}{5}=0,064$

Seite 48

5

7a: Gewinn-W. $=\frac{1}{4}=0,25$

7b: Gewinn-W. $=\frac{1}{2}\cdot\frac{1}{2}=\frac{1}{4}=0,25$

7c: Gewinn-W. $=3\cdot\frac{1}{8}\cdot\frac{7}{8}\cdot\frac{7}{8}+3\cdot\frac{1}{8}\cdot\frac{1}{8}\cdot\frac{7}{8}+\frac{1}{8}\cdot\frac{1}{8}\cdot\frac{1}{8}$
$=0,3301$

Man würde am besten bei der 7c spielen!
Anmerkung: Bei 7c kann man auch erst die Wahrscheinlichkeit berechnen, keinmal auf Rot zu landen $\left(\frac{7}{8}\cdot\frac{7}{8}\cdot\frac{7}{8}\right)$ und das Ergebnis von 1 abziehen.

6 a) jeweils $\frac{1}{2}\cdot\frac{1}{2}\cdot\frac{1}{2}=\frac{1}{8}=12,5\,\%$

b) jeweils $\frac{6}{12}\cdot\frac{6}{11}\cdot\frac{5}{10}=\frac{3}{22}\approx13,6\,\%$

c) mit Z: $\frac{1}{2}\cdot\frac{1}{2}\cdot\frac{1}{2}=\frac{1}{8}=12,5\,\%$; ohne Z:
$\frac{6}{12}\cdot\frac{5}{11}\cdot\frac{4}{10}=\frac{1}{11}\approx9,1\,\%$
Er sollte mit Zurücklegen spielen.

7 a) $\frac{5}{6}\cdot\frac{5}{6}\cdot\frac{5}{6}=\frac{125}{216}=0,5787$

b) $\frac{2}{3}\cdot\frac{2}{3}\cdot\frac{2}{3}=\frac{8}{27}\approx0,296$

c) $3\cdot\frac{1}{6}\cdot\frac{1}{6}\cdot\frac{5}{6}+\frac{1}{6}\cdot\frac{1}{6}\cdot\frac{1}{6}=\frac{16}{216}=\frac{2}{27}=0,0741$

8 Das Ereignis „Man gelangt ans Ziel" hat die Ergebnisse rgl, lg mit den W. $\frac{1}{3}\cdot\frac{1}{2}\cdot\frac{1}{2}$ bzw. $\frac{1}{3}\cdot\frac{1}{2}$, also insgesamt $\frac{1}{4}$.

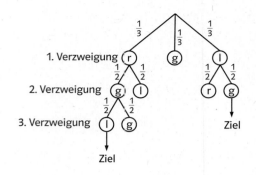

l: links
r: rechts
g: geradeaus

9 a) $6\cdot\frac{1}{6}\cdot\frac{1}{6}=\frac{1}{6}$

b) $0,1\cdot0,1+0,005\cdot0,005+0,47\cdot0,47+0,32\cdot0,32+0,005\cdot0,005+0,1\cdot0,1=0,3434$

Seite 49

10 z. B. erst eine Münze werfen und dann aus einer Urne mit 6 roten und 4 schwarzen Kugeln ziehen.
A = Wr, B = Ws, C = Zr, D = Zs

11 $\frac{3}{5}\cdot\frac{2}{4}\cdot\frac{1}{3}=\frac{1}{10}=10\,\%$

12 c) angenommen: Es wurde 1, 2, 3 als Gewinnzahl gezogen.

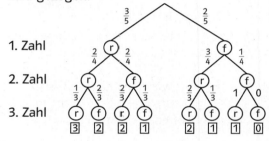

kein Treffer (Ergebnis mit ⓪) hat die W. 0 (eine ist immer richtig!)
ein Treffer (Ergebnisse mit ①) hat die W.
$\frac{3}{5}\cdot\frac{2}{4}\cdot\frac{1}{3}+\frac{2}{5}\cdot\frac{3}{4}\cdot\frac{1}{3}+\frac{2}{5}\cdot\frac{1}{4}\cdot\frac{3}{3}=0,3$
zwei Treffer (Ergebnisse mit ②) haben die W.
$\frac{3}{5}\cdot\frac{2}{4}\cdot\frac{2}{3}+\frac{3}{5}\cdot\frac{2}{4}\cdot\frac{2}{5}+\frac{2}{5}\cdot\frac{3}{4}\cdot\frac{2}{3}=0,6$
d) W. beim Lotto „3 aus 6":

Treffer	0	1	2	3
W.	5 %	45 %	45 %	5 %

Man erwartet 50-mal 3 Richtige bei 1000 Tipps.

13 Ja, denn $25\cdot0,72\,t+25\cdot0,045\,t=19,125\,t<20\,t$

14 a) 488,36 €   b) 420 €

15 Setze A als Endpunkt einer Kreisdiagonalen. Trage an diese beidseitig jeweils einen Winkel von 50° an. Die Schnittpunkte der Schenkel mit dem Kreis ergeben B und C (gleichschenkliges Dreieck $\beta=\gamma=40°$).

Wiederholen – Vertiefen – Vernetzen

Seite 50

1 a) Die oberen Angaben gehören eher zu Anjas Rundholz, weil ein höherer Zylinder leichter umfällt.
b) siehe Tabelle. Es ist dabei wegen der Symmetrie der Zylinder sinnvoll, für A und B gleiche Werte zu nehmen.

Mögliche Schätzwerte:

	A	B	R
Anja	0,29	0,29	0,42
Nico	0,14	0,14	0,72

2 a) $\frac{1}{5}$ b) $\frac{1}{4}$ c) $\frac{1}{3}$ (ohne Zurücklegen)

3 a) $\frac{7}{16}$ b) $\frac{8}{16}$ c) $\frac{9}{16}$ d) 1

4 a) Die Tabelle ergibt sich mit der Summenregel.

Treffer	Wahrscheinlichkeit
0	0,28
1	0,47
2	0,22
3	0,03

Einer der Fälle (kein Treffer – ein Treffer – zwei Treffer – drei Treffer) tritt sicher ein, also muss die Wahrscheinlichkeit 100 % betragen.
b) Die Wahrscheinlichkeiten bleiben gleich, da bei den Berechnungen der Wahrscheinlichkeiten nur die Faktoren vertauscht werden.

5
a) 512, 513, 514, 516
521, 523, 524, 526
531, 532, 534, 536
541, 542, 543, 546
561, 562, 563, 564
b) $\frac{1}{120}$ c) $\frac{1}{30}$

6 Dieser Zufallsversuch hat zwei Stufen. Die erste Stufe gibt an, ob Elke Fred trifft, die zweite gibt an, ob sie Thomas trifft. Daher gibt es folgende vier Ergebnisse.
1. „Elke trifft Fred und Thomas" mit der Wahrscheinlichkeit $0{,}5 \cdot 0{,}7 = 0{,}35$.
2. „Elke trifft Fred, aber Thomas nicht" mit der Wahrscheinlichkeit $0{,}5 \cdot 0{,}3 = 0{,}15$.
3. „Elke trifft Fred nicht, aber Thomas" mit der Wahrscheinlichkeit $0{,}5 \cdot 0{,}7 = 0{,}35$.
4. „Elke trifft weder Fred noch Thomas" mit der Wahrscheinlichkeit $0{,}5 \cdot 0{,}3 = 0{,}15$.
Zum Ereignis „Elke trifft wenigstens einen der beiden" gehören die Ergebnisse 1, 2, 3 mit der Wahrscheinlichkeit $0{,}35 + 0{,}15 + 0{,}35 = 0{,}85$ nach der Summenregel.
Es ist (vor allem bei mehrstufigen Zufallsversuchen) zu empfehlen, sich zunächst klar zu machen, was die Ergebnisse sind.

Seite 51

7 a) siehe Tabelle.
b) Die obere Trefferhäufigkeit gehört eher zu Markus – Rudi.
c) siehe Tabelle 4. Zeile

Team / Treffer	0	1	2
Markus – Rudi	0,09	0,82	0,09
Nina – Miriam	0,25	0,5	0,25
c)	0	1	0

8 a) Sie entspricht dem Anteil der Haushalte Baden-Württembergs an den Haushalten Deutschlands: $\frac{567}{5640} = 10{,}1\%$.
b) Der Anteil für die befragten Haushalte wird übertragen auf alle Haushalte.
c) 18,5 % von 12 Millionen = 2,22 Millionen in Deutschland, davon 10,1 % sind etwa 223 000 in BW.
d) Ein Haushalt steht stellvertretend für $\frac{33\,000\,000}{5640} \approx 5850$ Zuschauer.

9 a)

x	400	850	2700
markierte Schmetterlinge $= \frac{200}{x} \cdot 227$	114	53	17

b) Man kann schätzen, dass es $\frac{227}{25} \approx 9$-mal so viele Schmetterlinge wie markierte gibt.
Also: $\frac{227}{25} \cdot 200 = 1816 \approx 1800$.

10 Die „Fische" werden markiert oder durch „Fische" mit einer nicht vorkommenden Farbe ersetzt.

Exkursion – Wer höflich ist, gewinnt (fast immer)

Seite 53

1 R ⟷ W; R ⟷ G; R ⟷ B; W ⟷ G;
W ⟷ B; G ⟷ B
(R ⟷ W bedeutet z. B.: Der Spieler mit dem roten Würfel spielt gegen den Spieler mit dem weißen Würfel.)

2

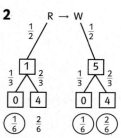 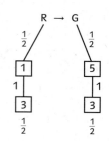

Eingekreiste Ergebnisse bedeuten: R gewinnt gegen W mit Chancenverhältnis $\frac{2}{3} : \frac{1}{3}$

R und G haben beide gleiche Chancen. $\frac{1}{2} : \frac{1}{2}$

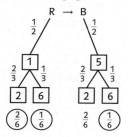

Eingekreiste Ergebnisse bedeuten: B gewinnt gegen R mit Chancenverhältnis $\frac{2}{3} : \frac{1}{3}$

Eingekreiste Ergebnisse bedeuten: W gewinnt gegen G mit Wahrscheinlichkeit $\frac{2}{3} : \frac{1}{3}$

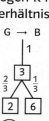

Eingekreiste Ergebnisse bedeuten: G gewinnt gegen B mit Wahrscheinlichkeit $\frac{2}{3} : \frac{1}{3}$

3 Tabelle, mit Hilfe von Aufg. 2 erstellt, entsprechend der vorgegebenen Tabelle auf Seite 53 (im Schülerbuch):

	R	W	G	B
R	x	2:1	1:1	1:2
W	1:2	x	2:1	4:5
G	1:1	1:2	x	2:1
B	2:1	5:4	1:2	x

4/5 In der Tabelle in Aufg. 3 sieht man:
Man lässt dem Gegenspieler immer die erste Wahl. Wählt er
– R, so wählt man B und gewinnt mit der Chance 2:1.
– W, so wählt man R und gewinnt mit der Chance 2:1.
– G, so wählt man W und gewinnt mit der Chance 2:1.
– B, so wählt man G und gewinnt mit der Chance 2:1.
Einfache Merkregel: Schaue auf die kleinste Zahl des gewählten Würfels. Wähle dann den Würfel, dessen kleinste Zahl um 1 größer ist. Ausnahme: Bei Grün wähle Weiß.

III Zuordnungen

1 Zuordnungen

Seite 59

1 Individuelle Lösung

2 Individuelle Lösung

3 Individuelle Lösung

4 a) Für 50 € bekommt man 61,45 US-$, für 300 € bekommt man 368,70 US-$ und für 3 € bekommt man 3,69 US-$.
b) Für 50 US-$ bekommt man 40,68 €, für 300 US-$ bekommt man 244,10 € und für 3 US-$ bekommt man 2,44 €.

5 a) Die deutsche Größe und die Fußlänge (in cm) sowie die englische Größe und die Fußlänge (in cm) werden einander zugeordnet.
b) Individuelle Messung
c) Die englische Größe 9 entspricht einer Fußlänge zwischen 28,4 cm und 28,8 cm.
d) Die Fußlänge 27 cm entspricht der deutschen Größe 41 und der englischen Größe 7.

6

Zahl	1	2	3	4	5	6	7	8	9	10
Anzahl der Teiler	1	2	2	3	2	4	2	4	3	4

Zahl	11	12	13	14	15	16	17	18	19	20
Anzahl der Teiler	2	6	2	4	4	5	2	6	2	6

7 Individuelle Lösung

2 Graphen von Zuordnungen

Seite 61

1 a)

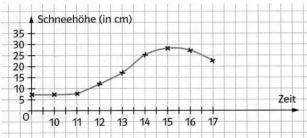

b) Um 12.30 Uhr wird der Schnee etwa 14 cm hoch gelegen haben.

c) Da die Schneehöhe zwischen 11.00 Uhr und 15.00 Uhr ansteigt, wird es vermutlich in diesem Zeitraum geschneit haben.

2 a)

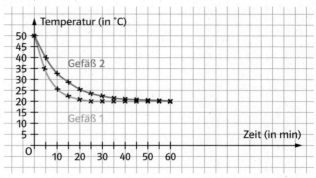

b) Nach 22 Minuten beträgt die Temperatur des Wassers im ersten Gefäß etwa 21 °C und im zweiten Gefäß etwa 25 °C.
c) Da die Temperatur im zweiten Gefäß langsamer abnimmt, könnte es z. B. besser isoliert sein.
Die Umgebungstemperatur wird vermutlich 20 °C betragen.

Seite 62

3 Individuelle Lösung

4 Graph a) gehört zu Gefäß 3, Graph b) zu Gefäß 2, Graph c) zu Gefäß 4 und Graph d) zu Gefäß 1.

5 Lässt man die Kugel im höchsten Punkt los, so beschleunigt sie zunächst, bremst nach der Mulde etwas ab um dann im letzten Abschnitt der Bahn wieder zu beschleunigen. Zur Zuordnung *Zeit t →* *Geschwindigkeit v* gehört der rechte Graph.

6 Linker Graph:
1) Die Zuordnung *Zeit t → Geschwindigkeit v* bei einer Kugel, die durch eine Mulde rollt.
2) Die Zuordnung *Zeit t → Höhe h* eines Wanderers, der über einen Berg läuft.
Mittlerer Graph:
1) Die Zuordnung *Zeit t → Geschwindigkeit v* bei einer Kugel, die mit Schwung eine Anhöhe hoch rollt.
2) Die Zuordnung *Zeit t → Höhe h* eines Schifahrers, der einen Hang hinunterfährt.
Rechter Graph:
Die Zuordnung *Zeit t → Geschwindigkeit v* bei einem Auto, das anfährt, kurz bremst und dann weiter beschleunigt.

7 a) Möglicher Text für den roten Weg: „Zunächst beschleunigt man den Wagen in Stadt A und fährt dann auf der Straße bis kurz vor Stadt B mit konstanter Geschwindigkeit. In Stadt B fährt man langsamer, um dann wieder bis zu den Serpentinen schneller zu fahren. Nachdem man die Kurven langsamer durchfahren hat, fährt man auf dem letzten Stück wieder schneller."

b) Mögliche Graphen:

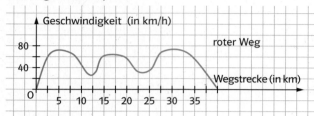

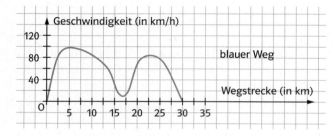

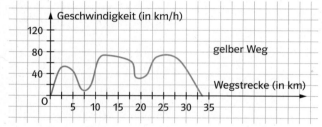

8 Individuelle Lösung

9 a) Um 21.00 Uhr betrug der Wasserverbrauch etwa 1,6 m³/h, um 19.15 Uhr etwa 3,8 m³/h.

b) Das Spiel begann vermutlich um 19.30 Uhr, Halbzeit wäre dann von 20.15 Uhr bis 20.30 Uhr gewesen. Da der Wasserverbrauch nach der regulären Spielzeit um 21.15 Uhr stark anstieg, wird es vermutlich keine Verlängerung gegeben haben.

c) Mögliche Graphen:

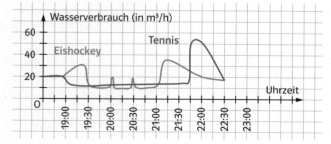

Seite 63

10 a) Der Busfahrer hat seine Fahrt um 4.45 Uhr begonnen und um 11.05 Uhr beendet.

b) Der Busfahrer hat zwischen 9.45 Uhr und 10.20 Uhr eine Pause eingelegt.

c) Die Höchstgeschwindigkeit betrug etwas mehr als 100 km/h.

d) Der Bus fuhr vermutlich zwischen 7.45 Uhr und 9.30 Uhr auf der Autobahn, da die Geschwindigkeit in dieser Zeit durchgehend sehr hoch war.

e) Individuelle Lösung

11 a) Der Graph des tatsächlichen Temperaturverlaufs dürfte keine Knicke haben.

b) Möglicher Graph:

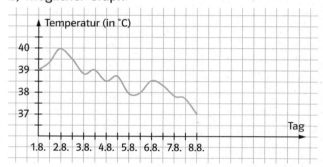

12
a) Fig. 3: A′ = B; B′ = A; C′ = C
   Fig. 4: A′ = B; B′ = A; C′ = D; D′ = C
   Fig. 5: A′ = A bzw. A′ = C; B′ = D bzw. B′ = B
            C′ = C bzw. C′ = A; D′ = B bzw. D′ = D
b) Fig. 3: $\overline{AC} = \overline{BC}$ und die Winkel bei A und B sind gleich groß.
Fig. 4: $\overline{AB} = \overline{CD}$, $\overline{BC} = \overline{AD}$ und alle Winkel sind gleich groß.
Fig. 5: $\overline{AB} = \overline{BC} = \overline{CD} = \overline{AD}$ und gegenüberliegende Winkel sind gleich groß.
c) Fig. 3: Keine weiteren Symmetrieachsen, keine Punktsymmetrie
Fig. 4: Es gibt eine weitere Symmetrieachse, Punktsymmetrie liegt vor
Fig. 5: Keine weiteren Symmetrieachsen, Punktsymmetrie liegt vor
Fig. 6: Unendlich viele weitere Symmetrieachsen, Punktsymmetrie
d) Fig. 3: Gleichschenkliges Dreieck
   Fig. 4: Rechteck
   Fig. 5: Raute
   Fig. 6: Kreis

3 Gesetzmäßigkeiten bei Zuordnungen

Seite 65

1 a) Fig. 1: $A = 3 \cdot s^2$; Fig. 2: $A = 2 \cdot s$
b) Fig. 1:

s (in cm)	1	2	3	4	5
A (in cm²)	3	12	27	48	75

Fig. 2:

s (in cm)	1	2	3	4	5
A (in cm²)	2	4	6	8	10

c)

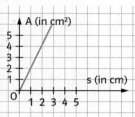

2 a) $A = k^3$
b)

k (in cm)	0,5	1	2	3	4
V (in cm³)	0,125	1	8	27	64

c)

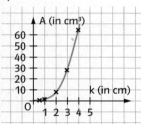

3 a)

l (in cm)	150	155	160	165	170	175	180	185	190	195
g (in kg)	50	55	60	65	70	75	80	85	90	95

b) $g = l - 100$
c) Für Menschen, deren Körpergröße unter 100 cm beträgt, kann die Formel nicht gelten.

4 a) $s = \dfrac{v}{10} \cdot \dfrac{v}{10} = \left(\dfrac{v}{10}\right)^2$
b)

v (in km/h)	20	30	50	100
s (in m)	4	9	25	100

c)

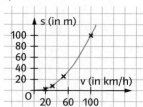

5 a) Der y-Wert lässt sich mit der Formel $y = 6 \cdot x$ berechnen:

x	0	1	2	3	4	5
y	0	6	12	18	24	30

b) Der y-Wert lässt sich mit der Formel $y = x^2$ berechnen:

x	1	2	3	4	5	9
y	1	4	9	16	25	81

c) Der y-Wert lässt sich mit der Formel $y = 2 + 3 \cdot x$ berechnen:

x	0	1	2	3	4	6
y	2	5	8	11	14	20

d) Der y-Wert lässt sich mit der Formel $y = 1 : x$ berechnen:

x	0,5	1	2	4	5	6
y	2	1	0,5	0,25	0,2	$\frac{1}{6}$

6 a) Für $x = \frac{1}{2}$ ist $y = \frac{3}{2}$, für $x = 5$ ist $y = 15$ und für $x = 10$ ist $y = 30$.
b) Für $x = \frac{1}{2}$ ist $y = -\frac{1}{2}$, für $x = 5$ ist $y = -5$ und für $x = 10$ ist $y = -10$.
c) Für $x = \frac{1}{2}$ ist $y = 2$, für $x = 5$ ist $y = \frac{1}{5}$ und für $x = 10$ ist $y = \frac{1}{10}$.
d) Für $x = \frac{1}{2}$ ist $y = 4$, für $x = 5$ ist $y = \frac{1}{25}$ und für $x = 10$ ist $y = \frac{1}{100}$.

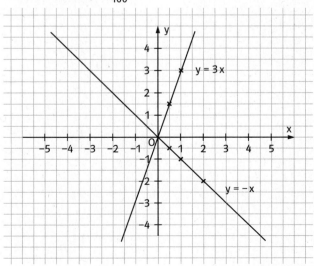

Seite 67

7   a)

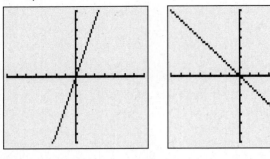

b) 6a): Für x = 2,5 ist y = 7,5
6b): Für x = 2,5 ist y = −2,5
6c): Für x = 2,5 ist y = 0,4
6d): Für x = 2,5 ist y = 0,16

8   a) $y = \frac{3}{2}x$

x	0	1	2	3	4	5	6
y	0	1,5	3	4,5	6	7,5	9

b) $y = \frac{3}{2}x + 2$

x	0	1	2	3	4	5	6
y	2	3,5	5	6,5	8	9,5	11

c) $y = x^2$

x	0	1	2	3	4	5	6
y	0	1	4	9	16	25	36

d) $y = x^2 - 4$

x	0	1	2	3	4	5	6
y	−4	−3	0	5	12	21	32

e) $y = -x^2 + 4$

x	0	1	2	3	4	5	6
y	4	3	0	−5	−12	−21	−32

f) $y = x^3$

x	0	1	2	3	4	5	6
y	0	1	8	27	64	125	216

g) $y = x^4$

x	0	1	2	3	4	5	6
y	0	1	16	81	256	625	1296

h) $y = x^3 - 6x$

x	0	1	2	3	4	5	6
y	0	−5	−4	9	40	95	180

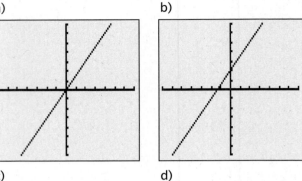
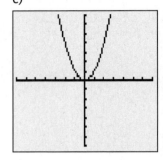
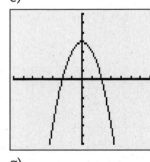
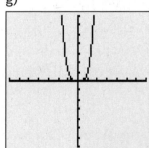

a)   b)
c)   d)
e)   f)
g)   h)

9   Die Oberfläche beträgt etwa 12,57 cm²
(3,14 cm², 201,06 cm², 78,54 m², 125 663,71 km²,
1,6935·10⁸ km²), der Rauminhalt 4,19 cm³
(0,52 cm³, 268,08 cm³, 65,45 m³, 4 188 790,21 km³,
2,0722·10¹¹ km³)

10 a) Für den Flächeninhalt F (in cm²) gilt:
$F = 100 - x^2$
b) zum Beispiel

x (in cm)	1	2	3	4	5
F (in cm²)	99	96	91	84	75

c) Mit der Formel aus Teilaufgabe a) erkennt man, dass der Flächeninhalt halbiert wird, wenn $x^2 = 50$ ist. Durch Ausprobieren liefert $x \approx 7{,}07$.

11 a) Der y-Wert ist 0 für $x = -2; -1; 2; 1$.
b) Die y-Werte sind negativ für $-2 < x < -1$ und $1 < x < 2$.
c) Die y-Werte steigen an für etwa $-1{,}6 < x < 0$ und $x > 1{,}6$.
Die y-Werte fallen ab für etwa $x < -1{,}6$ und $0 < x < 1{,}6$.
d) Die y-Werte nehmen die niedrigsten Werte bei etwa $x = -1{,}6$ und bei etwa $x = 1{,}6$.

12 a) 14,5   b) 12   c) 6,5   d) $\frac{196}{13}$

13 a) 200 a = 2 ha   b) 27,5 %; 60 %; 12,5 %   c) 54 a

4 Proportionale und antiproportionale Zuordnungen

Seite 70

1 a) Da jedes Blatt die gleiche Dicke besitzt, ist die Zuordnung *Anzahl der Blätter* → *Höhe des Stapels* proportional.
b) Die Zuordnung *Alter* → *Körpergewicht* ist nicht proportional. Mit 40 ist man nicht doppelt so schwer wie mit 20.
c) Der Umfang U eines Quadrates lässt sich mit der Seitenlänge s mit der Formel $U = 4 \cdot s$ berechnen. Die Zuordnung *Seitenlänge* → *Umfang* ist daher proportional.

2 a)

x	0	1	2	3	5	7
y	0	2	4	6	10	14

b)

x	0	1	2	4	5	8
y	0	1,5	3	6	7,5	12

c)

x	3,5	7	10,5	14	28	35
y	11	22	33	44	88	110

d)

x	0,02	0,05	0,1	0,5	1	8,5
y	25	62,5	125	625	1250	10 625

3 a)

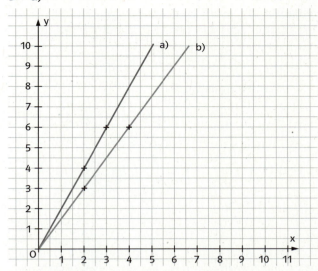

b) Beide Graphen sind Geraden, die durch den Ursprung gehen. Die Gerade von 2 a) steigt etwas schneller an als die Gerade von 2 b).

4 a) Zuordnung *Zeit* → *Volumen*, Proportionalitätsfaktor: 0,5;
Zuordnung *Gewicht* → *Preis*, Proportionalitätsfaktor: 1,5;
Zuordnung *Länge* → *Gewicht*, Proportionalitätsfaktor: 8,6;
Zuordnung *Zeit* → *Strecke*, Proportionalitätsfaktor: $\frac{5}{12}$.
b)

Zeit (in s)	Volumen (in l)
10	5
8	4
25	12,5

Gewicht (in kg)	Preis (in €)
0,5	0,75
1,2	1,80
4,3	6,45

Länge (in m)	Gewicht (in kg)
5	43
3,8	32,68
6,2	53,32

Zeit (in min)	Strecke (in km)
30	12,5
120	50
125	52,08

c)

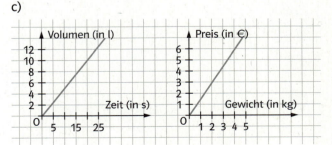

5 a) Für die Quotienten $\frac{\text{Ausdehnung}}{\text{Gewicht}}$ erhält man:
$\frac{2{,}5}{10} = 0{,}25$; $\frac{3{,}7}{15} \approx 0{,}247$; $\frac{6{,}3}{25} = 0{,}252$; $\frac{10{,}1}{40} = 0{,}2525$;
$\frac{13{,}7}{55} \approx 0{,}249$; $\frac{14{,}8}{60} \approx 0{,}247$; $\frac{16{,}3}{65} \approx 0{,}25$

Alle Quotienten sind annähernd gleich. „Annähernd" bedeutet in diesem Zusammenhang, dass die meisten Quotienten nicht genau 0,25 betragen, sondern nur nahe bei 0,25 liegen.

b)

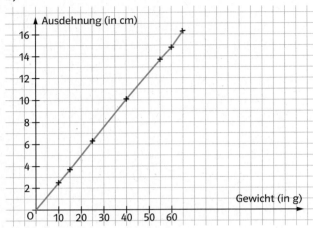

c) Aus dem Graphen kann man ablesen, dass man eine Ausdehnung von 7,5 cm erwarten wird.

Seite 71

6 Da die Wertepaare der ersten Zuordnung produktgleich sind ($1 \cdot 48 = 2 \cdot 24 = 3 \cdot 16 = 4 \cdot 12 = 6 \cdot 8 = 8 \cdot 6$), kann diese Zuordnung antiproportional sein. Die Wertepaare der zweiten Zuordnung sind hingegen nicht produktgleich ($2 \cdot 2,5 = 5$ und $20 \cdot 0,3 = 6$), die zweite Zuordnung kann also nicht antiproportional sein.

7 a)

x	4	6	8	12	16	24
y	30	20	15	10	7,5	5

b)

x	3	4	6	8	24	60
y	20	15	10	7,5	2,5	1

8 a)

a (in cm)	0,5	1	2	3	4	5	6	8	10	12
b (in cm)	24	12	6	4	3	2,4	2	1,5	1,2	1

b) $b = \frac{12}{a}$

c)

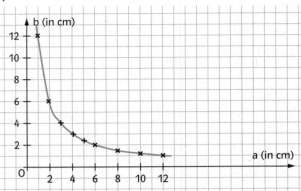

Weitere Wertepaare (gerundet): $(7 \mid 1,7)$, $(9 \mid 1,3)$, $(11 \mid 1,1)$

9 a) Ein Strauß mit 15 (20; 25; 30) Rosen kostet 18,75 € (25,00 €; 31,25 €; 37,50 €). Die Zuordnung *Anzahl der Rosen → Preis des Straußes* ist proportional.
b) Wenn sich 15 (20; 25; 30) Personen zu gleichen Teilen an den Kosten beteiligen, muss jeder 2,00 € (1,50 €; 1,20 €; 1,00 €) bezahlen? Die Zuordnung *Anzahl der Personen → Kosten pro Person* ist antiproportional.

10 Individuelle Lösung

5 Lineare Zuordnungen

Seite 74

1 a) Die Zuordnung *Sandmenge (in m³) → Kosten* ist linear, weil die Kosten immer um 60 € zunehmen, wenn die Sandmenge um 1 m³ zunimmt.
b) Wenn Familie Kern 8 m³ (22 m³) Sand bestellt, muss sie 570 € (1410 €) bezahlen.
c) Die Kosten k (in €) lassen sich mit der Sandmenge s (in m³) mit der Formel $k = 60 \cdot s + 90$ berechnen.
d) Würde das Unternehmen mit einer proportionalen Zuordnung rechnen, so würde es bei kleinen Lieferungen wegen der Anfahrtskosten einen Verlust machen. Mit der Formel aus c) erkennt man, dass das Unternehmen bei einer Lieferung 90 € für die Anfahrt berechnet.

2 a) Die Zuordnung *Zeit t → Füllhöhe h* ist linear, weil die Füllhöhe pro Sekunde immer um 1,4 cm sinkt.

b)

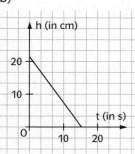

c) h = –1,4 · t + 22

3 a) In den Gefäßen A und B steht das Wasser zu Beginn der Messung 2 cm hoch.
b) In Gefäß C steigt das Wasser 1 cm pro Sekunde.
c) In Gefäß D ist zu Beginn der Messung kein Wasser vorhanden.
d) In Gefäß B steigt das Wasser um 2 cm pro Sekunde.
e) In Gefäß D steigt Wasser am schnellsten, in Gefäß C am langsamsten.
f)

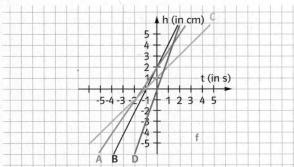

4

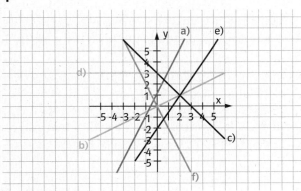

proportional sind b) und f)

5 a) Bei den Zuordnungen b) und c) nehmen die y-Werte für wachsende x-Werte zu.
b) Bei den Zuordnungen d) und e) nehmen die y-Werte für wachsende x-Werte ab.
c) Bei den Zuordnungen a) und f) sind die y-Werte konstant.
d) Die Zuordnungen a), b) und d) haben für x = 0 einen positiven y-Wert.

6
a) $y = 2 \cdot x + 2$ b) $y = \frac{2}{3} \cdot x - 1$ c) $y = \frac{4}{5} \cdot x + 2$
d) $y = -5 \cdot x$ e) $y = -\frac{1}{2} \cdot x - 1$ f) $y = -5$

Seite 75

7 a) Eine Einheit kostet 0,27 €.
b) Der Rechnungsbetrag r (in €) lässt sich mit der Anzahl der Einheiten a mit der Formel r = 0,27 · a + 9,5 berechnen.
c) Wenn Frau Böttger 205 (857) Einheiten vertelefoniert hätte, wäre der Rechnungsbetrag 64,85 € (240,89 €) hoch.

8 a) Siehe Teilaufgabe c).
b) Nach 1,5 Stunden ist Freddy Friedlich 135 km gefahren, nach $2\frac{1}{4}$ Stunden etwas mehr als 200 km (202,5 km).
c)

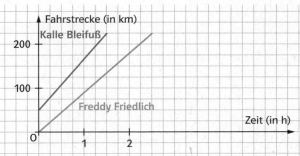

d) Die Gerade von Kalle Bleifuß steigt schneller an; pro Stunde legt er mehr Kilometer als Freddy Friedlich zurück (Freddy: 90 km/h; Kalle: 116,7 km/h).

9 a) 10,4 b) 2,43 c) $\frac{9}{5} = 1,8$
d) Man sollte Klammern setzen.
Von links nach rechts gerechnet ergibt sich 4.

10 Bei fehlenden Klammern muss man von links nach rechts rechnen.
a) 4 b) 12,5 c) 15
d) 2,5 e) 1,5 f) 160 €

Wiederholen – Vertiefen – Vernetzen

Seite 76

1 a) Da keine weiteren Angaben gemacht werden, kann für die Zuordnung *Uhrzeit → Temperatur* keine Gesetzmäßigkeit angegeben werden.
b) Die Zuordnung Anzahl von *Brötchen → Preis* ist proportional.

c) Für die Zuordnung Alter eines *Kindes* → *Körpergröße* gilt: Je älter das Kind ist, desto größer ist es in der Regel. Allerdings ist die Zuordnung nicht proportional.

d) Die Zuordnung *Anzahl der Arbeiter* → *Arbeitszeit* ist in den meisten Fällen antiproportional.

2 a)

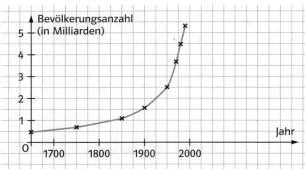

b) Im Jahr 1800 werden vermutlich 900 Millionen Menschen auf der Erde gelebt haben.

c) Die Bevölkerung wird in den nächsten Jahren wohl sehr stark zunehmen. So dürfte es bei anhaltender Entwicklung nur noch wenige Jahre dauern, bis die 10-Milliarden-Grenze überschritten ist.

3 a) Der Holzbestand beträgt nach 25, 41, 51 und 53 Jahren 300 m³;
der Holzbestand beträgt nach 50, 63, 76 und 84 Jahren 400 m³;
der Holzbestand beträgt nach 24, 26, 38 und 52 Jahren 275 m³.

b) Das erste Mal wurde der Wald nach 25 Jahren durchforstet, das zweite Mal nach 50 Jahren und das dritte Mal nach 75 Jahren. Insgesamt wurden bei den Durchforstungen etwa 400 m³ Holz geschlagen.

4 Da das Auto in der Kurve abgebremst wird, gehört der dritte Graph zur Zuordnung *Zeit t* → *Geschwindigkeit v.*

5 a) Die Reichweite w lässt sich mit dem Tankinhalt v mit der Formel w = 12·v berechnen.

b) Die Zuordnung *Tankinhalt* → *Reichweite* ist proportional.

c)

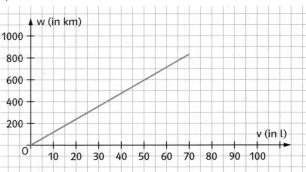

d) Wenn Herr Wassenberg nicht energiesparend fährt, müsste die Gerade etwas flacher verlaufen.

6 a)

Anzahl	1	2	3	4	5	6	7	8	9	10
Länge (in m)	2,4	1,2	0,8	0,6	0,48	0,4	0,34	0,3	0,27	0,24

b) Die Länge der Stücke l (in m) lässt sich mit der Anzahl der Stücke a mit der Formel $l = \frac{2,4}{a}$ berechnen.

c) Die Zuordnung *Anzahl der Stücke* → *Länge der Stücke* ist antiproportional.

d)

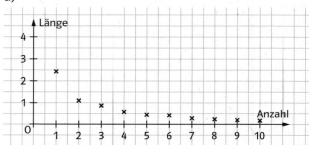

e) Da es nur ganze Stücke geben kann, ist es nicht sinnvoll, die eingetragenen Punkte zu verbinden.

Seite 77

7 A: proportional, B: Lineare Zuordnung, C: Antiproportionale Zuordnung, D: Kein Zuordnungstyp (scheinbar antiproportional, aber (4|8) passt nicht)

b)

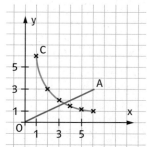

8

Marmeladenmenge (in g)	0	10	50	100	200	250	500	800
Früchtegehalt (in g)	0	5	25	50	100	125	250	400
Zuckergehalt (in g)	0	6,3	31,5	63	126	157,5	315	504

9 a) Es handelt sich um lineare Zuordnungen.
b) Für die Höhe h erhält man:
F1: h(60) = 1120; F2: h(60) = 1180; F3: h(60) = 4730.
c) F1: h = 2·t + 1000; F2: h = 3·t + 1000;
F3: h = −4,5·t + 5000.
d)

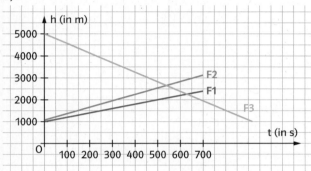

e) Die Flugzeuge F1 und F3 haben nach etwa 615 s
die gleiche Höhe, die Flugzeuge F2 und F3 nach
etwa 530 s.

10 a) y = 3x − 1   b) y = $\frac{1}{2}$x + 2   c) y = $\frac{2}{3}$x + 1
d) y = −3x − 6   e) y = −$\frac{1}{2}$x − 3   f) y = 0

11 Der Punkt P(3|−5) liegt auf den Graphen von
b) und c).

12 Individuelle Lösung

Seite 78

13 a) Da sich die Fahrtkosten pro gefahrenen km
immer um 2,50 € erhöhen, ist die Zuordnung *Fahrt-*
strecke ⟶ *Fahrkosten* linear.
b) Eine Fahrt von 12 km Länge würde 32 € kosten.
c) Für 22 € könnte man 8 km weit fahren.
d) Individuelle Lösung

14 a) Die drei Graphen gehören zu einer linearen
Zuordnung. Wird der x-Wert um eine Einheit erhöht,
so nimmt der y-Wert jeweils um zwei Einheiten zu.
Die Graphen unterscheiden sich, weil die Achsen
unterschiedlich beschriftet wurden.
b) Der erste Graph stellt die Zuordnung am besten
dar. Beim zweiten Graphen ist nur ein kleiner Teil
der Gerade abgebildet, beim dritten Graphen wurde
die Skalierung auf der y-Achse zu groß gewählt.
c) Individuelle Lösung

15 a) Das Gefäß wird nach etwa 21,4 min überlaufen.
b) Wenn aus dem Wasserhahn die dreifache Wassermenge in gleicher Zeit tropft, würde das Gefäß
nach 7,1 min überlaufen.
c) Das Gefäß würde nach 10,7 min überlaufen.

16 a) Da ein Papprechteck mit einem doppelten
(n-fachen) Flächeninhalt auch das doppelte
(n-fache) Gewicht hat, müsste die Zuordnung
Flächeninhalt ⟶ *Gewicht* proportional sein.
b) Dass die Punkte nicht alle auf einer Geraden liegen, kann unterschiedliche Gründe haben. So kann
beispielsweise
– der Flächeninhalt bzw. das Gewicht ungenau gemessen worden sein oder
– die Pappe unterschiedlich dick und damit unterschiedlich schwer sein.
c) Die Gerade geht durch den Ursprung und wurde
„nach Augenmaß" so gewählt, dass sich die Abweichungen der Punkte nach oben und unten möglichst gut ausgleichen.
d) Da der Punkt P(40|37) weit von der Geraden
entfernt liegt, kann man annehmen, dass Rebecca
hier falsch gemessen hat.
e) Ein Rechteck aus Pappe mit dem Flächeninhalt
1 m² müsste etwa 4,9 kg wiegen.

Exkursion – Wir bauen Uhren

Seite 81

1 Fig. 1: Aus einer Flasche tröpfelt eine Flüssigkeit
in ein Gefäß mit einer Skala. An der Füllhöhe im
unteren Gefäß kann man die Zeit ablesen. Der Zeit
wird der Flüssigkeitsstand im Gefäß zugeordnet.
Fig. 2: In einem Glasgefäß rieselt feiner Sand von
dem oberen Teil durch eine Verengung in den
unteren Teil. Der Zeit wird die Höhe des Sandes in
einem der Gefäßteile zugeordnet.
Fig. 3: Da die Kerze gleichmäßig abbrennt, lässt sich
an der aufgebrachten Skala die Zeit ablesen. Der
Zeit wird die Höhe der Kerze zugeordnet.
Fig. 4: Wie Fig. 1.
Fig. 5: Beim Brennen der Kerze wird das Öl gleichmäßig verbraucht. Der Ölstand lässt sich am Gefäß
ablesen. Der Zeit wird der Ölstand zugeordnet.

2 Individuelle Lösung

3 a)

Zeit (in min)	0	15	30	45	60	75	90	105	120
Ölstand (in cm)	6	5,25	4,5	3,75	3	2,25	1,5	0,75	0

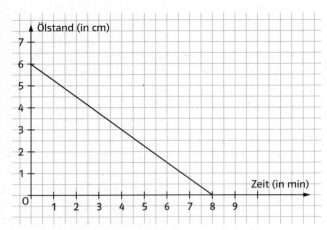

b) Damit der Ölspiegel alle 10 Minuten um 1 mm sinkt, muss die Grundfläche 45 cm² betragen, bei 2 mm wären es 22,5 cm² und bei 1 cm wären es 4,5 cm².
Da die Füllhöhe im dritten Gefäß am schnellsten sinkt, lässt sie sich hier am genausten ablesen.

4 a)

Brenndauer (in min)	0	30	60	90	120	150	180	200
Abbrand (in cm)	0	3	6	9	12	15	18	20

b)

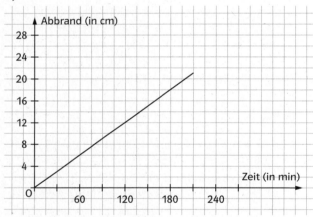

c) Es handelt sich um eine proportionale Zuordnung.
d) Nach 1,5 Stunden wird die Kerze 9 cm, nach 40 Minuten 4 cm abgebrannt sein.
e) Nach 3 Stunden und 20 Minuten wird die Kerze voraussichtlich vollständig abgebrannt sein.

IV Terme und Gleichungen

1 Aufstellen von Termen – Formeln

1 a) Festbetrag für die Reparaturkosten: 20 €
Kosten pro Viertelstunde: 11 €
b) 2 Stunden Arbeitszeit entsprechen 8 Viertelstunden. Die Reparaturkosten ergeben sich mit
R = 20 + 11·8 = 108, also 108 €.
4,5 Stunden ≙ 18 Viertelstunden, also
R = 20 + 11·18 = 218, also 218 €.
12 Stunden ≙ 48 Viertelstunden, also
R = 20 + 11·48 = 548, also 548 €.

2 a) Alle Kantenlängen im Oktaeder sind gleich lang. Sei K die Länge einer Kante und D die benötigte Drahtlänge. Dann ist: D = 12·K.
K = 5, also D = 12·5 = 60, also benötigt man 60 cm Draht.
K = 8,5, also D = 12·8,5 = 102, also 102 cm Draht.
K = 0,7 m, also D = 12·0,7 = 8,4, also 8,4 m Draht.
b) Mögliche Antworten:
– Zum Befestigen der Drähte an den Ecken muss man Schlaufen drehen, die zusätzlichen Draht benötigen.
– Beim Bauen könnte sich der Draht leicht biegen, so dass für eine Kante mehr Draht benötigt wird.

3 a) Sei e die Entfernung des Blitzes (in km) und z die Zeit zwischen Blitz und Donner (in s). Den Werten der Tabelle entnimmt man: e = z:3.
b) z = 12, also e = 12:3 = 4, also ist das Gewitter 4 km entfernt.
z = 15, also e = 15:3 = 5, also 5 km Entfernung.
z = 18, also e = 18:3 = 6, also 6 km Entfernung.
c)

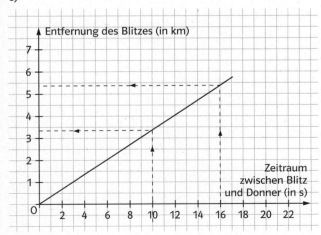

Mögliche Werte sind – die gestrichelten Linien geben an, wie man die Werte ablesen kann:
z = 10, also e ≈ 3,3 (genauer Wert: e = 3,$\overline{3}$)

z = 16, also e ≈ 5,4 (genauer Wert: e = 5,$\overline{3}$)
z = 0, also e = 0, der Blitz ist direkt „über" der Person.
d) e = 12 km – durch Ausprobieren erhält man
z = 36, denn 36:3 = 12.
Also ist der Zeitraum zwischen Blitz und Donner 36 Sekunden.

4 a) Sei b die Breite der quadratischen Pflastersteine (in cm) und A die Anzahl der benötigten Steine.
Dann ist: A = (480:b)·(480:b), denn die Anzahl der Steine pro Reihe ergibt sich aus dem Term 480:b (beide Angaben in cm) und im quadratischen Hof gibt es ebenfalls 480:b Reihen.
b) b = 4, also A = (480:4)·(480:4) = 14 400, also werden 14 400 Pflastersteine benötigt.
b = 5, also A = (480:5)² = 9216, also 9216 Steine.
b = 6, also A = (480:6)² = 6400, also 6400 Steine.
b = 8, also A = (480:8)² = 3600, also 3600 Steine.
c) Sei P der Preis für alle Steine (in €) und p der Preis pro Stein (in €).
Dann ist: P = A·p.
b = 4, also P = 14 400·0,05 = 720, also 720 €.
b = 5, also P = 9216·0,08 = 737,28, also 737,28 €.
b = 6, also P = 6400·0,12 = 768, also 768 €.
b = 8, also P = 3600·0,21 = 756, also 756 €.
Mögliche Antworten:
– Ich würde die Steine mit der Breite 4 cm kaufen, da sie insgesamt am günstigsten sind.
– Ich würde die großen Steine kaufen (b = 8), weil ich sie am hübschesten finde und sie auch nicht am teuersten sind.
– Ich würde die großen Steine kaufen (b = 8), weil sie am schnellsten verlegt sind.

2 Gleichwertige Terme – zielgerichtetes Umformen

1 a)

	5·x – 1	7·x – 1 – 3·x	–x + 6·x – 1
3	14	11	14
15	74	59	74
–5	–26	–21	–26
–7	–36	–29	–36

	1 + 4·x −2	(x − 1) + 4·x	4·x + 1
3	11	14	13
15	59	74	61
−5	−21	−26	−19
−7	−29	−36	−27

b) 5·x − 1 = −x + 6·x − 1 = (x − 1) + 4·x (alle drei Terme sind äquivalent)

Begründung: −x + 6·x − 1 = 5·x − 1
           (x − 1) + 4·x = x + 4·x − 1 = 5·x − 1

7·x − 1 − 3·x = 1 + 4·x − 2 (die beiden Terme sind äquivalent)

Begründung: 7·x − 1 − 3·x = 7·x − 3·x − 1 = 4·x − 1
           1 + 4·x − 2 = 4·x + 1 − 2 = 4·x − 1

c) Alle Terme, die man durch Umformungen nicht ineinander überführen kann, sind nicht äquivalent.
Beispiele: 5·x − 1, 7·x − 1 − 3·x und 4·x + 1
oder − x + 6·x − 1, 1 + 4·x − 2 und 4·x + 1 ...

2 a) 4·s   b) 5·x   c) 5·t   d) −5·d
e) 0   f) k   g) 6b   h) 19·f
i) 30g   j) 3,6s   k) 3,2t   l) 20,3y

3 a) 9·x; also 18; 27; −36 bzw. −45
b) 12·x; also 24; 36; −48 bzw. −60
c) 3,8·x; also 7,6; 11,4; −15,2 bzw. −19
d) −1,04·x; also −2,08; −3,12; 4,16 bzw. 5,2
e) $\frac{7}{3}$·x; also $\frac{14}{3} = 4\frac{2}{3}$; $\frac{21}{3} = 7$; $-\frac{28}{3} = -9\frac{1}{3}$
bzw. $-\frac{35}{3} = -11\frac{2}{3}$
f) $\frac{13}{12}$·x; also $\frac{26}{12} = 2\frac{1}{6}$; $\frac{39}{12} = 3\frac{1}{4}$; $-\frac{52}{12} = -4\frac{1}{3}$
bzw. $-\frac{65}{12} = -5\frac{5}{12}$
g) $-\frac{11}{16}$·x; also $-\frac{22}{16} = -1\frac{3}{8}$; $-\frac{33}{16} = -2\frac{1}{16}$; $\frac{44}{16} = 2\frac{3}{4}$
bzw. $\frac{55}{16} = 3\frac{7}{16}$
h) $\frac{5}{12}$·x; also $\frac{10}{12} = \frac{5}{6}$; $\frac{15}{12} = 1\frac{1}{4}$; $-\frac{20}{12} = -1\frac{2}{3}$ bzw.
$-\frac{25}{12} = -2\frac{1}{12}$

4 a) 7·d   b) 1000·x   c) 11·f   d) 0
e) −x   f) 0   g) $1\frac{2}{9}$·x   h) $2\frac{1}{6}$·x

5 a) 0, also jeweils 0
b) −20n, also −30; 40; 60 bzw. −120
c) 2,83·n; also 4,245; −5,66; −8,49 bzw. 16,98
d) −13·n; also −19,5; 26; 39 bzw. −78
e) 5·n; also 7,5; −10; −15 bzw. 30
f) −36n; also −54; 72; 108 bzw. −216
g) 16·n; also 24; −32; −48 bzw. 96
h) 16·n, also wie bei g)

L24   IV Terme und Gleichungen

Seite 90

6 a)

	5·d − 3·d − 1	3·d + (1 − d)	d + 2·d + 3
1	1	3	6
8	15	17	27
22	43	45	69
60	119	121	183

	(1 − d) + 3·d	2·d − 1	6·d
1	3	1	6
8	17	15	48
22	45	43	132
60	121	119	360

b) 3·d + (1 − d) = (1 − d) + 3·d, denn umgeformt ist
3·d + (1 − d) = 3·d + 1 − d = 3·d − d + 1 = 2·d + 1
und (1 − d) + 3·d = 1 − d + 3·d = 1 + 2·d = 2·d + 1
5·d − 3·d − 1 = 2·d − 1, wegen 5·d − 3·d = 2·d
Die anderen Terme sind jeweils nicht äquivalent, weil man sie durch Umformen nicht ineinander überführen kann.
Für die Begründung reicht es nicht aus, mehrere Zahlen einzusetzen und die Werte miteinander zu vergleichen, denn so müsste man alle existierenden Zahlen prüfen, was unmöglich ist.
c) Die Terme 3·d + (1 − d) und (1 − d) + 3·d kann man zu 2·d + 1 umformen – alle drei Terme sind äquivalent. Wenn nun d die Anzahl der Dreiecke beschreibt, kann man mit dem Term 2·d + 1 die Anzahl der Streichhölzer berechnen:
d = 1 ⇒   3 Hölzer
d = 2 ⇒   5 Hölzer
⋮   ⋮
d = 4 ⇒   9 Hölzer
Pro Dreieck werden 2 Hölzer benötigt und am Ende benötigt man noch 1 Streichholz, um das letzte Dreieck zu „schließen".
Da nun alle drei Terme äquivalent sind, kann man mit allen drei Termen die Anzahl der Streichhölzer berechnen.
Weil es keine negativen Anzahlen von Dreiecken gibt, kann d nicht negativ sein.

7 a)

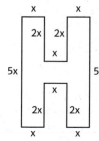

Horst fasst von oben bis zur Mitte zusammen, dann von unten bis zur Mitte. Am Schluss addiert er die beiden langen Seitenstücke.

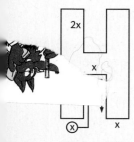

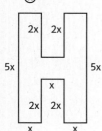

Helmut geht reihum:
Er beginnt links unten und addiert alle Teilstücke.

Hannah: außer bei den Stücken der Länge x fasst Hannah immer die Stücke einer Länge zusammen.
2·(3·x)
4·(2·x)
2·(5·x)

b) Horst
2·x + 2·2·x + x + 2·x + 2·2·x + x + 2·5·x
= 2x + 4x + x + 2x + 4x + x + 10x
= 24x
Helmut
x + 2·x + x + 2·x + x + 5·x + x + 2·x + x + 2·x + x
+ 5·x = x + 2x + x + 2x + x + 5x + x + 2x
+ x + 2x + x + 5x = 24x
Hanna
2·(3·x) + 4·2x + 2·5x
= 6x + 8x + 10x
= 24x
Alle drei Terme kann man zu 24x umformen, weshalb sie äquivalent sind.
c) Mit dem äquivalenten Term 24x kann man die Drahtlänge für jedes x sehr schnell berechnen.

8 a) Sei r die Anzahl der gelaufenen Runden, S das Sponsorengeld von Susanne (in €) und V das Sponsorengeld des Vaters (in €). Dann sind
S = 9 + 5·r und
V = 7 + 4·r.
b) r = 4, also S = 9 + 5·4 = 29, sie erhält 29 €.
r = 5, also S = 9 + 5·5 = 34, also 34 €.
r = 9, also S = 9 + 5·9 = 54, also 54 €.
r = 4, also V = 7 + 4·4 = 23, der Vater erhält 23 €.
r = 5, also V = 7 + 4·5 = 27, also 27 €.
r = 9, also V = 7 + 4·9 = 43, also 43 €.
c) Zusammen erhalten sie pro Runde (S + V):
9 + 5·r + 7 + 4·r = 16 + 9·r
r = 7, also 16 + 9·7 = 79; beide zusammen erlaufen bei 7 Runden ein Sponsorengeld von 79 €.
d) Ja sie hat Recht, weil man beide Terme (wie in c)) addieren kann zu 16 + 9·r.
e) Mögliche Antwort:
– 10 + 3·r beschreibt das Sponsorengeld, was Lisa pro gelaufene Runde erhält: für die Teilnahme erhält sie 10 € und für jede gelaufene Runde 3 €.
– 10 + 3·r beschreibt das Sponsorengeld, welches Peter und Heidi zusammen erlaufen: Peter be-

kommt für die Teilnahme 4 € und für jede gelaufene Runde weitere 2 €. Heide erhält für die Teilnahme 6 € und für jede Runde 1 €.

Seite 91

9 a) Sei l die Kantenlänge des Quadrates und f der Flächeninhalt des Quadrates. Weiter soll H die Kosten für die Holzleisten und S die Kosten für den Stoff beschreiben. Dann sind
H = 4·l·2 = 8·l und
S = f·4 die Kosten für eine Leinwand.
b) l = 40 cm = 0,4 m, dann ist f = 0,16 m², also H = 8·0,4 = 3,2 und S = 4·0,16 = 0,64.
Für die Holzleisten muss Tom 3,20 € und für den Stoff 0,64 € pro Leinwand; insgesamt also: 15,36 € bezahlen.
l = 80 cm = 0,8 m, dann ist f = 0,64 m², also H = 8·0,8 = 6,4 und S = 4·0,64 = 2,56.
Holzleisten: 6,40 € und Stoff: 2,56 €, insgesamt also: 35,84 €
l = 1 m, dann ist f = 1 m²
H = 8·1 = 8 und S = 4·1 = 4, also
Holzleisten: 8 € und Stoff: 4 €, insgesamt also: 48 €.
c) Tom benötigt vom Stoff mehr, als er berechnet hat, weil dieser um die Leisten gelegt und dort angeklebt wird, weshalb man eine größere Stoffmenge benötigt. Die größeren Mengen ergeben dann einen höheren Preis.

10 a) 4·s + s – s, s·4 und 2 + s·1 + 3s – 2, denn alle drei Terme kann man zu 4s vereinfachen.
3s + 4 – s, –1 – 5s + 5 + 7s; denn beide Terme kann man zu 2s + 4 vereinfachen.
3·s – 5 und –8 + s + 1 + 2s + 2, da der zweite Term ebenfalls zu 3·s – 5 umgeformt werden kann.
4s – 5 + s ist zu keinem anderen Term äquivalent.
b) 3x + 1 – x, x + 1 + x und 0,8 + 2,1 + x·2 – 1,9; denn alle drei Terme kann man zu 2x + 1 vereinfachen.
x + x + x + 5 und $\frac{5}{2}$·x + 7,3 + 0,5x – 2,3; denn beide Terme lassen sich zu 3x + 5 vereinfachen.
x + 10 + x – 5 + 2x, 4x + 5 und –2·x + 3 + 6x + 2; denn alle Terme lassen sich zu 4x + 5 umformen.

11 a) Das Haus besitzt eine achsensymmetrische Fassade. Die Achse liegt dabei senkrecht mittig zwischen den oberen Fenstern.
Im Dach im oberen Ende enthält ein Trapez. Oberhalb der größeren Fenster sind im Dach Dreiecke zu erkennen. Die Fenster selber bestehen aus Dreiecken, Rechtecken und Quadraten.
Die nebeneinander liegenden Gauben (kleine oben und größere unten), der Fensterbereich in den

Gauben und die Fensterbereiche in der Hauswand haben jeweils gleiche Formen und Abmessungen. Unterschiede:
- Kleines Fenster auf der rechten Hälfte des Daches
- Lichtschalter an der Wand in der rechten Hälfte des Hauses neben den Fenstern

b) Die Lage der Zimmer in beiden Haushälften ist vermutlich gleich. So könnte es sein, dass die Bäder beider Haushälften nebeneinander in der Mitte des ganzen Hauses liegen. Dies hat Vorteile bei der Installation der Wasserrohre und der Abwässer.

12
a) $n = 2$ b) $n = 3$ c) $n = 8$ d) $n = \frac{8}{3}$
e) $n = 20$ f) $n = 40$ g) $n = 8$ h) $n = 5$

13 $n + (-3) \cdot n + n \cdot 2$:
Zuerst wird die Schreibweise vereinfacht.
$(-3) \cdot n$ sind $-3 \cdot n$ und $n \cdot 2$ kann man als $2 \cdot n$ schreiben. Daraus ergibt sich der Term $n - 3 \cdot n + 2 \cdot n$. Zusammengefasst ergibt das 0. Die anderen Aufgabenteile in ähnlicher Weise.

3 Ausmultiplizieren und Ausklammern – Distributivgesetz

Seite 93

1 a) $5 \cdot s + 6 = s \cdot 5 + 6$ oder $5 \cdot s + 6 = 6 + 5 \cdot s$
b) $c \cdot 9 = 9 \cdot c$
c) $3 \cdot t - 9 = t \cdot 3 - 9$ oder $3 \cdot t - 9 = -9 + 3 \cdot t$
d) $2 \cdot (3 \cdot x) = (2 \cdot 3) \cdot x$
e) $2 + (3 \cdot x + 4) = (2 + 3 \cdot x) + 4$
f) $(d \cdot 3) \cdot 6 = d \cdot (3 \cdot 6)$

2 a) $4 \cdot d + 20$ b) $6 \cdot x + 12$ c) $2 \cdot s - 12$
d) $24t - 60$ e) $3 + 18 \cdot x$ f) $-z - 2$
g) $-6 + 15 \cdot k$ h) $5 \cdot x + 10$

3 a) $8 \cdot (x + 2)$ b) $5 \cdot (3 - 7 \cdot a)$ c) $24 \cdot (d - 2)$
d) $9(-4 + x)$ e) $\frac{1}{2} \cdot (b - 3)$ f) $\frac{5}{8} \cdot (3x + 1)$
g) $3{,}5 \cdot (v - 3)$ h) $\frac{1}{4} \cdot (3 - c)$

4 a) Figur 3 beschreibt den Term $4 \cdot p - 4$ anschaulich. Jede Reihe enthält p Pfähle. Da es 4 Reihen gibt, benötigt man $4 \cdot p$ Pfähle, wobei jetzt die Ecken jeweils doppelt gezählt wurden. Deshalb müssen insgesamt 4 Pfähle wieder abgezogen werden (die markierten Ecken). Es ergibt sich der Term $4 \cdot p - 4$.

Wenn man beim Zaun jeweils die rechteckig unterlegten Pfähle zählt, ergeben sich 4 Reihen mit jeweils $p - 1$ Pfählen. Deshalb ergeben sich alle Pfähle des Zauns mit dem Term $4 \cdot (p - 1)$ (Figur 2).

b)

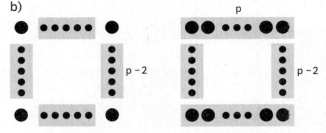

$4 \cdot (p - 2) + 4$ $2 \cdot p + 2 \cdot (p - 2)$

c) $p = 3$, also $4 \cdot 3 - 4 = 8$ – man benötigt 8 Pfähle.
$p = 25$, also $4 \cdot 25 - 4 = 96$ – man benötigt 96 Pfähle.
$p = 46$, also $4 \cdot 46 - 4 = 180$ – man benötigt 180 Pfähle.
$4 \cdot (p - 2) + 4 = 4p - 8 + 4 = 4p - 4$
$2p + 2(p - 2) = 2p + 2p - 4 = 4p - 4$
Wenn $p = 1$ wäre, würde sich kein quadratisches Grundstück einzäunen lassen, weil pro Reihe also auch insgesamt nur ein Pfahl zur Verfügung steht. Die Terme ergeben sogar 0 Pfähle ($4 \cdot 1 - 4 = 0$), was bedeutet, dass man mit 1 Pfahl pro Reihe kein quadratisches Grundstück einzäunen kann.

Seite 94

5 a) $4 \cdot (5 + x) + 3 \cdot (2x - 4)$
$= 20 + 4 \cdot x + 6 \cdot x - 12$ Distributivgesetz
$= 4x + 6x + 20 - 12$ Kommutativgesetz
$= 10x + 8$
b) $7 \cdot (n - 2) + 5(1 + 2n)$
$= 7n - 14 + 5 + 10n$ Distributivgesetz
$= 7n + 10n - 14 + 5$ Kommutativgesetz
$= 17n - 9$
c) $5 \cdot (d + 3) + 4(2 - 2d)$
$= 5d + 15 + 8 - 8d$ Distributivgesetz
$= 5d - 8d + 15 + 8$ Kommutativgesetz
$= -3d + 23$
d) $-5 \cdot (4 + 2v) + 1{,}5 \cdot (2 - 4v)$
$= -20 - 10v + 3 - 6v$ Distributivgesetz
$= -10v - 6v - 20 + 3$ Kommutativgesetz
$= -16v - 17$
e) $-\frac{3}{5} \cdot \left(\frac{5}{2} \cdot x + 1\right) + \frac{1}{4} \cdot \left(\frac{3}{2} - 4x\right)$
$= -\frac{3}{2}x - \frac{3}{5} + \frac{3}{8} - x$ Distributivgesetz
$= -\frac{3}{2}x - x - \frac{3}{5} + \frac{3}{8}$ Kommutativgesetz
$= -2\frac{1}{2}x - \frac{9}{40}$
f) $-\frac{5}{6}\left(\frac{3}{4}b - \frac{4}{9}\right) - \left(-\frac{3}{7}\right) \cdot \left(14 - \frac{7}{9}b\right)$
$= -\frac{5}{8}b + \frac{10}{27} + 6 - \frac{1}{3}b$ Distributivgesetz
$= -\frac{5}{8}b - \frac{1}{3}b + \frac{10}{27} + 6$ Kommutativgesetz
$= -\frac{23}{24}b + 6\frac{10}{27}$

6 a) $(3 \cdot n + 5) + 10 \cdot n = 3n + 5 + 10n = 3n + 10n + 5 = 13n + 5$
b) $7 + x \cdot 2 + 15 - x = 7 + 2x + 15 - x = 2x - x + 7 + 15 = x + 22$
$2 \cdot (-x) + 22 + 3 \cdot x = -2x + 22 + 3x = 3x - 2x + 22 = x + 22$
also sind beide Terme äquivalent
c) $7 \cdot s - (3 - 2 \cdot s) = 7s - 3 + 2s = 7s + 2s - 3 = 9s - 3$
d) $5 \cdot x + 3 - 9 \cdot x = 5x - 9x + 3 = -4x + 3$
e) $2 \cdot (5 - 2 \cdot d) - 13 = 10 - 4d - 13 = -4d + 10 - 13 = -4d - 3$
$4 \cdot (1 - d) - 7 = 4 - 4d - 7 = -4d + 4 - 7 = -4d - 3$
also sind beide Terme äquivalent
f) $(3v + 5) \cdot 5 - v = 15v + 25 - v = 15v - v + 25 = 14v + 25$
$32 + 7 \cdot (2v - 1) = 32 + 14v - 7 = 14v + 32 - 7 = 14v + 25$
also sind beide Terme äquivalent

7 a) $2 + d \cdot 4 = 2 + 4d = 4d + 2$, also äquivalent
b) $2 \cdot (1 + 2x) = 2 + 4x$ ist nicht äquivalent zu $4 + 4x$
c) $s \cdot 7 - 27 = 7s - 27$ ist nicht äquivalent zu $27 - 7s = -7s + 27$
d) $5a - 55 = 5 \cdot (a - 11)$, also äquivalent
e) $3 \cdot (0,5 + 2t) = 1,5 + 6t$ ist nicht äquivalent zu $6t + 2,5$
f) $5 \cdot x + 2,5 = 5 \cdot (x + 0,5) = (x + 0,5) \cdot 5$, also äquivalent; $(x + 0,5) \cdot 5 = 5x + 2,5$

8 a) $4x + (2x - 5) = 4x + 2x - 5 = 6x - 5$
b) $9v - (2 - 5v) + 10 = 9v - 2 + 5v + 10 = 14v + 8$
c) $-(7 - 6x) + 4x + 5 = -7 + 6x + 4x + 5 = 10x - 2$
d) $r \cdot 13 + 3 \cdot (5r + 7) = 13r + 15r + 21 = 28r + 21$
e) $(-10) \cdot d - (7 + 7d) \cdot 2 = -10d - 14 - 14d = -24d - 14$
f) $5 \cdot (-8z) - 2(6z + 2) = -40z - 12z - 4 = -52z - 4$
g) $5a + [3a - (4a + 1)] = 5a + [3a - 4a - 1] = 4a - 1$
h) $[(7x - 4) - (5x + 8)] + 9 = [7x - 4 - 5x - 8] + 9 = 2x - 3$
i) $\frac{3}{5}d - \left[\left(\frac{4}{5}d - \frac{1}{3}\right) + \frac{5}{3}\right] = \frac{3}{5}d - \left[\frac{4}{5}d - \frac{1}{3} + \frac{5}{3}\right] = \frac{3}{5}d - \frac{4}{5}d - \frac{4}{3} = -\frac{1}{5}d - \frac{4}{3}$

9 a) Weg in drei Stücke unterteilt. Betrachte zuerst eines davon. Beachte: n ist Grundlinienzahl außen.

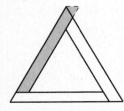

$3 \cdot 2(n - 1) - 3 \cdot 1$
$2(n - 1)$ grau
1 Überstand

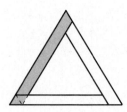

$3 \cdot (2n - 1) - 3 \cdot 2$
$2n - 1$ grau
2 stehen über

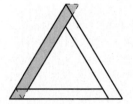

$3 \cdot (2n - 3)$
$2n$ ist grau
3 stehen über

b) $3 \cdot (2n - 3) = 6n - 9$
$3 \cdot (2n - 1) - 3 \cdot 2 = 6n - 3 - 6 = 6n - 9$
$3 \cdot 2(n - 1) - 3 \cdot 1 = 6n - 6 - 3 = 6n - 9$
Damit sind alle drei Terme äquivalent.
c) Kantenlänge der Platten: 2 m
$50 : 2 = 25$. Entlang einer Grundseite der Pyramide können 25 Platten anliegen. Damit liegen an einer Außenseite des Weges 28 Platten an.
Also $n = 28$. Dann ist $6 \cdot n - 9 = 6 \cdot 28 - 9 = 159$.
Man benötigt 159 Platten.
Kantenlänge: 2,50 m
$50 : 2,5 = 20$. Also $20 + 3 = 23$ Platten liegen an einer Außenseite des Weges an.
Dann: $6 \cdot 23 - 9 = 129$.
Man benötigt 129 Platten.

Seite 95

10 a) Mutter
b bezeichnet die Breite des Grundrisses und die halbe Länge beträgt 6 m. Der Term $6 \cdot b$ beschreibt damit die farblich unterlegte Fläche. Nun muss man die mit x schraffierte Fläche wieder abziehen $(-3 \cdot 4)$. Da der Grundriss symmetrisch ist, benötigt man diesen zusammengesetzten Term $6 \cdot b - 3 \cdot 4$ zweimal.
Tochter
$b - 3$ ist das untere Teilstück der Breite des Grundrisses. Mit dem Term $12 \cdot (b - 3)$ berechnet man somit die farblich unterlegte Fläche (unteres Rechteck). Mit dem Term $2 \cdot 3$ bestimmt man die mit x schraffierte Fläche – diese gib es zweimal.
Also $12 \cdot (b - 3) + 2 \cdot (2 \cdot 3)$.
b)

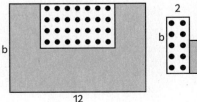

Vater

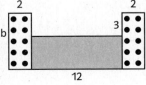

Sohn

c) $12 \cdot b - 3 \cdot 8 = 12b - 24$ (Vater)

$2 \cdot (6 \cdot b - 3 \cdot 4) = 2 \cdot (6b - 12) = 12b - 24$ (Mutter)

$12 \cdot (b - 3) + 2 \cdot (2 \cdot 3) = 12b - 36 + 2 \cdot 6 = 12b - 24$ (Tochter)

$8 \cdot (b - 3) + 2 \cdot (2 \cdot b) = 8b - 24 + 4b = 12b - 24$ (Sohn)

Alle Terme lassen sich zu $12b - 24$ umformen, womit die Äquivalenz gezeigt wurde.

d) $b = 7\,m$, $12 \cdot 7 - 24 = 60$ Die Fläche beträgt $60\,m^2$.

$b = 8\,m$, $12 \cdot 8 - 24 = 72$ Die Fläche beträgt $72\,m^2$.

$b = 10\,m$, $12 \cdot 10 - 24 = 96$ Die Fläche beträgt $96\,m^2$.

Es wurde der Term $12b - 24$ zur Berechnung gewählt, weil er am schnellsten zu berechnen ist.

e) durch Ausprobieren erhält man $b = 9\,m$: Die Probe ergibt: $12 \cdot 9 - 24 = 84$.

11 a) Mögliche Beispiele:

$5 + 6 + 7 = 18$ ist durch 3 teilbar

$4 + 5 + 6 = 15$ ist durch 3 teilbar

$21 + 22 + 23 = 66$ ist durch 3 teilbar

Die Behauptung kann nur an einigen Beispielen überprüft werden. Für eine allgemeine Begründung müsste man alle existierenden Zahlen testen – dies ist unmöglich.

b) Sei n die erste der drei aufeinander folgenden Zahlen

– dann ist die Summe: $n + (n + 1) + (n + 2)$, vereinfacht ergibt sich $n + n + n + 1 + 2 = 3 \cdot (n + 1)$. Dividiert man die Summe durch 3, so erhält man die mittlere Zahl $n + 1$.

12 Sei n die Zahl, dann wird die Summe mit dem Term $(n + 3) + 2 \cdot n$. Vereinfacht ergibt sich $3 \cdot n + 3 = 3 \cdot (n + 1)$. Da sowohl $3 \cdot n$ als auch 3 durch 3 teilbar sind, ist auch die Summe $3 \cdot n + 3$ durch 3 teilbar, die Division durch 3 ergibt $n + 1$, die um Eins größere Zahl.

13 a) Für die ersten $500\,€$ erhält Guido $(5\% \cdot 500 = 25)$ $25\,€$. Für die restlichen $1600\,€$ $(2100 - 500 = 1600)$ erhält er $(3\% \cdot 1600 = 48)$ $48\,€$. Insgesamt kann er also mit mindestens $(25 + 48 = 73)$ $73\,€$ Finderlohn rechnen.

b) Für Beträge bis $500\,€$:

sei g der Geldbetrag und F der Finderlohn jeweils in €. Dann ist $F = \frac{5}{100} \cdot g$.

Für Beträge über $500\,€$:

Dann ist $F = 25 + \frac{3}{100} \cdot (g - 500)$. 25 ist der Finderlohn (in €) der ersten $500\,€$ des Geldbetrages. $(g - 500)$ ist der Restbetrag. Mit $\frac{3}{100} \cdot (g - 500)$ bestimmt man den Finderlohn für diesen Restbetrag.

c) Mit der Formel aus b) ist:

$F = 25 + \frac{3}{100} \cdot (8000 - 500) = 250$

Das Vierfache von $250\,€$ ist $1000\,€$.

Dieser Betrag ist $\frac{1000}{8000} = 12{,}5\%$ des Wertes des Diamanten.

d) $71\,€$ ist über $25\,€$, womit der Betrag des Wertes des gefundenen Ringes über $500\,€$ betragen muss. Die restlichen $(71 - 25 = 46)$ $46\,€$ stammen demnach vom Mehrwert über $500\,€$ des Ringes. 3% des Mehrwertes sind $46\,€$. Der Mehrwert ist also $\left(\frac{46}{3} \cdot 100 \approx 1533{,}33\right)$ $1533{,}33\,€$. Der Wert des Rings beträgt ungefähr $(500 + 1530 = 2030)$ $2030\,€$.

4 Gleichungen und Ungleichungen

Seite 97

1 a) $b = 2$ b) $g = 8$ c) $d = 8$ d) $x = -5$

e) $v = 0{,}5$ f) $c = 4$ g) $a = \frac{1}{7}$ h) $x = 9$

2

x	−7	−6	−5	−4	−3	−2	−1	0
$7 + 5x$	−28	−23	−18	−13	−8	−3	2	7
$2x + 25$	11	13	15	17	19	21	23	25

x	1	2	3	4	5	6	7
$7 + 5x$	12	17	22	27	32	37	42
$2x + 25$	27	29	31	33	35	37	39

a) $x = 5$ b) $x = -6$

c) $x = -6$ d) $x = 4{,}5$

e) $x = -7; -6; -5;$ f) $x = -4; -3; -2;$

  $-4; -3; -2; -1;$ $-1; 0; 1; 2; 3; 4;$

  $0; 1; 2$ $5; 6; 7$

g) $x = -7$ h) $x = 6$

3

a) $4x + 1 = 9$ $x = 2$

b) $4n - 5 = 5$ $x = 2{,}5$

c) $0 = 6d + 12$ $x = -2$

d) $t > 2$ $t > 2$

e) $x < 0$ $x < 0$

f) $2v - 34 > 0$ $v > 17$

4 a) Sei p der Preis für einen CD-Rohling. Dann ist $6 \cdot p + 11 = 20$. Durch Ausprobieren oder rückwärts denken erhält man $p = 1{,}5$. Denn $6 \cdot 1{,}5 + 11 = 9 + 11 = 20$ (Probe). Ein CD-Rohling kostete demnach 1,50 €.

b) Im Supermarkt zahlt Anna für 13 Tafeln Schokolade 6,37 €. Wie teuer ist eine Tafel Schokolade? Lösung: Sei p der Preis für eine Tafel Schokolade. Dann ist $13 \cdot p = 6{,}37$. Also $p = 0{,}49$. Dann kostet eine Tafel Schokolade 0,49 €.

5 a) 10 Sekunden $\triangleq$ 2 Liter

1,5 Stunden = 90 Minuten = 5400 Sekunden

5400 Sekunden $\triangleq 2 \cdot \frac{5400}{10}$ Liter = 1080 Liter

Felix verbraucht jeden Abend ca. 1080 Liter Wasser.

b) 1000 Liter = $1\,m^3$, denn

$1\,m^3 = 1\,m \cdot 1\,m \cdot 1\,m = 10\,dm \cdot 10\,dm \cdot 10\,dm$

$= 1000\,dm^3 = 1000$ Liter

Damit kosten 1000 Liter Wasser 1,15 €.

c) 1000 Liter $\triangleq$ 1,15 €

1080 Liter $\triangleq 1{,}15 \cdot 1{,}08$ € = 1,242 € ≈ 1,24 €

Die abendliche Bewässerung kostet demnach 1,24 €.

d) Sei z die Bewässerungsdauer in Sekunden. Dann wurden $2 \cdot \frac{z}{10}$ Liter Wasser verbraucht (siehe a)).

Die Kosten kann man dann mit dem Term $1{,}15 \cdot \left(2 \cdot \frac{z}{10}\right) : 1000$ berechnen (siehe c)).

Da 6,90 € bezahlt werden, muss man die Gleichung $1{,}15 \cdot \left(2 \cdot \frac{z}{10}\right) : 1000 = 6{,}9$ lösen. Zuerst vereinfacht man die linke Seite der Gleichung zu $0{,}00023 \cdot z = 6{,}9$. Durch Ausprobieren oder rückwärts denken erhält man $z = 30\,000$.

Die Bewässerungszeit ist demnach 30 000 Sekunden = 500 Minuten = $8\frac{1}{3}$ Stunden lang.

(Auch der Dreisatz kann als Lösungsweg verwendet werden.)

6 a) $x = -3$

b) $x = 2{,}5$; es gibt keine ganzzahlige Lösung

c) $x = -1; -2; -3; \ldots$ für Lösungen aus $\mathbb{N}$

$x = -\frac{1}{2}; -\frac{3}{2}; -\frac{5}{3}; -\frac{21}{5}; \ldots$ für Lösungen aus $\mathbb{Q}$; $x < 0$

d) $x = 3; 4; 5; \ldots$ für Lösungen aus $\mathbb{N}$

$x = 2\frac{2}{3}; 3\frac{1}{2}; \frac{12}{3}; \ldots$ für Lösungen aus $\mathbb{Q}$; $x > 2{,}5$

7 a) Sei a der Preis für eine große Portion Popcorn im Kino. Dann beschreibt die Gleichung $14 \cdot a = 35$ die Kosten für 14 Portionen. Wie teuer ist dann eine Portion?

Antwort: Eine Portion kostet 2,50 €.

b) Sei e der Preis für eine Telefoneinheit. Dann beschreibt die Gleichung $120 \cdot e + 20 = 32$ die Telefonkosten eines Monats, wenn die Monatsgrundgebühren 20 € betragen und insgesamt 120 Einheiten

vertelefoniert wurden. Wie viel kostet eine Einheit, wenn die Gesamtkosten 32 € betragen?

Antwort: Eine Einheit kostet 0,10 €.

c) $5 \cdot k < 50$. Eine Kinokarte kostet am Familientag 5 €. Franziska hat etwas weniger als 50 € zur Verfügung. Wie viele Personen könnte sie ins Kino einladen? Antwort: Sie könnte $K = 1, 2, 3, \ldots$ oder 9 Personen einladen.

d) Sei a die Anzahl von Getränkekisten. Wie viele Kisten muss man auf einer Mauer (Höhe: 1,60 m) übereinander stapeln, um eine Gesamthöhe von über 2,90 m zu erreichen, wenn eine Kiste 40 cm hoch ist?

Antwort: Aus $0{,}4 \cdot a + 1{,}6 > 2{,}9$ ergibt sich $a > 3{,}25$. Also benötigt man mindestens 4 Kisten.

e) Wie viel kostet ein Stift, wenn 2 Stifte 4,60 € kosten? Sei s die Anzahl der Stifte.

Antwort: Aus $2 \cdot s = 4{,}6$ ergibt sich $s = 2{,}3$. Also kostet 1 Stift 2,30 €.

f) In einem Jahrgang der 5. Klassen auf dem Herberts-Gymnasium werden bis zu 150 Schüler aufgenommen. Wie stark sind dann die einzelnen Klassen, wenn 5 Klassen gebildet werden sollen? Sei a die Anzahl der Schüler pro Klasse.

Antwort: Aus $5 \cdot a \leq 150$ ergibt sich $a \leq 30$. Also sollten pro Klasse ca. 30 Schüler eingeschult werden.

5 Lösen von Gleichungen durch Äquivalenzumformungen

Seite 99

1 a) $8b = 3b + 5 \quad | -3b$

$\quad\ 5b = 5$

beide Gleichungen sind äquivalent

b) $6n - 6 = 3 - 3n \quad | +3n \qquad 6n = 6 \quad |:2$

$\quad 9n - 6 = 3 \qquad\quad | +6 \qquad\quad 3n = 3$

$\qquad 9n = 9 \qquad\qquad |:3$

$\qquad 3n = 3$

damit sind beide Gleichungen äquivalent

c) $15 - 3x = 0 \quad |:3 \qquad\qquad 2x = 5 + x \quad | -2x$

$\quad\ 5 - x = 0 \qquad\qquad\qquad\quad 0 = 5 - x$

$\qquad\qquad\qquad\qquad\qquad\qquad\quad 5 - x = 0$

also sind beide Gleichungen äquivalent

d) $2d + 3 - (+d) = -5d$

$\quad\ 2d + 3 - d = -5d \qquad | \text{vereinfachen}$

$\qquad\quad d + 3 = -5d \qquad | +5d$

$\qquad\ 6d + 3 = 0$

$\qquad d + 4 \ = -2 - 11d \qquad | + 11d$

$\quad 12d + 4 = -2 \qquad\qquad | + 2$

$\quad 12d + 6 = 0 \qquad\qquad\ |:2$

$\qquad 6d + 3 = 0$

also sind beide Gleichungen äquivalent

2

a) $5x - 10 = 25 \quad |+ 10$
   $5x = 35 \quad |:5$
   $x = 7$

b) $4k + 12 = 62 \quad |-12$
   $4k = 50 \quad |:4$
   $k = 12,5$

c) $3,4t + 83 = 100 \quad |-83$
   $3,4t = 17 \quad |:3,4$
   $t = 5$

d) $8b + 12 = 12 \quad |-12$
   $8b = 0 \quad |:8$
   $b = 0$

e) $5,5p + 10 = 26,5 \quad |-10$
   $5,5p = 16,5 \quad |:5,5$
   $p = 3$

f) $5 - 2,5y = 7,5 \;|-5$
   $-2,5y = 2,5 \,|:(-2,5)$
   $y = -1$

g) $0,1g + 8 = 18 \;|-8$
   $0,1g = 10 \;|\cdot 10$
   $g = 100$

h) $d \cdot (-3) = 15 \quad |:(-3)$
   $d = -5$

i) $\frac{1}{2}a + 6 = 13 \,|-6$
   $\frac{1}{2}a = 7 \;|\cdot 2$
   $a = 14$

j) $\frac{1}{4} - x = \frac{3}{4} \quad |-\frac{1}{4}$
   $-x = \frac{2}{4} \;|\cdot(-1)$
   $x = -\frac{1}{2}$

k) $\frac{3}{4} = \frac{1}{4}b + 3 \;|\cdot 4$
   $3 = b + 12 \;|-12$
   $-9 = b$

l) $7 - \frac{1}{2}x = 1 \quad |-7$
   $-\frac{1}{2}x = -6 \;|\cdot(-2)$
   $x = 12$

3

a) $9b + 3 = 7b + 11 \;|-7b$
   $2b + 3 = 11 \quad |-3$
   $2b = 8 \quad |:2$
   $b = 4$

b) $5 + 7x = 45 + 3x \;|-3x$
   $5 + 4x = 45 \quad |-5$
   $4x = 40 \quad |:4$
   $x = 10$

c) $5d + 4 = 4 + d \quad |-d$
   $4d + 4 = 4 \quad |-4$
   $4d = 0 \quad |:4$
   $d = 0$

d) $16v + 7 = 15v + 1 \;|-15v$
   $v + 7 = 1 \quad |-7$
   $v = -6$

e) $8n - 15 = 3n \quad |-3n$
   $5n - 15 = 0 \quad |+15$
   $5n = 15 \quad |:5$
   $n = 3$

f) $12k = 15k - 60 \;|-15k$
   $-3k = -60 \quad |:(-3)$
   $k = 20$

g) $5,5 + 3t = t - 2,5 \;|-t$
   $5,5 + 2t = -2,5 \quad |-5,5$
   $2t = -8 \quad |:2$
   $t = -4$

h) $5,5z = -9 + 4,5z \;|-4,5z$
   $z = -9$

i) $\frac{1}{2}a + 6 = 13 - a \;|+a$
   $\frac{3}{2}a + 6 = 13 \quad |-6$
   $\frac{3}{2}a = 7 \quad |\cdot\frac{2}{3}$
   $a = \frac{14}{3} = 4\frac{2}{3}$

j) $6 - \frac{1}{2}x = 1 + 2x \quad |+\frac{1}{2}x$
   $6 = 1 + 2\frac{1}{2}x \quad |-1$
   $5 = \frac{5}{2}x \quad |\cdot\frac{2}{5}$
   $2 = x$

k) $\frac{3}{4}b = \frac{1}{4}b + 3 \quad |-\frac{1}{4}b$
   $\frac{2}{4}b = 3 \quad |\cdot 2$
   $b = 6$

l) $\left(-\frac{1}{4}\right) \cdot x = \frac{3}{4}x - 1 \;|+\frac{1}{4}x$
   $0 = x - 1 \quad |+1$
   $1 = x$

4

$2b - 3 = 3b + 1 \qquad \Rightarrow b = -4$

$10 - n = 23 \qquad \Rightarrow n = -13$

$6d + 2(d - 13) = d \cdot 5 - 5 \qquad \Rightarrow d = 7$

$5 \cdot (b + 3) = 25 \qquad \Rightarrow b = 2$

$8 + 0,5x = 2,5x \qquad \Rightarrow x = 4$

$(v - 5) \cdot 3 + 5v + 3 = 4v \qquad \Rightarrow v = 3$

$\frac{4}{7}b = -8 \qquad \Rightarrow b = -14$

$x : 8 = 5 \qquad \Rightarrow x = 40$

$2 \cdot (x + 1) = 10 \qquad \Rightarrow x = 4$

$3,5 \cdot (x + 1) = 10,5 \qquad \Rightarrow x = 2$

$\left(-\frac{3}{4} + k\right) \cdot 2 + \frac{5}{4} = \frac{1}{4} \qquad \Rightarrow k = \frac{1}{4}$

Seite 100

5

a) $32x + 43 - 20x = -25 - 45x + 30 \;|\text{vereinfachen}$
   $12x + 43 = -45x + 5 \qquad |+45x$
   $57x + 43 = 5 \qquad |-43$
   $57x = -38 \qquad |:57$
   $x = -\frac{38}{57} = -\frac{2}{3}$

Probe:

LS: $32 \cdot \left(-\frac{38}{57}\right) + 43 - 20 \cdot \left(-\frac{38}{57}\right) = -21\frac{1}{3} + 43 + 13\frac{1}{3} = 35$

RS: $-25 - 45 \cdot (-\frac{38}{57}) + 30 = 5 + 30 = 35$

b) $12 - 9b + 15 - 5b = 14 - 8b + 6 \;|\text{vereinfachen}$
   $27 - 14b = 20 - 8b \qquad |+14b$
   $27 = 20 + 6b \qquad |-20$
   $7 = 6b \qquad |:6$
   $\frac{7}{6} = b$

Probe: LS: $12 - 9 \cdot \frac{7}{6} + 15 - 5 \cdot \frac{7}{6} = 10\frac{2}{3}$

RS: $14 - 8 \cdot \frac{7}{6} + 6 = 10\frac{2}{3}$

c) $-41 + 26t = 2t + 20t - 53 + 72 \;|\text{vereinfachen}$
   $-41 + 26t = 22t + 19 \qquad |-22t$
   $-41 + 4t = 19 \qquad |+41$
   $4t = 60 \qquad |:4$
   $t = 15$

Probe: LS: $-41 + 26 \cdot 15 = 349$

RS: $2 \cdot 15 + 20 \cdot 15 - 53 + 72 = 349$

d) $4f + 49 - 13f - 78 + 23f = 0$ | vereinfachen
$\quad 14f - 29 \qquad\qquad = 0$ | $+29$
$\quad 14f \qquad\qquad = 29$ | $:14$
$\qquad f = \frac{29}{14} = 2\frac{1}{14}$

Probe: LS: $4 \cdot \frac{29}{14} + 49 - 13 \cdot \frac{29}{14} - 78 + 23 \cdot \frac{29}{14} = 0$

e) $3 \cdot (a - 4) + 3 \cdot (4 - a) + 2a - 1 = 3$ | erstes
$\qquad\qquad\qquad\qquad\qquad\qquad\qquad$ Vereinfachen
$\quad 3a - 12 + 12 - 3a + 2a - 1 = 3$ | vereinfachen
$\qquad\qquad\qquad\qquad 2a - 1 = 3$ | $+1$
$\qquad\qquad\qquad\qquad 2a = 4$ | $:2$
$\qquad\qquad\qquad\qquad a = 2$

Probe: LS:
$3 \cdot (2 - 4) + 3 \cdot (4 - 2) + 2 \cdot 2 - 1 = -6 + 6 + 4 - 1 = 3$

f) $13 \cdot (s - 5) - 4 \cdot (s - 1) + s = 5$ | Ausmultiplizieren
$\quad 13s - 65 - 4s + 4 + s = 5$ | vereinfachen
$\qquad\qquad 10s - 61 = 5$ | $+61$
$\qquad\qquad 10s = 66$ | $:18$
$\qquad\qquad s = \frac{66}{10} = 6\frac{3}{5}$

Probe: LS: $13 \cdot \left(\frac{33}{5} - 5\right) - 4\left(\frac{33}{5} - 1\right) + \frac{33}{5}$
$\quad = 13 \cdot \left(\frac{8}{5}\right) - 4 \cdot \left(\frac{28}{5}\right) + \frac{33}{5}$
$\quad = \frac{104}{5} - \frac{112}{5} + \frac{33}{5} = 5$

g) $3 \cdot (2x - 5) + 6 = 5 \cdot (3 - 5x) + 6x$ | Ausmultiplizieren
$\quad 6x - 15 + 6 = 15 - 25x + 6x$ | vereinfachen
$\qquad 6x - 9 = 15 - 19x$ | $+19x$
$\qquad 25x - 9 = 15$ | $+9$
$\qquad 25x = 24$ | $:25$
$\qquad x = \frac{24}{25}$

Probe: LS: $3 \cdot \left(2\frac{24}{25} - 5\right) + 6 = -3,24$
$\qquad$ RS: $5 \cdot \left(3 - 5 \cdot \frac{24}{25}\right) + 6 \cdot \frac{24}{25} = -3,24$

h) $4 \cdot (v + 3) - 5 \cdot (3v - 8)$
$\quad = 12 - 2 \cdot (3v + 1)$ | Ausmultiplizieren
$\quad 4v + 12 - 15v + 40 = 12 - 6v - 2$ | vereinfachen
$\qquad -11v + 52 = 10 - 6v$ | $+6v$
$\qquad -5v + 52 = 10$ | -52
$\qquad -5v = -42$ | $:(-5)$
$\qquad v = \frac{42}{5} = 8\frac{2}{5} = 8,4$

Probe: LS: $4 \cdot (8,4 + 3) - 5 \cdot (3 \cdot 8,4 - 8) = -40,4$
$\qquad$ RS: $12 - 2 \cdot (3 \cdot 8,4 + 1) = -40,4$

6
a) $s + 6 + s + 4 = s + 4 + s + s + s$ | vereinfachen
$\quad 2s + 10 = 4s + 4$ | $-2s$
$\qquad 10 = 2s + 4$ | -4
$\qquad 6 = 2s$ | $:2$
$\qquad 3 = s$

Die Seitenlänge s beträgt 3 Einheiten.

b) $5 + s + 5 + s =$
$\quad s + s - 1 + 2 \cdot s + 2 + s + 3 + 4$ | vereinfachen
$\quad 2 \cdot s + 10 = 5 \cdot s + 8$ | $-2s$
$\qquad 10 = 3 \cdot s + 8$ | -8
$\qquad 2 = 3 \cdot s$ | $:3$
$\qquad \frac{2}{3} = s$

Die Seitenlänge von s beträgt $\frac{2}{3}$ Längeneinheiten.

7 a) $400 - 35m$ beschreibt den Kontostand von Shanon, da sie anfangs 400 € auf ihrem Konto hat und monatlich 35 € abgezogen werden (Reitstunden).
b) Zur Beantwortung muss man die Gleichung lösen:
$\quad 400 - 35m = 150 + 15m$ | $+35m$
$\qquad 400 = 150 + 50m$ | -150
$\qquad 250 = 50m$ | $:50$
$\qquad 5 = m$

Nach 5 Monaten haben Kilian und Shanon gleich viel Geld auf ihrem Konto. Der Kontostand beträgt dann $(150 + 15 \cdot 5 = 225)$ 225 €.

8
a) $4z + 26 = 6 \cdot z$ | $-4z$
$\quad 26 = 2z$ | $:2$
$\quad 13 = z$
Guido hat sich die Zahl 13 gedacht.
b) Ich denke mir eine Zahl. Diese Zahl verdreifache ich, subtrahiere sieben und multipliziere das Ergebnis mit vier. Das erhaltene Ergebnis ist genauso groß wie das Achtfache der gedachten Zahl.
Antwort: $(3 \cdot z - 7) \cdot 4 = 8 \cdot z$, also $z = 7$
Die gedachte Zahl war 7 (mögliche Schülerantwort).

9 Individuelle Lösungen, Beispiele:
a) $2 \cdot x + 3 = 11$ $\qquad$ b) $x \cdot 10 - 15 = x + 48$
$\quad (x - 2) \cdot 5 = 10$ $\qquad\quad (2 - x) \cdot 3 = -22 + x$
c) $2 \cdot (x + 3) = -4$ $\qquad$ d) $3 \cdot (x + 5) + 1 = -5 \cdot x$
$\quad 24 = -4 \cdot x + 4$ $\qquad\quad \frac{1}{2} \cdot x = -1$
e) $x + 2 \cdot x = 14 - x$ $\qquad$ f) $10 \cdot (-x) = 17$
$\quad 4 \cdot (x - 0,5) = 12$ $\qquad\quad x + x = -3,4$
g) $20 = 5(3,5 + x)$ $\qquad$ h) $(4 \cdot x + 2) \cdot 3 = -3$
$\quad \frac{1}{2} \cdot x = \frac{1}{4}$ $\qquad\qquad\quad x + 6 + x = 4,5$

(jeweils 2 mögliche Schülerlösungen)

Seite 101

10 a) Im ersten Schritt müssen 12 subtrahiert werden:
$\quad 12 + 2b = 22$ | -12
$\qquad 2b = 10$ | $:2$
$\qquad b = 5$

b) Im zweiten Schritt muss man ein d auf beiden Seiten subtrahieren und nicht durch d dividieren.

$$2d + 3 = d + 3 \qquad | -3$$
$$2d = d \qquad\qquad | -d$$
$$d = 0$$

c) Im ersten Schritt wurde falsch ausmultipliziert und im letzten Schritt wurde x auf der linken Seite der Gleichung falsch subtrahiert.

$$-2(x + 3) = x \qquad | \text{vereinfachen}$$
$$-2x - 6 = x \qquad | +6$$
$$-2x = x + 6 \qquad | -x$$
$$-3x = 6 \qquad\quad | :(-3)$$
$$x = -2$$

d) Im ersten Schritt wurde falsch ausmultipliziert und die Äquivalenzumformungen im zweiten Schritt wurden falsch durchgeführt:

$$3 \cdot (2 - s) = 2s - (s + 6) \qquad | \text{vereinfachen}$$
$$6 - 3s = s - 6 \qquad | +6 + 3s$$
$$12 = 4s \qquad\qquad | :4$$
$$3 = s$$

11 a) $K = 0{,}95 + 0{,}10 \cdot a$. Mit $a = 36$ folgt:
$K = 0{,}95 + 0{,}10 \cdot 36 = 4{,}55$
Andrea muss 4,55 € für den Film bezahlen.

b) Die Formel für das Format 10×15 für einen Film lautet: $K = 0{,}95 + 0{,}15 \cdot a$.
Für vier Filme erhöht sich die Filmentwicklung:
$K = 4 \cdot 0{,}95 + 0{,}15 \cdot a$.
Mit $K = 23{,}3$ hat man die Gleichung
$23{,}3 = 4 \cdot 0{,}95 + 0{,}15 \cdot a$. Nun löst man nach a auf, um die Anzahl der Bilder zu erhalten:

$$23{,}3 = 4 \cdot 0{,}95 + 0{,}15 \cdot a \qquad | -(4 \cdot 0{,}95)$$
$$19{,}5 = 0{,}15 \cdot a \qquad\qquad | :0{,}15$$
$$130 = a$$

Melanie hat demnach 130 Bilder entwickeln lassen. Also hat sie $(4 \cdot 36 - 130 = 14)$ 14 Bilder zurückgegeben.

c) Die Formeln für 2 Filme lauten:
$K_{9 \times 13} = 2 \cdot 0{,}95 + 0{,}1 \cdot a$
$K_{10 \times 15} = 2 \cdot 0{,}95 + 0{,}15 \cdot a$
Mit $a = 2 \cdot 36 = 72$ folgt:
$K_{9 \times 13} = 1{,}9 + 0{,}1 \cdot 72 = 9{,}1$
$K_{10 \times 13} = 1{,}9 + 0{,}15 \cdot 72 = 12{,}7$
Da beide Gleichungen nicht den Preis von 11,65 € ergeben, hat Klaus Bilder zurückgegeben.

Also: $K_{9 \times 13}$:
$$1{,}9 + 0{,}1 \cdot a = 11{,}65 \qquad | -1{,}9$$
$$0{,}1 \cdot a = 9{,}75 \qquad\quad | :0{,}1$$
$$a = 97{,}5$$

$K_{10 \times 13}$:
$$1{,}9 + 0{,}15 \cdot a = 11{,}65 \qquad | -1{,}9$$
$$0{,}15 \cdot a = 9{,}75 \qquad\quad | :0{,}15$$
$$a = 65$$

Da man nur ganze Bilder entwickeln lassen kann, hat Klaus das Format 10×15 gewählt und $(2 \cdot 36 - 65 = 7)$ 7 Bilder zurückgegeben.

12 a) Wanne A: $20 + 0{,}6 \cdot m$ ⎫ m steht für die
Wanne B: $10 + 1{,}6 \cdot m$ ⎬ Anzahl der Minuten

b)
$$20 + 0{,}6 \cdot m = 10 + 1{,}6\,m \qquad | -10 - 0{,}6\,m$$
$$10 = 1\,m$$

Nach 10 Minuten sind beide Wannen gleich hoch gefüllt.

c) $20 + 0{,}6 \cdot 10 = 26$ und $10 + 1{,}6 \cdot 10 = 26$
Das Wasser steht dann 26 cm hoch.

13
a) Beginn: 180 €
Nach 1 Jahr: 183,24 €
Nach 2 Jahren: 186,54 €
Nach 3 Jahren: 189,90 €
Nach 4 Jahren: 193,32 €
Nach 5 Jahren: 196,80 €
Sie erhält 16,80 € Zinsen.

b) Beginn: 180 €
Nach 1 Jahr: 181,80 €
Nach 2 Jahren: 184,35 €
Nach 3 Jahren: 187,67 €
Nach 4 Jahren: 191,80 €
Nach 5 Jahren: 196,79 €
Sie erhält 16,79 € Zinsen.
Es wäre um 1 ct schlechter.

6 Lösen von Ungleichungen

Seite 103

1
a)
$$b + 15 < 20 \qquad | -15$$
$$b < 5$$

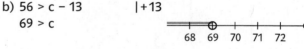

b)
$$56 > c - 13 \qquad | +13$$
$$69 > c$$

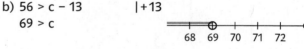

c)
$$3{,}5t + 16 < 86 \qquad | -16$$
$$3{,}5t < 70 \qquad\quad | :3{,}5$$
$$t < 20$$

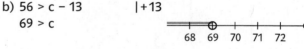

d)
$$-2{,}6x + 7{,}2 > x \qquad | +2{,}6x$$
$$7{,}2 > 3{,}6x \qquad\quad | :3{,}6$$
$$2 > x$$

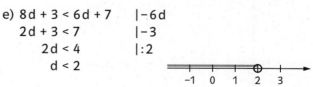

e)
$$8d + 3 < 6d + 7 \qquad | -6d$$
$$2d + 3 < 7 \qquad\qquad | -3$$
$$2d < 4 \qquad\qquad\quad | :2$$
$$d < 2$$

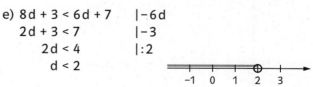

f)
$$12f > 15f - 12 \qquad | -15f$$
$$-3f > -12 \qquad\quad | :(-3)$$
$$f < 4$$

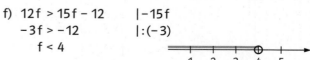

g) $5,5 - 4k > k + 2,5$ $| -k$

   $5,5 - 5k > 2,5$ $| -5,5$

      $-5k > -3$ $| : (-5)$

        $k < 0,6$

h) $-1,5 - 4,5x > 1,5$ $| +1,5$

     $-4,5x > 3$ $| : (-4,5)$

         $x < -\frac{3}{4,5}$

         $x < -\frac{6}{9}$

         $x < -\frac{2}{3}$

2

a) $22v + 21 - 20v < -15 + 20 - 5v \,|\,$vereinfachen

     $2v + 21 < 5 - 5v$ $| +5v - 21$

         $7v < -16$ $| : 7$

           $v < -\frac{16}{7}$

b) $-3 - 6x \le 12x - 24x - 23 - 32$ $|$vereinfachen

  $-3 - 6x \le -12x - 55$ $| +12x + 3$

      $6x \le -52$ $| : 6$

       $x \le -\frac{52}{6} = -\frac{26}{3} = -8\frac{2}{3}$

c)

$5 \cdot (2d + 3) \ge 27 - 3d - 2 \cdot (1 + d)$ $|$ausmultiplizieren

  $10d + 15 \ge 27 - 3d - 2 - 2d$ $|$vereinfachen

  $10d + 15 \ge 25 - 5d$ $| +5d - 15$

     $15d \ge 10$ $| : 15$

       $d \ge \frac{10}{15} = \frac{2}{3}$

d) $16 \cdot (10 - 11x) < (-2 + 20x) \cdot 7$ $|$ausmultiplizieren

  $160 - 176x < -14 + 140x$ $| +176x + 14$

      $174 < 316x$ $| : 316$

       $\frac{174}{316} < x$

       $\frac{87}{158} < x$

e) $2 \cdot (x - 3) + 3 \cdot (3 - x) \ge x - 10 \,|\,$ausmultiplizieren

  $2x - 6 + 9 - 3x \ge x - 10 \,|\,$vereinfachen

      $-x + 3 \ge x - 10 \,|\, +x + 10$

         $13 \ge 2x$ $| : 2$

         $6,5 \ge x$

f)

$-3 \cdot (2 + 9t) \ge 8t + 3 \cdot (t + 27 - 2t) \,|\,$ausmultiplizieren

  $-6 - 27t \ge 8t + 3t + 81 - 6t \,|\,$vereinfachen

  $-6 - 27t \ge 5t + 81$ $| +27t - 81$

      $-87 \ge 32t$ $| : 32$

     $-\frac{87}{32} \ge t$

     $-2\frac{23}{32} \ge t$

3

a) $4 \cdot l > 50$ $| : 4$

  $l > 12,5$ l muss länger als 12,5 m sein

b) $2 \cdot l + 2 \cdot (l + 3) > 50$

     $4l + 6 > 50$ $| -6$

       $4l > 44$ $| : 4$

        $l > 11$ l muss länger als 11 m sein

c) $2l + 2 \cdot (l + 1) + 2 > 50$ $|$ausmultiplizieren

  $2l + 2l + 2 + 2 > 50$ $|$vereinfachen

      $4l + 4 > 50$ $| -4$

        $4l > 46$ $| : 4$

         $l > 11,5$ l muss länger als 11,5 m

               sein

d) $l + 1 + 2l + 3 > 50$ $|$vereinfachen

    $3l + 4 > 50$ $| -4$

      $3l > 46$ $| : 3$

        $l > 15\frac{1}{3}$ l muss länger als 15,3 m sein

4

$U = 2 \cdot x + 2 \cdot 4 \cdot x$

$= 10 \cdot x$

$10 \cdot x \le 26$ $| : 10$

  $x \le 2,6$

Die eine Seite beträgt höchstens 2,6 cm und die andere höchstens 10,4 cm.

5 $75 + K \cdot 14 \le 650$

a) 75 steht für das Gewicht von Fritz (75 kg). Jede Kiste wiegt 14 kg, deshalb wiegen k Kisten $k \cdot 14$ kg. Da der Fahrstuhl maximal 650 kg tragen kann, ist die Summe aller Gewicht kleiner oder gleich 650.

b) $75 + k \cdot 14 \le 650$ $| -75$

    $k \cdot 14 \le 575$ $| : 14$

         $k \le 41,07 \ldots$

Demnach kann Fritz höchstens 41 Kisten transportieren.

c) Es sind nur positive Zahlen als Lösungen sinnvoll. Dabei können ganze (natürliche) Zahlen vorkommen, aber auch Lösungen der rationalen Zahlen sind sinnvoll, wenn bspw. anteilige Kisten gekauft wurden.

6   a) Die Kosten werden durch den Term $525 + 1 \cdot c$ beschrieben: Tonstudiokosten (525 €) und Kosten pro kopierte CD (1 €).

b) $8c > 525 + c$ $| -c$

  $7c > 525$ $| : 7$

   $c > 75$

c) Tara muss mindestens 76 CDs verkaufen, damit ihre Einnahmen größer sind als die Kosten.

d) Der Gewinn ist gegeben durch die Einnahmen weniger der Kosten, also: Gewinn $= 8 \cdot c - 525 + c$. Man erhält die Ungleichung:

$8c - 525 + c > 10\,000$ $| +525$

        $7c > 10\,525$ $| : 7$

          $c > 1503,57$

Tara muss also mindestens 1504 CDs verkaufen, um mehr als 10 000 € einzunehmen.

7 a) Normaltarif:

$4{,}70 + 0{,}1615 \cdot h = \text{Kosten}$ ⎫ h steht für

Umwelttarif: ⎬ die Anzahl

$\frac{49{,}92}{12} + 0{,}2001 \cdot h = \text{Kosten}$ ⎭ der Kilowatt-

stunden

Die Kosten sind jeweils für einen Monat dargestellt.

Mit $h = 206\,\text{kWh}$ ist

$\text{Kosten}_{\text{Normaltarif}} = 4{,}7 + 0{,}1615 \cdot 206 = 37{,}969$

$\text{Kosten}_{\text{Umwelttarif}} = \frac{49{,}92}{12} + 0{,}2001 \cdot 206 = 45{,}3806$

Beim Normaltarif zahlen Janinas Eltern 37,97 € und beim Umwelttarif 45,38 €.

b) $4{,}7 + 0{,}1615 \cdot h \geq 4{,}16 + 0{,}2001 \cdot h \mid -0{,}1615 \cdot h - 4{,}16$

$\qquad 0{,}54 \geq 0{,}0386 \cdot h \qquad \mid : 0{,}0386$

$\qquad 13{,}989\ldots \geq h$

Ab 14 kWh ist der Umwelttarif teurer als der Normaltarif.

Bis 13,989 kWh ist der Umwelttarif günstiger.

7 Lösen von Problemen mit System

Seite 105

1 a) Susannes Freundin meint, dass sich der Abstand zwischen dem Alter von Susanne und dem Alter ihrer Mutter von gut 32 Jahren mit jedem Jahr verringert. Dies ist falsch, denn der Abstand bleibt immer derselbe.

b) Sei a die Anzahl der Jahre, bis die Mutter doppelt so alt ist wie ihre Tochter Susanne.

Dann ist: $(13 + a) \cdot 2 = 45 + a$, denn in a Jahren ist Susanne $13 + a$ und ihre Mutter $45 + a$ Jahre alt. Dann soll Susannes Mutter doppelt so alt sein wie Susanne.

Auflösen der Gleichung ergibt:

$(13 + a) \cdot 2 = 45 + a$

$26 + 2a = 45 + a$

$\qquad a = 19$

In 19 Jahren ist Susanne 32 und ihre Mutter 64 Jahre alt, demnach ist die Forderung erfüllt.

2 a) – insgesamt hat Kira 300 Würstchen.

– 100 Würstchen wurden zu je 0,4 € verkauft, also $100 \cdot 0{,}4 = 40$ € wurden eingenommen.

– alle Kosten wären beglichen worden, wenn 300 Würstchen zu je 1 € verkauft worden wären, also Kosten $= 300 \cdot 1\,€ = 300\,€$.

b) Aus a) ergibt sich die Gleichung

$300 = 40 + 200 \cdot p$, wobei p der neue Preis der Würstchen ist.

Auflösen nach p ergibt:

$300 = 40 + 200 \cdot p \mid -40$

$260 = 200 \cdot p \qquad \mid : 200$

$\quad p = 1{,}3$

Die restlichen 200 Würstchen müssen demnach für je 1,30 € verkauft werden, um die Kosten noch abzudecken.

Seite 106

3 a) $n + (n + 1) + (n + 2) < 96$, wobei n die erste der natürlichen aufeinander folgenden Zahlen ist.

Also: $3n + 3 < 96 \mid : 3$

$\qquad n + 1 < 32 \mid -1$

$\qquad\quad n < 31$

Die kleinste der drei aufeinander folgenden natürlichen Zahlen darf höchstens 30 sein, damit die Summe kleiner als 96 ist.

b) Sei z die erste Zahl. Dann ist $z + 70$ die zweite – größere – Zahl.

$3 \cdot (z + 70) < 5 \cdot z \mid$ ausmultiplizieren

$\quad 3z + 210 < 5z \quad \mid -3z$

$\qquad\quad 210 < 2z \quad \mid : 2$

$\qquad\quad 105 < z$

Die kleinere Zahl z muss größer als 105 sein, also bspw. 106. Die größere Zahl ist dann jeweils um 70 größer.

kleine Zahl	größere Zahl
106	176
107	177
120	190
⋮	⋮

4 a)

– Die Mutter fährt mit 1300 m pro Minute. Sei t die Anzahl der Minuten, dann legt die Mutter in t Minuten $1300 \cdot t$ Meter Wegstrecke zurück.

– Phillip legt in t Minuten $85 \cdot t$ Meter Wegstrecke zurück.

– Beide zusammen sollen $12\,\text{km} = 12\,000\,\text{m}$ zurücklegen,

also: $1300 \cdot t + 85 \cdot t = 12\,000$

$\qquad\qquad 1385 \cdot t = 12\,000 \mid : 1385$

$\qquad\qquad\qquad t \approx 8{,}66$

Beide treffen sich nach ca. 8,66 Minuten (8 Minuten 40 Sekunden).

b) Nach ca. 8,66 Minuten hat Phillip $85 \cdot 8{,}66 \approx 736{,}5$ Meter zurückgelegt.

Das sind $\frac{736{,}5}{12\,000} \approx 0{,}0614$, also ca. 6,14 % des Gesamtweges.

c) $1300\,\frac{\text{m}}{\text{min}} = 78\,\text{km/h}$ ist zu prüfen $\quad 1\,\text{km} = 1000\,\text{m}$

$\qquad\qquad\qquad\qquad\qquad\qquad\qquad\quad 1\,\text{h} = 60\,\text{min}$

also $78\,\frac{\text{km}}{\text{h}} = 78 \cdot \frac{1000\,\text{m}}{60\,\text{min}} = 1300\,\frac{\text{m}}{\text{min}}$

5 a) $[(4z + 14) \cdot 2 - z] : 7 = z + 4 \qquad \mid \cdot 7$

$\qquad (4z + 14) \cdot 2 - z = 7 \cdot z + 28$

$\qquad\qquad 8z + 28 - z = 7z + 28$

$\qquad\qquad\quad 7z + 28 = 7z + 28 \quad \mid -28$

$\qquad\qquad\qquad\quad 7z = 7z \qquad\quad \mid : 7$

$\qquad\qquad\qquad\qquad z = z$

Diese Gleichung ist für alle Zahlen erfüllt, denn $z = z$ gilt immer.

b)
- Vierfache einer Zahl: $4 \cdot z$
- addiere dann 14: $4 \cdot z + 14$
- verdopple das Ergebnis: $(4 \cdot z + 14) \cdot 2$
- ziehe die gedachte Zahl wieder ab: $(4 \cdot z + 14) \cdot 2 - z$
- das Ergebnis durch 7 dividieren: $[(4 \cdot z + 14) \cdot 2 - z] : 7$

c) $[(4z + 14) \cdot 2 - z] : 7$ Durch Termumformungen
$= [8z + 28 - z] : 7$
$= [7z + 28] : 7$
$= z + 4$

d) Auf der linken Seite der Gleichung (die auszuführende Rechenvorschrift) steht ein komplex erscheinender Term. Wenn man diesen vereinfacht, erhält man den einfachen Term $z + 4$. Beide Terme sind äquivalent. Daher muss man von dem genannten Endergebnis 4 abziehen, um die Zahl z zu erhalten.

e) Beispiel für individuelle Lösung
$[(5 \cdot z - 8) \cdot 3 + z] : 8 = 2z - 3$
„Verfünffache die gedachte Zahl, ziehe 8 ab und multipliziere das Ergebnis mit 3. Addiere dann die gedachte Zahl und dividiere durch 8."
Beim erhaltenen Endergebnis muss man 3 addieren und dann halbieren, um die gedachte Zahl zu erhalten.

6 a) $0,5 \, \text{kg} \triangleq 100\,\%$
$0,01 \, \text{kg} \triangleq 2\,\%$ Fruchtfleisch
Nach einer gewissen Lagerzeit:
$0,01 \, \text{kg} \triangleq 4\,\%$, da sich der Fruchtfleischanteil
$\cdot 25 \downarrow$ $\downarrow \cdot 25$ verdoppelt hat. Die Fruchtfleischmasse bleibt aber konstant, weil nur das Wasser verdunstet.
$0,25 \, \text{kg} \triangleq 100\,\%$
Die Gurke wiegt jetzt 0,25 kg.
b) $PW = 0,5 \cdot 0,02 = 0,01 \, \text{kg}$ $G = 0,5 \, \text{kg}; \; p = 2\,\%$
Der neue Grundwert entspricht der neuen Masse der Gurke:
$G = 0,01 : 0,04 = 0,25 \, \text{kg}$ $PW = 0,01 \, \text{kg}; \; p = 4\,\%$

Seite 107

7 Sei g das Gewicht des Fisches in Pfund und a der %-Anteil des Mittelstückes des Fisches:
$\frac{1}{3} + \frac{1}{4} + a = 1$, also $a = \frac{5}{12}$ oder $\frac{1}{3}g + \frac{1}{4}g + 10 = g$
Also: $\frac{5}{12} \triangleq 10$ Pfund $\frac{7}{12}g + 10 = g$
$1 \triangleq 24$ Pfund $= g$ $10 = \frac{5}{12}g$
  $24 = g$
Der Fisch wiegt demnach insgesamt 24 Pfund.

8 Sei s die Länge einer Seite des Würfels. Dann benötigt Klaus für ein Paket die Klebebandlänge:
$6 \cdot \left(\frac{1}{2} \cdot s\right) + 3 \cdot s = 6 \cdot s$.
Pro Paket hat er $160 \, \text{m} : 70 \approx 2,29 \, \text{m}$ Klebeband zur Verfügung.
Also: $6 \cdot s \approx 2,29$
$s \approx 0,38$, demnach ist eine Seitenlänge des Würfels ca. 38 cm lang.

9 a) $45 \cdot t = 30$ mit t als Variable für die gefahrene Zeit in Stunden.
Also: $t = \frac{30}{45} = \frac{2}{3}h = 40 \, \text{min}$
Zusammen mit der Pause benötigen sie 60 min.
b) Hin- und Rückfahrt: die Strecke beträgt
$2 \cdot 30 = 60 \, \text{km}$.
Der Verbrauch ergibt sich anteilig mit:
$100 \, \text{km} \triangleq 3 \, \text{l}$
$60 \, \text{km} \triangleq 1,8 \, \text{l}$.
Daraus ergeben sich Mischbenzinkosten von
$1,8 \cdot 1,1 = 1,98 \, €$.

10
- Florian läuft entgegen der Rollrichtung 4 Stufen pro Sekunde.
- Die Rolltreppe fährt 115 Stufen in 45 Sekunden, also $2,\overline{5}$ Stufen pro Sekunde.
- Da sich beide Bewegungen gegenseitig „aufheben", ergibt sich pro Sekunde eine effektive Laufleistung von $4 - 2,\overline{5} = 1,\overline{4}$ Stufen pro Sekunde.
- Sei t die Zeit in Sekunden, bis Florian unten angekommen ist, dann gilt
$1,\overline{4} \cdot t = 115$, also $t \approx 79,6$.
Demnach braucht Florian ca. 80 Sekunden, bis er entgegen der Rolltreppenlaufrichtung unten angekommen ist.

11 a) Achsenspiegelung
1. Man zeichnet durch den Punkt P eine Hilfslinie, die senkrecht zur Spiegelachse verläuft.
2. Man legt den Spiegelpunkt P' so auf der Hilfslinie fest, dass der Punkt P und der Spiegelpunkt P' den gleichen Abstand von der Spiegelachse haben.
Punktspiegelung
1. Man legt das Spiegelzentrum Z fest.
2. Man verbindet den Punkt P mit dem Spiegelzentrum Z und verlängert die Strecke über Z hinaus.
3. Man trägt die Länge der Strecke $\overline{PZ}$ nochmals an Z an. Der Endpunkt der Strecke ist der Spiegelpunkt P'.

b)

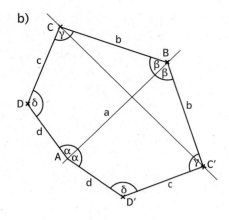

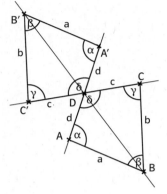

Wiederholen – Vertiefen – Vernetzen

Seite 108

1 a) ja, denn $\frac{n}{2} = \frac{1}{2} \cdot n$

b) nein, $\frac{2}{n}$ ist der n-te Teil von 2

c) ja, denn $0,5 \cdot n = \frac{1}{2} \cdot n$

d) nein, $\frac{1}{2n}$ ist der $2 \cdot n$-te Teil von 1

e) ja

f) nein

g) nein

h) ja, denn $\frac{2}{4} \cdot n = \frac{1}{2} \cdot n$

2 a)

11x+35		

5x+18	6x+17	

2x+14	3x+4	3x+13

2·(x+5)	4	3·x	13

b)

8·n+12		

4·n+4	4n+8	

2n+1	2n+3	2n+5

n	n+1	n+2	n+3

3

a) $x \geq 1$

   $x + 5 \geq 6$

   $3x - 1 \geq 2x$

b) $x > 0$

   $2x + 3 > x + 3$

   $-2x < 0$

c) $-1,5 < x \leq 2$

   $-1,5 + x < 2x \leq 2 + x$

   $3,5 < x + 5 \leq 7$

4 a)

n	Anzahl Kaninchen	Anzahl Zaunelemente	Fläche des Geheges (in m²)
1	1	12	2,25
2	4	24	9
3	9	36	20,25

b) n = 1: 2,25 : 1 = 2,25 m² für 1 Kaninchen

n = 2: 9 : 4 = 2,25 m² für 1 Kaninchen

n = 3: 20,25 : 9 = 2,25 m² für 1 Kaninchen

Getestet an den 3 Beispielen hat Fibona Recht.

c) Anzahl der Kaninchen: $K = n^2$, denn

bei n = 1 gibt es eine Reihe mit 1 Kaninchen;

bei n = 2 gibt es zwei Reihen mit je zwei Kaninchen;

bei n = 3 gibt es drei Reihen mit je drei Kaninchen;

⋮

Anzahl der Zaunelemente: $Z = 12 \cdot n$, denn pro Kaninchen am Zaun gibt es drei Zaunelemente, also $3 \cdot n$. Da es 4 Seiten gibt, kann man die Gesamtanzahl der Zaunelemente mit $4 \cdot 3n = 12n$ berechnen.

Fläche des Geheges: $A = 2,25 \cdot n^2$, denn pro Kaninchen am Zaun gibt es drei Zaunelemente je 0,50 m, also $3 \cdot 0,5 = 1,5$ m.

Bei n Kaninchen pro Reihe ergibt sich eine Länge von $1,5 \cdot n$. Die Fläche ergibt sich dann aus $1,5 \cdot n \cdot 1,5 \cdot n = 2,25 \cdot n^2$.

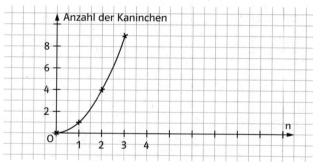

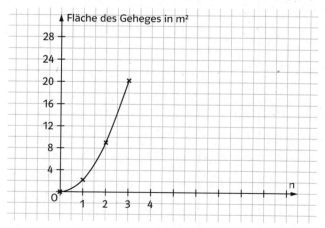

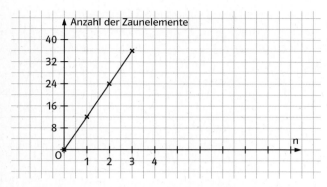

d) An den Graphen der Zuordnungen aus c) kann man erkennen, dass der Graph für die Anzahl der Kaninchen immer steiler wird, wobei der Graph für die Anzahl der Zaunelemente konstant ansteigt (proportionale Zuordnung). Daher nimmt die Anzahl der Kaninchen im Vergleich schneller zu!

5 a) $3000 : 400 = 7,5$
Die Teilnehmer müssen 7,5 Runden laufen.
b) Gleichmäßige Laufgeschwindigkeiten sind vorauszusetzen, da man ansonsten nicht kalkulieren kann, ob Linda oder Rebecca eventuell Pausen eingelegt haben, in denen sie langsamer oder sogar gar nicht gelaufen sind, …
Berechnung der Laufgeschwindigkeiten:
Rebecca: $3000 : 12\frac{32}{60} \approx 239,36\,\frac{m}{min}$
Linda: $3000 : 14\frac{55}{60} \approx 201,12\,\frac{m}{min}$
Wenn Rebecca Linda überrundet, läuft sie 400 m weiter. Also muss am „Treffpunkt" gelten:
$239,36 \cdot t = 201,12 \cdot t + 400$, wobei t die Anzahl der Minuten angibt.
Auflösen der Gleichung ergibt:
$239,36 \cdot t = 201,12 \cdot t + 400$ $| -201,12 \cdot t$
$\ 38,24 \cdot t = 400$ $| : 38,24$
$\quad\quad t \approx 10,46$
Nach 10,46 Minuten, also nach 10 Minuten und 27,6 Sekunden, hat Rebecca Linda überrundet.
c) $239,36 \cdot 10,46 \approx 2503,7$
$2503,7 : 400 \approx 6,26$
Die Überrundung findet in der 7. Runde von Rebecca statt bzw. in der 6. Runde von Linda.

Seite 109

6 a)
– Aus dem Wasserhahn kommen in 1,5 Minunten (gleich 90 Sekunden) 10 l Wasser, also $\frac{10}{90}$ l pro Sekunde.
– 10 l Wasser laufen in 55 Sekunden durch den Abfluss, also $\frac{10}{55}$ l pro Sekunde.
– Wenn das Becken halb gefüllt ist, fasst es 5 l Wasser.

– Der Term $\frac{10}{55} \cdot t - \frac{10}{90} \cdot t$ beschreibt, wie viel Liter Wasser pro Sekunde (t beschreibt die Anzahl der Sekunden) effektiv abläuft, wenn der Wasserhahn geöffnet ist.
– Die Gleichung $\frac{10}{55} \cdot t - \frac{10}{90} \cdot t = 5$ beschreibt nun, nach wie viel Sekunden 5 l Wasser effektiv abgelaufen sind.
b) $\frac{10}{55} \cdot t - \frac{10}{90} \cdot t = 5$ $|$ vereinfachen
$\quad\quad 0,\overline{07} \cdot t = 5$ $| : 0,\overline{07}$
$\quad\quad\quad\quad t \approx 70,71$
Der Messwert und der berechnete Wert stimmen gut überein. Die Differenz ergibt sich aus experimentellen Ungenauigkeiten.
c) Die Ungleichung $\frac{10}{55} \cdot t - \frac{10}{90} \cdot t \geq 5$ beschreibt, nach wie viel Sekunden 5 l oder mehr abgelaufen sind.

7 Sei a die Anzahl der Lotusblüten.
$\frac{a}{3} + \frac{a}{5} + \frac{a}{6} + \frac{a}{4} = \frac{20}{60}a + \frac{12}{60}a + \frac{10}{60}a + \frac{15}{60}a = \frac{57}{60}a$
Also ist der Rest: $\frac{3}{60}a = 6$ $| \cdot \frac{60}{3}$
$a = \frac{6 \cdot 60}{3} = 120$.
Das Bündel enthält 120 Lotusblüten.
Oder: $a - \frac{a}{3} - \frac{a}{5} - \frac{a}{6} - \frac{a}{4} = 6$
$\quad\quad\quad\quad\quad \frac{1}{20}a = 6$
$\quad\quad\quad\quad\quad\quad a = 120$

8 a) $x \cdot (x - 2) = 0$
Bei $x = 0$ ist $0 \cdot (0 - 2) = 0$ und
bei $x = 2$ ist $2 \cdot (2 - 2) = 2 \cdot 0 = 0$.
Demnach sind $x = 0$ und $x = 2$ die Lösungen der Gleichung $x \cdot (x - 2) = 0$.
b) Zu Rolf: Rolf erhält die Lösung $x = 2$. Diese Lösung ist zwar richtig, aber unvollständig. Wenn man durch x dividiert, fällt also eine Lösung ($x = 0$) weg. Außerdem müsste man voraussetzen, dass $x \neq 0$ gilt, wenn durch x dividiert werden sollte.
Zu Nina: Wenn man Gleichungen mit 0 multipliziert, ergibt sich immer die Gleichung $0 = 0$. Der Wert und damit die Anzahl der Lösungen bleibt aber nicht erhalten – bei der veränderten Gleichung kommen mehr Lösungen in Frage, als bei der Originalgleichung. Das kann nicht stimmen.

9 a) $5(4x - 6) = -10(3 - 2x)$
$\quad\quad 20x - 30 = -30 + 20x$ $| + 30$
$\quad\quad\quad\quad 20x = 20x$ $| : 20$
$\quad\quad\quad\quad\quad x = x$
Diese Gleichung ist allgemein, also für alle Zahlen gültig.

b) $5(3x - 6) = -10(3 - 2x)$

$$15x - 30 = -30 + 20x \qquad |+30$$
$$15x = 20x \qquad |-15x$$
$$0 = 5x \qquad |:5$$
$$0 = x$$

Diese Gleichung hat die Lösung $x = 0$.

c) $5(4x - 6) = -10(2 - 3x)$

$$20x - 30 = -20 + 30x \qquad |+30$$
$$20x = 10 + 30x \qquad |-30x$$
$$-10x = 10 \qquad |:(-10)$$
$$x = -1$$

Diese Gleichung hat die Lösung $x = -1$.

d) $5(4x - 6) = -10(4 - 2x)$

$$20x - 30 = -40 + 20x \qquad |-20x$$
$$-30 = -40$$

Diese Gleichung ist unwahr, da $-30 \neq -40$. Deshalb ist sie nicht lösbar.

e) $6x - 14 = 2(-7 + 2x) + 2x$

$$6x - 14 = -14 + 4x + 2x \qquad |+14$$
$$6x = 6x \qquad |:6$$
$$x = x$$

Diese Gleichung ist allgemein gültig.

f) $6x - 14 = 2(-4 + 3x) + 2x$

$$6x - 14 = -8 + 6x + 2x \qquad |+8$$
$$6x - 6 = 8x \qquad |-6x$$
$$-6 = 2x \qquad |:2$$
$$-3 = x$$

Diese Gleichung hat die Lösung $x = -3$.

g) $6x - 14 = 2(-7 + 3x) + 2x$

$$6x - 14 = -14 + 6x + 2x \qquad |+14$$
$$6x = 8x \qquad |-6x$$
$$0 = 2x \qquad |:2$$

Diese Gleichung hat die Lösung $x = 0$.

h) $6x - 14 = 2(-6 + 2x) + 2x$

$$6x - 14 = -12 + 4x + 2x \qquad |+14$$
$$6x = 2 + 6x \qquad |-6x$$
$$0 = 2$$

Diese Gleichung ist nicht lösbar, da $0 \neq 2$.

Exkursion – Zahlenzauberei

Seite 110

1 a) $(z + 1) \cdot 100 + z \cdot 10 + (z - 1) \cdot 1 - [(z - 1) \cdot 100 + z \cdot 10 + (z + 1) \cdot 1]$
$= 100z + 100 + 10z + z - 1 - [100z - 100 + 10z + z + 1]$
$= \cancel{100z} + 100 + \cancel{10z} + \cancel{z} - 1 - \cancel{100z} + 100 - \cancel{10z} - \cancel{z} - 1$
$= 200 - 2 = 198$

b) größtmögliche Zahl: $(z + 1) \cdot 10 + z \cdot 1$
kleinstmögliche Zahl: $z \cdot 10 + (z + 1) \cdot 1$,
wobei z die kleinere Ziffer beschreibt.
Also: $(z + 1) \cdot 10 + z - [z \cdot 10 + (z + 1) \cdot 1]$
$= \cancel{10z} + 10 + \cancel{z} - \cancel{10z} - \cancel{z} - 1$
$= 10 - 1 = 9$

Das Ergebnis ist immer 9.

Für vier aufeinander folgende Ziffern sei z die kleinste Ziffer.
größtmögliche Zahl:
$(z + 3) \cdot 1000 + (z + 2) \cdot 100 + (z + 1) \cdot 10 + z \cdot 1$
kleinstmögliche Zahl:
$(z \cdot 1000 + (z + 1) \cdot 100 + (z + 2) \cdot 10 + (z + 3)$
Also: $(z + 3) \cdot 1000 + (z + 2) \cdot 100 + (z + 1) \cdot 10 + z \cdot 1$
$\quad - [z \cdot 1000 + (z + 1) \cdot 100 + (z + 2) \cdot 10 + (z + 3)]$
$= 1000z + 3000 + 100z + 200 + 10z + 10 + z$
$\quad - [1000z + 100z + 100 + 10z + 20 + z + 3]$
$= \cancel{1000z} + 3000 + \cancel{100z} + 200 + \cancel{10z} + 10 + \cancel{z}$
$\quad - \cancel{1000z} - \cancel{100z} - 100 - \cancel{10z} - 20 - \cancel{z} - 3$
$= 3000 + 200 + 10 - 100 - 20 - 3$
$= 3087$

Hier erhält man immer das Ergebnis 3087.

2 a) Sei r die Anzahl der Erbsen unter dem roten Becher. Dann ist die Anzahl der Erbsen unter dem blauen Becher $13 - r$.
Es gilt nach der folgenden Rechenvorschrift:
$6 \cdot r + 5 \cdot (13 - r)$. Durch Vereinfachen erhält man: $6 \cdot r + 65 - 5r = r + 65$.
Das Ergebnis wird einem gesagt, etwa 67.
Dann ist $r + 65 = 67 \qquad |-65$
$\qquad r = 2$.
Also 2 Erbsen unter dem roten Becher und 11 ($13 - 2 = 11$) Erbsen unter dem blauen Becher.
Bei einem Ergebnis von etwa 75 wären
$r + 65 = 75$, also $r = 10$ und $13 - 10 = 3$.

b) „Ich habe 9 Münzen. Verteile sie in deinen Händen. Multipliziere die Anzahl der Münzen in deiner linken Hand mit 5 und die in der rechten Hand mit 4. Addiere beide Ergebnisse und nenne mir das Ergebnis." – „37."
Lösung:
Sei l die Anzahl der Münzen in der linken Hand:
$5 \cdot l + 4 \cdot (9 - l) = 5l + 36 - 4l = l + 36$
Mit $l + 36 = 37$ folgt $l = 1$.
Sie hat 1 Münze in der linken und 8 Münzen in der rechten Hand
(eine mögliche Schülerlösung).

Seite 111

3 a)

Zahl	Ereignis
2	8
4	16
5	20
7	28
10	40

b) Sei z die gedachte Zahl.
$(z + 5) \cdot 4 - 20 = 4 \cdot z + 20 - 20 = 4z$
Das Ergebnis muss man einfach durch 4 dividieren.

c) „Denke dir eine Zahl, addiere dann 7 und multipliziere das Ergebnis mit 5. Subtrahiere nun 29 und füge die gedachte Zahl hinzu. Dividiere nun durch 6."

$[(z + 7) \cdot 5 - 29 + z] : 6$

$= [5z + 35 - 29 + z] : 6 = [6z + 6] : 6 = z + 1$

Vom Ergebnis muss man nun 1 subtrahieren, um die gedachte Zahl zu erhalten.

4 a) Sei z die gedachte Zahl.
Wenn man die Vorschrift übersetzt, ergibt sich folgender Term:

$[(z + 4) \cdot 2 + 5] \cdot 4 - 8z = [2z + 8 + 5] \cdot 4 - 8z$

$= 8z + 52 - 8z = 52$

Da das Ergebnis bei allen Zahlen 52 ist, stimmt es mit der Zahl auf dem Zettel überein.
Text: „Der Term $[(z + 4) \cdot 2 + 5] \cdot 4 - 8z = 52$ erklärt alles."

b) $[(z - 3) \cdot 3 + 14] \cdot 2 - 6z = 10$

„Denke dir eine Zahl und subtrahiere 3. Multipliziere das Ergebnis mit 3 und addiere 14. Multipliziere nun mit 2 und subtrahiere das Sechsfache der gedachten Zahl. Das Ergebnis steht schon auf dem Zettel."

c) Man sollte diesen Trick mit jeder Rechenvorschrift nur einmal durchführen, weil dies Ergebnis ansonsten immer dasselbe wäre, was sehr auffällig ist.

5 a) Nach der 2. Anweisung liegen im
linken Stapel 2,
mittleren Stapel 9 und
rechten Stapel 4 Hölzer. Damit nach der 3. Anweisung im mittleren Stapel 6 Hölzer liegen, müssen noch 3 Hölzer aus dem mittleren Stapel beispielsweise auf den rechten Stapel verschoben werden.
Es fällt bei verschiedenen Anfangssituationen auf, dass nach der 2. Anweisung im mittleren Stapel immer 9 Hölzer liegen.

b)

	linker Stapel	mittlerer Stapel	rechter Stapel
Anfangssituation	z	z	z
nach der 1. Anweisung	z − 3	z + 6	z − 3
nach der 2. Anweisung	z − 3	z + 6 − (z − 3)	z − 3 + (z − 3)
		= 9	= 2z − 6

z beschreibt die Anzahl der Hölzer in jedem Stapel in der Anfangssituation.

c) Da die Anzahl der Hölzer nach der 2. Anweisung im mittleren Stapel immer 9 ist, kann Kristine die dritte, vierte oder fünfte Anweisung so wählen, dass am Ende im mittleren Stapel so viele Hölzer liegen, wie von der Person genannt wurde.

V Beziehungen in geometrischen Figuren

1 Abstände

1

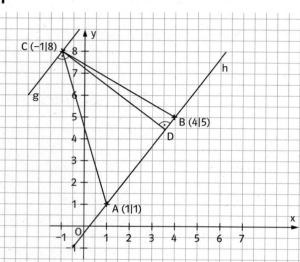

a) $\overline{AB}$ = 5 cm; $\overline{AC}$ = 7,3 cm; $\overline{BC}$ = 5,8 cm

b) $\overline{CD}$ ist das Lot von C auf die Gerade AB. Die Gerade g parallel zur Geraden AB geht durch C. Die Gerade g ist senkrecht zum Lot $\overline{CD}$. Für den Abstand der Geraden g zur Geraden AB gilt $\overline{CD}$ = 5,8 cm.

c) Das Lot $\overline{CD}$ ist die Höhe zur Seite $\overline{AB}$ im Dreieck ABC.

Der Flächeninhalt wird berechnet aus

$(5 \cdot 5,8) : 2 \, \text{cm}^2 = 14,5 \, \text{cm}^2$.

2

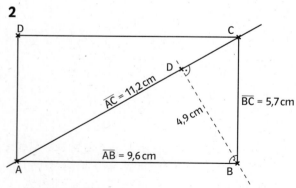

a) Die Strecke $\overline{BD}$ ist das Lot von B auf die Gerade AC; es ist $\overline{BD}$ = 4,9 cm. Der Punkt B hat von der Geraden AB den Abstand 4,9 cm.

b) 1. Lösung

Der Flächeninhalt des Dreiecks ABC wird berechnet mit der Grundseite $\overline{AC}$ und der zugehörigen Höhe $\overline{BD}$: $(11,2 \cdot 4,9) : 2 \, \text{cm}^2 \approx 27,4 \, \text{cm}^2$.

c) 2. Lösung

Der Flächeninhalt des Dreiecks ABC ist aber auch halb so groß wie der des Rechtecks ABCD. Dies ergibt $(9,6 \cdot 5,7) : 2 \, \text{cm}^2 \approx 27,4 \, \text{cm}^2$.

3 a)

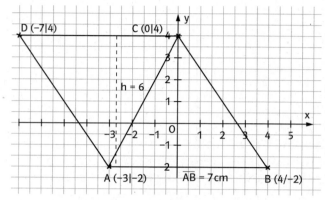

Flächeninhalt des Parallelogramms ABCD:

$\overline{AB} \cdot h = 7 \cdot 6 \, \text{cm}^2 = 42 \, \text{cm}^2$.

b)

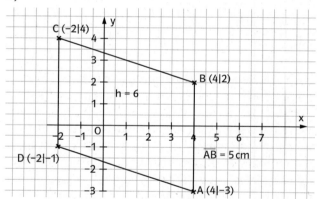

Flächeninhalt des Parallelogramms ABCD:

$5 \cdot 6 \, \text{cm}^2 = 30 \, \text{cm}^2$.

4 a)

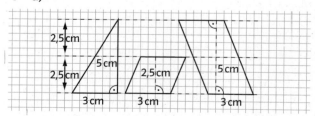

Das Dreieck hat eine 3 cm lange Seite und eine zugehörige Höhe mit 5 cm Länge.

Sein Flächeninhalt beträgt deshalb

$(3 \cdot 5) : 2 \, \text{cm}^2 = 7,5 \, \text{cm}^2$.

Das große Parallelogramm stimmt in einer Seitenlänge und mit der Höhe mit dem Dreieck überein.

Deshalb ist sein Flächeninhalt doppelt so groß wie der des Dreiecks, also 15 cm².
Der Flächeninhalt des kleinen Parallelogramms beträgt 7,5 cm², weil eine Seitenlänge so groß ist wie die Seite des großen Parallelogramms und die zugehörige Höhe aber nur halb so groß ist.

b)

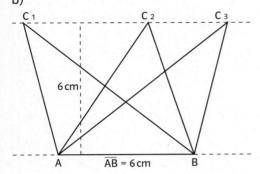

Ein Dreieck mit einer 6 cm langen Seite muss eine 6 cm lange Höhe haben, damit seine Fläche 18 cm² beträgt. Deshalb muss der gesuchte Punkt auf einer Parallele zur Geraden AB im Abstand 6 cm liegen.

5 a)

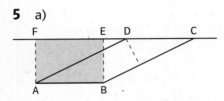

Gegeben ist das Parallelogramm ABCD. Das gesuchte Rechteck soll die Seite $\overline{AB}$ haben. Seine Höhe muss mit der Höhe des Parallelogramms zur Seite $\overline{AB}$ übereinstimmen, damit der Flächeninhalt gleich bleibt. Dazu zeichnet man die Lote von A und B auf die Gerade durch C und D.
Lösung: Rechteck ABEF.

b)

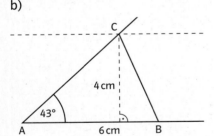

Das Dreieck ABC hat z. B. einen Flächeninhalt von 12 cm², weil $\overline{AB}$ = 6 cm lang ist und die zugehörige Höhe 4 cm lang ist.
Den Punkt C erhält man als Schnittpunkt einer Parallelen zu AB im Abstand 4 cm.

6 a) Das bisherige und das neue Spielfeld werden im Maßstab 1:1000 gezeichnet. Dann kommt der Streifen für die Zuschauer hinzu. (Hier verkleinert.)

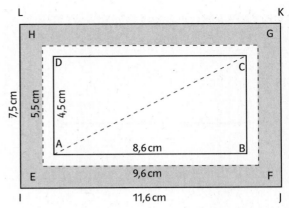

a) Man misst $\overline{AC}$ = 9,7 cm. Die bisherige Diagonale des Spielfeldes ist 97 m.
Man misst $\overline{EG}$ = 11,1 cm. Die neue Spielfeld-Diagonale ist 111 m.
b) Fläche des alten Spielfeldes 86·45 m² = 3870 m²
Fläche des neuen Spielfeldes 96·55 m² = 5280 m²
Prozentanteil des neuen Spielfeldes zum alten:
$\frac{5280}{3870} \approx 1,36 = 136\,\%$
Das neue Spielfeld ist 36 % größer als das alte.
c) Flächenanteil der Zuschauer:
2·(116·10) m² + 2·(55·10) m² = 3420 m²
Gesamtfläche der Sportanlage 116·75 m² = 8700 m²
Anteil des Zuschauerbereiches $\frac{3420}{8700} \approx 0,393 = 39,3\,\%$;
dies sind etwa $\frac{2}{5}$ der Gesamtfläche!

2 Abstände von Punkten und Geraden – Ortslinien

Seite 119

1

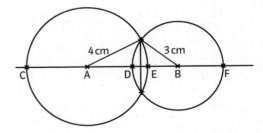

a) Die Schnittpunkte der beiden Kreise haben von A den Abstand 4 cm und von B den Abstand 3 cm.
b) Die beiden Schnittpunkte haben den Abstand 3,56 cm.
c) Mit der Beschriftung in der Zeichnung gilt:
$\overline{CD}$ = 7 cm; $\overline{CE}$ = 8 cm; $\overline{CB}$ = 10 cm; $\overline{CF}$ = 13 cm;
$\overline{DE}$ = 1 cm; $\overline{DB}$ = 3 cm; $\overline{DF}$ = 6 cm; $\overline{EB}$ = 2 cm
d) Der größte Abstand zweier Punkte auf den Kreisen ergibt sich für C und F mit 13 cm.

2 a)

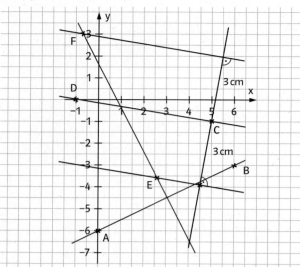

Die Punkte E und F ergeben sich aus den Schnittpunkten der Mittelsenkrechten der Strecke $\overline{AB}$ mit den beiden Parallelen zur Geraden durch C und D im Abstand 3 cm: Es gilt in etwa: E(2,6 | −3,6); F(−0,7 | 3).

b)

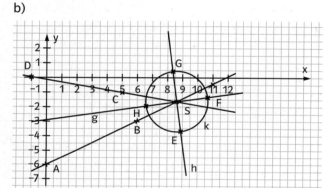

Die Punkte E, F, G und H ergeben sich als Schnittpunkte der Winkelhalbierenden g und h mit dem Kreis um S mit Radius 3 cm, wobei S der Schnittpunkt der Geraden durch A und B und der Geraden durch C und D ist.
Es gilt in etwa: E(9 | −3,6); F(10,7 | −1,3); G(8,3 | 0,4); H(6,6 | −1,9).

3 a)

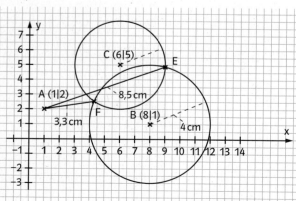

Die Punkte E und F sind 3 cm von C und 4 cm von B entfernt. Der Abstand von E zu A beträgt 8,5 cm; der Abstand von F zu A beträgt 3,3 cm.

b)

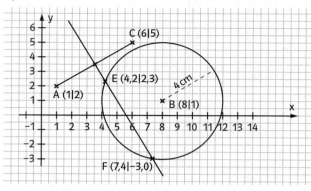

Die gesuchten Punkte liegen auf der Mittelsenkrechten der Strecke AB und auf dem Kreis um B mit Radius 4 cm.
Lösung: E(4,2 | 2,3) und F(7,4 | 3)

c)

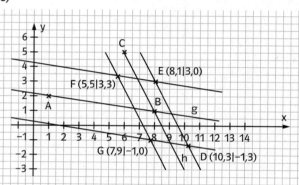

Die gesuchten Punkte liegen auf den beiden Parallelen zu g im Abstand 2 cm und auf den Parallelen zu h im Abstand 1 cm.
Lösung: D(10,3 | −1,3); E(8,1 | 3); F(5,5 | 3,3) und G(7,9 | −1).

d)

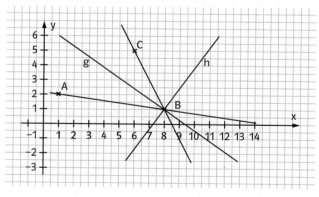

Die beiden Geraden AB und BC bilden in ihrem Schnittpunkt B vier Winkel. Die Winkelhalbierende dieser Winkel sind die Geraden g und h. Jeder Punkt dieser Geraden hat jeweils den gleichen Abstand zu den Geraden AB und BC.

4 a) Wenn man das Blatt mit der Strecke $\overline{AB}$ so faltet, dass der Punkt A mit dem Punkt B zusammenfällt, dann ist die Faltlinie die Mittelsenkrechte der Strecke AB, weil A und B dann punktsymmetrisch zu ihr sind.

b) Für parallele Geraden faltet man zweimal rechte Winkel. Entsprechend a) erhält man die Winkelhalbierende zweier Geraden, wenn man so faltet, dass die Geraden aufeinander liegen. Dann geht die Faltlinie durch den Schnittpunkt und ist eine Winkelhalbierende.

Wenn die beiden Geraden zueinander parallel sind, ist die Faltlinie die Mittelparallele.

Seite 121

5 a)

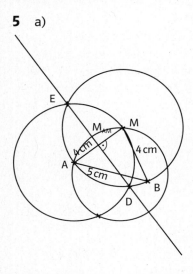

Zur Strecke $\overline{AB}$ = 5 cm zeichnet man zunächst die Mittelsenkrechte. Dann zeichnet man um A einen Kreis mit Radius 4 cm. Ein Schnittpunkt mit der Mittelsenkrechten wird mit M beschriftet. Der Kreis um M mit Radius 4 cm geht nun durch A und B. Die beiden Schnittpunkte D und E der Kreise haben die gewünschte Eigenschaft. (Man kann E und D auch als Schnittpunkt der Mittelsenkrechten der Strecke $\overline{AM}$ und dem Kreis um M oder A erhalten.)

b)

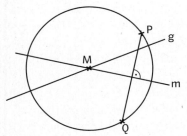

Man erhält den Mittelpunkt des gesuchten Kreises als Schnittpunkt der Mittelsenkrechten m der Strecke $\overline{PQ}$ und der Geraden g.

Da alle Punkte auf m gleichen Abstand zu P und Q haben, können P und Q auch auf einer Seite der Geraden g liegen (siehe Zeichnung).

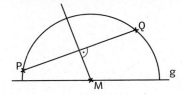

c)

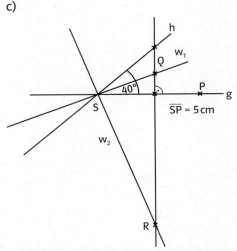

Man muss die Schnittpunkte der Mittelsenkrechten der Strecke $\overline{SP}$ mit den Winkelhalbierenden w_1 und w_2 der Winkel mit Scheitelpunkt S bestimmen.
Lösung: Die Punkte Q und R.

6 a) Irma hat Recht: Wenn sie die Mittelsenkrechten der Strecken $\overline{AB}$ und $\overline{BC}$ zeichnet, dann schneiden sich diese in einem Punkt M, der den gleichen Abstand zu A, B und C hat. Da der Punkt D auf dem gleichen Kreis lag, der durch A und B und C ging, muss der Kreis um M durch einen Punkt des Kreises auch alle anderen auf seiner Kreislinie haben.

b) Peter hat auch Recht. Denn Irma benötigt zum Finden des Mittelpunktes ja nur die Punkte A, B und C.

7

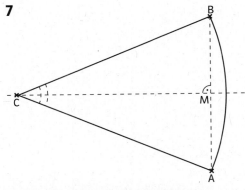

Beide Ideen lösen das Problem.
In der nebenstehenden Skizze ist die Winkelhalbierende an der Spitze des Pizzastücks auch die Mittelsenkrechte der Strecke $\overline{AB}$, da das Dreieck ABC gleichschenklig ist.

8 Maßstab 1:100 (verkleinert)

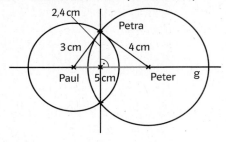

Aus den Angaben ergibt sich die nebenstehende Zeichnung.
Das Lot von „Petra" auf die „Hauptstraße" g misst 2,4 cm. Somit wohnt Petra 240 m von der Hauptstraße entfernt.

9 a)

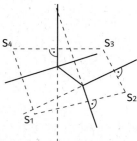

Für die Grenzen der Schuleinzugsgebiete wurden die „Mittelsenkrechten" zwischen den Verbindungsstrecken der Schulorte verwendet. Das Schuleinzugsgebiet innerhalb der roten Grenze besteht aus allen Orten, die den kürzesten Weg zu Schule 1 haben. Alle Schulwege zu anderen Schulen sind länger.
b) Skizze

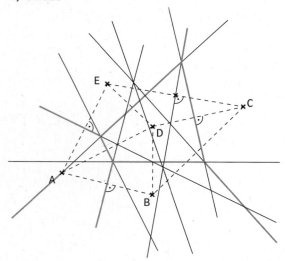

c) Es gibt unterschiedliche Lösungen.

10 a) Interpretation:
Ausgehend von den Schenkeln eines Winkels α wird die Winkelhalbierende verwendet.
Dort werden Punkte im gleichen Abstand s gezeichnet und die Lote auf die Schenkel bestimmt. Dann werden die zugehörigen Kreise gezeichnet.

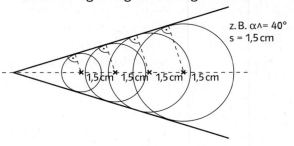

b) Zu zwei parallelen Geraden wird die Mittelparallele gezeichnet. Dort werden Punkte mit jeweils gleichem Abstand abgetragen und ihre Lote zu den Geraden gezeichnet. Die zugehörigen Kreise ergeben eine solche Figur.
Beispiel:

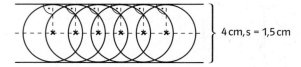

11 Vorgabe:
Äußerer Kreis mit Radius 8 cm.
a) Man zeichnet den horizontalen Durchmesser des äußeren Kreises und teilt ihn in 4 gleich große Teilstrecken. Die Mitten der beiden Radien werden Halbkreise mit dem Radius 2 cm entgegengesetzt gezeichnet. Dann werden die beiden Flächen gefärbt.
b) Man geht vor wie in a) und zeichnet die Halbkreise in die gleiche Richtung. Dann können die beiden Gebiete gefärbt werden.
c) In Fig. 3 c) teilt die spiralige Fläche in ihren Schnittpunkten mit dem gestrichelten Durchmesser diesen in jeweils gleich lange Strecken von je 2 cm Länge. Die Mittelpunkte für die beiden kleinen und die beiden mittleren Halbkreise sind deshalb 3 cm bzw. 5 cm vom linken Kreisrand entfernt. Damit kann die Figur gezeichnet und gefärbt werden.

12 Die Aufhängung der Lampe besteht aus Gitterstäben, die in Rautenformen zusammengefügt sind. Entsprechende Verbindungspunkte liegen auf drei Parallelen. Durch Ausziehen der Lampe bleibt diese Eigenschaft erhalten, die Parallelen rücken jedoch zusammen. Da nebeneinander liegende Parallelen gleichen Abstand haben, bleibt die Lampe immer waagrecht und auf gleicher Höhe.

13 a)

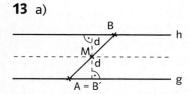

Miriam denkt richtig. Beschriftet man den Schnittpunkt der Strecke $\overline{AB}$ mit M, so ist die Strecke $\overline{MB}$ das Bild der Strecke $\overline{MA}$ bei einer Punktspiegelung an M. Deshalb ist $\overline{MA}$ genauso groß wie $\overline{MB}$.

b)

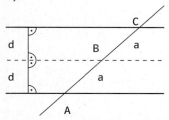

Jörg denkt richtig. Die Gerade in der Mitte ist in der beschriebenen Situation die Mittelparallele zu den äußeren Geraden. Jörg kann nun die Überlegungen von Miriam übernehmen.

14 a) Flächeninhalt von Dreieck ABC:
$(4 \cdot 6) : 2 \, cm^2 = 12 \, cm^2$
Flächeninhalt von Dreieck ABE: $(4 \cdot 3) : 2 \, cm^2 = 6 \, cm^2$
Der Flächeninhalt von Dreieck BCE ergibt sich aus
$12 \, cm^2 - 6 \, cm^2 = 6 \, cm^2$, weil sich das Dreieck ABC aus den beiden Dreiecken ABE und BCE zusammensetzt.
b) Aus a) weiß man, dass das Dreieck ABC und das Dreieck BCE den gleichen Flächeninhalt von $6 \, cm^2$ haben. Im Dreieck BCE ist die Strecke $\overline{ED}$ die Höhe zur Seite $\overline{BC}$. Wegen $\overline{BC} = 6 \, cm$ muss $\overline{ED} = 2 \, cm$ sein. Denn nur dann gilt $(6 \cdot 2) : 2 \, cm^2 = 6 \, cm^2$.

15 a) selbstgewählte Größen
Der Anteil von ABE ist 50 %, die Anteile von BDE und EDC sind jeweils 25 % im Vergleich zum Dreieck ABC.
b) Die Dreiecke ABC und ABE haben eine gleich lange gemeinsame Seite AB. Die Höhe des Dreiecks ABC ist doppelt so groß wie diejenige des Dreiecks ABE. Deshalb ist der Flächeninhalt von Dreieck ABC doppelt so groß wie der des Dreiecks ABE. Außerdem ist das Dreieck ABC zusammengesetzt aus dem Dreieck ABE und dem Dreieck BCE. Damit haben die Dreiecke ABE und BCE den gleichen Flächeninhalt.
Nun ist auch das Dreieck BCE zusammengesetzt aus den beiden Dreiecken BDE und EDC. Diese Dreiecke haben eine Seite $\overline{DE}$ gemeinsam und besitzen eine gleich große zugehörige Höhe. Deshalb sind ihre Flächeninhalte gleich groß.

Ergebnis: Der Flächeninhalt des Dreiecks ABC ist doppelt so groß wie der des Dreiecks ABE und viermal so groß wie der des Dreiecks BDE bzw. EDC.
c) Nein, die Grundseiten und Höhen der Dreiecke bleiben gleich.

3 Konstruktionen mit Zirkel und Lineal

Seite 124

1 a) Man konstruiert die Mittelsenkrechte der 11,7 cm langen Strecke $\overline{AB}$. Ihr Schnittpunkt M mit der Strecke teilt $\overline{AB}$ in zwei gleich lange Teilstrecken $\overline{AM}$ und $\overline{MB}$.
b) Die 17 cm lange Strecke $\overline{AB}$ wird zunächst mithilfe der Mittelsenkrechten in zwei gleich lange Teilstrecken $\overline{AM}$ und $\overline{MB}$ geteilt. Dann konstruiert man für die Teilstrecken $\overline{AM}$ und $\overline{MB}$ nochmals die zugehörigen Mittelsenkrechten. Ihre Schnittpunkte mit der Strecke $\overline{AB}$ teilen zusammen mit M die Strecke $\overline{AB}$ in vier gleich lange Teilstrecken.

2 a) Zeichnung s. Fig. 1
Man wählt zunächst zwei Punkte A und B auf der Geraden g. Dann zeichnet man die Mittelsenkrechte zu $\overline{AB}$ mithilfe zweier Kreise. Um den Schnittpunkt M der Mittelsenkrechten mit der Geraden g zeichnet man einen Kreis mit Radius 2 cm. Seine Schnittpunkte P und Q mit der Mittelsenkrechten haben zu g den Abstand 2 cm. Dann zeichnet man die Parallelen durch P und Q.

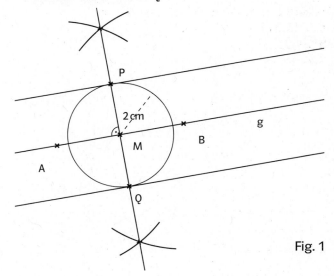

Fig. 1

b) Zeichnung s. Fig. 2
Man zeichnet zwei Kreise mit Radius $r = 4 \, cm$ um die Punkte A und B der Strecke $\overline{AB}$. Ihre Schnittpunkte M_1 und M_2 sind dann genau 4 cm von A und B entfernt. Deshalb liegen sie auf den Kreisen um M_1 und M_2 mit dem gleichen Radius 4 cm.

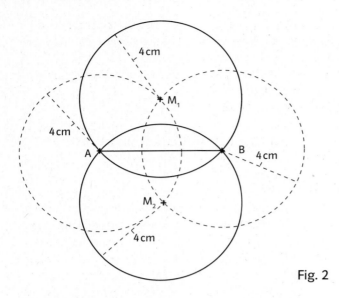

4 cm
M₁
4 cm
A   B 4 cm
M₂
4 cm

Fig. 2

3 a) Zeichnung s. Fig. 3
Man zeichnet einen Kreis um den Scheitel S des
57°-Winkels, der die Schenkel in den Punkten A
und B schneidet. Zeichnet man um B einen Kreis
mit dem Radius BA, so schneidet dieser Kreis den
ersten Kreis noch in C. Weil die Punkte A und C nun
Symmetriepartner zur Geraden durch A und B sind,
sind die Winkel ∢ ASB und ∢ BSC gleich groß. Deshalb misst der Winkel ∢ ASC 114°.

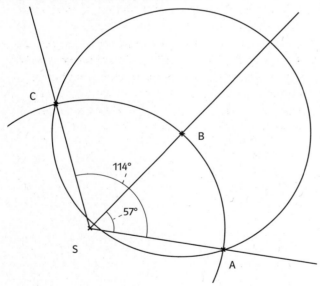

C
B
114°
57°
S
A

Fig. 3

b) Man halbiert den Winkel 110° und erhält zwei
Winkel von 55°. Einer dieser Winkel wird wiederum
halbiert.
c) Ohne Zeichnung
Man zeichnet z.B. eine Strecke $\overline{AB}$ und dazu die
Mittelsenkrechte mit zugehörigem Schnittpunkt M.
Damit hat man bei M einen rechten Winkel konstru-
iert. Dieser wird dann nochmals halbiert um einen
Winkel von 45° zu erhalten.

4 Zeichnung s. Fig. 4
Zum Dreieck ABC konstruiert man die Mittelsenkrechten der drei Seiten und erhält die Mittelpunkte
der Seiten. Dann verbindet man die Eckpunkte des
Dreiecks mit den Mittelpunkten der gegenüberliegenden Seite. Winkelmessungen ergeben, dass diese Strecken keine Winkelhalbierenden sind.

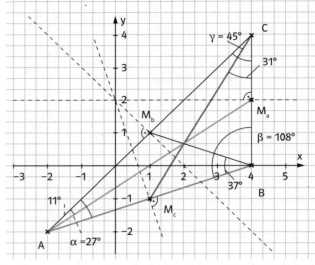

Fig. 4

5 Zeichnung s. Fig. 1
Man zeichnet zunächst einen Kreis um P mit einem
selbstgewählten Radius und erhält die Schnittpunkte A und B so, dass P Mittelpunkt der Strecke $\overline{AB}$
ist. Dann konstruiert man die Mittelsenkrechte m
der Strecke $\overline{AB}$. Die Gerade m ist die gesuchte Lotgerade von P zu g.

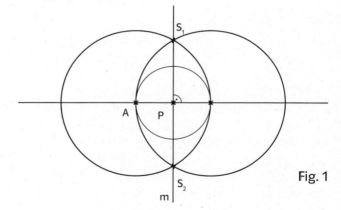

S₁
A P
S₂
m

Fig. 1

6 Zeichnung s. Fig. 2

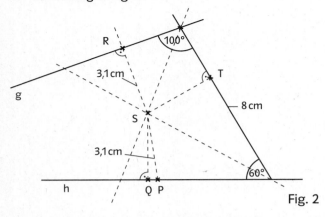

Fig. 2

Die Konstruktionslinien für Winkelhalbierenden und die Lotgeraden sind nicht eingezeichnet. Man misst $\overline{SR} = 3{,}1\,cm$ und $\overline{SP} = 3{,}1\,cm$, obwohl die Strecken nicht die gleiche Länge haben. Dies ist so, weil $\overline{SR} = \overline{SQ} = \overline{ST}$, da S der Schnittpunkt der Winkelhalbierenden ist und P und Q sehr nah zusammenliegen. (Zum Weiterfragen: Da S der Schnittpunkt der Winkelhalbierenden von α und β ist, sind die Abstände von S zu allen drei Geraden gleich groß.)

7 Zeichnung s. Fig. 3
Zu jeder Seite eines Dreiecks gehört eine Höhe. Das gegebene Dreieck ABC hat zwei Höhen, welche die verlängerten Seiten treffen (man nennt die Geraden durch die Seiten eines Dreiecks auch **Trägergeraden**). In der Zeichnung sind die Längen der Höhen und Seiten eingetragen.
Man kann den Flächeninhalt des Dreiecks berechnen, indem man eine Seitenlänge mit der zugehörigen Höhe multipliziert und das Ergebnis durch 2 teilt.

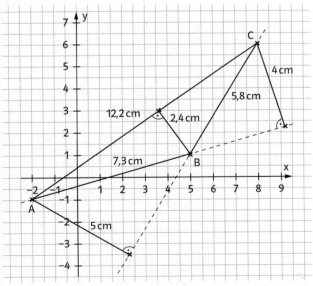

Fig. 3

1. Seite $\overline{AC}$: $[(12{,}2 \cdot 2{,}4) : 2]\,cm^2 = 14{,}64\,cm^2$
1. Seite $\overline{AB}$: $[(7{,}3 \cdot 4) : 2]\,cm^2 = 14{,}6\,cm^2$
1. Seite $\overline{BC}$: $[(5{,}8 \cdot 5) : 2]\,cm^2 = 14{,}5\,cm^2$

Die unterschiedlichen Ergebnisse entstehen durch ungenaues Messen.

8 Mit einem festen Seil und einem Maßstab kann man Strecken mit einer gewünschten Länge spannen und Kreise zeichnen. Nach dem Entwurf in Fig. 6 wird zuerst ein rechtwinkliges Dreieck mit den Seiten 8 m und 6 m gezeichnet. Dann wird die Winkelhalbierende des rechten Winkels in der Schulhofecke konstruiert. Dann wird die Mittelsenkrechte der 8 m langen Strecke konstruiert. In ihrem Schnittpunkt mit der Dreiecksseite, die quer im Hof verläuft, wird ein Halbkreis gezeichnet, dessen Durchmesser halb so groß ist wie die Länge der Querstrecke. Es wird die Parallele zur längsten Dreiecksseite durch den Mittelpunkt der 8 m langen Seite gezeichnet. Alle Strecken werden dann so hervorgehoben, dass die gewünschte Figur entsteht. Dann können die Flächen farbig gestaltet werden.

9 Zeichnung s. Fig. 4
Zeichnung zu a) bis c): In A ist eine Winkelhalbierende konstruiert. Von B ist das Lot $\overline{BL}$ auf die Diagonale konstruiert.
a) Es genügt, eine Winkelhalbierende zu zeichnen, da das Rechteck punktsymmetrisch ist. Die Aussage ist falsch: Die Winkelhalbierende liegt nicht auf der Diagonalen.
b) Die Aussage ist falsch. Das Lot von B auf die Diagonale hat den Lotfußpunkt L. Dieser stimmt nicht mit dem Schnittpunkt M der Diagonalen überein.
c) Die Aussage ist richtig: Man misst $\overline{BL} = 5{,}1\,cm$. $\overline{BL}$ ist etwa halb so groß wie die Rechteckseite a. (Gilt nicht für alle Rechtecke.)

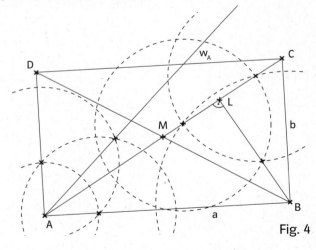

Fig. 4

Zusatzfrage am Rand: Wenn das Rechteck ein Quadrat ist, ist aus Symmetriegründen eine Diagonale gleichzeitig auch eine Winkelhalbierende. Deshalb sind die Aussagen a) und b) richtig. Die Aussage c) ist falsch. Insbesondere ist L = M. Das Lot von einem Eckpunkt ist deshalb bei Quadraten halb so groß wie eine Diagonale.

Seite 126

10 a) Zeichnung s. Fig. 1. Alle Punkte des Quadrates, die vom Diagonalenschnittpunkt den Abstand 6 cm haben, liegen auf dem Kreis um den Schnittpunkt der Diagonalen mit dem Radius 6 cm. Es gibt insgesamt 8 Punkte E_1 bis E_8 mit dieser Eigenschaft. Wegen der Symmetrie des Quadrates hat jeder Punkt der Lösung von den Diagonalen den Abstand 1,2 cm bzw. 5,9 cm.

b) Zeichnung s. Fig. 2. Die gesuchten Punkte liegen sowohl auf einem Kreis um den Schnittpunkt der Diagonalen mit Radius 4 cm als auch auf den Parallelen zu den Seiten des Quadrates im Abstand 4 cm. Dabei gibt es 8 Schnittpunkte E_1 bis E_8.

c) Es gibt vier Punkte mit den verlangten Eigenschaften. Sie liegen auf dem Kreis um den Diagonalschnittpunkt mit $r = \frac{10}{6}$ cm $\approx$ 1,67 cm und den Mittelsenkrechten der Seiten.

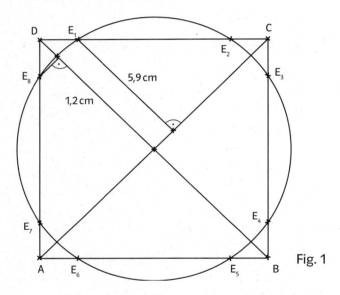

Fig. 1

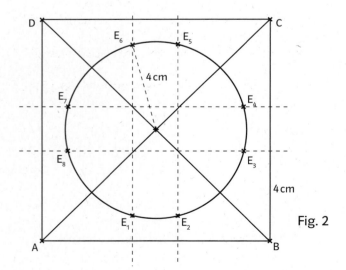

Fig. 2

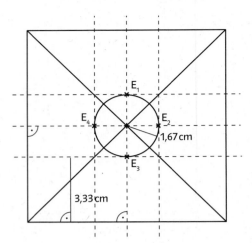

Fig. 3

11 a) Zeichnung s. Fig. 4
Planfigur
Man kann das Dreieck konstruieren. Dazu beginnt man mit einer ausgewählten Seite (z.B. c = $\overline{AB}$).
1. Zeichne die Strecke $\overline{AB}$ der Länge 3 cm.
2. Zeichne um A einen Kreis mit Radius 5 cm.
3. Zeichne um B einen Kreis mit Radius 4,5 cm.
4. Ihre Schnittpunkte C_1 und C_2.
5. Die Dreiecke ABC_1 und ABC_2 lösen die Aufgabe. Beide Dreiecke sind jedoch achsensymmetrisch und deshalb deckungsgleich.

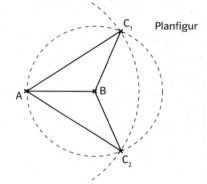

Fig. 4

b) Planfigur nicht erstellt
Mit den gegebenen Größen kann kein Dreieck gezeichnet werden. Denn nach dem Zeichnen einer Strecke, z.B. $\overline{AB}$ = 7 cm, haben die Kreise um die Eckpunkte A und B mit den Radien 2,5 cm und 4 cm keine gemeinsamen Schnittpunkte.

c) Planfigur: nicht erstellt. Zeichnung Fig. 5
Konstruktionsbeschreibung:
1. Zeichne den Winkel α = 27° mit dem Scheitel A.
2. Zeichne um A einen Kreis mit Radius 3 cm.
3. Beschrifte den Schnittpunkt mit einem freien Schenkel von α mit C.
4. Zeichne einen Kreis um C mit Radius 5 cm.
5. Beschrifte den Schnittpunkt des Kreises mit dem anderen Schenkel von α mit B.

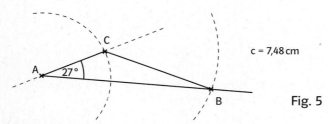

c = 7,48 cm

Fig. 5

d) Planfigur:
Zeichnung Fig. 6
Mit den gegebenen Größen kann kein Dreieck gezeichnet werden. Nach dem Zeichnen des Winkels
α und der Strecke $\overline{AC}$ = b hat der Kreis um C mit
Radius 2 cm keinen Schnittpunkt mit dem freien
Schenkel von α.

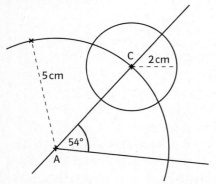

Fig. 6

e) Planfigur: nicht erstellt. Zeichnung Fig. 7
Die Konstruktion ist möglich.
1. Zeichne die Strecke c = $\overline{AB}$ der Länge 6 cm.
2. Trage in A den Winkel α an $\overline{AB}$ ab.
3. Trage in B den Winkel β an $\overline{AB}$ ab.
4. Beschrifte den Schnittpunkt der beiden freien
   Schenkel mit C.
Das Dreieck ABC hat die geforderten Eigenschaften.

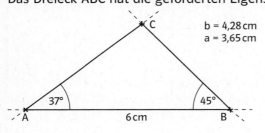

b = 4,28 cm
a = 3,65 cm

Fig. 7

f) Zeichnung s. Fig. 8
Planfigur
Eine Konstruktion ist nicht möglich, da der freie
Schenkel von α und der Kreis um B keinen Schnitt-
punkt haben.

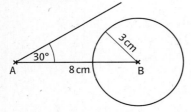

Fig. 8

12 a)
Planfigur:

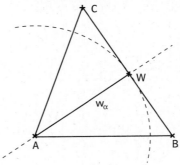

Konstruktionsbeschreibung:
1. Zeichne eine 6 cm lange Strecke $\overline{AB}$.
2. Trage in A den Winkel β = 70° ab.
3. Konstruiere die Winkelhalbierende von α.
4. Zeichne um A einen Kreis mit Radius 5 cm.
5. Beschrifte den Schnittpunkt des Kreises mit der
   Winkelhalbierenden mit W.
6. Die Gerade durch B und W schneidet den freien
   Schenkel von α im Punkt C. Das Dreieck ABC hat
   die geforderten Eigenschaften.

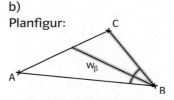

Fig. 9

b)
Planfigur:

Konstruktionsbeschreibung:
1. Zeichne eine 7 cm lange Strecke a = $\overline{BC}$.
2. Trage in B den Winkel β = 50° ab.
3. Konstruiere die Winkelhalbierende von β.
4. Zeichne um B einen Kreis mit Radius 4,5 cm.
5. Beschrifte den Schnittpunkt des Kreises mit der
   Winkelhalbierenden mit W.
6. Die Gerade durch C und W schneidet den freien
   Schenkel von β im Punkt A.
Das Dreieck ABC hat die geforderten Eigenschaften.

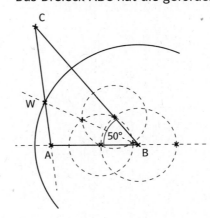

Fig. 10

c) Planfigur: erstellen (siehe Fig. 11)

Konstruktionsbeschreibung:

1. Zeichne die 4 cm lange Strecke c = $\overline{AB}$.
2. Trage in A den Winkel α = 110° ab.
3. Zeichne um B einen Kreis mit Radius 5 cm.
4. Beschrifte den Schnittpunkt des Kreises mit dem freien Schenkel von α mit W. W ist der Schnittpunkt der Winkelhalbierenden w_β mit der Seite b des Dreiecks.
5. Verdopple den Winkel β_1: Zeichne um B einen Kreis k, der die Schenkel von β_1 in P und Q schneidet. Ein Kreis um Q mit Radius $\overline{PQ}$ schneidet den Kreis k in R. Der Winkel β = ∢ RBP ist doppelt so groß wie β_1.
6. Zeichne die Gerade durch B und R.
7. Die Gerade durch B und R schneidet den freien Schenkel von α in C.

Das Dreieck ABC löst die Aufgabe.

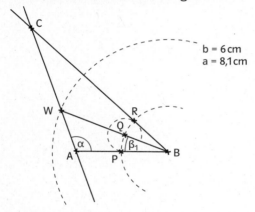

b = 6 cm
a = 8,1 cm

Fig. 11

d) Planfigur: erstellen

Konstruktionsbeschreibung:

1. Zeichne die 6 cm lange Strecke a = $\overline{BC}$.
2. Trage in C den Winkel γ = 82° ab.
3. Konstruiere die Winkelhalbierende w_γ.
4. Zeichne um C einen Kreis mit Radius 7 cm.
5. Beschrifte den Schnittpunkt des Kreises mit der Winkelhalbierenden w_γ mit W.
6. Zeichne die Gerade BW.
7. Beschrifte den Schnittpunkt der Geraden BW mit dem freien Schenkel von γ mit A.

Das Dreieck ABC löst die Aufgabe.

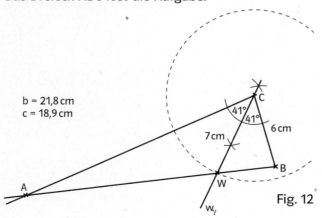

b = 21,8 cm
c = 18,9 cm

Fig. 12

13 a) Die Vermutung von Alex ist falsch. Man muss dazu nur ein Dreieck so zeichnen, dass der Sachverhalt klar zu sehen ist. Dies ist z. B. im gezeichneten Dreieck in Fig. 13 der Fall.

b) Beispiel: „In einem Quadrat geht die Winkelhalbierende in einem Eckpunkt durch den gegenüberliegenden Eckpunkt."

Begründung: Da ein Quadrat symmetrisch zur Diagonalen ist, ist eine Diagonale im Quadrat auch die Winkelhalbierende für die Winkel in den zugehörigen Eckpunkten.

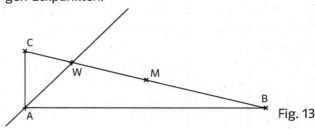

Fig. 13

14 a) Zeichnung s. Fig. 14

Man konstruiert den Schnittpunkt M der Mittelsenkrechten der Strecke $\overline{PQ}$ mit der Geraden g. Der Kreis um M durch P geht dann auch durch Q, weil M auf der Mittelsenkrechten von PQ liegt, sind ihre Endpunkte P und Q gleich weit von M entfernt.

b) Die Abb. in Fig. 15 und Fig. 16 zeigen, dass die Konstruktion aus a) auch dann funktioniert, wenn P und Q andere Lagen haben.

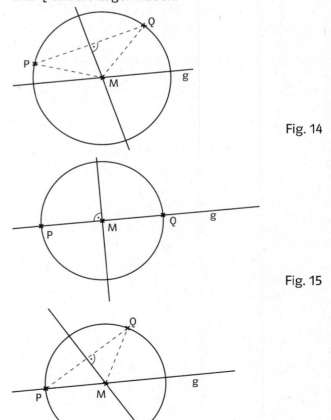

Fig. 14

Fig. 15

Fig. 16

15

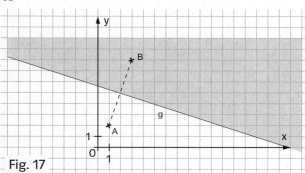

Fig. 17

a) Zeichnung Fig. 17. Man konstruiert die Mittelsenkrechte g der Strecke $\overline{AB}$. Alle Punkte, die auf g liegen, sind gleich weit von A und B entfernt. Ein Punkt P der auf der Seite der Geraden g liegt, auf der auch der Punkt B ist, hat zu A einen größeren Abstand als zu B. Er ist also weiter von A als von B entfernt.

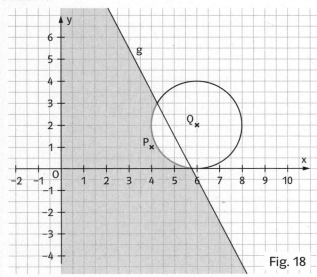

Fig. 18

b) Zeichnung Fig. 18. Die gesuchten Punkte liegen auf der Seite der Mittelsenkrechten von P und Q, auf der auch P liegt. Sie dürfen nur nicht innerhalb des Kreises um Q mit dem Radius 2 cm liegen. Die gesuchten Punkte liegen auf dem grau markierten Teil der Kreislinie und im grauen Bereich.

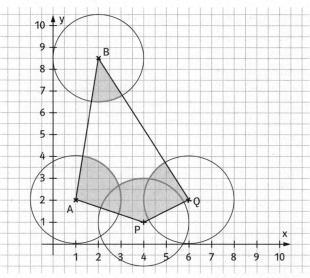

Fig. 19

c) Zeichnung Fig. 19. Um jede Ecke des Vierecks wird ein Kreis mit Radius 2 cm gezeichnet. Alle Punkte innerhalb der Vierecksfläche, die nicht außerhalb aller Kreise liegen, haben die verlangte Eigenschaft.

16 Die Punkte im hellblauen Gebiet sind höchstens 1,5 cm von B und mehr als 2 cm von A entfernt.
Die Punkte im grünen Gebiet sind weniger als 1,5 cm von B und weniger als 2 cm von A entfernt.
Die Punkte im gelben Gebiet sind weniger als 2 cm von A und mehr als 1,5 cm von B entfernt.
Die Punkte im braunen Gebiet sind mehr als 1,5 cm von B und mehr als 2 cm von A entfernt.

Seite 127

17 a) Zeichnung s. Fig. 1.
Für $\alpha = 37°$ gibt es zwei Lösungen: Dreieck ABC_1 und Dreieck ABC_2.

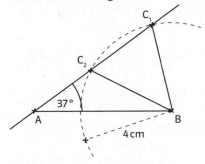

Fig. 1

b) Zeichnung s. Fig. 2.

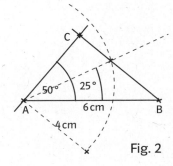

Fig. 2

V Beziehungen in geometrischen Figuren **L 51**

18 a) Zeichnung s. Fig. 3. Die Zeichnung zeigt die Hilfslinien, die man benötigt, um das Rechteck zu zeichnen. Weitere Konstruktion mithilfe des Menüpunktes „Konstruieren/Winkelhalbierende".

b) Man geht wie in 18 a) vor, beginnt jedoch mit einer Strecke ohne festgelegte Länge und wählt den Kreis mit dieser Strecke als Radius.

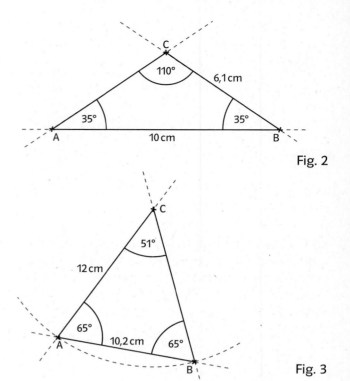

Fig. 2

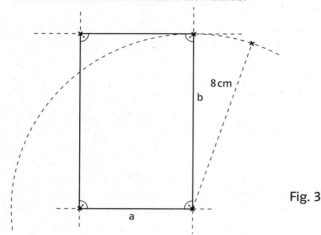

Fig. 3

19 Mögliches Ergebnis:

1. Zwei Kreise haben genau einen gemeinsamen Schnittpunkt, wenn entweder die Summe ihrer Radien genauso groß ist, wie der Abstand ihrer Mittelpunkte oder die Differenz ihrer Radien so groß ist wie der Abstand ihrer Mittelpunkte.

2. Zwei Kreise haben zwei Schnittpunkte, wenn sowohl die Summe ihrer Radien größer ist als der Abstand ihrer Mittelpunkte als auch die Differenz ihrer Radien kleiner ist als der Abstand ihrer Mittelpunkte.

3. In allen anderen Fällen gibt es keine Schnittpunkte.

2 a)

b)

c)

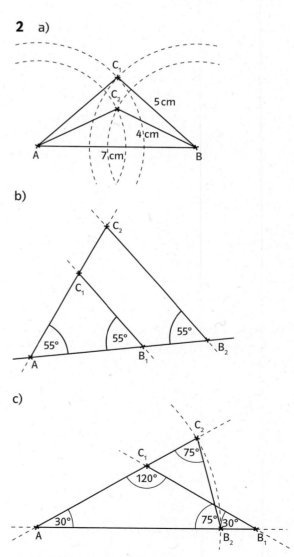

d) Gleichschenklige Dreiecke.

4 Zusammenhänge bei symmetrischen Figuren

Seite 130

1 a) Zeichnung s. Fig. 1. Ein Basiswinkel misst 51°; der Winkel an der Spitze misst 78°.

b) Zeichnung s. Fig. 2. Ein Schenkel ist 6,1 cm groß. Der Winkel an der Spitze misst 110°.

c) Zeichnung s. Fig. 3. Die Basis ist 10,2 cm lang. Ein Basiswinkel misst 65°.

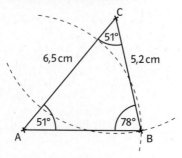

Fig. 1

3 a) Es gibt zwei verschiedene Lösungen, denn man kann die Seite $\overline{AB}$ als Basis oder als Schenkel nehmen.

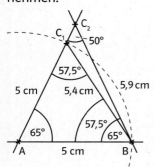

b) Eine Lösung erhält man mit der Spitze bei C. Für eine weitere Lösung müsste man z. B. auch bei A einen Basiswinkel von 100° abtragen. Dann schneiden sich jedoch die Schenkel nicht mehr. Es gibt nur eine Lösung.

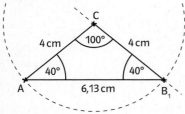

c) Man kann $\overline{AB}$ als Basis wählen. Dann erhält man Dreieck A_1BC. Wählt man $\overline{BC}$ als Basis, erhält man Dreieck A_2BC.

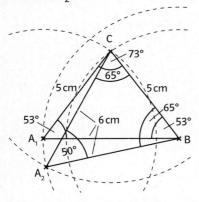

d) Da alle drei Winkel gleich groß sind, sind auch alle drei Seiten gleich lang. Das Dreieck ABC ist deshalb gleichseitig. Es gibt nur eine Lösung.

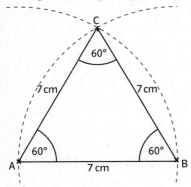

4 a)

b)

c)

5 Man kann die Eigenschaften der Scheitel- und Nebenwinkel anwenden. Da g und h parallel sind, kann man auch noch die Eigenschaften von Wechsel- und Stufenwinkeln verwenden.
a) (Ohne Zeichnung) Es gibt nur zwei verschiedene Winkelgrößen von 50° und 130°.
b) (Ohne Zeichnung) An den Schnittpunkten der einen Geraden mit g und h gibt es nur Winkel von 78° und 102°. Entsprechend kommen bei der anderen Geraden nur die Winkelgrößen 120° und 60° vor.
c)

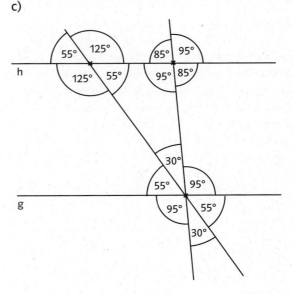

6 a) (Zeichnung Fig. 4) Beginnt man mit der längeren Strecke von 8 cm Länge, muss man um ihre Endpunkte jeweils Kreise mit Radius 3 cm zeichnen, um den dritten Eckpunkt des Dreiecks zu bekommen. Die beiden Kreise haben jedoch keinen Schnittpunkt. Deshalb gibt es kein Dreieck mit der geforderten Eigenschaft.

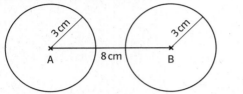

Fig. 4

b) (Zeichnung Fig. 5) Man kann irgendein gleichschenkliges Dreieck mit Basiswinkeln der Größe 40° zeichnen.

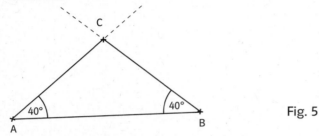

Fig. 5

c) (Zeichnung Fig. 6) Man zeichnet ein gleichschenkliges Dreieck mit einem rechten Winkel an der Spitze. Der rechte Winkel kann kein Basiswinkel sein, denn dann wären die Schenkel zueinander parallel.

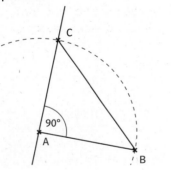

Fig. 6

7 a) Im Maßstab 1:20 hat das Zelt eine Grundseite von 10 cm und eine Höhe von 7,5 cm (Zeichnung s. Fig. 7). Aus den gemessenen Größen der maßstabsgetreuen Zeichnung kann man die Größen der Vorderfront berechnen: Die Basiswinkel des Zeltes messen 56°. Der Winkel an der Spitze ist 67,5° groß. Die Seitenteile sind 1,8 m lang.
b) Die Fläche der Vorderfront ist 1,5 m² groß. Man benötigt demnach 1,725 m² Stoff.

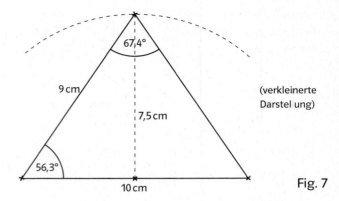

(verkleinerte Darstellung)

Fig. 7

8 a) Marion hat nicht Recht. Wenn ein Dreieck eine Symmetrieachse hat, dann gibt es stets zwei gleich große Winkel.
b) Jörg hat Recht. Denn wenn ein Dreieck zwei (verschiedene) Symmetrieachsen hat, dann sind jeweils zwei benachbarte Winkel auch gleich groß. Dann sind aber auch benachbarte Seiten jeweils gleich lang. Also ist das Dreieck gleichseitig.

Seite 131

9 (Ohne Kontrollzeichnungen)
a) Wenn zwei sich schneidende Geraden gleich große Scheitel- und Nebenwinkel haben, dann sind sie zueinander senkrecht.
b) Lösungsvorschlag 1: Ein Winkel α und sein Nebenwinkel β ergeben zusammen 180°. Wenn der Winkel α um 15° größer sein soll als β, muss α gerade um 7,5° (die Hälfte von 15°) größer sein als 90° (denn hier wären α und β ja gerade wie in Teilaufgabe b) gleich groß). Also gilt $\alpha = 97,5°$ und $\beta = 82,5°$.
Lösungsvorschlag 2 (Verwendung von Gleichungen): Für α und β gilt $\alpha + \beta = 180°$ und $\alpha = \beta + 15°$.
Daraus kann man die Beziehung $\beta + \beta + 15° = 180°$ ableiten. Folglich gilt $2\beta = 180° - 15°$.
Daraus ergibt sich β und α wie im Lösungsvorschlag 1.
c) Der Winkel α und sein Nebenwinkel β zusammen ergeben 180°. Dies sind aber auch fünf Viertel des Winkels α. Deshalb gilt $\alpha = (180° : 5) \cdot 4 = 144°$ und $\beta = 36°$.
d) Der Scheitelwinkel α hat 1 Anteil am gestreckten Winkel und der Nebenwinkel β hat 3 Anteile davon. Deshalb gilt $\alpha = 180° : 4 = 45°$; der Nebenwinkel misst 135°.

10 a) Die Geraden g und h können nicht parallel sein. Sonst müsste der Winkel von 109° die Größe 110° haben, weil die beiden weiteren Geraden gleiche Stufenwinkel mit g und h hätten und somit parallel wären. Deshalb sind weder g und h noch die beiden anderen Geraden parallel.

b) Wenn die Geraden g und h parallel wären, müssten die Winkel 57° und 56,4° gleich groß sein (Wechselwinkel). Da dies nicht der Fall ist, sind g und h nicht parallel.

11 (Aufgabenstellung erfolgt durch die Klasse)

12 a) Es wird angenommen, dass die Angel einen Drehpunkt A hat. Ergebnisse aus der Zeichnung in Fig. 1.
b) Verwendet man, wie im Tipp auf S. 131 angegeben, die beiden parallelen Geraden h und h' zur Wasserlinie, dann müssen die jeweils gleich großen Wechselwinkel zum 30°- und 50°-Winkel an h bzw. h' zusammen mit dem gesuchten Winkel β jeweils 90° ergeben. Daraus erhält man das gleiche Ergebnis wie in Teil a).

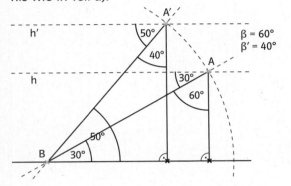

β = 60°
β' = 40°

Fig. 1

Seite 132

13 a) Die Aussage ist richtig, denn die Winkelhalbierende des Winkels α ist auch die Winkelhalbierende des zugehörigen Scheitelwinkels von α.
b) Die Aussage ist falsch, denn die Winkelhalbierenden der beiden Nebenwinkel von α fallen zusammen.
c) Die Aussage ist richtig. Der Winkel α bildet mit seinem Nebenwinkel β zusammen einen 180°-Winkel. Die zugehörigen Winkelhalbierenden halbieren jeweils die Winkelgröße von α und β. Deshalb bilden die Winkelhalbierenden zueinander einen Winkel von 90°.

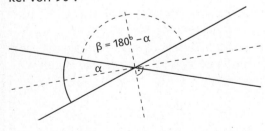

14 a) (Zeichnung s. Fig. 1)
Konstruktionsbeschreibung:
1. Zeichne ein gleichseitiges Dreieck (Seitenlänge s).
2. Bestimme den Schnittpunkt M der Symmetrieachsen des Dreiecks.
2. Zeichne die Mittelpunkte der drei Seiten.
3. Zeichne um jeden Eckpunkt des Dreiecks einen Kreis mit Radius $\frac{s}{2}$.
4. Bestimme den Schnittpunkt S einer Halbgeraden vom M durch einen Eckpunkt des Dreiecks mit einem der Kreise.
5. Zeichne den Kreis um M mit Radius $\overline{MS}$.
Die Figur entsteht durch Nachzeichnen der zugehörigen Linien.

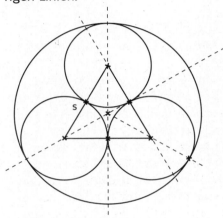

Fig. 1

b) (Zeichnung s. Fig. 2)
Konstruktionsbeschreibung wie in Teil a) mit anderer Nachzeichnung der Linien (und einer Drehung um 30° um M).

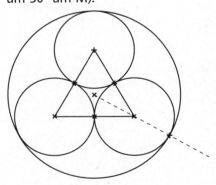

Fig. 2

c) (Zeichnung s. Fig. 3)
Konstruktionsbeschreibung:
1. Zeichne ein gleichseitiges Dreieck mit dem Schnittpunkt M der Symmetrieachsen und den Mittelpunkten der drei Seiten.
2. Zeichne den Kreis k um M durch die Eckpunkte des Dreiecks.
3. Bestimme die jeweiligen Schnittpunkte S_1 bis S_3 von k mit den Mittelsenkrechten des Dreiecks.
4. Zeichne die drei Kreise um Dreiecksseitenmitten M_1 bis M_3 durch die unter 3. bestimmten Schnittpunkte S_1 bis S_3.

Die Figur entsteht durch Nachzeichnen der zugehörigen Linien.

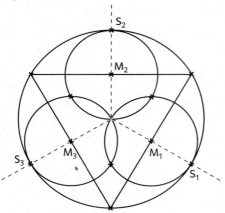

Fig. 3

d) (Zeichnung s. Fig. 4)
Konstruktionsbeschreibung:
1. Man beginnt mit einer Strecke AB, die in vier Teile geteilt wird.
2. Man zeichnet um jeden Endpunkt die Kreise durch die Teilpunkte und den anderen Endpunkt und markiert jeweils die Schnittpunkte der Kreise mit dem gleichen Radius.
3. Die Verbindungsstrecke des Schnittpunkts M der Kreise mit dem zweitgrößten Radius mit dem Endpunkt der Ausgangsstrecke schneidet den Kreis, der durch die Mitte von AB geht, im Punkt R.
4. Der Kreis um M mit Radius $\overline{MR}$ wird gezeichnet. Die Figur entsteht durch Nachzeichnen der zugehörigen Linien.

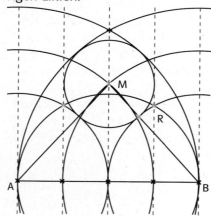

(verkleinerte Darstellung)

Fig. 4

15 a) Fig. 5 zeigt eine aus Platzgründen verkleinerte Zeichnung des Sachverhalts im Maßstab 1:17. Die Gewichtsscheibe bewegt sich dabei auf einem Kreis um D mit Radius 10 cm in einem Winkelbereich von 10° hin und her. Den Gewichtsscheiben entsprechen Kreise mit einem Radius von 0,5 cm. Man zeichnet nun die Winkelhalbierende w des 10°-Winkels und bestimmt den Schnittpunkt M mit dem Kreis um D. Dann zeichnet man die Lotgerade durch die Mittelpunkte der Gewichtsscheiben auf die Winkelhalbie-

rende w und bestimmt ihre Schnittpunkte E und F mit den kleinen Kreisen.
Der Abstand der Punkte E und F beträgt 2,74 cm. Deshalb muss der Pendelkasten mindestens 27,4 cm breit sein.
b) Wenn der Pendelkasten 30 cm breit ist, muss man mit zwei Parallelen im Abstand von 1,5 cm beginnen und die Konstruktion aus Teilaufgabe a) „rückwärts" ausführen (Ergebnis s. Fig. 6). Das Pendel kann dann um 5,7° um den Aufhängepunkt schwingen.

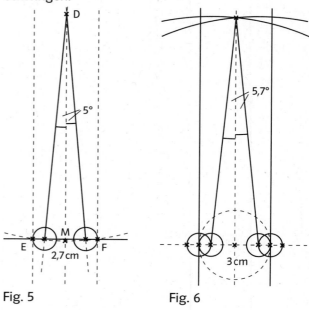

Fig. 5   Fig. 6

16 Die Abbildung in Fig. 7 zeigt einen Ausschnitt der Allee im Maßstab 1:250.

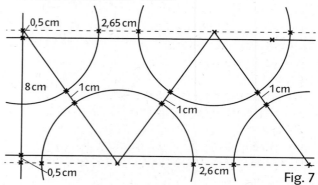

Fig. 7

Man erkennt, dass der Sicherheitsabstand 1 m auf den Verbindungslinien zwischen zwei Pflanzpunkten quer über die Straße eingehalten werden muss. Dann können die Bäume im Abstand von 12,65 m gepflanzt werden.

b) Die Rechnung 150 m : 12,65 m ergibt die Zahl 11,86. Man kann auf jeder Seite 11 Bäume pflanzen. Die Kosten für die gesamte Bepflanzung betragen dann in etwa 22 · (80 € + 60 €) = 3080 €.

17 a)

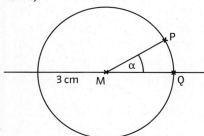

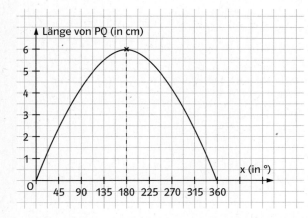

b) Wenn P fortlaufend auf dem Kreis bewegt wird, wiederholt sich der Graph. Der Vorgang ist periodisch.

18 (KR = Klammerregel)

a) $x \cdot 2 + 5 + 3x = 2x + 3x + 5 = (2 + 3)x + 5$
  KG, AG   DG
  $= 5x + 5 = 5(x + 1)$
        DG

b) $n - 5 + n \cdot (-2) + 3 = n - 2n - 5 + 3$
              AG, KG   AG, DG
  $= n(1 - 2) - 2 = -n - 2$
        KG

c) $13v - (5 + 3v) = 13v - 3v - 5 = 10v - 5$
        AG, DG   DG
  $= 5(2v - 1)$
  DG

d) $5 - (5d - 7) - d \cdot 2 = 5 - 5d + 7 - 2d = -7d + 12$
              DG, AG   AG, KG, DG

e) $(5 + 3c) - (c - 8) = 5 + 3c - c + 8 = 2c + 13$
              DG   AG, DG, KG

f) $0{,}3a + 0{,}8 - a \cdot 0{,}2 = 0{,}1a + 0{,}8$
              DG, AG, KG

g) $y \cdot 4 - (y - 3) + 2y = 4y - y + 3 + 2y = 5y + 3$
        KG   AG, DG, KG

h) $3 - (4x + 3) - x \cdot 3 = 3 - 4x - 3 - 3x = -7x$
              DG, KG   AG, DG, KG

19 Lösung mit Baumdiagramm
10 rote, 6 grüne Socken. Anfangs sind es 16 einzelne Socken.

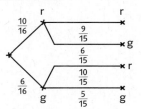

Wahrscheinlichkeit für gleiche Sockenfarbe nach der Pfadregel:
$\frac{10}{16} \cdot \frac{9}{15} + \frac{6}{16} \cdot \frac{5}{15} = \frac{90 + 30}{240} = \frac{120}{240} = \frac{1}{2} = 50\%$
Peter zieht mit der Wahrscheinlichkeit von 50% Socken in der gleichen Farbe an.

5 Winkelsummen

Seite 134

1 a) Durch Experimentieren kann man zur Vermutung kommen, dass die Winkelsumme der drei Winkel immer 180° ist. Man kann auch vermuten, dass in einem Dreieck bei einer größeren Seite der gegenüberliegende Winkel größer ist als der Winkel, der einer kleineren Seite gegenüberliegt.
b) Mit Beispielen zu Sonderfällen kann man z.B. zu folgenden Vermutungen kommen:
Bei den gleichschenkligen Dreiecken ist die Basis kleiner als ein Schenkel, solange der Winkel an der Spitze kleiner als 60° ist. Für einen Winkel an der Spitze von 60° ergibt sich ein gleichseitiges Dreieck. Für alle Winkel an der Spitze, die größer als 60° sind, ist die Länge der Basis größer als die der Schenkel.
Bei einem rechtwinkligen Dreieck geht eine Seite durch den Mittelpunkt des Kreises. Es gibt ein gleichschenkliges Dreieck, das einen rechten Winkel an der Spitze hat.

2 Man kann den Winkelsummensatz im Dreieck benutzen:
a) $\gamma = 89°$ b) $\alpha = 80°$

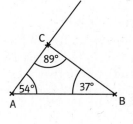

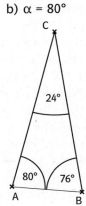

c) β = 147°

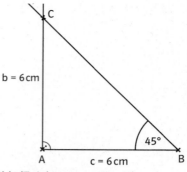

d) γ = 90°

3 Alle gegebenen Dreiecke sind gleichschenklig:
a) Mit α = 46° und β = γ folgt aus dem Winkel-summensatz α + β + γ = 180° die Beziehung 46° + β + β = 180°. Daraus ergibt sich 2β = 134° und somit gilt β = γ = 67°.
b) Mit α = 90° kann es keinen weiteren Winkel dieser Größe geben. Deshalb müssen die beiden an-deren Winkel zusammen 90° ergeben (Winkelsum-mensatz) und gleich groß sein (Basiswinkelsatz). Deshalb gilt β = γ = 45°.
c) Da α und β gleich groß sind, ist der Winkel an der Spitze: γ = 180° − 70° = 110°.
d) Wegen des Winkelsummensatzes ist: β = 70°. Also gilt α = β. γ ist an der Spitze.

4 In einem gleichseitigen Dreieck gibt es drei Symmetrieachsen. Zwei Winkel, die nebeneinander liegen, sind deshalb immer gleich groß. Deshalb sind alle drei Winkel gleich. Aus dem Winkelsum-mensatz folgt dann, dass jeder die Größe 60° haben muss.

5 a) (Zeichnung s. Fig. 1)
Konstruktionsbeschreibung:
1. Zeichne die Strecke c = $\overline{AB}$ der Länge 6 cm.
2. Trage an c in A den Winkel α = 90° an und in B den Winkel β = 45°.
3. Der Schnittpunkt der beiden freien Schenkel ist C.
Das Dreieck ABC löst die Aufgabe.
Für γ gilt: γ = 180° − (90° + 45°) = 45° (Winkel-summensatz). Deshalb ist das Dreieck ABC gleich-schenklig.

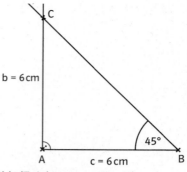

Fig. 1

b) (Zeichnung s. Fig. 2)
Konstruktionsbeschreibung:
1. Zeichne den Winkel γ der Größe 50° mit dem Scheitel C.
2. Trage auf den Schenkeln von γ die Strecken a = $\overline{BC}$ und b = $\overline{AC}$ mit gleicher Länge 5 cm ab.
Das Dreieck ABC löst die Aufgabe.
Das Dreieck ABC hat zwei gleich lange Seiten a und b. Deshalb ist γ der Winkel an der Spitze. Aus dem Winkelsummensatz folgt α + β = (180° − γ) = 130°. Da α und β gleich groß sind, gilt α = β = 65°.

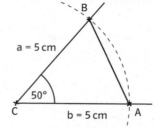

Fig. 2

c) (Zeichnung s. Fig. 3)
Alle drei Winkel sind gleich groß. Deshalb misst je-der 60°.
Konstruktionsbeschreibung:
1. Zeichne die Strecke a = $\overline{BC}$ mit der Länge 5 cm.
2. Trage in B und C die 60°-Winkel β und γ an.
3. Beschrifte den Schnittpunkt der freien Schenkel mit A.
Das Dreieck ABC löst die Aufgabe.

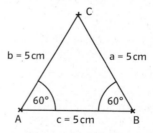

Fig. 3

d) (Zeichnung s. Fig. 4)
Konstruktionsbeschreibung:
1. Zeichne die Strecke c = $\overline{AB}$ mit der Länge 6 cm.
2. Trage in B den Winkel β = 50° ab.
3. Zeichne um A den Kreis mit Radius 6 cm.
4. Der Kreis hat mit dem freien Schenkel von β die Schnittpunkte B und C.
Das Dreieck ABC löst die Aufgabe.

Weil die Strecken c und b gleich lang sind, ist das Dreieck ABC gleichschenklig. Der Punkt A ist die Spitze des Dreiecks. Deshalb gilt β = γ = 50° und α = 80°.

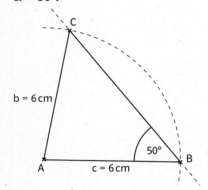

Fig. 4

6 a) γ = 71°; gleichschenklig, Spitze A
b) α = 90° (rechtwinkliges Dreieck)
c) β = 10°
d) Es gilt β + γ = 205°. Die Summe zweier Winkel muss kleiner als 180° sein. Ein Dreieck mit diesen Angaben gibt es nicht.
e) γ = 120°. Das Dreieck ist gleichschenklig und stumpfwinklig.
f) α = β = 45°. Das Dreieck ist rechtwinklig und gleichschenklig.
g) Aus α = β = γ ergibt sich nach dem Winkelsummensatz, dass alle Winkel gleich groß sind. α kann nicht 56° messen, denn 56° + 56° + 56° ≠ 180°. Ein Dreieck mit diesen Eigenschaften ist nicht möglich.
h) Es gilt α + γ = 180°. Deshalb müsste β = 0° sein. Damit ist kein Dreieck möglich.

7 a) Das Dreieck in Fig. 5 hat einen nicht beschrifteten Winkel. Dieser ist ein Scheitelwinkel zum 69°-Winkel und deshalb genauso groß wie dieser. Nach dem Winkelsummensatz gilt
γ = 180° − 30° − 69° = 81°.
Der Winkel α ist ein Wechselwinkel zum 30°-Winkel, weil a∥b ist; deshalb gilt α = 30°.
Der Winkel β bildet zusammen mit α und dem Winkel der Größe 69° einen gestreckten Winkel. Deshalb gilt β = 180° − (30° + 69°) = 81° (β ist auch noch ein Stufenwinkel zu γ).
b) β ist ein Wechselwinkel zum Winkel der Größe 77°; somit gilt β = 77°. Daraus lässt sich der nicht beschriftete Winkel im Dreieck links mit 77° berechnen (Scheitelwinkel). Aus der Winkelsumme im Dreieck ergibt sich α = 49°. Das äußere Dreieck ist gleichschenklig. Der Winkel γ ist der Winkel an der Spitze. Daraus ergibt sich γ = 72°.
c) Man beginnt im getönten Dreieck γ = 155°, β = 93° und α = 29°.

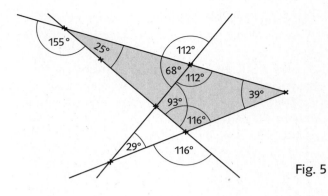

Fig. 5

Seite 135

8 (ohne Skizzen)
a) Der Winkelsummensatz liefert γ = 90°.
b) Das Dreieck ist gleichschenklig, weil die Strecken b und c gleich lang sind. Da β und γ Basiswinkel sind, gilt β = γ = $\frac{180° - 40°}{2}$ = 70°.
c) Das Dreieck ist gleichschenklig, weil die Strecken a und c gleich lang sind. Da β der Winkel an der Spitze ist, gilt α = γ = $\frac{180° - 50°}{2}$ = 65°.
d) Das Dreieck ist gleichschenklig, weil die Strecken b und c jeweils 5 cm lang sind. Weil zudem α und β gleich groß sind, und β und γ Basiswinkel sind, müssen alle drei Winkel gleich groß sein. Deshalb ist das Dreieck ABC gleichseitig; somit messen alle Winkel 60° und alle Seiten sind 5 cm lang.

9 Wenn man ein Dreieck durch die Angabe von drei Winkeln bestimmt, muss man darauf achten, dass die Summe der Winkel 180° ist. In einem solchen Fall kann man jedoch die Längen der Seiten noch verändern. Man erhält eigentlich zu jeder festgelegten Länge einer bestimmten Seite ein zugehöriges Dreieck.

10 Zu Fig. 1: ε ist der Winkel zwischen dem Lot von C auf AB und der Winkelhalbierenden von γ. Bei C ist ein rechter Winkel, deshalb gilt ∢ ACW = 45°. Nach dem Winkelsummensatz im Dreieck AWC gilt ∢ CWA = 97°. Der zugehörige Nebenwinkel ∢ HWC misst dann 83°. Nach dem Winkelsummensatz im Dreieck WHC misst ε dann 7°.

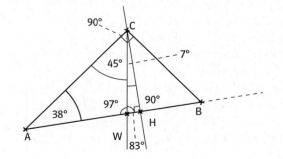

Fig. 1

Zu Fig. 2: Mit den Beschriftungen in der unten stehenden Abbildung kann man folgendermaßen argumentieren:
Im Dreieck EDC ist der Winkel bei D nach dem Winkelsummensatz 47° groß. Dann hat jedoch der Winkel ε die Größe 43°, denn er ergänzt sich zusammen mit dem 47°-Winkel zu 90°. Dabei ist es egal ob a und b gleich lang sind oder nicht.

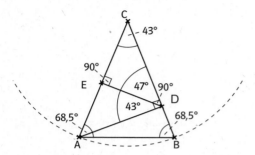

Fig. 2

Zu Fig. 3: Die gestrichelte Linie ist die Winkelhalbierende von α. Da a = b gilt, ist das Dreieck gleichschenklig und α ist ein Basiswinkel. Weil der Winkel an der Spitze 40° misst, gilt α = 70°. Die Winkelhalbierende hat dann mit b einen Winkel der Größe 35°. Mit dem Winkelsummensatz ergibt sich ε = 180° − 35° − 40° = 105°.

11 (ohne Zeichnung)
Aus den Angaben folgt, dass $\overline{MA} = \overline{MC} = \overline{MB}$ gilt. Deshalb sind die Dreiecke AMC und CMB gleichschenklig, jeweils mit der Spitze bei M. Verwendet man den Winkelsummensatz und die Eigenschaften des gleichschenkligen Dreiecks, so gilt:
∢ BCM = 68,5° und ∢ CMB = 180° − (68,5° + 68,5°) = 43°. Der zugehörige Nebenwinkel ∢ AMC misst dann 137° und die Winkel ∢ MAC und ∢ ACM sind gleich große Basiswinkel der Größe (180° − 137°) : 2 = 21,5°. Deshalb hat der Winkel bei C die Größe 68,5° + 21,5° = 90°. Also: α = 21,5°; β = 68,5° und γ = 90°.

Winkel in Vierecken

12
a) Der Mittelpunktswinkel α misst 360° : 5 = 72°.
b) Der Innenwinkel β misst 108°.
c) Konstruktionsbeschreibung:
1. Zeichne ein gleichseitiges Dreieck mit der Basis 5 cm und den Basiswinkeln 54°.
2. Zeichne einen Kreis um die Spitze durch die Endpunkte der Basis.
3. Trage dann den Winkel an der Spitze noch viermal wiederholt an.

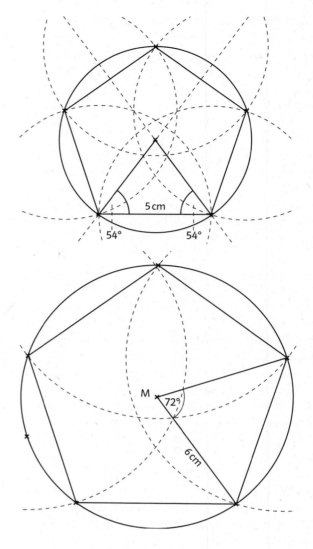

d) Konstruktionsbeschreibung:
1. Zeichne einen Kreis mit Radius 6 cm und Mittelpunkt M.
2. Zeichne im Punkt M einen Winkel der Größe 72° und bestimme die Schnittpunkte der Schenkel mit dem Kreis. Trage die Basis des Dreiecks noch viermal auf dem Kreis ab.

13 a) Ein Sechseck hat den Mittelpunktswinkel α = 60°.
Ein Achteck hat den Mittelpunktswinkel α = 45°.
Ein 12-Eck hat den Mittelpunktswinkel α = 30°.
Die Zeichnung erstellt man wie in Aufgabe 12 d).
b) Mittelpunktswinkel beim n-Eck: α = 360° : n
Innenwinkel β = 2 · (180° − α) : 2 oder
β = 180° − α = 180° − $\frac{360°}{n}$

Seite 136

14 Bei einem Sechseck ist der Radius des zugehörigen Umkreises so groß wie eine Seitenlänge des Sechsecks. Da man gleichseitige Dreiecke nur mit dem Zirkel und dem Lineal zeichnen kann, hat Frank Recht.

15 a) Im Rechteck ist die Winkelsumme 360°, weil an jeder Ecke ein 90°-Winkel ist.
In dem Parallelogramm sind je zwei Winkel einer Querstrecke zu den Parallelen zusammen 180° groß, weil der eine Winkel jeweils der Nebenwinkel zu einem Stufenwinkel des anderen ist. Deshalb ergeben sie zusammen 180°. An beiden Querstrecken also zusammen 360°.
b) In Fig. 2 und Fig. 3 teilt die gestrichelte Linie das Viereck in zwei Dreiecke. In jedem Dreieck ist die Winkelsumme 180°. Zusammen ergibt das 360°.
c) Jedes Viereck hat entweder eine Form wie in Fig. 2 oder wie in Fig. 3. Deshalb ist in allen Vierecken die Summe der Winkel 360°.

16 a) Ein Fünfeck kann man mit zwei Verbindungsstrecken von einem Punkt aus in drei Dreiecke unterteilen. Deshalb ist die Winkelsumme im 5-Eck 3-mal 180°, also 540° groß. Mit den gleichen Überlegungen erhält man im Sechseck die Winkelsumme 4-mal 180° = 720°.
b) In dem Term 180°·(n − 2) bedeutet n die Anzahl der Ecken eines Vielecks.
c) Zieht man von einer Ecke eines n-Ecks die Verbindungsstrecken zu den anderen Punkten, so entstehen insgesamt n − 2 Dreiecke, die das Vieleck zusammensetzen.

Parkette aus Vielecken

17 In Fig. 6 und Fig. 7 wurden Parallelen im gleichen Abstand benutzt.

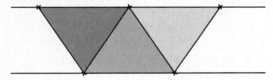

18 a) Legt man drei gleiche Dreiecke mit den Winkeln α, β und γ zusammen, so entsteht eine Gerade, da α + β + γ = 180°.
b) Legt man Rauten an einer Ecke zusammen wie in Fig. 1, so entstehen noch freie Bereiche mit jeweils 90°. Diese lassen sich immer wieder mit zwei Rauten füllen.
Fünfecke, die an einer gemeinsamen Ecke zusammengefügt werden, ergänzen sich nicht zu einem Winkel von 360°. Mit Fünfecken kann man deshalb kein Parkett legen.
Je drei Sechsecke ergeben einen 360°-Winkel. Deshalb kann man mit Sechsecken ein Parkett legen.
c) Legt man die Vierecke so zusammen, dass α, β, γ und δ zusammentreffen, so entstehen bei allen Vierecken Parkette, denn α + β + γ + δ = 360°.

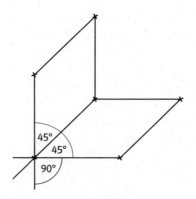

Fig. 1

6 Der Satz des Thales

Seite 138

1 a) Man zeichnet $\overline{AB}$ = 5 cm und einen Kreis mit Durchmesser $\overline{AB}$. Dafür muss zuerst der Mittelpunkt M von $\overline{AB}$ bestimmt werden. Man wählt Punkte C_1, C_2, C_3 … auf dem Kreis. Die Dreiecke ABC_1, ABC_2, ABC_3, … haben die geforderten Eigenschaften.

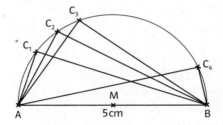

b) Die Strecke $\overline{AB}$ muss durch den Mittelpunkt des Kreises gehen. Sie ist dann ein Durchmesser des Kreises. Nun kann man für C irgendeinen anderen Punkt auf dem Kreis wählen, weil der ursprüngliche Kreis der Thaleskreis zur Strecke $\overline{AB}$ ist.

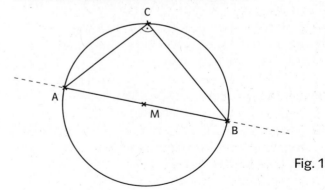

Fig. 1

2 (Zeichnung Fig. 2)
Alle Punkte mit der geforderten Eigenschaft liegen auf dem Thaleskreis der Strecke $\overline{AB}$. Gitterpunkte auf dem Kreis sind A und B sowie P(1|4) und Q(1|−2). Nahe bei Gitterpunkten liegen z. B. die Punkte P_1(2|3,8), P_2(3,1|3,1), P_3(3,8|2),

$P_4(3,8\,|\,0)$, $P_5(3,1\,|-1,1)$, $P_6(0\,|-1,8)$, $P_7(-1,1\,|-1,1)$, $P_8(-1,1\,|\,3,1)$, $P_9(0\,|\,3,8)$, $P_{10}(-1,8\,|\,0)$.

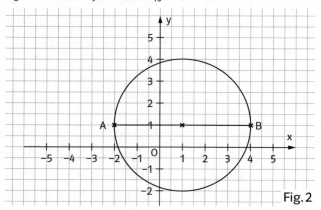

Fig. 2

3 a) (Zeichnung Fig. 3) Wenn C im Inneren des Thaleskreises liegt, ist der Winkel γ größer als 90°. Wenn C auf dem Thaleskreis liegt, ist γ ein rechter Winkel. Wenn C außerhalb des Thaleskreises ist, dann ist der Winkel γ kleiner als 90°.

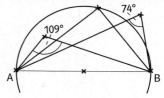

Fig. 3

b) (Zeichnung Fig. 4) Das Dreieck ABC ist rechtwinklig. Wenn man die Lage der Halbgeraden variiert (siehe Pfeil ↤↦), bewegt sich der Punkt C auf dem Thaleskreis der Strecke $\overline{AB}$.

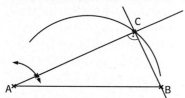

Fig. 4

4 a) Konstruktionsbeschreibung mit Thaleskreis (Zeichnung Fig. 5):
1. Zeichne die Strecke $c = \overline{AB}$ der Länge 6 cm.
2. Zeichne den Thaleskreis zur Strecke AB.
3. Trage an c in A den Winkel $\alpha = 50°$ ab.
4. Beschrifte den Schnittpunkt des freien Schenkels von α mit dem Thaleskreis mit C.
Lösung: Dreieck ABC.

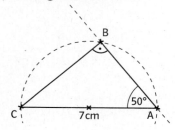

Fig. 5

b) Konstruktionsbeschreibung mit Thaleskreis (ohne Zeichnung):
1. Zeichne die Strecke $b = \overline{CA}$ der Länge 7 cm.
2. Zeichne den Thaleskreis zur Strecke $\overline{CA}$.
3. Trage an b in A den Winkel $\alpha = 50°$ ab.
4. Beschrifte den Schnittpunkt des freien Schenkels von α mit dem Thaleskreis mit B.
Lösung: Dreieck ABC.
c) Konstruktionsbeschreibung ohne Thaleskreis (ohne Zeichnung):
1. Zeichne die Strecke $b = \overline{CA}$ der Länge 5 cm.
2. Trage an b in A den Winkel $\alpha = 40°$ ab.
3. Trage an b in C den Winkel $\gamma = 50°$ ab.
4. Beschrifte den Schnittpunkt der freien Schenkel von α und β mit B.
Lösung: Dreieck ABC. (Hier könnte auch der Satz des Thales eingesetzt werden, da $\alpha + \gamma = 90°$:
a = 3,21 cm; b = 5 cm; c = 3,83 cm.)
d) Da α und β gleich groß sind, muss γ der rechte Winkel sein; α und β messen dann jeweils 45°. Da die Grundseite c zu $\gamma = 90°$ gegeben ist, kann man den Satz des Thales nutzen.
Konstruktionsbeschreibung mit Thaleskreis (ohne Zeichnung):
1. Zeichne die Strecke $c = \overline{AB}$ der Länge 8 cm.
2. Zeichne den Thaleskreis zu c.
2. Trage an c in A den Winkel $\alpha = 45°$ ab.
4. Beschrifte den Schnittpunkt des freien Schenkels von α mit dem Thaleskreis mit C.
Lösung: Dreieck ABC.

Seite 139

5 (ohne Planfigur)
Das Dreieck hat einen rechten Winkel bei C. Deshalb liegt der Punkt C auf dem Thaleskreis der Strecke c.
a) Konstruktionsbeschreibung (Zeichnung Fig. 1):
1. Zeichne die Strecke $c = \overline{AB}$ der Länge 6 cm.
2. Zeichne den Thaleskreis zur Strecke $\overline{AB}$.
3. Zeichne eine parallele Gerade g zu c im Abstand 2 cm.
4. Beschrifte die Schnittpunkte von g mit dem Thaleskreis mit C_1 und C_2.
Die Dreiecke ABC_1 und ABC_2 sind deckungsgleiche Lösungen.

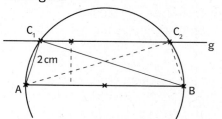

Fig. 1

b) Da α ein rechter Winkel ist, gilt $h_c = b$.
Konstruktionsbeschreibung (Zeichnung Fig. 2):

1. Zeichne die Strecke a = $\overline{BC}$ der Länge 5 cm.
2. Zeichne den Thaleskreis zur Strecke $\overline{BC}$.
3. Zeichne einen Kreis um C mit Radius 1,5 cm.
4. Beschrifte einen Schnittpunkt des Kreises mit dem Thaleskreis mit A.

Lösung: Dreieck ABC; der andere Schnittpunkt liefert ein deckungsgleiches Dreieck.

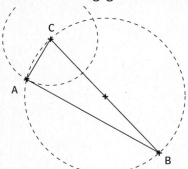

Fig. 2

c) Im Punkt B hat das Dreieck einen rechten Winkel. Deshalb liegt B auf dem Thaleskreis zur Strecke b.
Konstruktionsbeschreibung (Zeichnung Fig. 3):
1. Zeichne die Strecke b = $\overline{AC}$ der Länge 7,8 cm.
2. Zeichne den Thaleskreis zur Strecke $\overline{AC}$.
3. Zeichne eine parallele Gerade g zu b im Abstand 3,2 cm.
4. Beschrifte die Schnittpunkte von g mit dem Thaleskreis mit B_1 und B_2.
Die Dreiecke AB_1C und AB_2C sind deckungsgleiche Lösungen.

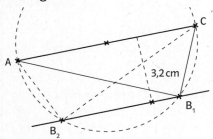

Fig. 3

d) Der Punkt C liegt auf dem Thaleskreis zu c, weil γ 90° misst.
Konstruktionsbeschreibung (Zeichnung Fig. 4):
1. Zeichne die Strecke c = $\overline{AB}$ der Länge 5,4 cm.
2. Zeichne den Thaleskreis zur Strecke $\overline{AB}$.
3. Trage in B an c den Winkel β = 35° an.
4. Beschrifte den Schnittpunkt des freien Schenkels von β mit dem Thaleskreis mit C.
Das Dreieck ABC löst die Aufgabe.

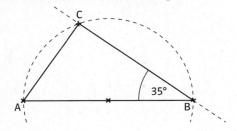

Fig. 4

6 a) Die Höhe zur Seite $\overline{AB}$ = 6 cm muss 2 cm lang sein (s. Punkt C_a in Fig. 1). Dann berechnet sich der Flächeninhalt A zu (6 · 2) : 2 = 6 cm².
Um das Dreieck zu zeichnen, vgl. Aufgabe 5a).
b) Bei dem gesuchten Dreieck muss der Punkt C auf dem Thaleskreis über der Strecke $\overline{AB}$ liegen. Aus der Zeichnung erkennt man, dass ein solches Dreieck die größtmögliche Höhe hat, wenn der Punkt C_b auf der Mittelsenkrechten der Strecke $\overline{AB}$ liegt (s. Punkt C_b in Fig. 5).
Größtmöglicher Flächeninhalt: (6 · 3 cm²) : 2 = 9 cm²

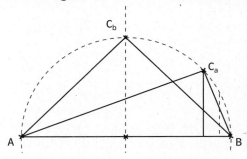

Fig. 5

7 (ohne Zeichnung)
a) Wenn in einem rechtwinkligen Dreieck ein weiterer Winkel 45° misst, muss auch der dritte Winkel 45° messen (Winkelsumme). Das gesuchte Dreieck ist dann rechtwinklig und gleichschenklig.
Konstruktion: Man beginnt mit einer Strecke $\overline{AB}$ und dem zugehörigen Thaleskreis. Dann konstruiert man die Mittelsenkrechte zur Strecke $\overline{AB}$. Ein Schnittpunkt C mit dem Thaleskreis ergibt das gesuche Dreieck ABC.
b) Wenn in einem rechtwinkligen Dreieck ein weiterer Winkel 30° misst, muss der dritte Winkel 60° messen (Winkelsumme). Das gesuchte Dreieck ist dann die Hälfte von einem gleichseitigen Dreieck.
Konstruktion: Man konstruiert ein gleichseitiges Dreieck ABC und die Mittelsenkrechte einer Seite. Dabei entstehen zwei kongruente Dreiecke mit der gesuchten Eigenschaft.

8 (Lösungsvorschläge ohne Zeichnung)
Vorschlag 1: Man zeichnet die Diagonale $\overline{AC}$ der Länge 6 cm mit dem zugehörigen Thaleskreis. Dann zeichnet man einen Kreis um A mit dem Radius 5 cm und erhält beim Schnittpunkt mit dem Thaleskreis die Ecke B des Rechtecks. Auf die gleiche Art kann man mit einem gleich großen Kreis um den Punkt C den noch fehlenden Eckpunkt D konstruieren.
Vorschlag 2: Man beginnt wie in Teilaufgabe a) und erhält die Eckpunkte A, B und C. Dann spiegelt man den Punkt B am Mittelpunkt der Diagonalen $\overline{AC}$ und erhält den Eckpunkt D.

Vorschlag 3: Man beginnt mit einem Kreis mit dem Radius 3 cm um den (späteren) Mittelpunkt M des Rechtecks. Dann bestimmt man zwei Punkte A und B auf dem Kreis mit dem Abstand 5 cm. Die zu den Punkten gehörenden Durchmesser des Kreises sind die Diagonalen des gesuchten Rechtecks.

9 Da die Stäbe gleich lang sind, gibt es einen Kreis, auf dem die Eckpunkte des Vierecks liegen. Die Stäbe sind dabei die zugehörigen Radien. Im allgemeinen Fall hat das Viereck vier verschiedene Winkel.
Durch Experimentieren kann man folgende Fälle unterscheiden:
Fall 1, zwei gegenüberliegende Seiten sind parallel (Fig. 6):
In diesem Fall entsteht ein Trapez mit jeweils zwei gleich großen Winkelpaaren. Deshalb gibt es hierbei entweder keine Übereinstimmung von Winkeln oder jeweils eine Übereinstimmung in zwei Winkelpaaren.
Fall 2, die Verbindungsstrecke Strecke zweier gegenüberliegender Punkte bilden einen Durchmesser des Kreises (Fig. 7):
Dann ist der Kreis der Thaleskreis über dieser Strecke, auf dem die beiden anderen Punkte liegen. Es gibt ein Paar von 90°-Winkeln.
Fall 3, beide Verbindungsstrecken gegenüberliegender Punkte sind Durchmesser. Dann entsteht ein Quadrat und alle vier Winkel messen 90°.

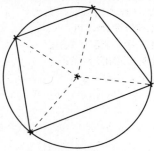

Fig. 6

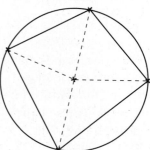

Fig. 7

Beim Experimentieren stellt man fest, dass das Viereck niemals genau drei gleich große Winkel haben kann (weil dabei der vierte Winkel ebenfalls in der Größe mit den anderen übereinstimmt). Dies kann man mit dem Winkelsummensatz im Viereck begründen.

10 Aus den Angaben kann man ablesen:
Das Dreieck ABC ist gleichschenklig, der Kreis ist der Thaleskreis zu $\overline{AB}$:
Der Winkelsummensatz im Dreieck ABC liefert
$\alpha + \beta = 180° - 48° = 132°$.
Da die Basiswinkel α und β gleich groß sind, gilt
$\alpha = \beta = 66°$.
Der Winkelsummensatz im oberen Teildreieck liefert
$\alpha_2 = 42°$.
Damit erhält man $\alpha_1 = \alpha - \alpha_2 = 66° - 42° = 24°$.

11 Die Zuschauer der ersten Reihe sehen die Durchmesser der kreisförmigen Bühne unter einem Blickwinkel von 90°.

12 Uta hat für die Strecke $\overline{AB}$ nicht den Durchmesser des Kreises verwendet.

13 (Zeichnung Fig. 8)
Mit einer maßstabsgetreuen Zeichnung (1 cm entspricht 1 km) erhält man einen Winkel der Größe 19°.
(Dabei ist zu beachten, dass der Abstand durch ein Parallelenpaar im Abstand 1 cm erreicht wird.)

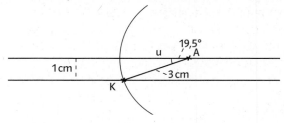

Fig. 8

Seite 140

14 (Zeichnung Fig. 1)
Zur Konstruktion verwendet man einen Thaleskreis (vgl. Lehrbuch S. 138, Fig. 1). Die Berührpunkte der Tangenten haben die Koordinaten $B_1(4,5\,|\,2)$ und $B_2(0,6\,|\,4,6)$.

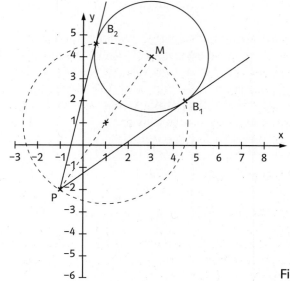

Fig. 1

15 Maßstabsgetreue Zeichnung mithilfe eines Koordinatensystems (Fig. 3).

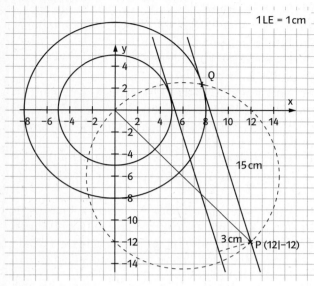

16 Die Geraden werden mit g_1 bis g_5 in der aufgeführten Reihenfolge bezeichnet. Alle Geraden gehen entweder durch den Punkt O(0|0) oder den Punkt P(6|0).
Zeichnet man den Thaleskreis zur Strecke $\overline{OP}$, so erkennt man, dass sich g_1 und g_2 sowie g_4 und g_5 rechtwinklig schneiden, weil ihre Schnittpunkte auf dem genannten Thaleskreis liegen.

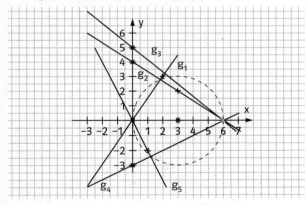

17 Der Winkel oberhalb von δ ist so groß wie α, denn er ist ein Stufenwinkel zu α. Zusammen mit dem Winkel δ ergibt er einen rechten Winkel, weil der Scheitel von δ auf dem gezeichneten Thaleskreis liegt. Deshalb hat δ die Größe 60°, wenn α die Größe 30° hat. Allgemein: δ = 90° − α.

7 Umkreise und Inkreise

Seite 142

1/2 a) Es wird der Zusammenhang zwischen den Mittelsenkrechten und dem Umkreis eines Dreiecks erarbeitet (vgl. Lehrtext S. 141).

2 b) Mögliche Entdeckungen:
Wenn das Dreieck einen stumpfen Winkel hat, dann liegt der Umkreismittelpunkt außerhalb des Dreiecks.
Wenn das Dreieck einen rechten Winkel hat, dann ist der Umkreismittelpunkt der Mittelpunkt der Gegenseite.
Wenn das Dreieck nur spitze Winkel hat, dann liegt der Umkreismittelpunkt innerhalb des Dreiecks.
Bei gleichschenkligen Dreiecken liegt der Umkreismittelpunkt auf der Winkelhalbierenden des Winkels an der Spitze.

Seite 143

3 (ohne Zeichnungen)
a) Der Umkreismittelpunkt ist der Mittelpunkt der Strecke $\overline{AC}$, weil β 90° misst.
b) Der Umkreismittelpunkt liegt auf der Winkelhalbierenden des Winkels γ und ist außerhalb des Dreiecks, weil das Dreieck gleichschenklig ist und bei der Spitze bei C einen stumpfen Winkel hat.
c) Der Umkreismittelpunkt ist der Mittelpunkt der Seite $\overline{AC}$, weil das Dreieck bei B einen rechten Winkel hat.
d) Der Umkreismittelpunkt liegt auf dem Schnittpunkt der Winkelhalbierenden, weil das Dreieck gleichseitig ist.

4 a) Konstruktionsbeschreibung:
1. Zeichne einen Kreis k um U mit Radius 4 cm.
2. Wähle auf dem Kreis k einen Punkt A.
3. Zeichne den Punkt C auf k mit $\overline{AC}$ = 3 cm.
4. Zeichne den Punkt B auf k mit $\overline{CB}$ = 5 cm.
Lösung: 2 Dreiecke ABC mit Umkreis k.

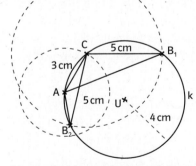

b) Konstruktionsbeschreibung (ohne Zeichnung):
1. Zeichne einen Kreis k um U mit Radius 6 cm.
2. Wähle auf k einen Punkt A.
3. Zeichne den Punkt B auf k mit c = $\overline{AB}$ = 8 cm.
4. Trage in A an c den Winkel α = 50° ab.
5. Der Schnittpunkt von α mit k wird mit C beschriftet.
Lösung: Dreieck ABC mit Umkreis k.
c) Konstruktionsbeschreibung:
1. Zeichne einen Kreis k um U mit Radius 5 cm.
2. Zeichne den Punkt B auf k mit c = $\overline{AB}$ = 5 cm.

3. Zeichne die Mittelsenkrechte m der Strecke $\overline{AB}$.
4. Ein Schnittpunkt m mit k wird mit C beschriftet.
Lösung: 2 Dreiecke ABC mit Umkreis k.

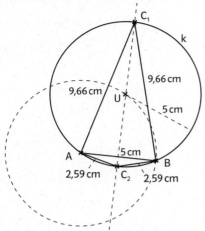

d) Konstruktionsbeschreibung (ohne Zeichnung):
1. Zeichne einen Winkel $\alpha = 50°$ mit Scheitel A.
2. Zeichne die Winkelhalbierende w zu α.
3. Zeichne auf w den Punkt U im Abstand 4,5 cm von A.
4. Zeichne den Kreis k um U durch den Punkt A.
5. Beschrifte die Schnittpunkte von α mit k mit B und C.
Lösung: Dreieck ABC mit Umkreis k.

5 a) Die Abstände zu den drei Seiten des Dreiecks bilden jeweils einen Radius des Inkreises.
b) Alle Punkte auf der Winkelhalbierenden w_α haben zu den Seiten b und c den gleichen Abstand. Dort, wo die Winkelhalbierende w_α die Winkelhalbierende w_β trifft, ist auch der Abstand zur Seite a gleich groß wie der zu den Seiten b und c.
c) Das bedeutet, dass auch die Winkelhalbierende w_γ den Schnittpunkt der Winkelhalbierende w_α und w_β trifft, da die Abstände zu a und b gleich sind.
d) Der Kreis um I, dessen Radius der Abstand zu $\overline{AB}$ ist, berührt jede der drei Dreiecksseiten a, b und c in je einem Punkt.
e) Die Eigenschaft aus d) gilt in allen Dreiecken.
f) Die drei Winkelhalbierenden der drei Winkel eines Dreiecks treffen sich in einem Punkt I, dieser Punkt I ist der Mittelpunkt des Inkreises.

6 a) und b) Die Lote vom Schnittpunkt I auf die drei Dreiecksseiten bilden jeweils einen Radius vom Kreis k.
c) Der Umkreismittelpunkt liegt bei spitzwinkligen Dreiecken innerhalb des Dreiecks, bei stumpfwinkligen Dreiecken außerhalb des Dreiecks und bei rechtwinkligen Dreiecken auf dem Mittelpunkt der längsten Dreiecksseite.
Der Inkreismittelpunkt I liegt immer innerhalb des Dreiecks.
Bei gleichseitigen Dreiecken haben der Inkreis und der Umkreis denselben Mittelpunkt.

7 (ohne Zeichnungen)
Zeichne zuerst das Dreieck aus den gegebenen Größen. Bestimme dann den Inkreismittelpunkt I als Schnittpunkt zweier Winkelhalbierenden. Der Radius des Inkreises wird durch das Lot von I auf eine Dreiecksseite bestimmt.
Besonderheiten: In b) und c) liegt der Inkreismittelpunkt auf einer Mittelsenkrechten, weil gleichschenklige Dreiecke vorliegen. In d) ist das Dreieck gleichseitig. Der Inkreismittelpunkt fällt mit dem Umkreismittelpunkt zusammen.

Seite 144

8 Peter kann drei Punkte A, B und C auf dem Umkreis wählen und dort mithilfe der zugehörigen Radien die Tangenten an den Kreis zeichnen. Die Schnittpunkte der Tangenten ergeben ein solches Dreieck.
Denis kann drei Punkte des Inkreises durch Strecken verbinden.
Denis hat es einfacher.

9 (Zeichnung Fig. 1)
Eine maßstabsgetreue Konstruktion liefert einen Abstand von 5,7 cm – 1,9 cm = 3,8 cm.

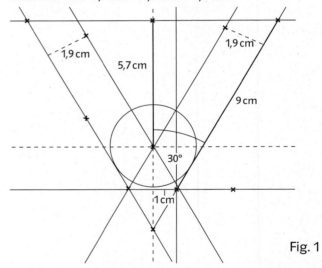

Fig. 1

10 (Zeichnung Fig. 2)
Für die Konstruktion im Maßstab 1:1000 wurde ein Thaleskreis verwendet, weil bei B ein rechter Winkel ist. Der Sehwinkel ε hat die Größe 8°.

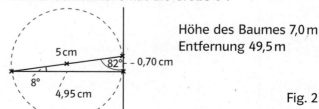

Höhe des Baumes 7,0 m
Entfernung 49,5 m

Fig. 2

11 Aus einer maßstabsgetreuen Zeichnung (Fig. 3) ergibt sich ein 1,77 Meter großer Radius des Ziffernblattes.

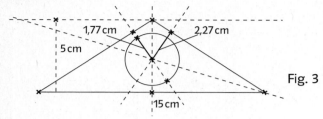

Fig. 3

12 Idee: Die Ausgangsfiguren sind Rechtecke und Dreiecke mit gegebenen Abmessungen. Alle vorkommenden Kreise sind Inkreise von Teildreiecken in der jeweiligen Ausgangsfigur.

13 Angaben unterschiedlich, je nach Diskussion.

14
a)
$5 \cdot x - 3 - 12x$	$= -7x - 3$	Der erste,
$3 \cdot (x - 1) - x \cdot 10$	$= -7x - 3$	zweite und vierte
$6x - 3 - x$	$= 5x - 3$	Term sind
$(-5x - 1) \cdot 3 + 8x$	$= -7x - 3$	äquivalent

b)
$8 \cdot (1 + c) + 6$	$= 8c + 14$	Der erste
$(c \cdot 8 + 8) + 6$	$= 8c + 14$	und zweite
$14c + (3 - c \cdot 3) \cdot 2$	$= 8c + 6$	Term sind
$(c - 8) \cdot 8 + 60$	$= 8c - 4$	äquivalent

15 $\beta = 90° - \alpha$; es handelt sich um eine lineare Zuordnung. Die Punkte $(0 | 90)$ und $(90 | 0)$ gehören nicht dazu, denn bei $\alpha = 90°$ und $\beta = 0°$ sowie bei $\alpha = 0°$ und $\beta = 90°$ ist kein Dreieck mehr möglich.

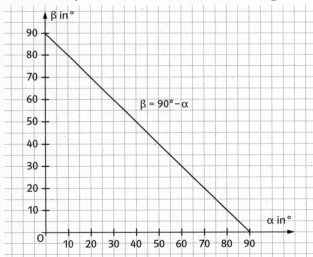

Wiederholen – Vertiefen – Vernetzen

Seite 145

1 Das Dreieck in Fig. 1 ist rechtwinklig. Es gilt $\alpha + \beta = 90°$.

Das Dreieck in Fig. 2 ist gleichschenklig. Die Mittelsenkrechte m der Basis ist die Winkelhalbierende des Winkels an der Spitze. Es gilt $\alpha = \beta$ und $\gamma = 2 \cdot \delta$.
Das Dreieck in Fig. 3 ist rechtwinklig und gleichschenklig. Der Winkel α misst 45°.
Das Dreieck in Fig. 4 ist gleichseitig. Alle drei Winkel haben die Größe 60°.

2 Das Dreieck ist gleichseitig.

3 a) Gilt für jedes Dreieck.
b) Dies gilt für jedes gleichschenklige Dreieck, es hat zwei gleich große Winkel und zwei gleich lange Seiten.
c) Ein solches Dreieck gibt es nicht. Wenn drei Winkel gleich sind, dann sind auch drei Seiten gleich lang.
d) Die Aussage ist falsch. Denn wenn ein Dreieck zwei Symmetrieachsen hat, ist es gleichseitig und hat noch eine dritte Symmetrieachse.
e) Die Aussage ist nur richtig bei gleichschenkligen Dreiecken. Dort ist die Winkelhalbierende des Winkels an der Spitze eine Symmetrieachse des Dreiecks, also auch die Mittelsenkrechte der Basis. Die anderen beiden Mittelsenkrechte schneiden sich in einem Punkt dieser Mittelsenkrechten.

4 (ohne Zeichnung)
a) Mögliche Aufgabe: Konstruiere ein Dreieck ABC mit $c = 6\,cm$, $a = 5\,cm$ und $\alpha = 40°$.
b) Mögliche Aufgabe: Konstruiere ein gleichschenkliges Dreieck mit einer Schenkellänge von $4\,cm$ und einem Winkel an der Spitze von 65°.

5 (Zeichnung Fig. 1)
a) Aus den Sätzen über Winkel an parallelen Geraden und den Winkelsätzen im Dreieck erhält man die Winkel $\delta = 30°$, $\gamma = 90°$ und $\varepsilon = 120°$.
b) $\alpha + \beta = 90°$; $\delta = 90° - \beta$; $\varepsilon = \gamma + \delta$ bzw. $\varepsilon = 90° + \delta$

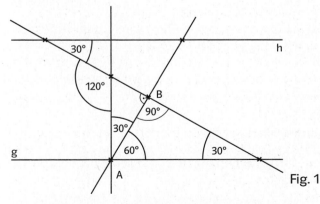

Fig. 1

6 Aus der Übereinstimmung der Winkel γ und δ an zwei Stellen kann man erkennen, dass die beiden Dreiecke mit den Winkeln 30°, γ, γ und γ, δ, δ gleichschenklig sind.

Deshalb gilt γ = (180° − 30°) : 2 = 75° und
δ = (180° − γ) : 2 = 52,5°.

In dem noch nicht genannten Dreieck mit dem Winkel α ist ein Winkel Nebenwinkel zu δ; er hat deshalb die Größe 127,5°.

Aus der Winkelsumme in diesem Dreieck ergibt sich α = 180° − 30° − 127,5° = 22,5°.

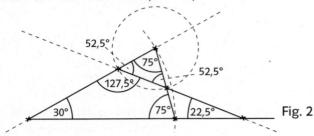

Fig. 2

7 Das Dreieck wird in der üblichen Weise mit ABC bezeichnet.

Konstruktionsbeschreibung:
1. Zeichne eine Strecke $\overline{AB}$ der Länge 4 cm.
2. Trage in A an $\overline{AB}$ den Winkel 90° ab.
3. Trage in B an $\overline{AB}$ den Winkel 24° ab.
4. Beschrifte den Schnittpunkt der Winkel α und β mit C.
5. Zeichne die Winkelhalbierende w zum Winkel γ.
6. Zeichne das Lot h von A auf die Seite $\overline{BC}$.
7. Beschrifte den Schnittpunkt von w mit h mit P.

Berechnung der fehlenden Winkel:
In C ist γ = 66°; der Nebenwinkel zu α in P hat die Größe 90° − 33° = 57°. Deshalb gilt α = 123°.

8 Der Mittelpunkt eines Kreises hat den gleichen Abstand zu den Punkten auf der Kreislinie. Deshalb liegt der Mittelpunkt eines Kreises auf der Mittelsenkrechten zu jeder Sehne. Der Schnittpunkt der Mittelsenkrechten zweier Sehnen ist dann der gesuchte Mittelpunkt des Kreises. Man benötigt dazu mindestens drei verschiedene Punkte eines Kreises.

9 a) (ohne Zeichnung)
Konstruktion der beiden Tangenten mithilfe des Thaleskreises der Strecke $\overline{PM}$.
b) α = 49,2°. Wenn P näher bei M liegt, wird der Winkel α immer größer und die beiden Berührpunkte rücken näher zusammen.

Seite 146

10 Die Lösungen ergeben sich jeweils aus maßstabsgetreuen Zeichnungen.
a) Fig. 3: Ulmer Münster 160 m (Lexikon 161 m)
b) Fig. 4: Die 5 m lange Leiter kann in einer Höhe von 4,1 m bis 4,8 m angelehnt werden.

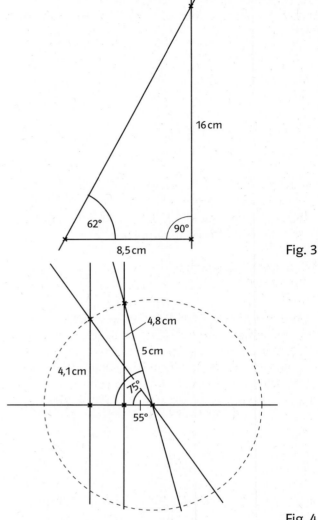

Fig. 3

Fig. 4

11 Zeichnung: Man beginnt mit einer Geraden und einem Punkt L im Abstand 12 cm. Dann trägt man in L am Lot die Winkel 11° und 53° ab.
Die Fahrstrecke in der Skizze misst etwa 18,3 cm.
Das Schiff ist demnach in einer halben Stunde ca. 18,3 km weit gefahren. Das ergibt eine Geschwindigkeit von 36,6 km pro Stunde.

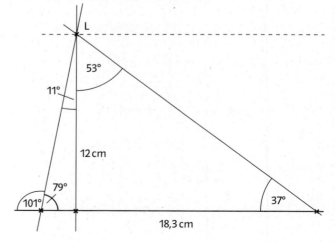

12 (Zeichnung Fig. 5)
Ina war 3,38 Meter von der Mitte der Schaukel entfernt.

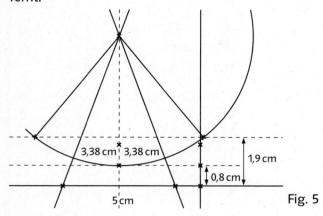

Fig. 5

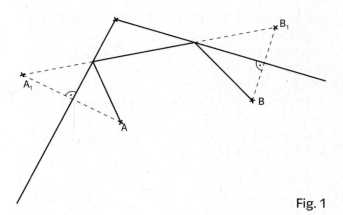

Fig. 1

13 a) (Zeichnung Fig. 6)
Die Spitze der Tanne bewegt sich auf einem Kreis um die „Knickstelle" mit dem Radius
36 m – 8 m = 28 m. Aus einer maßstabsgetreuen Zeichnung liest man ab, dass die Spitze dann
ca. 27 Meter vom Stamm entfernt den Boden trifft.
b) Mit 5 m Sicherheitsabstand muss Förster Heinrich eine kreisförmige Absperrung mit ca. 32 m Radius anbringen.

16 (Zeichnung Fig. 2)
Der Sender liefert für alle drei Gemeinden eine gleich gute Qualität, wenn er von den Ortschaften gleich weit entfernt ist. Deshalb zeichnet man den Umkreismittelpunkt des Dreiecks, das die drei Gemeinden bilden. Mit einer maßstabsgetreuen Zeichnung kann man ermitteln, dass dann die Anschlussleitung zur Stromleitung bei gerader Verlegung 1,1 km lang ist.

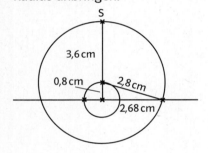

Fig. 6

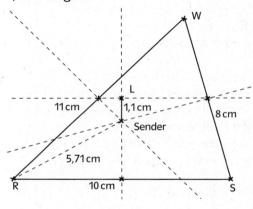

Fig. 2

Seite 147

14 Der Ingenieur hat im Plan den Punkt C so gelegt, dass die Verbindungsstrecke $\overline{CB}$ so groß ist wie die Strecke $\overline{CB}'$. Dazu hat er den Punkt B an der Geraden (Hochspannungsleitung) gespiegelt. Da die Verbindungsstrecke von A zu B' die kürzestmögliche Entfernung von A zu B' ist, sind auch die beiden Strecken $\overline{AC}$ und $\overline{CB}$ die besten Verbindungen der Punkte A und B.

15 Die nebenstehende Abbildung zeigt die folgende Strategie:
Man spiegelt A an der blauen Wand und erhält A_1. Man spiegelt B an der roten Wand und erhält B_1. Man verbindet A_1 und B_1 und erhält so die Abklatschpunkte auf den Wänden. Wären die Wände Spiegelflächen, so würde man einfach in die Richtung laufen, in der man B sieht. (Mit den Überlegungen in Aufgabe 14 ergibt sich der in Fig. 1 dargestellte Weg.)

17 Projektaufgabe

18 a) Zeichnung Fig. 3. In diesem Fall bilden die Geraden ein Dreieck. Der Schnittpunkt P der drei Winkelhalbierenden ist dann der einzige Punkt, der von allen drei Geraden den gleichen Abstand hat.
b) Zeichnung Fig. 4. Alle Punkte, die von den parallelen Geraden g und h den gleichen Abstand haben, liegen auf der Mittelparallelen m. Die Gerade k schneidet m in S. Zeichnet man noch zwei parallele Geraden zu k im gleichen Abstand wie derjenige von m zu g, so erhält man genau zwei Punkte P und Q, die von allen drei Geraden g, h und k den gleichen Abstand haben.
c) Zeichnung Fig. 5. Wenn sich die drei Geraden in einem Punkt S schneiden, gibt es nur den Punkt S, der von allen drei Geraden den Abstand 0 hat.

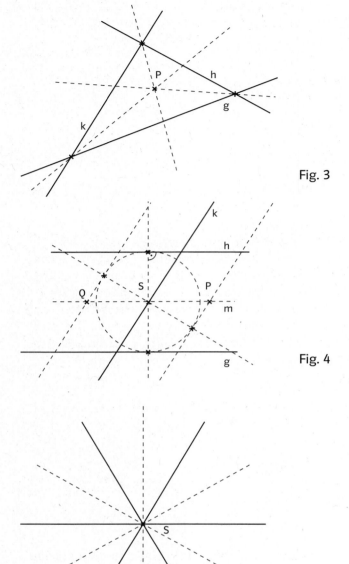

Fig. 3

Fig. 4

Fig. 5

19 Dies ist dann der Fall, wenn die drei Geraden alle (d.h. paarweise) zueinander parallel sind.

Seite 148

20 a) Die Abbildung in Fig. 1 zeigt ein gleichschenkliges Dreieck ABC und einen Thaleskreis über der Strecke $\overline{AB}$. Die Gerade h geht durch B und den Schnittpunkt des Thaleskreises mit der Strecke $\overline{AC}$, der nun mit T bezeichnet wird. Mit dem Winkelsummensatz berechnet sich α im rechtwinkligen Dreieck ABT zu 62°. Weil im gleichschenkligen Dreieck ABC der Winkel im Punkt B so groß ist wie α, muss β_1 die Größe 34° haben. Der Winkel δ ist der Nebenwinkel zum Winkel der Größe 146°. Deshalb gilt δ = 34°. Weil nun δ und β_1 gleich groß sind, sind die Geraden g und h parallel.

b) Es gilt α = β = 62°. γ = 180° − 2·62° = 56°.
c) Aus dem rechtwinkligen Dreieck TBC ergibt sich β_1 + γ = 90°.

21 Die zur Länge 6 cm gehörende Höhe ist 8 cm; so ergibt sich der Flächeninhalt 24 cm².
1. Zeichne einen rechten Winkel α mit dem Scheitel A.
2. Trage auf den freien Schenkeln von α die Strecken $\overline{AB}$ = 6 cm und $\overline{AC}$ = 8 cm ab.
Das Dreieck ABC hat den Flächeninhalt 24 cm² (denn die Strecke $\overline{AC}$ ist die Höhe auf die Seite $\overline{AB}$).

22 a) Die Lösung ist in Fig. 4 gezeichnet.
b) Das Rechteck hat den Flächeninhalt 48 cm². Das Dreieck hat den Flächeninhalt 21 cm². Der Flächeninhalt des Rechtecks ist um 129 % größer als der des Dreiecks.
c) Ein möglicher Punkt P liegt auf der Mittelsenkrechten m der Strecke $\overline{AB}$ (ist nicht eindeutig bestimmt). Der Punkt Q ist der Schnittpunkt der Diagonalen des Rechtecks. Fällt man von Q das Lot auf m, so ergibt sich als Lotfußpunkt der Punkt P mit dem kleinsten Abstand zu Q.

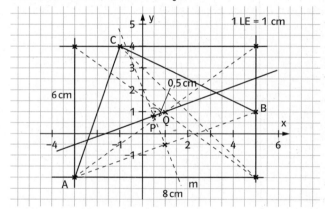

PQ > 0,5 cm

23

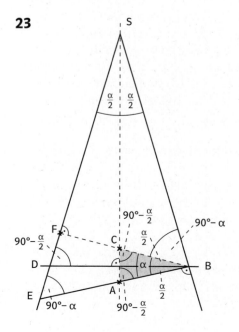

Man zeichnet durch B zunächst eine Lotgerade zur Winkelhalbierenden des Mastes. Dadurch entsteht ein gleichschenkliges Dreieck DBS mit den Basiswinkeln $90° - \frac{\alpha}{2}$, also auch $\sphericalangle$ DBS = $90° - \frac{\alpha}{2}$. Andererseits hat der Winkel bei E die Größe 90° – α, denn das Dreieck EBS ist rechtwinklig. Weil auch das Dreieck EBF rechtwinklig ist, muss der Winkel $\sphericalangle$ ABC die Größe von α haben. Aus dem rechtwinkligen Dreieck FBS folgt $\sphericalangle$ FBS = 90° – α. Es gilt $\sphericalangle$ DBF = $\sphericalangle$ DBS – $\sphericalangle$ FBS $= \left(90° - \frac{\alpha}{2}\right) - (90° - \alpha) = \frac{\alpha}{2}$. Damit ist die Gerade BD die Winkelhalbierende des Winkels ABC. Für alle anderen Dreiecke gilt das Gleiche.

24 a) γ = 12°, α = 90°, β = 78°
b) α = 80°, β = 10°, γ = 90°
c) Wegen β = 100° kann es keinen Winkel der Größe 90° geben.
d) α = γ = 45°, β = 90°
e) Lösung 1: β = 90°, γ = α = 45° oder Lösung 2: α = 90°, β = 60°, γ = 30°
f) γ = 90°, α + β = 90°, aber beliebig.
g) γ = 90°, α = 20°, β = 70°
h) Da γ doppelt so groß sein muss wie α und β zusammen, kann höchstens γ die Größe 90° haben. Dann müssten α und β zusammen 45° ergeben. Dann wäre jedoch die Winkelsumme nur 135° groß. Es gibt demnach kein rechtwinkliges Dreieck mit der gewünschten Eigenschaft.

25 Es ist a = 64 cm, denn a = 50 cm + $\frac{1}{2}$·28 cm. Wenn sich das Netz um den Ball legt, bildet sein Querschnitt Tangenten an einen Kreis. Mit einer Zeichnung im Maßstab 1:10 ergibt sich für b die Strecke 4,8 cm. Deshalb ist b 48 cm lang.

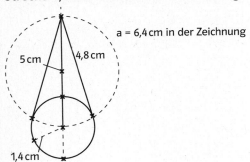

a = 6,4 cm in der Zeichnung
5 cm
4,8 cm
1,4 cm

26 Diese Aufgabe ist nur dann sinnvoll zu stellen, wenn konkrete Schnitte an realen Modellen gefertigt werden. Mit Schrägbildern können Ergebnisse dokumentiert werden. Man kann auch Schnitte mit einer Flüssigkeit in einem Würfelmodell verdeutlichen.
a) Ein solcher Schnitt teilt mindestens drei Kanten. Er kann jedoch bis zu sechs Kanten teilen. Deshalb gibt es Dreiecke, Vierecke, Fünfecke und Sechsecke als Schnittflächen.

b) Wenn der Schnitt durch drei Ecken des Würfels geht, entstehen entweder Rechtecke (Fig. 1) oder gleichseitige Dreiecke (Fig. 2).

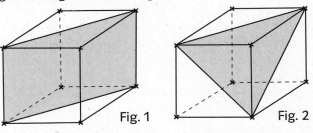

Fig. 1   Fig. 2

c) Wenn der Schnitt durch drei Mittelpunkte von Kanten geht, können alle oben genannten Figuren entstehen.

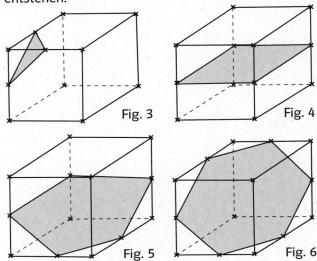

Fig. 3   Fig. 4

Fig. 5   Fig. 6

Exkursion – Beobachten mit dem Zugmodus eines Geometrieprogramms

Seite 150

Fig. 2: Die Abbildung zeigt die Ortslinie des Inkreismittelpunkts I, wenn B einmal um den Kreis läuft. Der Inkreismittelpunkt bewegt sich dabei auf einer Linie die an zwei Kreisabschnitte erinnert. Wenn das Dreieck ABC gleichseitig ist, fallen der Inkreismittelpunkt und der Umkreismittelpunkt zusammen.

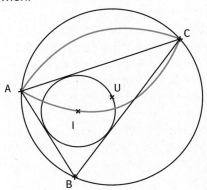

Fig. 3: Wenn B auf h läuft, bewegt sich M auf der Mittelparallelen der Geraden g und h.

Fig. 4: Wenn C auf g läuft, bewegt sich der Umkreismittelpunkt U auf der Mittelsenkrechten m der Strecke $\overline{AB}$. Wenn C auf der Mittelsenkrechten liegt (dann ist das Dreieck ABC gleichschenklig), hat U seine tiefste Lage. Je weiter C nach außen rückt, desto höher steigt U.

Fig. 5: Wenn die Strecke $\overline{AB}$ auf g verschoben wird, bewegt sich der Umkreismittelpunkt U auf einer gekrümmten Linie, die kein Kreis ist. (In der Klassenstufe 9 können wir nachweisen, dass es sich um eine Parabel handelt.)

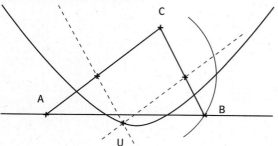

Seite 151

Eigenschaften der Achsenspiegelung

Die Strecken $\overline{AA'}$, $\overline{BB'}$ und $\overline{CC'}$ sind stets senkrecht zur Achse g und werden von ihr halbiert.

Beim Verändern des Dreiecks ABC kann man z.B. Folgendes erkennen:

- Wenn Eckpunkte auf verschiedenen Seiten der Achse liegen, dann schneiden sich je zwei Seiten der Dreiecke in Punkten auf der Achse.
- Eckpunkte des Dreiecks ABC fallen nur dann mit einem Punkt des Bilddreiecks zusammen, wenn sie auf der Achse liegen.
- Wenn das Dreieck ABC eine Eigenschaft hat, dann hat das Bilddreieck die gleiche Eigenschaft.
- Die Verbindungsstrecken sind parallel zueinander. Die Verkettung zweier Achsenspiegeln g ist eine Verschiebung, wenn g und h parallel sind oder eine Drehung, wenn sich g und h schneiden.

Spiegelung am Kreis, Anregungen für eigene Experimente:

Konstruktionsbeschreibung für die Abbildung:

1. Zeichne einen Kreis k um M (Radius ist frei).
2. Zeichne einen Punkt P außerhalb von M.
3. Zeichne die Gerade g durch M und P.
4. Lege den Schnittpunkt von k mit g fest und beschrifte mit Q.
5. Zeichne den Kreis um Q mit Radius QP.
6. Lege den Schnittpunkt des Kreises mit der Geraden g fest und nenne ihn P'.
7. Verdecke alle unwesentlichen Linien.

Für die Abbildung gilt:

Alle Punkte auf dem Kreis sind mit ihren Bildpunkten gleich.

Ist P außerhalb des Kreises aber innerhalb eines konzentrischen Kreises mit Radius 3 r, wobei r der Radius des Kreises k ist, so ist P' innerhalb des Kreises und umgekehrt.

Wenn eine Gerade durch den Punkt M geht, liegen die Punkte der Bildgeraden auf dieser Geraden.

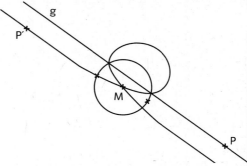

Wenn sich der Punkt P auf einer Geraden bewegt, die nicht durch den Punkt M geht, bewegt sich der Bildpunkt P' nicht mehr auf einer Geraden (in Fig. 1 entsteht z.B. eine Schleife).

Die Abbildungen Fig. 2 und Fig. 3 zeigen Beispiele für das Bild eines Dreiecks und eines Kreises.

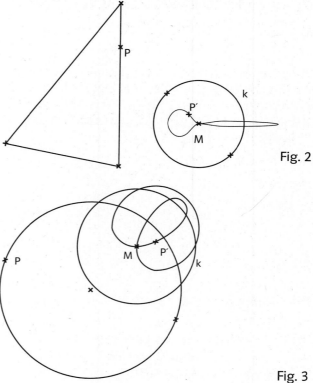

Fig. 2

Fig. 3

VI Systeme linearer Gleichungen

1 Lineare Gleichungen und lineare Zuordnungen

Seite 157

1 a) x = 1 b) x = −1   c) x = −0,5 d) x = 0,5
e) x = −6 f) x = −3   g) x = 3   h) x = 6

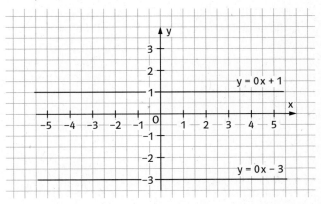

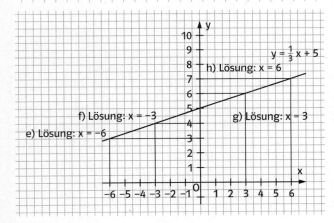

2 a) – d) jeweils x = 2;
a) 0 = 2x − 4   b) 0 = 3x − 6
c) 0 = $\frac{1}{2}$x − 1   d) 0 = 4 − 2x

3 Die fehlenden Werte sind
a) y = −2x + 5   b) y = $\frac{2}{7}$x − $\frac{6}{7}$
   1,5; 2,5; 4,5   6,5; −0,5; 353

4 Der jeweilige Graph schneidet die x-Achse in
a) P(−1|0) b) P(7|0)   c) P(−3,5|0) d) P(−1|0)
Der jeweilige Graph schneidet die y-Achse in
a) P(0|1)   b) P(0|14) c) P(0|−7) d) P(0|−1)

5
a) −5x + 2 = 0   b) 2,5x − 3 = 0
   x = $\frac{2}{5}$ x = 1$\frac{1}{5}$
c) 2x + $\frac{1}{3}$ = 0   d) 2x = 0
   x = −$\frac{1}{6}$ x = 0
e) −x + $\frac{6}{5}$ = 0   f) 6x + 1,8 = 0
   x = $\frac{6}{5}$ x = −0,3

6 a)

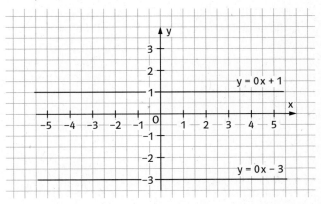

b) Die Gleichung 0 · x + 1 = 1 hat unendlich viele Lösungen. Der Graph zu y = 0 · x + 1 hat unendlich viele Punkte mit der y-Koordinate 1.
Die Gleichung 0 · x − 3 = 1 hat keine Lösung. Der Graph zu y = 0 · x − 3 besitzt keinen Punkt mit der y-Koordinate 1.
c) Jede Gleichung der Art 0 · x + b = c mit b ≠ c ist geeignet, z. B.: 0 · x + 4 = 5; etc.
d) Nein, denn:
Hat eine lineare Gleichung der Art ax + b = c mindestens eine Lösung, so besitzt sie
– entweder nur diese Lösung, wenn der Graph zu y = ax + b nicht parallel zur x-Achse ist.
– oder unendlich viele Lösungen, wenn der Graph zu y = ax + b parallel zur x-Achse ist.
e) Da von der linearen Gleichung zwei Lösungen bekannt sind, muss diese Gleichung unendlich viele Lösungen besitzen (s. o.).
f) Da 27 eine Lösung der linearen Gleichung ist und −72 keine Lösung ist, kann der entsprechende Graph nicht parallel zur x-Achse sein. Die Gleichung hat also nur eine einzige Lösung.
g) Eine lineare Gleichung hat entweder keine Lösung oder eine einzige Lösung oder unendlich viele Lösungen.
Statt eine einzige Lösung sagt man auch genau eine Lösung.

Seite 158

7 a) Gleichung der Geraden $y = 2x + 1$.
Mögliche Gleichungen

$2x + 1 = 1$; $2x + 1 = 2$; $\underbrace{2x + 1 = 3}_{p}$
b) Gleichung der Geraden $y = 0 \cdot x + 2$.
Einzige mögliche Gleichung $0 \cdot x + 2 = 2$;
c) Gleichung der Geraden $y = -1,5x - 1$.
Mögliche Gleichungen
$-1,5x - 1 = 1$; $\underbrace{-1,5x - 1 = 2}_{p}$; $-1,5x - 1 = 3$

8 a) Die erste, dritte und vierte Gleichung können
mit dem Graphen zu $y = 3 \cdot x + 0$ gelöst werden.
Lösungen: 2; 4; 5
b) Die erste, zweite und vierte Gleichung können
mit dem Graphen zu $y = 0,5x + 0$ gelöst werden.
Lösungen: 2; −2; 4

9 y Gewicht des Tellers in g; $x \rightarrow y$;
x Preis in €

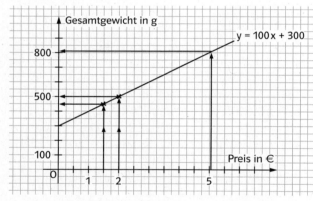

Zu $x = 5,1$ gehört $y = 810$; zu $x = 0$ gehört $y = 300$
Der volle Teller wiegt 810 g. Der leere Teller 300 g.
Sie hat 510 g Salat.

10 Nach 12 Minuten kocht das Wasser, also um
14.22 Uhr.

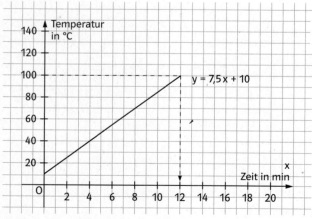

Rechnerisch: $7,5x + 10 = 100$
$7,5x = 90$
$x = 12$

11
Die Außentemperatur beträgt 5 °C.

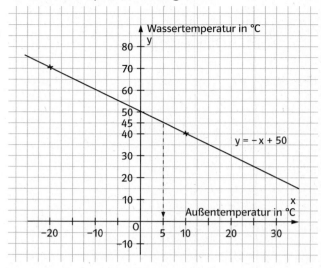

Rechnung: $-x + 50 = 45$
$-x = -5$
$x = 5$

2 Lineare Gleichungen mit zwei Variablen

Seite 160

1 a) ja b) nein c) nein
d) ja e) nein f) ja

2
Beispiellösungen:
a) $\left(0 \mid \frac{1}{5}\right)$; $\left(\frac{1}{2} \mid 0\right)$; $\left(1 \mid -\frac{1}{5}\right)$; $\left(2 \mid -\frac{3}{5}\right)$; $\left(-\frac{1}{2} \mid \frac{2}{5}\right)$
b) $\left(0 \mid -\frac{1}{5}\right)$; $\left(\frac{1}{2} \mid 0\right)$; $\left(1 \mid \frac{1}{5}\right)$; $\left(2 \mid \frac{3}{5}\right)$; $\left(-\frac{1}{2} \mid -\frac{2}{5}\right)$
c) $\left(0 \mid \frac{1}{5}\right)$; $\left(-\frac{1}{2} \mid 0\right)$; $\left(1 \mid \frac{3}{5}\right)$; $(2 \mid 1)$; $\left(\frac{1}{2} \mid \frac{2}{5}\right)$
d) $\left(0 \mid -\frac{1}{5}\right)$; $\left(-\frac{1}{2} \mid 0\right)$; $\left(1 \mid -\frac{3}{5}\right)$; $(2 \mid -1)$; $\left(\frac{1}{2} \mid -\frac{2}{5}\right)$
e) $\left(0 \mid \frac{1}{5}\right)$; $\left(-\frac{1}{2} \mid 0\right)$; $\left(1 \mid \frac{3}{5}\right)$; $(2 \mid 1)$; $\left(\frac{1}{2} \mid \frac{2}{5}\right)$
f) $\left(0 \mid -\frac{1}{5}\right)$; $\left(\frac{1}{2} \mid -\frac{2}{5}\right)$; $\left(1 \mid -\frac{3}{5}\right)$; $(-3 \mid 1)$; $(2 \mid -1)$

3

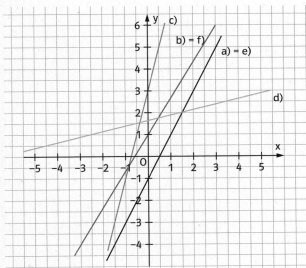

4

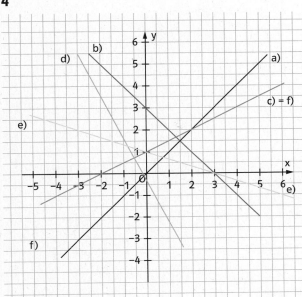

Beispiellösungen:

a) (1|1); (2|2); (3|3); (4|4)

b) (1|2); (2|1); (3|0); (4|-1)

c) (1|1,5); (2|2); (3|2,5); (4|3)

d) $\left(1|-2\frac{1}{3}\right)$; $\left(2|-4\frac{1}{3}\right)$; $\left(3|-6\frac{1}{3}\right)$; $\left(4|-8\frac{1}{3}\right)$

e) $\left(1|\frac{2}{3}\right)$; $\left(2|\frac{1}{3}\right)$; (3|0); $\left(4|-\frac{1}{3}\right)$

f) (-2|0); (0|1); (1|1,5); (2|2)

5 Beispiellösung:

a) $y = -x + 3$ b) $y = -\frac{2}{3}x - \frac{2}{15}$

Seite 161

6 Nein, denn $y = x$ und $y = 2 + 4 = x$.

7 Beispiellösung:

a) $1 \cdot x + 0 \cdot y = 3$ bzw. $x = 3$
$(1 \cdot x + 0 \cdot y = -4,7$ bzw. $x = -4,7)$

b) $0 \cdot x + 1 \cdot y = 2$ bzw. $y = 2$
$(0 \cdot x + 1 \cdot y = -3,3$ bzw. $y = -3,3)$

c) $1 \cdot x - 2 \cdot y = 0$ bzw. $x - 2y = 0$

8 Beispiellösung:

g: $y = \frac{1}{4}x + 2$ h: $y = -\frac{3}{4}x + 3$

k: $y = -2 + 0 \cdot x$ l: $x = -1 + 0 \cdot y$

9 Ist x die Wassermenge in Liter und y die Sirupmenge in Liter, so hat die gesuchte Gerade die Gleichung $x + 1,125 \cdot y = 0,3$. Die Lösungen liegen auf der Verbindungsstrecke von (0|0,267) und (0,3|0).

10 Ist x die Anzahl der 2-Cent-Stücke und ist y die Anzahl der 3-Cent-Stücke, so gilt:
$3x + 4y = 630 - 150$ also $3x + 4y = 480$ und somit $y = 120 - 0,75x$
Tobias kann nicht sicher sein, dass das Geld reicht, denn (40|90) ist eine Lösung der obigen Gleichungen und $40 \cdot 2$ Cent $+ 90 \cdot 5$ Cent $= 530$ Cent.

Falls das Geld reicht, kann er nicht immer passend zahlen, dies verdeutlicht die Tabelle:

2-ct-Münzen x	4	8	12	0
5-ct-Münzen $y = 120 - 0,75x$	117	114	111	120
Gesamtbetrag in Cent $x \cdot 2 + y \cdot 5$	593	586	579	600
Rückgeld	8 ct	1 ct	zu wenig	15 ct

11 Individuelle Lösungen

12 $\left(\frac{2}{3} - \frac{15}{8}\right) : \frac{1}{8} = \frac{3}{2} \cdot x$

$\frac{16}{3} - 15 = \frac{3}{2} \cdot x$

$\frac{32}{9} - 10 = x$

$-\frac{58}{9} = x$

13 $G = \frac{W}{p} = \frac{9}{0,75} = 12$

Das Taschenbuch hat 12 Euro gekostet.

14 50% Trefferwahrscheinlichkeit

Alle richtig: $0,5^4 = \frac{1}{16} = 0,0625$

p = 80%: $0,8^4 = 0,4096$

p = 95%: $0,95^4 \approx 0,8145$

Hanne erkennt alle Sorten korrekt mit der Wahrscheinlichkeit
6,25% (40,96%; 81,45%)

3 Lineare Gleichungssysteme mit zwei Variablen

1 a) ja   b) nein   c) nein   d) ja

2 a) (2 | 6)

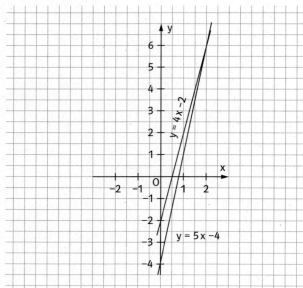

b) (10 | 3)

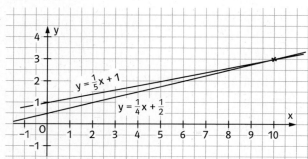

c) (4 | 1)

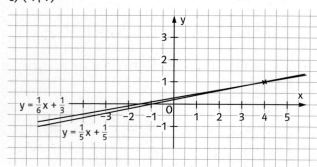

d) (−2 | −3)

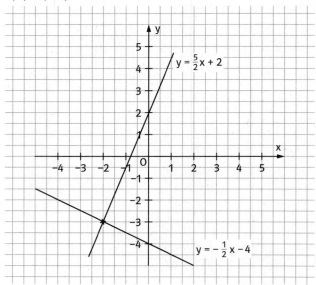

3 Beispiellösungen:

a) $2x + y = 11$
$\frac{1}{2}x + 2y = 15$

b) $3x + y = 12$
$2x - 2y = 16$

c) $2x - 3y = -1{,}7$
$4x + \frac{1}{2}y = 7{,}65$

d) $2x - 3y = 1{,}7$
$3x + 2y = -8{,}5$

e) $y = \frac{3}{8}x$
$\frac{4}{7}x - y = 0$

f) $2x + \frac{1}{2}y = -5$
$10x - 3y = -58$

4 Zweite Zahl: x
Erste Zahl: y
Gleichungssystem: I: $y = 1{,}5x$; II: $y = 5 - x$
Lösung: Die erste Zahl ist 3, die zweite 2.

5 a) (3 | 1)   b) keine Lösung
c) unendl. viele Lösungen   d) (−1,5 | −4)

6 Beispiellösung:
a) I: $x + y = 1$ II: $x + y = 2$
b) I: $x + y = 1$ II: $2x + 2y = 2$
c) I: $3x - y = 10$ II: $-3x + y = -10$
d) I: $0x + y = 5$ II: $0x + 2y = 10$
Das System der Aufgaben c) und d) muss unendlich viele Lösungen haben.

7 a) nein   b) nein   c) ja (0 | 0)   d) ja (3 | 4)

4 Lösen linearer Gleichungssysteme mit zwei Variablen

1 a) $(-13\,|-45)$ b) keine Lösung c) $(7\,|\,0)$
d) $(-15\,|-1)$ e) $(16\,|\,0)$ f) $\left(\frac{7}{6}\,|-\frac{7}{6}\right)$
g) $(15\,|\,9)$ h) $\left(-\frac{11}{2}\,|\,\frac{1}{2}\right)$

2 a) $(1\,|\,11)$ b) $(1\,|\,1,5)$ c) $(4\,|-2)$
d) $\left(\frac{10}{3}\,|\,8\right)$ e) $\left(\frac{1}{3}\,|\,\frac{1}{3}\right)$ f) $\left(\frac{1}{15}\,|\,\frac{7}{75}\right)$
g) $\left(\frac{41}{9}\,|\,\frac{11}{9}\right)$ h) $\left(\frac{1}{3}\,|-\frac{2}{9}\right)$

3 a) $(5\,|\,4)$
b) unendlich viele Lösungen,
z.B. $(0\,|\,0);\ (7\,|\,1);\ (14\,|\,2);\ \ldots$
c) $(-350\,|-228)$ d) $\left(7\frac{57}{58}\,|\,2\frac{18}{29}\right)$
e) unendlich viele Lösungen,
z.B. $(-14\,|\,1);\ (-30\,|\,2);\ \ldots$ $(1\,|\,2,75)$
f) $\left(1\frac{2}{7}\,|\,1\frac{2}{3}\right)$ g) $3\left(\frac{1}{3}\,|-\frac{8}{9}\right)$ h) $\left(-6\frac{1}{3}\,|\,1\frac{1}{3}\right)$

4 Individuelle Lösungen

5 Individuelle Lösungen

6 a) $(0,5\,|\,4,5)$ b) $(-4,5\,|-0,5)$

7 a) keine Lösung
b) keine Lösung
c) genau eine Lösung $(0\,|\,0)$
d) unendlich viele Lösungen,
z.B. $\left(\frac{1}{7}\,|\,\frac{2}{7}\right);\ \left(\frac{2}{7}\,|\,\frac{1}{7}\right);\ \left(\frac{3}{7}\,|\,0\right);\ \ldots$

8 a) keine Lösung
b) keine Lösung
c) genau eine Lösung $\left(\frac{1}{12}\,|-\frac{5}{12}\right)$
d) unendlich viele Lösungen,
z.B. $(3\,|\,5);\ (0\,|-2,5);\ \ldots$

9 a) $(5\,|-1)$ b) $(-2\,|-9)$ c) $\left(\frac{1}{7}\,|-2\right)$
d) keine Lösung e) $\left(\frac{1}{2}\,|\,\frac{53}{112}\right)$ f) $\left(\frac{44}{27}\,|\,0\right)$
g) keine Lösung h) $(9\,|\,8)$

10 a) $(4\,|\,2)$ b) $(-2\,|-1)$
c) keine Lösung d) keine Lösung
e) $(84\,|\,60)$ f) keine Lösung
g) unendlich viele Lösungen, z.B. $\left(0\,|\,23\frac{1}{3}\right)$
h) $(10\,|\,11)$

11 Individuelle Lösungen

12 Individuelle Lösungen

13 Die Autos treffen sich nach 2 Stunden und 15 Minuten. Das erste Auto kommt 247,5 km weit, das zweite Auto 292,5 km.

14 a) 1010 b) x = 200

5 Additionsverfahren

1 a) $(5\,|\,2)$ b) $(1\,|\,3)$ c) $(4\,|-1)$ d) $(0,5\,|\,2)$

2 a) $(-2\,|\,8)$ b) unendlich viele Lösungen
c) $(1,375\,|\,2,25)$ d) keine Lösungen

3 a) $(-1\,|\,2)$ b) $\left(4\,|\,\frac{4}{3}\right)$ c) $(0\,|\,4)$ d) $(0\,|\,4)$

4 a) unendlich viele Lösungen
b) unendlich viele Lösungen
c) unendlich viele Lösungen
d) keine Lösungen

5 a) $(5\,|-1)$ b) $(-2\,|-9)$
c) $\left(\frac{1}{7}\,|-2\right)$ d) keine Lösung

6 Individuelle Lösungen

7 Individuelle Lösungen

8 Es sind pro Tüte 15 Himbeerbonbons und 20 Erdbeerbonbons.

9 a) $S\,(1\,|\,1,5)$ b) $S\,(-4\,|-3)$

10 a) $8x + 12y = 36$ b) $2x + 3y = 9$
$\underline{-8x - 6y = -30}$ $\underline{-4x - 3y = -15}$
$y = 1$ $x = 3$

c) Fig. 4: Die Gerade für $2x + 3y = 9$ ist gleich geblieben. Neu ist die Gerade für $y = 1$. Der Schnittpunkt der Geraden ist gleich geblieben.
Fig. 5: Die Gerade für $4x + 3y = 15$ ist gleich geblieben. Neu ist die Gerade für $x = 3$. Der Schnittpunkt der Geraden ist gleich geblieben.

6 Anwendungen und Rätselhaftes

Seite 171

1 Die Stäbe sind 12 cm und 5 cm lang. Sie wiegen 112 g und 108 g.

2 a) $11\frac{1}{5}$ und $\frac{1}{5}$
b) $\frac{2}{3}$ und eine beliebige Zahl

3 Die Ziffer auf Karte A ist 1, die auf Karte B ist 2.

4 a) 24   b) 72

5 Es sind 30 Jungen und 21 Mädchen.

Seite 172

6 Eine Rose kostet 1,50 Euro, eine Lilie 2,50 Euro. Der Vater bezahlt 25,50 Euro.

7 Man muss $3\frac{1}{3}$ Liter der 35%igen Säure mit $1\frac{1}{3}$ Liter der 20%igen Säure mischen.

8 a) Es wurde um 9.05 Uhr mit den Messungen begonnen.
b) Behälter B war um 9.05 Uhr leer. Im Behälter A stand um 9.05 Uhr das Wasser 30 cm hoch.
c) Kurz vor 9.30 Uhr stand das Wasser in beiden Behältern gleich hoch. Der Behälter A war zu diesem Zeitpunkt zu ca. 86 : 110 ≈ 78 % gefüllt, der Behälter B zu ca. 86 : 114 ≈ 75 %.

Seite 173

9 a) Die Bewegungen von Kai werden durch den Graphen B, die von Johanna von A beschrieben.
b) individuelle Lösung

10 Der Esel trägt 5 Maß, das Maultier 7 Maß.

11 Die Leute haben $19\frac{1}{3}$ und $14\frac{1}{2}$ Rubel.

12 Zum Beispiel acht Hähne, 11 Hennen und 81 Küken oder zwei Hähne, 23 Hennen und 75 Küken kosten zusammen 154 Sapeks.

Seite 174

13 Die Gruppen treffen sich um 10.40 Uhr. Sie sind zu diesem Zeitpunkt $13\frac{1}{3}$ km vom See entfernt.

14 Das Flugzeug käme bei Windstille 725 km weit. Die Windgeschwindigkeit beträgt 35 km/h.

15 Das Schiff hat relativ zum Wasser die Geschwindigkeit 20,9 km/h. Die Fließgeschwindigkeit des Wassers beträgt 1,6 km/h.

16 a)
1. Zeichne zwei parallele Geraden g und h im Abstand 4 cm.
2. Wähle auf g einen Punkt A.
4. Trage in A an g den Winkel 50° an.
5. Beschrifte den Schnittpunkt des Schenkels von α mit h mit C.
6. Zeichne den Kreis um C mit Radius $\overline{CA}$.
7. Beschrifte den weiteren Schnittpunkt des Kreises mit g mit B.
   Lösung: Dreieck ABC.
b) Das Dreieck ABC ist gleichschenklig mit der Basis AB und der Spitze C. α und β sind die Winkel bei A und B. Dann gilt: β = α = 50° und γ = 80° (Winkelsumme im Dreieck ABC).
Die Winkelhalbierende w teilt den Nebenwinkel zu β (= α).
Deshalb gilt δ = (180° − 50) : 2 = 65°.
c) Entsprechend Teilaufgabe b) gilt die Gleichung δ = (180° − α) : 2.

7 Lineare Ungleichungssysteme

Seite 176

1 a)

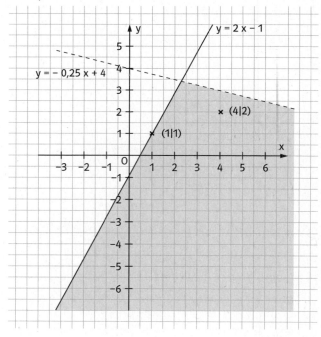

b)

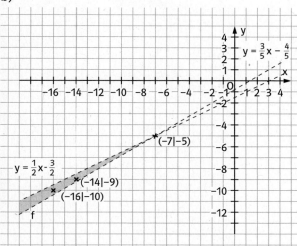

c)

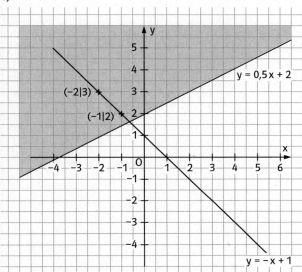

d)

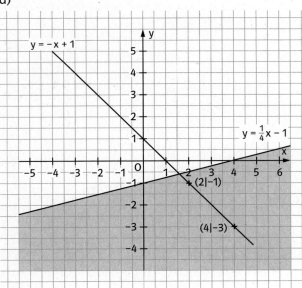

2 a) alle Punkte für deren Koordinaten gilt
$3x + 4 = y$ und $y < 7$
b) keine Lösung
c) alle Punkte für deren Koordinaten gilt
$x < \frac{1}{4}$ und $y = 3$
d) keine Lösung

3 a) I: $y < x + 2$ II: $y < -x + 2$ III: $y > 0$
b) I: $y < -x + 4$ II: $y < \frac{3}{2}x + \frac{3}{2}$ III: $y > 0$

4 Laura hat mindestens 2,50 Euro und weniger als 9,00 Euro Taschengeld.

Wiederholen – Vertiefen – Vernetzen

Seite 177

1 a)

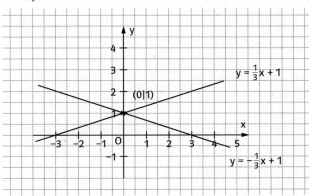

b)

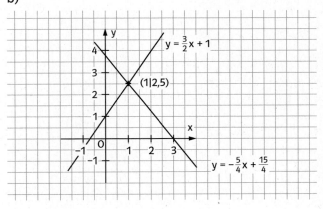

c)

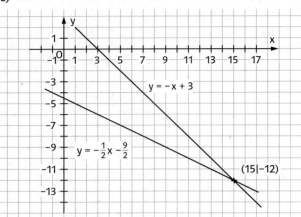

b)

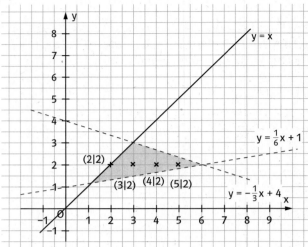

c) keine Lösungen

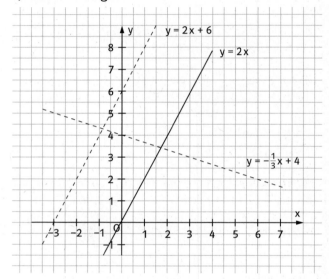

2 Die Zahlen sind 4 und 2.

3 Individuelle Lösungen

4 a) (5|4)　　b) (5|3)　　c) (1|−3)

5 a) $\left(4|\frac{1}{3}\right)$　　b) (8|−3)　　c) $\left(4\frac{1}{6}|\frac{1}{4}\right)$

6 In den Geldbörsen waren 12 Euro und 18 Euro.

7 a) Der Vater ist heute 42 Jahre alt, sein Sohn 12 Jahre.
b) Charlotte ist jetzt 7 Jahre alt, Jens ist jetzt 4 Jahre alt.

8 a)

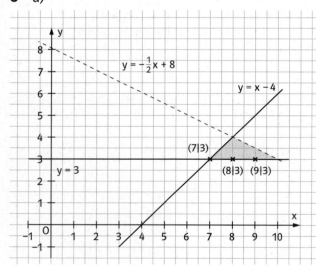

9 Hat Patrick an Eva x Briefe geschrieben und Eva an Patrick y Briefe so gilt:
I: x > 2y　　　II: x + y ≤ 10　　　III: y > 1
Ganzzahlige Lösungen hiervon sind:
(5|2); (6|2); (7|2); (8|2); (7|3)
Patrick hat 5, 6, 7 oder 8, Eva hat 2 oder 3 Briefe geschrieben.

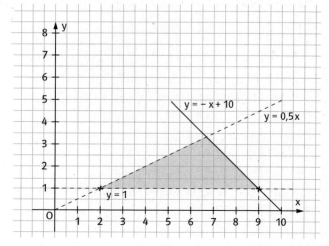

Seite 178

10 Es sind zwischen 22 und 31 Mädchen bzw. zwischen 11 und 14 Jungen zu erwarten. Die Summe der Jugendlichen ist höchstens 42.

11 a) $(1\,|\,0,5)$
b) Die zu den Gleichungen gehörenden Geraden sind zueinander parallel.
$$\frac{1999}{2000} = \frac{1997,001}{1998}$$

12 Die Zahl heißt 72.

13 $S\left(-\frac{2}{3}\,\middle|\,2\frac{2}{3}\right)$

14 Die Mutter ist heute 30 Jahre alt, ihr Sohn ist heute 6 Jahre alt.

15 Eine Zitrone kostet 8 Geldstücke, ein Holzapfel kostet 5 Geldstücke.

16 Die gesuchte dreistellige Zahl besteht aus den Ziffern $z\,y\,x$. x, y und z sind einstellige Zahlen mit
I: $x < y < z$ und
II: $x + y + z = 15$.
Es ist $100x + 10y + z + 396 = 100z + 10y + x$
hieraus folgt: $z - x = 4$
möglich wäre deshalb: $z = 9$ und $x = 5$ (915); $z = 8$ und $x = 4$ (834); $z = 7$ und $x = 3$ (753); $z = 6$ und $x = 2$ (672); $z = 5$ und $x = 1$ (591).
Wegen I und II ist die gesuchte Zahl 753.

Seite 179

17 Diese Aufgabe ist geeignet, formale Parameter zu verwenden.
Sind
y_1 die verbleibende Brenndauer von Kerze 1 und l_1 ihre Anfangslänge
y_2 die verbleibende Brenndauer von Kerze 2 und l_2 ihre Anfangslänge
sowie x die Brenndauer,
dann gilt
für Kerze 1: $y_1 = l_1 - \frac{1}{3,5} \cdot l_1 \cdot x$; für $0 \le x \le 3,5$
für Kerze 2: $y_2 = l_2 - \frac{1}{5} \cdot l_2 \cdot x$; für $0 \le x \le 5$
Da nach zwei Stunden beide Kerzen gleich lang sind gilt:
$l_1 - \frac{1}{3,5} \cdot l_1 \cdot 2 = l_2 - \frac{1}{5} \cdot l_2 \cdot 2$
hieraus folgt
$l_1 = \frac{7}{5} l_2$
Die Länge der ersten Kerze betrug also 140 % der Länge der zweiten Kerze.

18 Die Klasse 7b hat 28 Schülerinnen und Schüler.
2 essen Hamburger für 1,70 €
8 essen Hamburger mit Mayo-extra für 2 €
12 essen Turbo-Hamburger für 2,20 €
6 essen Turbo-Hamburger mit Mayo-extra für 2,50 €

19 a)

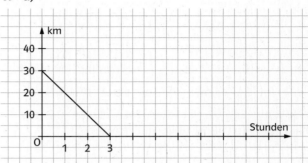

c)

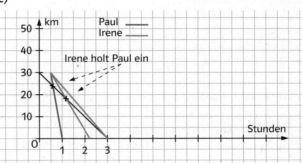

b) Um gleichzeitig mit Paul ins Ziel zu fahren, muss Irene mit der gleichmäßigen Geschwindigkeit 12 km/h fahren, sonst schneller.
d) Die jeweilige Gerade wird „steiler".
e) Die jeweilige Gerade wird nach rechts verschoben.

Exkursion – Drei Gleichungen, drei Variablen – das geht gut

Seite 180

oben (grauer Kasten):
Gleichungssystem: I: $3x + y + 3z = 23$
II: $2y + 3z = 13$
III: $z = 3$
Lösung: $x = 4$; $y = 2$; $z = 3$ also $(4\,|\,2\,|\,3)$

1 Weil man mit der dritten Gleichung beginnend „nur noch einsetzen muss".

Seite 181

2 a) $(2\,|\,3\,|\,4)$ b) $(5\,|\,3\,|\,1)$

c) $\left(\frac{943}{173}\,\Big|\,\frac{465}{173}\,\Big|\,\frac{-166}{173}\right) = \left(5\frac{78}{173}\,\Big|\,2\frac{119}{173}\,\Big|\,\frac{-166}{173}\right)$

$\approx (5,45\,|\,2,69\,|\,-0,96)$

d) $(0,3\,|\,-0,4\,|\,0,5)$

3 a) $a + b = 10;\ a + c = 11;\ b + c = 12;$

$\left(4\frac{1}{2}\,\Big|\,5\frac{1}{2}\,\Big|\,6\frac{1}{2}\right)$

b) $\frac{x+y}{2} = 10;\ \frac{x+z}{2} = 10;\ \frac{y+z}{2} = 10;$ liefert $(10\,|\,10\,|\,10)$

$\frac{x+y}{2} = m;\ \frac{x+z}{2} = m;\ \frac{y+z}{2} = m;$ liefert $(m\,|\,m\,|\,m)$

also kann sich bei verschiedenen Zahlen x, y und z
nicht der gleiche Mittelwert ergeben.

4 a) $a + b - c = 12;\ b + c - a = 14;\ a + c - b = 16$

Lösung: $(14\,|\,13\,|\,15)$

b) $3a - (b + c) = 13;\ 3b - (c + a) = 25;$

$3c - (a + b) = 37$

Lösung: $(22\,|\,25\,|\,28)$

5 $5s + 3l + 2k = 10,6;\ 3s + 2l + 4k = 9,70;$

$4s + 4l + k = 9,90$

Hieraus folgen die Preise für

Landschoko (s): 0,90 Euro

Lomo-Limo (l): 1,30 Euro

Kika-Kekse (k): 1,10 Euro.

6 a)

1. Schritt:

I: $3x + 9y - 3z = 15$

II: $-8x - 19y + 3z = 6$ $|+ \text{I}$

III: $2x + y + 3z = 0$ $|+ \text{I}$

2. Schritt:

I: $3x + 9y - 3z = 15$

IIa: $-5x - 10y = 21$

IIIa: $5x + 10y = 15$ $|+ \text{IIa}$

3. Schritt:

I: $3x + 9y - 3z = 15$

IIa: $-5x - 10y = 21$

IIIb: $0x + 0y = 36$

Die Gleichung IIIb wird von keiner Zahl erfüllt.

Das Gleichungssystem besitzt keine Lösung.

b)

1. Schritt:

I: $3x + 9y - 3z = 15$

II: $-8x - 19y + 3z = -30$ $|+ \text{I}$

III: $2x + y + 3z = 0$ $|+ \text{I}$

2. Schritt:

I: $3x + 9y - 3z = 15$

IIa: $-5x - 10y = -15$

IIIa: $5x + 10y = 15$ $|+ \text{IIa}$

3. Schritt:

I: $3x + 9y - 3z = 15$

IIa: $-5x - 10y = -15$

IIIb: $0x + 0y = 0$

Die Gleichung IIIb wird von allen
Zahlenpaaren erfüllt.

Aus IIa folgt: $x = -2y + 3$

Aus I folgt: $z = x + 3y - 5$

Aus I und IIa folgt:

$z = (-2y + 3) + 3y - 5;\ z = y - 2$

Das Gleichungssystem besitzt unendlich
viele Lösungen.

y ist frei wählbar. x berechnet sich dann zu
$x = -2y + 3;$ z berechnet sich dann zu $z = y - 2.$

Sachthema:
Fahrradurlaub in Frankreich

1 1 Zoll = 2,54 cm

2 Die Zollangabe gibt den Durchmesser des Laufrades an.
28-Zoll-Laufrad: d = 2,54 · 28 = 71,12 cm
Den Umfang eines Kreises berechnet man mit der Formel U = 2 · 3,14 · r, wobei r der Radius des Laufrades ist.
Treckingrad:
d = 71,12 cm, also r = 35,56 cm $\Rightarrow$ U = 2 · 3,14 · 35,56 = 223,32. Der Umfang beträgt 223,32 cm = 2,23 m.
Tourenrad:
26 Zoll = 66,04 cm $\Rightarrow$ r = 33,02 cm
$\Rightarrow$ U = 2 · 3,14 · 33,02 = 207,37
Der Umfang beträgt beim 26-Zoll-Fahrrad 207,37 cm = 2,07 m und beim 28-Zoll-Fahrrad 223,32 cm = 2,23 m (s. o.).

3 Neben 26- und 28-Zoll-Fahrrädern gibt es auch noch 24-Zoll- und 20-Zoll-Fahrräder.
24 Zoll = 60,96 cm $\Rightarrow$ r = 30,48 cm
$\Rightarrow$ U = 2 · 3,14 · 30,48 = 191,41
20 Zoll = 50,8 cm $\Rightarrow$ r = 25,4 cm
$\Rightarrow$ U = 2 · 3,14 · 25,4 = 159,512
Der Umfang beim 24-Zoll-Fahrrad beträgt 191,41 cm = 1,91 m und beim 20-Zoll-Fahrrad 159,51 cm = 1,60 m.

4 „Ritzel": Zahnrad am Hinterrad
„Kettenblatt": Zahnrad bei den Pedalen

5 Das Verhältnis aus der Zähnezahl am Kettenblatt und der Zähnezahl am Ritzel gibt an, wie häufig sich das Hinterrad (beim Ritzel) dreht, wenn sich das Kettenblatt einmal voll gedreht hat. Beträgt die Übersetzung 2, bedeutet dies, dass sich das Hinterrad bei einer vollen Umdrehung des Kettenblattes 2-mal gedreht hat.

6 Die Werte in der Tabelle sind teilweise gerundet auf zwei Nachkommastellen.
Beispiel: 32 : 21 = 1,5238095... $\approx$ 1,52. Gleiche bzw. annähernd gleiche Übersetzungen ergeben sich bei folgenden Schaltpositionen:
Zähne Kettenblatt/Zähne Ritzel:
22/16 $\approx$ 32/24
22/14 $\approx$ 32/21 $\approx$ 42/28
22/12 = 32/18 = 42/24
22/11 = 32/16 = 42/21

32/14 = 42/18
32/12 $\approx$ 42/16
32/11 = 42/14
Dort, wo die Übersetzung gleich bzw. annähernd gleich ist, ist es gleich „anstrengend" beim Fahren.

7 Rechnerisch hat der Verkäufer Unrecht, weil es in der Tabelle mehr als 13 verschiedene Übersetzungen gibt. Aber da die annähernd gleichen Übersetzungen beim „realen Treten in die Pedale" keinen registrierbaren Unterschied machen, reduziert sich die Anzahl der wahrnehmbaren verschiedenen Übersetzungen, also Gänge, auf ca. 13:
0,8; 0,9; 1,05; 1,22; 1,33; 1,52; 1,8; 2; 2,3; 2,62; 3; 3,5; 3,8

8 Die angegebenen Schaltungen sind sinnvoll, weil die Kette dann gerade läuft. Eine schräg laufende Kette nutzt sich schneller ab und läuft schlechter. Zum Beispiel: bei 42/21 läuft sie schräg, bei 32/16 gerade.
Die angegebene Schaltung ist sinnvoll, weil es von Gang zu Gang eine leichte Übersetzungsänderung gibt. Wenn man beispielsweise im Gang 22/21 = 1,05 in den Gang 32/28 = 1,14 schalten würde, wäre der nächste Gang 32/24 = 1,33 eine relativ hohe Übersetzungsänderung (1,33 – 1,14 = 0,19). In diesem Sinne kann man weitere Übergänge begründen.

9 Mögliche Schülerlösungen:
„Aus ökologischen Gründen würde ich mit der Bahn fahren, wenn der Preisunterschied zum Auto nicht sehr groß wäre."
oder
„Aus praktischen Gründen würde ich mit dem Auto fahren, weil wir immer so viel Gepäck haben."
oder
„Ich würde gerne fliegen, weil die Reisezeit dadurch sehr gering wäre."

10 Der Darstellung aus der Zeitschrift Umwelt entnimmt man: LKW: 0,4 % und PKW: 1,7 % – der Anteil des Straßenverkehrs beträgt somit 2,1 %.

11 In dem Graphen sind zwei Zusammenhänge dargestellt: Zum einen wird die Entwicklung der Fahrleistung in Mrd. km pro Jahr in den Jahren 1970 bis 2020 graphisch beschrieben und zum anderen wird der Kraftstoffverbrauch in kt pro Jahr für den gleichen Zeitraum dargelegt. Man kann erkennen,

dass der Kraftstoffverbrauch trotz stetig steigender Fahrleistung ab dem Jahr 1990 kontinuierlich fällt. 1980 betrug die Fahrleistung ca. 300 Mrd. km bei einem Kraftstoffverbrauch von ca. 38 000 kt. 2000 ist die Fahrleistung schon 700 Mrd. km, wobei der Kraftstoffverbrauch „nur" auf ca. 48 000 kt ansteigt.
1980: 26 Mio. Fahrzeuge fahren 325 Mrd. km:
⇒ 12 500 km pro Fahrzeug und Jahr
2000: 45 Mio. Fahrzeuge fahren 650 Mrd. km:
⇒ 14 400 km pro Fahrzeug und Jahr

12 Für die An- und Abreise mit dem Auto muss man mehrere Kosten kalkulieren:
a) Benzinkosten: 968 km · 2 = 1936 km
1936 : 100 · 6,9 = 133,584 Liter Benzin
133,584 · 1,03 ≈ 137,59 €
Der Benzinverbrauch kostet ca. 137,59 €.
(Bei anderen Treibstoffen entsprechend.)
b) Wertverlust: 1936 · 0,22 = 425,92 €
c) Mautgebühren: mautpflichtig sind 729 km, also insgesamt 1458 km (Hin- & Rückfahrt), die durchschnittlichen Kosten betragen 13 € pro 200 km also 13 · (1458 : 200) = 94,77 €
d) Gesamtkosten: 137,59 € + 425,92 € + 94,77 € = 658,28 €. Wenn man mit Benzin fährt, muss man für die An- und Abreise ca. 658,28 € kalkulieren.

13 Zu Fazit 1: 3,5 · 40 = 140 – die erste Aussage stimmt, die anderen beiden Aussagen kann man anhand des Materials nicht überprüfen.
zu Fazit 2: zuerst wird die Zunahme des erschlossenen Rohöls bestimmt:
140 Mrd. t ≙ 101,2 %
1,66 Mrd. t ≙ 1,2 % (Zunahme)
als Nächstes bestimmt man die Verbrauchszunahme
3,5 Mrd. t ≙ 100,9 %
≈ 0,0312 Mrd. t ≙ 0,9 % (Zunahme)
also ist die Erschließungszunahme um den Faktor (≈) 53,17 höher als die Verbrauchszunahme.
Das Fazit 2 ist damit ungefähr korrekt.

14 Die Bahnkosten setzen sich aus dem Sparangebot sowie den Reservierungen zusammen:
513,60 € Sparpreis
+ 10,40 € (2-mal Reservierungen in Deutschland)
+ 40 € (2-mal Reservierungen in Frankreich, 4 Personen)
oder + 224 € für die Frankreichreservierung
also zahlt man insgesamt je nach Tag der Fahrt zwischen 564 € und 748 €.
Hinzukommen die Kosten für die Fahrräder: 8 · 10 € für die Hin- und Rückfahrt für 4 Personen, also ergeben sich insgesamt 644 € bis 828 € Reisekosten.

15 Bei den Berechnungen ergibt sich, dass das Bahnfahren günstiger ist, wenn man den Wertver-

lust des Autos (425,92 €) mit berücksichtigt. Auch aus ökologischen Gründen ist die Bahn das bessere Verkehrsmittel.

16/17

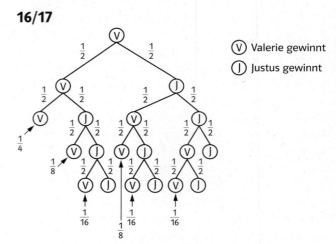

Ⓥ Valerie gewinnt
Ⓙ Justus gewinnt

Der Baum zeigt alle möglichen Spielausgänge. Immer dann, wenn eine Person insgesamt dreimal gewonnen hat, ist das Spiel aus.
An den Pfaden steht die Wahrscheinlichkeit für das Auftreten des Pfadabschnittes. Da beide Ergebnisse gleich wahrscheinlich sind, beträgt sie jeweils 50 % = $\frac{1}{2}$.
Immer dann, wenn Valerie gewonnen hat, ergibt sich die Wahrscheinlichkeit dieser Spielsituation durch die Pfadregel. Alle einzelnen Spielausgänge addiert ergibt die Wahrscheinlichkeit, mit der Valerie gewinnt, nachdem sie das erste Spiel gewonnen hat:
$\frac{1}{4} + \frac{1}{8} + \frac{1}{16} + \frac{1}{8} + \frac{1}{16} + \frac{1}{16} = \frac{11}{16} = 68,75 \%$
Der Vater hat demnach Recht. Justus gewinnt noch mit 31,25 %iger Wahrscheinlichkeit.

18

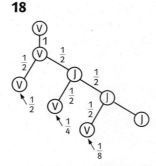

Die Gesamtwahrscheinlichkeit, dass Valerie jetzt gewinnt, beträgt $\frac{1}{2} + \frac{1}{4} + \frac{1}{8} = \frac{7}{8} = 87,5 \%$.

19 Da ein neues Spiel beginnt, haben beide mit der Wahrscheinlichkeit von 50 % die Chance, das Spiel zu gewinnen.

20 Tipps müssen selber abgegeben werden.

21
– Aus der Gesamtlänge des Staus kann man die Anzahl der darin stehenden Autos berechnen, wenn man die durchschnittliche Länge eines Autos, die durchschnittliche Spurenzahl sowie den durchschnittlichen Abstand zweier Autos und die Personenzahl pro Auto kennt.
– Es kann nur ein Schätzwert ermittelt werden, weil es sich bei den Daten um Durchschnittswerte handelt.

22 a) Staulänge · Anzahl der Spuren
⇒ hiermit wird die Gesamtlänge der Strecke berechnet, auf der die Autos hintereinander stehen.
b) Länge eines Autos + Abstand zwischen zwei Autos
⇒ hiermit wird die Strecke ermittelt, die ein Auto auf der Autobahn im Stau beansprucht.
c) (Staulänge · Anzahl der Spuren) : (Länge eines Autos + Abstand zwischen zwei Autos)
⇒ hiermit wird die Anzahl der Autos berechnet, die in dem Stau stehen.
d) das Ergebnis aus c) · Anzahl der Personen pro Auto
⇒ nun ergibt sich die Personenzahl im gesamten Stau.
Die Vereinfachung liegt in den durchschnittlichen Angaben, die der Vater vermutet.

anderer Rechenweg:
Man könnte die Schritte a) – d) nacheinander berechnen.
Die Berechnung mit den Daten des Vaters ergibt:
$\frac{44\,km \cdot 2 \cdot 3 \text{ Personen}}{0,004\,km + 0,002\,km} = 44\,000$ Personen
Bei 2 Personen pro Auto ergeben sich ca. 29 333 Personen und bei 4 Personen sogar ca. 58 667 Personen. Demnach hat Valerie am besten getippt, obwohl ihr Ergebnis vom „richtigen" Ergebnis trotzdem noch stark abweicht.

23 Praktische Durchführung:
– möglich sind Messungen auf dem Parkplatz der Schule.
– es könnte ein Stau nachgestellt werden.

24 Die Anzahl der Personen würde stark reduziert werden, weil zum einen die Autolänge pro LKW wesentlich größer ist, demnach in der einen Spur viel weniger Autos stehen würden und zum anderen pro LKW meistens nur eine Person fährt.

25 Die Berechnung einer Staulänge ist relativ unabhängig von der Jahreszeit und der Autobahn, allerdings könnte die Anzahl der Personen pro Auto in Urlaubszeiten höher sein als in Zeiten ohne Urlaubsverkehr.

Seite 189

26
– Alle drei Gruppen könnten auf direktem Wege zu ihren Zielorten fahren, dann würden sie als Gruppe aber gar nicht zusammen fahren.
– Alle könnten gemeinsam in Richtung Dol-de-Bretagne fahren und sich bei der ersten Kreuzung trennen; so würden sie zwar länger zusammen fahren, der Weg der einzelnen Gruppen wäre aber länger.

27
– Bei direkten Wegen:
Justus und Mutter: 1,4 cm ≙ 1,4 · 600 000 : 100 = 8400 m
Valerie: 3,8 cm ≙ 3,8 · 600 000 : 100 = 22 800 m
Vater: 2,6 cm ≙ 2,6 · 600 000 : 100 = 15 600 m

28

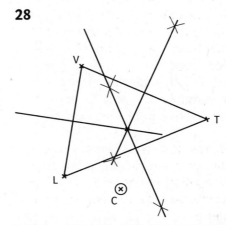

Mit C, L, V und T sind die einzelnen Orte gekennzeichnet. Um zeichnerisch den fairsten Kompromiss zu ermitteln, muss man den Umkreismittelpunkt des Dreiecks LTV ermitteln. Bis zu diesem Punkt (unterhalb von Dol-de-Bretagne) müsste die Familie zusammen fahren, damit sie danach gleiche Entfernungen zu den Endzielen hätte. Dieses Ergebnis ist aber relativ unsinnig, weil alle außer Valerie so einen großen Umweg fahren müssten.

29 „Um 8.45 Uhr startete meine Reise. Die ersten 45 Minuten erhöhte ich langsam meine Geschwindigkeit bis auf 33 km/h. Dann kam ein Anstieg, weshalb ich immer langsamer wurde und um 10 Uhr auf der Anstiegshöhe eine kleine 10-minütige Pause machte. Dieses Hin und Her wiederholte sich mehrfach – zwischendurch erreichte ich bei einer kleinen Abfahrt meine Spitzengeschwindigkeit von 45 km/h. Zwischen 12.20 Uhr und 13.10 Uhr habe ich etwas gegessen – bin also nicht gefahren und zwischen 13.50 Uhr und 15.45 Uhr habe ich mir den Landwochenmarkt angeschaut. Danach bin ich mit verschiedenen Steigungen zu unserem Treffpunkt gekommen (18.10 Uhr)."

Seite 190

30 Justus: 21 km pro h, also 21 000 m pro h,
also 21 000 : 3600 = 5,83 m pro Sekunde
Valerie: 18 km pro h, also 18 000 m pro h,
also 18 000 : 3600 = 5 m pro Sekunde

31 a) Zeichnerische Lösung

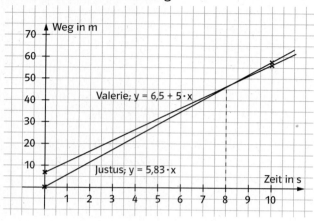

Nach ca. 8 Sekunden schneiden sich die beiden Graphen, hier sind Valerie und Justus auf gleicher Höhe.
b) rechnerische Lösung:
- Justus fährt pro Sekunde $5,8\overline{3} - 5 = 0,8\overline{3}$ m mehr als Valerie
- insgesamt muss Justus 6,5 m fahren,
bis er Valerie eingeholt hat also: 6,5 : 0,83 ≈ 7,8
⇒ Er benötigt demnach 7,8 Sekunden.

32 Nach 7,8 Sekunden ist Valerie $5,8\overline{3} \cdot 7,8 = 45,5$ m gefahren.
Die Kurve kommt zwar „erst" in einer Entfernung von 50 m, aber da der Überholvorgang nach den 45,5 m ja nicht abgeschlossen ist, sind die Bedenken des Vaters berechtigt.

33 b: Bremsweg in m/v = Geschwindigkeit in km/h, also: $b = \left(\frac{v}{10}\right)^2$
durch Messen erhält man den Bremsweg:
6,2 cm : 1,8 cm = $3,\overline{4}$; also $3,\overline{4} \cdot 5 = 17,\overline{2}$ m
⇒ $17,\overline{2} = \left(\frac{v}{10}\right)^2 = \frac{v^2}{100}$, also $1722,\overline{2} = v^2$
⇒ durch Ausprobieren: $v \approx 41 \frac{km}{h}$ (oder $42 \frac{km}{h}$)
Demnach ist der Franzose ca. $41 \frac{km}{h}$ gefahren.

34 r: Reaktionsweg in m/v: Geschwindigkeit in $\frac{km}{h}$
also: $r = \frac{v}{10} \cdot 3$

$r = \frac{41}{10} \cdot 3 = 12,3$ (12,6 m)
Der Reaktionsweg betrug ca. 12,3 m und der Bremsweg ca. 17,2 m. Insgesamt ergibt sich ein Anhalteweg von ca. 29,5 m (29,8 m).

Seite 191

35 Die Gesamtbevölkerung von Deutschland betrug 2002 ca. 80 Mio. Also entsprechen 476 413 Verletzte 476 413 : 80 000 000 = 0,00596 ≈ 0,596 %.

36 Über 42 500 verletzte Kinder im Straßenverkehr. Neue Statistik von 2001.

Wiesbaden Im Jahre 2001 gab es in Deutschland insgesamt 494 775 Verletzte. Davon haben sich 14 % beim Fahrradfahren und über 61 % beim Autofahren verletzt. Am wenigsten Unfälle gab es bei den Bussen (1 %).
Im Vergleich zum Vorjahr ist die Anzahl der Verletzten unter 15 Jahren um 5,7 % zurückgegangen. Das ist eine erfreuliche Veränderung. Die Rückläufe sind bei allen Altersgruppen außer der über 65-Jährigen zu erkennen.

37
- „41 047 Kinder sind 6 % weniger als 2001"
42 574 − 41 047 = 1527 Kinder weniger
42 574 ≙ 100 %
1527 ≙ 3,6 %
⇒ Diese Aussage wurde falsch berechnet; es müsste „3,6 % weniger" heißen.
- 71 079 − 70 163 = 916 Fahrräderbenutzer
71 079 ≙ 100 %
916 ≙ 1,2 %
⇒ Diese Aussage wurde richtig berechnet (70 000 Kinder (−1 %)).
- 37 101 − 36 343 = 758 Fußgänger
37 101 ≙ 100 %
758 ≙ 2 %
⇒ Diese Aussage wurde richtig berechnet (36 000 Fußgänger (−2 %)).

38 Beispiel für eine Frage:
Um wie viel Prozent hat die Verletztenzahl der unter 15-Jährigen von 2000 auf 2001 abgenommen?
Antwort: Die Abnahme betrug
$\frac{45\,141 - 42\,574}{45\,141} \cdot 100 \approx 5,7\%$

39 Die Anzahl der Verletzten beim Fahrrad fahren hat um 1,3 % abgenommen – beim Bus fahren sind dies 4 %. Danach hat Justus Unrecht.
Anders betrachtet gab es bei den Fahrradunfällen insgesamt 916 weniger Verletzte – beim Bus fahren gab es lediglich 202 weniger Verletzte. Hiernach hat Justus Recht.

Sachthema: Was kostet der Alltag?

1 Individuelle Lösung

2 Alle Angaben in €; m³; kWh:
Gesamtkosten Wasser
= (Grundpreis + Verbrauch · 1,43) · 1,07
+ Verbrauch · 0,9 · 1,39
Verbrauch ist Differenz der Zählerstände (212 m³)
Gesamtkosten Strom
= (Verbrauch · (0,0959 + 0,0179)) · 1,16
Verbrauch ist Differenz der Zählerstände (5397 kWh)

3 Individuelle Lösung

4 Familie Heine gab 2004 für Wasser 617,79 Euro
aus und für Strom 712,45 Euro.
$\text{Steuern}_{\text{Wasser}} = (26,35 + 212 \cdot 1,43) \cdot 0,07$
$\qquad\qquad = 23,07$ Euro
$\text{Steuern}_{\text{Strom}} = \text{Stromsteuer} + \text{Umsatzsteuer}$
$\qquad\qquad = 5397 \cdot 0,0179 + 98,27 = 194,88$ Euro

1 Vergleich von 75-Watt-Birne mit 15-Watt-Energiesparleuchte (Strompreise wie Buch S. 193):
y: Gesamtkosten in Euro
x: Brenndauer in Stunden
75-Watt-Birne: $y = 0,45 + 0,075 \cdot 0,1138 \cdot 1,16 \cdot x$
15-Watt-Energiesparleuchte:
$y = 5,95 + 0,015 \cdot 0,1138 \cdot 1,16 \cdot x$
Nach einer Brenndauer von jeweils 694 Stunden
sind die Gesamtkosten gleich groß (7,33 €).

2 Gesamtkosten bei jeweils x = 8000 Stunden
Brenndauer:
75-Watt-Birne:
$y = 0,45 + 0,075 \cdot 0,1138 \cdot 1,16 \cdot x$
$y = 8 \cdot 0,45 + 0,075 \cdot 0,1138 \cdot 1,16 \cdot 8000 = 82,80$ (Euro)
15-Watt-Energiesparleuchte:
$y = 5,95 + 0,015 \cdot 0,1138 \cdot 1,16 \cdot x$
$y = 5,95 + 0,015 \cdot 0,1138 \cdot 1,16 \cdot 8000 = 21,79$ (Euro)
Die Kosten einer 15-Watt-Energiesparleuchte sind
somit um ca. 74 % geringer als die einer 75-Watt-Birne.

3–7 Individuelle Lösungen

1
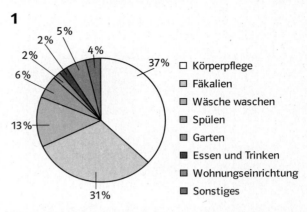

2 Von 1875 bis 1880 nahm die Abwasserversorgung um ca. 700 % zu und die Anzahl der Typhuserkrankungen um ca. 50 % ab.

3 In den Pausen und nach Spielende steigt der Wasserverbrauch wegen der Toilettenspülung an. Auch nach dem Spielfilmende tritt dieser Effekt ein.

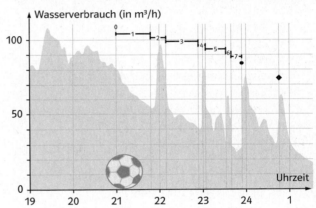

0 Spielbeginn   5 Verlängerung
1 1. Halbzeit   6 Pause
2 Pause   7 11-m-Schießen
3 2. Halbzeit   • Spielende
4 Pause   ◆ Endes des Spielfilms im
        anderen Fernsehprogramm

1 Kreisradius zu Fig. 2: ca. 2,50 m
Kreisradius zu Fig. 3: ca. 1,75 m

2 Wahrscheinlichkeit, dass Tobias alles falsch gemacht hat: $\frac{1}{3}$
Wahrscheinlichkeit, dass Tobias alles richtig gemacht hat: $\frac{1}{6}$
Wahrscheinlichkeit, dass Tobias nur die Frühblüher falsch gepflanzt hat: 0
Wahrscheinlichkeit, dass Tobias genau 2 Beete falsch bepflanzt hat: $\frac{1}{2}$

1

	Darlehen	Zinsen	Tilgung	
1. Jahr	145 000,00 €	7250,00 €	1450,00 €	
2. Jahr	143 550,00 €	7177,50 €	1522,50 €	Vergleichs-jahresmiete 7200 Euro
3. Jahr	142 027,50 €	7101,38 €	1598,63 €	
4. Jahr	140 428,88 €	7021,44 €	1678,56 €	
5. Jahr	138 750,32 €	6937,52 €	1762,48 €	
6. Jahr	136 987,83 €	6849,39 €	1850,61 €	
7. Jahr	135 137,23 €	6756,86 €	1943,14 €	
8. Jahr	133 194,09 €	6659,70 €	2040,30 €	
9. Jahr	131 153,79 €	6557,69 €	2142,31 €	
10. Jahr	129 011,48 €	6450,57 €	2249,43 €	
11. Jahr	126 762,06 €	6338,10 €	2361,90 €	
12. Jahr	124 400,16 €	6220,01 €	2479,99 €	
13. Jahr	121 920,17 €	6006,01 €	2603,99 €	
14. Jahr	119 316,17 €	5965,81 €	2734,19 €	
15. Jahr	116 581,98 €	5829,10 €	2870,90 €	
16. Jahr	113 711,08 €	5685,55 €	3014,45 €	
17. Jahr	110 696,64 €	5534,83 €	3165,17 €	

Ohne Berücksichtigung der entgangenen Zinsen auf
25 000 Euro und ohne Berücksichtigung evtl. Miet-
erhöhungen.
Nach 37 Jahren ist die Wohnung abbezahlt, wenn
man von unveränderten Konditionen ausgeht.

Klett Mathetrainer – die Lernsoftware, die zum Schulbuch passt

100% passend zu Lambacher Schweizer!

Perfekt in Mathe – mit der Lernsoftware, die genau zum Schulbuch passt. Ihre Schülerinnen und Schüler lernen nachmittags das, was sie in der Schule brauchen, und zwar genau dann, wenn es im Unterricht aktuell ist. Einfach beim ersten Anmelden Schulbuch und Bundesland auswählen und schon folgt der Mathetrainer im Ablauf der Übungen dem Schulbuch – ein ganzes Schuljahr lang.

Eine Fülle an Aufgaben zu allen Lernbereichen bieten Übungsmöglichkeiten für unterschiedliche Lernniveaus. Geometrieaufgaben kann man wie im Schulheft zeichnen. Das Programm gibt nützliche Hilfestellungen und Rückmeldungen. Und kommt der Schüler an einer Stelle nicht weiter, ist er mit einem Klick im Basiswissen oder in der Formelsammlung.

Klett Mathetrainer für Klasse 5

| Einzellizenz | 978-3-12-114822-6 |
| Netzwerklizenz | 978-3-12-114823-3 |

Klett Mathetrainer für Klasse 6

| Einzellizenz | 978-3-12-114824-0 |
| Netzwerklizenz | 978-3-12-114825-7 |

Klett Mathetrainer für Klasse 7

| Einzellizenz | 978-3-12-114828-0 |
| Netzwerklizenz | 978-3-12-114829-5 |

www.klett.de

Fit für die nächste Klassenarbeit

Mit den neuen Lambacher Schweizer Klassenarbeiten können Ihre Schülerinnen und Schüler selbstständig das Gelernte wiederholen, auffrischen und überprüfen.

Langsam einsteigen und die Anforderungen schrittweise erhöhen – so wird das selbstständige Lernen erleichtert. Jedes Kapitel ist gewohnt klar und übersichtlich aufgebaut und enthält vielfältige Hilfestellungen zum Üben und Wiederholen:

- Basiswissen und einen Kurztest für einen leichten Einstieg ins Thema
- Klassenarbeiten mit zunehmendem Schwierigkeitsgrad
- ausführliche Lösungen für alle Klassenarbeiten
- Tutorlösungen mit Hinweisen auf zentrale Arbeitstechniken

Abgerundet wird der Band durch Jahresarbeiten, die den gesamten Stoff des Schuljahres abfragen und sich im Aufbau an den neuen Standards und Jahrgangsarbeiten orientieren.

**Lambacher Schweizer
Training Klassenarbeiten
Klasse 8**
Schülerheft mit Lösungen,
ISBN 978-3-12-734085-3

Kompetenztest Mathematik

Arbeitshefte zur Vorbereitung auf zentrale Prüfungen

Die Hefte bieten Übungs- und Nachschlagematerial zu allgemeinen mathematischen und zu inhaltsbezogenen Kompetenzen. Die konsequente Gliederung in komplexe Aufgaben (auf Prüfungsniveau), Aufgaben zu den Grundfertigkeiten und Basiswissen bieten Schülerinnen und Schülern die Möglichkeit, ihren Wissensstand eigenständig zu bestimmen und Lücken unmittelbar zu schließen.

Die Lösungen am Ende bieten ausführliche Hinweise zu Lösungsansätzen und eine direkte Kontrollmöglichkeit.

**Kompetenztest Mathematik 1
Klasse 5/6**

978-3-12-740467-8

**Kompetenztest Mathematik 2
Klasse 7/8**

978-3-12-740487-6

**Kompetenztest Mathematik 3
Klasse 9/10**

978-3-12-740407-4

www.klett.de